CHANGJIANG NIANJIAN

昌江年鉴

2023

中共景德镇市昌江区委党史地志办公室◎编

方志出版社
Publishing House of Local Records

图书在版编目（CIP）数据

昌江年鉴 . 2023 / 中共景德镇市昌江区委党史地志办公室编 .—北京 : 方志出版社 , 2023.11
ISBN 978-7-5144-5955-5

Ⅰ . ①昌… Ⅱ . ①中… Ⅲ . ①区（城市）—景德镇—2023 —年鉴 Ⅳ . ① Z525.64

中国国家版本馆 CIP 数据核字 (2023) 第 241737 号

责任编辑： 丛珺
责任校对： 张玉霞
责任印制： 梅中英
出 版 者： 方志出版社
地　　址： 北京市朝阳区潘家园东里 9 号（国家方志馆 4 层）
邮　　编： 100021
网　　址： http://www.zgfzcb.cn
发　　行： 方志出版社图书营销中心（010-67110500）
印　　刷： 湖南省越来越好印务有限公司
开　　本： 889 毫米 ×1194 毫米 1/16
印　　张： 17
字　　数： 573 千字
版　　次： 2023 年 11 月第 1 版
印　　次： 2023 年 11 月第 1 次印刷
定　　价： 298.00 元

景德镇市昌江区地方志编纂委员会

顾　问：倪卫春

主　任：伊文斌

副主任：江智峰　彭新建　曾亚平　鲍希文

委　员：梁　毅　马文胜　李镒岚　金红华　施启权

李展图　彭清丽　鲁锐翔　胡小敏　范　鸿

李　游　吴重敏

《昌江年鉴（2023）》编辑部

总　编：施启权

编　辑：孙国珍

编辑说明

一、《昌江年鉴》是由景德镇市昌江区人民政府主办，中共景德镇市昌江区委党史地志办公室组织编纂的综合性大型资料文献，一年一卷，逐年出版。

二、《昌江年鉴(2023)》(以下简称“本年鉴”)以马克思列宁主义、毛泽东思想、邓小平理论、“三个代表”重要思想、科学发展观、习近平新时代中国特色社会主义思想为指导，坚持辩证唯物主义和历史唯物主义的立场、观点和方法，贯彻落实《全国地方志事业发展规划纲要(2015—2020年)》和《江西省地方志事业发展规划纲要(2016—2020年)》，全面、系统、科学地总结和记录全区2022年各项事业的发展成就，充分发挥年鉴存史、资政、育人的作用，为全面建设现代化魅力新昌江提供智力支持，为领导者、决策者和管理者提供准确的信息，为社会各界人士了解和研究昌江提供基本资料。

三、本年鉴前设特载、专文、大事记，主体设区情概览、中共昌江区委员会、昌江区人民代表大会、昌江区人民政府、政协昌江区委员会、中共昌江区纪律检查委员会·昌江区监察委员会、民主党派·工商联、群众团体、法治、军事、农业农村·水利·林业、工业和信息化、商贸、交通·通信、财政·税务、金融、经济管理与监督、城建·环保、教育·体育、科学·技术、文化·旅游、卫生·健康、人力资源、社会生活、乡镇·街道概况、人物等类目，后附附录及索引。部分类目下设分目，分目下设子目。条目为记述的基本形式，力求做到数字准确、门类齐全、分类科学、信息密集、排版有序、图文并茂。

四、本年鉴中数字、标点符号采用《出版物上数字用法》(GB/T15835—2011)、《标点符号用法》(GB/T15834—2011)，计量单位采用国家技术监督局1993年12月发布的《量和单位》系列国家标准，考虑到社会使用习惯，全书中亩不统一换算。

五、本年鉴资料由各相关单位（部门）提供，统计数据由区统计局提供，图片由区融媒体中心、相关单位（部门）、《昌江年鉴（2023）》编辑部，以及涂伟明、赵献国（航拍）等提供。

昌江名片

国家卫生城市

国家全域旅游示范县区

国家慢性病综合防控示范县区

国家知识产权强县工程试点县区

全国文明城市

全国健康促进区项目试点县区

全国信访工作三无县区

全国义务教育发展基本均衡县区

江西省首届十大人文魅力县区

江西省创新型建设试点县区

江西省文化产业重点县区

江西省春季森林防灭火平安县区

江西省关爱退役军人示范单位

全省计划生育工作先进县区

全省双拥模范县区

全省生态文明示范县区

全省美丽宜居先行县区

全省四好农村路示范县区

全省中小学生游泳教育试点县区

基层名片

国家水利风景区（丽阳镇山田水库）

国家卫生乡镇（荷塘乡）

全国重点镇（鲇鱼山镇）

全国重点文物保护单位（丽阳窑址）

全国美丽宜居村庄（丽阳镇江联村）

全国乡村治理示范村
（丽阳镇枫林村、吕蒙街道官庄村）

全国历史文化保护街区
（新枫街道三闾庙明清古街）

全国和谐社区建设示范社区
（新枫街道韭菜园社区）

全国综合减灾示范社区（新枫街道淘金岭社区、
西郊街道汪王庙社区和昌南湖社区）

全国巾帼文明岗（西郊街道蟠龙岗社区）

全国无邪教创建示范社区（西郊街道森林社区）

全国民主法治示范社区
（西郊街道森林社区和华风社区）

全国示范性老年友好型社区（西郊街道景航社区）

全国最美工会户外劳动者服务站点
（西郊街道汪王庙社区）

全国文明村镇（吕蒙街道官庄村）

全国人口和计划生育基层群众自治示范村
（吕蒙街道古城村）

全国五好县级工商联（昌江区工商联）

全国青少年普法教育先进集体（昌江区关工委）

全国群众体育先进单位（昌江区人民检察院）

全国围棋特色学校（昌江区实验学校）

全国围棋特色幼儿园（昌江区中心幼儿园）

数字昌江

总面积	315 平方千米
户籍总人口	20.1 万人
生产总值	首破 300 亿元大关，增长 6%
一般公共预算收入	6.94 亿元，增长 12.8%
第一产业增加值	6.26 亿元，增长 2.6%
第二产业增加值	171.96 亿元，增长 5.6%
第三产业增加值	122 亿元，增长 3.6%
财政总收入	首破 20 亿元大关
城镇居民人均可支配收入	49368 元，增长 5%
农村居民人均可支配收入	23026 元，增长 7.1%
工业总产值	125.01 亿元，增长 17.8%
先进陶瓷产业产值	6.5 亿元，增长 144.4%
数字经济营业收入	36.98 亿元，增长 13.9%
新增市场主体	11059 户，增长 11.4%
新增学位	7460 个
国资公司资产规模	108 亿元
发放创业贷款	8166 万元
拆除“两违”建筑	6800 平方米
棚改征收	4.4 万平方米
旅游人次	突破 1100 万人
旅游收入	约 100 亿元
规模以上工业增加值	增长 8.6%
固定资产投资	增长 9.6%
社会消费品零售总额	增长 8%
网络零售额	增长 15.9%

党的建设

2022年，是中共二十大胜利召开之年，也是全面落实区第十二次党代会精神的关键之年。区委紧扣学习宣传贯彻中共二十大精神这条主线，多形式多渠道推进党的创新理论入脑入心入行，常态化长效化推动党史学习教育，全面深化各项改革，创立“昌江·畅快”系列党建工作品牌，高质量配合省委第五巡视组完成巡视工作，组织开展十二届区委第一轮、第二轮巡察，持续开展贯彻落实中央八项规定精神十周年“回头看”系列活动，全面推进党的政治建设，为全区经济社会高质量发展提供坚强的政治保障。

9月15日，省委第五巡视组巡视景德镇市昌江区工作动员会召开。根据十五届省委巡视工作规划和省委统一部署，省委第五巡视组自9月15日正式进驻昌江区开展巡视工作，于11月中旬结束

1月4日，中共昌江区委十二届三次全体（扩大）会议暨区委经济工作会议召开。会议报告2021年以来区委常委会工作，部署2022年工作任务，审议《中共昌江区委全会工作规则》，动员全区上下坚定推进“3344”战略行动，奋力开创“现代化魅力新昌江”建设新局面

8 月 11 日，区委理论学习中心组学习《习近平谈治国理政》第四卷专题讲座举行，为区委理论学习中心组成员和全区各部门（单位）主要负责人进行专题辅导

3 月 29 日，市委书记刘锋（右二）到昌江区调研基层党建和人才工作，扎实推进基层党建“三化”建设提质增效，为全市“十四五”开好局起好步提供坚强的组织保证和人才支撑

高质量发展

以国家陶瓷文化传承创新试验区建设为统领，紧紧围绕市委对昌江区提出的“打造206国道工业发展轴重要支撑”战略要求，注重“稳住、进好、调优”协同发力，全力实施“3344”战略行动，统筹推进工业倍增、招商引资、项目建设等各项工作，努力实现昌江区经济社会高质量发展。2022年，全区地区生产总值首次突破300亿元大关，达300.23亿元，增长4.7%，位居全市第二；一般公共预算收入达6.94亿元，增长12.8%，是全市唯一实现正增长的县（市、区）。

2月11日，2022全市县域经济高质量发展现场巡查走进昌江区，深入沿江西路二期道路及防洪工程、陶青台文化创意园、富祥科技凌富医药、鱼山货运码头、鱼丽电子信息产业园、昌南里文化街区，现场检阅2021年以来全区经济社会高质量发展成效

4月9日，昌江区工业倍增暨招商引资提质增效攻坚推进会召开。会议向各乡镇（街道）下发2022年度工业倍增及招商引资提质提效目标责任书，通报2021年度全区工业倍增及招商引资工作情况，表彰2021年度全区工业倍增及招商引资工作先进单位和先进个人，全力推进全区经济发展迈上新台阶

2月14日，昌江区全市县域经济高质量发展贯彻推进会召开。传达全市县域经济高质量发展考核总结大会会议精神，部署全区县域经济高质量发展开好局起好步工作

10月1日，陶青台文创园开园。该创意园是昌江区“联手园区、联结新区、联动乐平，成为206国道工业发展轴的重要支撑”的重点项目，已入驻各类企业70余家，将助力景德镇陶瓷产业转型升级和国际文化交流

5月23日，昌江区先进陶瓷产业发展专题培训班举行，切实提升工作人员对先进陶瓷产业领域的产业调研、招商引资和对口服务的实操能力

两区融合

2月11日，高新区、昌江区2022重点产业项目集中签约仪式举行，共有20个项目集中签约、16个项目集中开工，总投资445.54亿元，充分展示“两区”联合招大引强的重大成果

3月24日，高新区、昌江区公交一体化公交车正式运营发车仪式举行。10辆新能源纯电动豪华公交车正式发车，实现镇村公交班线在两区乡镇的全覆盖

用好用足全面深化改革“关键一招”，坚持问题导向、目标导向、结果导向，研究出台景德镇高新区和昌江区“一区多园”融合发展措施，编制高新区和昌江区空间发展战略规划，建立“两区”重大项目推进等专题联席会议制度，推动“两区”建立统一宣传推介、统一政策支持、统一服务标准、统一数据统计等体制机制，以产业融合加速实现“两区”产城融合、城乡融合。

11 月 10 日，“两区融合　数字赋能”合盛宁封陶瓷艺术数字产业基地揭幕。该基地的艺术陶瓷电商正式开始全网直播销售，实现昌江区在电商直播细分领域的新突破，开启昌江区数字经济新纪元

2 月 12 日，高新区、昌江区融合发展规划设计情况会召开，听取规划设计单位关于高新区工业五路至南环路片区控规优化调整、高新区与昌江区融合发展初步成果、高新区需要市自然资源和规划局协调解决事项的汇报，切实提高规划设计的科学性可行性

项目建设

7月6日，昌江区投资项目昌南里长天酒店开业。该酒店场所为昌江区于2021年9月收购的原绿地控股集团的闲置资产，于2021年11月签约委托江西长天集团有限公司（江西省省属国有企业）管理运营，是昌江区资产收购和社会化运营工作的成功范例

8月，建设中的昌江区电子信息产业园。该产业园是昌江区积极策应省委省政府关于大力发展数字经济“一号发展工程”，和响应市委市政府关于昌江区“打造206国道工业发展轴”的重要工业平台，已成为昌江区电子信息产业新高地

聚焦电子信息、生物医药两个首位度产业，瞄准电子元器件、半导体照明、医药化工、先进陶瓷、数字文创和电子商务等细分领域，大力开展以商招商、产业链招商，全年共签约引进“20”（亿元）项目3个、亿元以上项目24个、5亿元以上项目7个。积极打好节假日期间重大项目不停工、重点企业不停产组合拳，杭昌高铁乐平北站、鱼山货运码头等省、市重点工程项目加速推进，鱼丽电子信息产业园、昌南里长天酒店、昌江二中（昌江区职业教育中心）、景德镇现代农产品批发市场等一批重大项目建成开业投产运营。

12月10日，昌江区电子信息产业园首家投产企业生产车间

12月10日，昌江区电子信息产业园建成开园

城乡功能品质提升

大力加强基础设施建设，开展城区水系生态修复和内涝专项治理，加快城市更新步伐，实施乡村振兴工程，不断补齐城乡功能短板，提升城乡功能品质，一个人居环境更加优越、生产生活更加便利的大美昌江画卷正徐徐铺展开来。

7月，三河堤“昌南江畔”旅游改造提升项目完工启用，对西河水系嘉和迎宾城段进行了修复治理，对三河堤进行了全面的硬化、绿化、美化、亮化，并打通西河嘉和迎宾城段沿江路，有效缓解区域周边交通压力

5月1日，沿江西路二期道路及防洪工程建成，全面打通昌江官庄段沿江交通路网，提升官庄片区交通通行能力和防洪标准

12月30日，吕蒙大桥危桥原址重建工程竣工通车，对进一步改善区域通行条件、促进鲇鱼山区域快速融入城市化发展具有重要意义

昌江河西区综合开发项目二期工程基本建成，进一步提升昌江中渡口段防洪能力和沿岸景观，优化沿江西路中渡口段交通路网，新增一个亲水平台和休闲空间，成为西城区又一个新地标

疫情防控

面对突发的新冠疫情，区委区政府坚持方向性、原则性相统一，自觉对标落实党中央优化防控工作各项措施，建立“突出强化十条工作法”，果敢精准高效做好疫情防控工作，从严从速打好疫情防控阻击战，全力守护昌江人民身体健康。

3月29日，昌江区新冠疫情防控区域核酸检测培训会召开

11月27日，昌江区政协组织区政协委员开展防疫物资捐赠活动

11 月，核酸检测人员到商超检测生鲜冷冻食品，排查冷冻食品安全隐患

2022 年 12 月，位于昌江区的景德镇市方舱医院

优化营商环境

3月7日，昌江区优化营商环境千人誓师大会暨县域经济高质量发展考核总结表彰大会举行。总结昌江区在2021年全市县域经济高质量发展考核中的情况，研判昌江区营商环境面临的严峻形势和存在问题，全面吹响优化营商环境的"冲锋号"

3月23日，景德镇市优化营商环境系列新闻发布会昌江专场举行。介绍昌江区推进营商环境优化升级"一号改革工程"相关情况

全面优化营商环境，大力实施“一号改革工程”，围绕“一年求突破、两年创一流、三年树标杆”的总体目标，努力实现为企服务“零距离”、落实政策“零偏差”、损害企业“零容忍”，让企业家在昌江专心创业、放心投资、安心经营。全年新增市场主体11059户，同比增长11.4%。年度营商便利度企业评价结果排名全省中上游水平，营商环境优化升级翻身仗攻坚战成效明显。

7月，改造一新的昌江区政务服务大厅（二期）工程正式投入使用，为广大群众提供更加优质舒适的“一站式、全方位”服务

4月，昌江区“千名干部进万企”帮扶工作服务个体工商户，实现各类市场主体帮扶干部全覆盖，积极为市场主体送政策、解忧愁、帮发展

民生福祉

系统谋划和推进各项社会事业。常态长效推进全国文明城市创建工作，努力争创全国文明典范城市；优先发展教育事业，大力推进义务教育和学前教育优质均衡发展，积极打造“学在昌江”特色品牌；深化医疗卫生体制改革，提升医疗卫生服务水平；打好蓝天、碧水、净土“三大保卫战”，持续深化人居环境整治；积极办好年度“十件民生实事”，着力解决群众关心关切关注的“七位”问题，不断提升人民群众的获得感、幸福感、安全感。

8月27日，景德镇农产品批发市场建成并开业。该市场是景德镇市重点建设的“菜篮子”“果盘子”“米袋子”“油瓶子”异地新建综合工程，对于促进昌江区特色农产品生产和区域经济发展具有重要意义

9月，昌江区高级职业学校、昌江二中新校区建成并投入使用。2020年，为支持配合景德镇航空小镇建设，重新选择现址启动新校区迁建项目建设

2月10日，昌江区文艺进基层戏曲演出活动在鲇鱼山镇举行，为当地群众献上一份丰富多彩的文化大餐

6月30日，园林农贸市场开业，极大方便周边群众的生活需求

3 月 24 日，《昌江区革命老区发展史》发行仪式举行。该书以昌江区革命、建设、改革、发展等历史时期为主线，全面、客观、系统地记述昌江人民在中国共产党的领导下“站起来、富起来、强起来”的历史进程，是一部极具地方特色的革命历史专著

3 月 29 日，景德镇市昌江区公安局周边棚改项目听证会召开，广泛听取被征收群众对房屋征收补偿方案的意见建议

目　录

特　载

专　文

大事记

区情概览

中共昌江区委员会

昌江区人民代表大会

昌江区人民政府

政协昌江区委员会

中共昌江区纪律检查委员会·昌江区监察委员会

民主党派·工商联

群众团体

法　治

军　事

农业农村 · 水利 · 林业

工业和信息化

商 贸

交通·通信

财政·税务

金　融

经济管理与监督

城建·环保

教育·体育

科学·技术

文化·旅游

卫生·健康

人力资源

社会生活

乡镇·街道概况

人　物

附　录

索　引

特　载

在昌江区委十二届三次全体（扩大）会议暨昌江区委经济工作会议上的讲话

区委书记　倪卫春

（2022 年 1 月 4 日）

经区委研究决定，今天我们召开区委十二届三次全体（扩大）会议暨区委经济工作会议，主要任务是坚持以习近平新时代中国特色社会主义思想为指导，全面贯彻中共十九大和十九届历次全会精神，深入贯彻习近平总书记视察江西重要讲话精神，全面落实中央和省委、市委经济工作会议和省、市、区党代会精神，报告 2021 年以来区委常委会工作，部署 2022 年工作任务，审议《中共昌江区委全会工作规则》，动员全区上下牢记嘱托、感恩奋进，围绕“工业强区、文明新城、开放融合、幸福共享”奋斗目标，坚定推进“3344”战略行动，奋力开创“现代化魅力新昌江”建设新局面，以优异成绩迎接中共二十大胜利召开。

下面，我代表区委常委会讲几点意见。

一、关于 2021 年的区委常委会工作

《区委常委会工作报告》已经区委常委会会议审议，书面印发给大家，请各位委员、候补委员审议，并请与会其他同志认真审阅。这里，我简要回顾 2021 年常委会的工作，概括起来主要体现在“五个良好开局”：

一是良好开局体现在思路谋划的精准定位上。2021 年是大庆之年、开局之年、换届之年。我们以党史学习教育为契机，从百年党史中汲取智慧和力量，深入学习习近平总书记在庆祝中国共产党成立 100 周年大会上的重要讲话精神、中共十九届六中全会和省、市党代会精神，胜利召开区第十二次党代会。区党代会凝聚各方智慧，统一思想行动，提出“强化三地联动、打造三大平台、坚持四种路径、推动四项工程”的“3344”战略行动，描绘“工业强区、文明新城、开放融合、幸福共享”的发展蓝图，开启全面建设现代化魅力新昌江的崭新征程，全区上下抓发展的思想基础已经奠定。

二是良好开局体现在经济发展的稳中有进上。把招商引资作为一号工程，坚定实施工业倍增三年行动，全力推进富祥科技、正华科技产业园、陶青台、鱼山货运码头、沿江西路（二期）等 44 个重点工程项目建设，短期内快速启动、推进占地 1700 亩的鱼山医药产业园和占地 500 亩的鱼丽电子信息产业园建设，以生物医药和电子信息产业为主导产业的工业发展版图已初步形成，大抓项目、大抓产业、大抓招商的氛围越来越浓。预计全年 GDP 增长 8% 左右，工业增加值增长 10%，固定资产投资增长 10%，工业营业收入完成 165 亿元；签约落户“5020”项目各 1 个，亿元以上项目 14 个，其中 5 亿元项目 6 个；区国资公司资产突破 50.3 亿元，是 2019 年年底的 25 倍；新增“四上”企业预计可突破 40 家，是前三年总和的 4 倍，发展势头不断向好，发展动能明显集聚。

三是良好开局体现在民生福祉的持续改善上。常态长效推进全国文明城市创建工作，完成棚改 7 万平方米、老旧小区 15 个、背街小巷改造 37 条、新（扩、改）建公办幼儿园 9 所，新增停车位 1 万余个，拆除“两违”1.3 万平方米，接种新冠疫苗 40.7 万剂次，打造园林社区居家养老服务中心，全面贯通沿江西路（二期），完成三河村、官庄排涝站建设，抓好 2021 年度全省脱贫攻坚交叉考核反馈的 3 个方面 8 个问题整改，农村生活垃圾无害化处理率 100%。深入推进市域社会治理现代化试点，全年矛盾纠纷化解率 99.3%，西郊街道昌南湖社区入选“全国综合减灾示范社区”、华风社区获评第八批“全国民主法治示范村（社区）”，丽阳镇枫林村被认定为“第二批全国乡村治理示范村”，社会环境和谐稳定。

四是良好开局体现在外部形象的显著提升上。打造“昌南瓷宴”、昌南里夜游等文旅品牌，成功举办第二届全国肢体残疾人书画文化节和张五常西周曹姬侯青铜展，《照进裂缝的光》被“学习强国”学习平台采用，《昌江十里过丽阳》宣传片在全省、全市引起热烈反响，“洪家大院说党史”系列宣讲创新做法被人民网、央广网等中央主流媒体陆续报道，特别是8月10日，省委书记易炼红调研富祥科技，9月28日，成功举行富祥科技（一期）竣工暨凌富医药项目开工仪式，10月28日，鱼丽电子信息产业园开工，昌江的形象已经发生翻天覆地的变化，昌江的知名度和美誉度明显提升。

五是良好开局体现在从严治党的纵深推进上。圆满完成村乡两级换届工作，把政治标准放在首位，在用人上树立“看重基层干部、注重实干实绩、尊重人岗相适、器重默默奉献”的鲜明导向，坚持换届不换挡，干事不松劲，在冲刺中交接班，把换届之年变成大干之年、争先之年。扎实开展政法队伍教育整顿工作，办结信访举报、问题线索16件，处理8人；运用监督执纪“四种形态”，共立案64件，处理139人次，形成风清气正的良好政治生态。

二、关于2022年工作的总体要求和目标原则

2022年是党的二十大召开之年，做好今年的工作意义重大，任务艰巨，使命光荣。对2022年的经济形势，中央和省委、市委经济工作会议都作出科学判断，为我们顺大势、谋大事指明方向，提供根本遵循。我们一定要把思想和行动统一到党中央和省委、市委的部署要求上来，抢抓机遇、奋发有为，加快推进高质量跨越式发展。

首先，要懂得学会借势。“十四五”对昌江区来说，是可遇不可求的重要窗口期、决不可丧失的发展关键期、大有可为的战略机遇期。一是要借宏观政策利好的大势。中央经济工作会指出，今年国家将加大宏观政策跨周期调节和逆周期调节力度，积极推出有利于经济稳定的政策，慎重出台有收缩效应的政策，政策发力适当靠前，激发内需潜力、适度超前开展基础设施投资、“十四五”规划重大项目陆续上马等政策效应持续释放。我们要准确把握宏观政策取向，深入学习习近平新时代中国特色社会主义经济思想，深刻领会“三新一高”要求，创造性地落实各项政策措施，开拓性地抓开放、抓产业、抓发展。二是要借国家和省市战略机遇的大势。随着中部地区崛起、国家试验区建设等国家战略深入实施，省党代会“全面建设六个江西”和市党代会“五新”战略行动的有序推进，都为我们争取项目投资、扩大对外开放、加快产业发展带来新的机遇。我们要充分整合优势资源，全面加强战略对接，深度融入国家和省市的发展战略，进一步培育发展新动能，开拓发展新空间，打造发展新高地。三是要借地域基础条件增强的大势。市第十五次党代会指出，昌江区就是206国道工业发展轴的起点。随着鱼山医药产业园、鱼丽电子信息产业园的快速推进，冷链物流园的即将竣工，乐昌产业合作示范园的稳步推进，这个起点的优势就瞬间凸显出来。我们要围绕这个起点，最大限度地发挥这个比较优势，把优势转化为来势，把来势转化为胜势，坚定信心推动昌江的高质量发展。

其次，要敢于直面困难。在世纪疫情的冲击下，百年变局加速演进，外部环境更趋复杂严峻和不确定。从国际看，疫情仍是影响世界经济的最大不确定因素，供给短缺、需求拉动、成本推动相互叠加的复合型通胀更为明显。经济全球化遭遇逆流。从国内看，我国经济发展面临多年未见的需求收缩、供给冲击、预期转弱三重压力，经济金融领域风险有所抬头，困难和挑战明显增多。特别是受疫情影响，去年经济增速逐季回升，今年则逐季下降，明年特别是一季度经济走势不容乐观，经济下行压力较大。从我区看，发展不足依然是最大区情，经济总量仍然较小，用地、用能等要素瓶颈仍未突破，营商环境不优问题十分突出。面对这些问题和困难，我们必须大力解放思想、强化担当作为、敢于攻坚克难，努力在迎难而上中闯出一条新路、干出一片新天地。

第三，要发扬斗争精神。当前的昌江区正处于厚积薄发、爬坡过坎、转型升级的关键阶段。纵向看，这几年昌江的发展取得可喜变化，不管是高质量发展考核、城乡面貌、产业布局、民生保障，还是外界形象、干部精气神，都有很大进步；但横向看，我区经济指标、营商环境等量化排名，还不是很理想。这是一个区域竞争态势千帆竞发、更趋激烈的时代。我们要清醒准确把握发展的竞争态势，对标先进、咬定目标，勇挑重担、奋勇拼搏，不断提升昌江在全市乃至全省发展格局中的地位和作用。

综合各方面因素，区委考虑，2022年全区工作的总体要求是：坚持以习近平新时代中国特色社会主义思想为指导，全面贯彻中共十九大和十九届历次全会精神，深入贯彻习近平总书记视察江西重要讲话精神，全面贯彻中央和省委、市委经济工作会议精神，深入落实省、市、区党代会精神，大力弘扬伟大建党精神，以国家陶瓷文化传承创新试验区建设为统领，坚持稳字当头、稳中求进，注重“稳住、进好、调优”协同发力，稳增长、强产业、优环境、防风险、惠民生，全力实施“3344”战略行动，全面建设现代化魅力新昌江，以优异成绩迎接中共二十大胜利召开。

全区经济发展的主要预期目标是：地区生产总值增长7%以上，新旧动能加快转换，质量效益进一步提升，在全省一类县区高质量考核中排位前移，城乡居民收入增长与经济增长保持基本同步，为完成“十四五”规划目标打下坚实基础。

做好今年的工作，要深刻把握三个方面的原则要求。

一是深刻把握“稳住、进好、调优”三者之间的关系。“稳住”就是坚持稳字当头、稳字托底，扎实做好“六稳”“六保”工作。“进好”就是稳中求进、进中求好，在发展势头上求进、招大引强中求进、转型升级中求进。“调优”就是优化升级、提质增效，调优发展方式、调优产业结构、调优城市品质。可以看出，“稳”是前提，“进”是目标，“调”是举措，三者相辅相成、相互促进、有机统一。

二是深刻把握局部与全域的关系。这是点和面的关系。昌江区是小区，共有20万人口，面积不到400平方公里。但历史实践证明，小区同样也有大作为。一方面，要抢抓景德镇入选全国首批城市更新试点城市和全国城市体验样本城市的机遇，全力推进谭家山片区、沿江西路和官庄片区城市更新项目，以这两个片区为点，全面提升西市区的集聚力、引领力、辐射力。另一方面，要围绕鱼丽电子信息产业园、陶青台、鱼丽路口这个片区，在科学论证、综合研判的基础上，加快城乡公交、污水处理、垃圾处理、人才公寓等基础设施合理布局，加快社会保障、文化教育、医疗卫生等公共服务均等推进，为全市打造206国道工业发展轴奠定坚实的基础。

三是深刻把握发展与安全的关系。安全是发展的前提，发展是安全的保障。当前，我区社会大局总体稳定，但可预见与不可预见的隐患问题，片刻都不可忽视。在推动高质量发展的过程中，我们一定要树牢底线思维，坚决贯彻总体国家安全观，聚焦政治、意识形态、经济、科技、社会、公共卫生等重大领域，有效防范化解重大风险，守土有责、守土尽责、守土负责，努力实现更高层次、更有质量、更具韧性的发展。

三、关于2022年重点工作

关于今年的经济工作，等下区长伊文斌会作具体部署，各单位各部门要抓好贯彻落实。这里，着重强调“五个聚焦”：

第一，要聚焦实体经济，强力推进产业发展。实体经济是发展之基、富民之源、产业之本。推进高质量发展，必须坚持以质量效益为中心，以产业为抓手，着力培育、发展、壮大、做优产业，努力实现更高质量、更有效率、更加公平、更可持续的发展。

一是工业要上规模，强化核心地位。强力推进工业倍增三年行动，以科技创新为引领，着力抓好传统产业老树开新枝、新兴产业插柳成荫、创新创业育种蹲苗，加快推动工业发展的质量变革、效率变革、动力变革。狠抓新兴动能培育，加快引进先进陶瓷、生物医药、节能环保、智能制造等战略性新兴产业。狠抓产业集群发展，加快打造电子信息和生物医药集群高地，全力助推市千亿精细化工和医药产业形成。狠抓工业平台建设，按照打造“专业园、特色园”思路，加快建设鱼丽电子信息产业园、鱼山生物医药产业示范园。狠抓“腾笼换鸟”，进一步推动鱼丽工业园二次开发，完善配套设施，提高承载能力，坚决依法清理、盘活园区闲置、低效用地。

二是农业要上档次，强化基础地位。贯彻落实中央农村工作会议精神，稳住农业基本盘，做好“三农”工作，确保农业农村稳定发展。要大力推进高标准农田建设，做大做强龙头企业，培育新型农业经营主体，加快构建现代农业产业体系、生产体系、经营体系，促进粮食、水果、蔬菜、林业、养殖等主要产业转型升级。要推进巩固拓展脱贫攻坚成果同乡村振兴有效衔接，用好冷链物流落户我区的地理优势，大力发展现代农业，支持鲇鱼山镇打造“半城半乡”特色农业，支持丽阳打响“古镇丽阳”农产品品牌，支持荷塘推进“农文旅”融合发展，大力开展乡村建设行动，着力打造富有昌江特色的新时代乡村振兴的样板之地。

三要服务业要成体系，强化支撑地位。做好联手园区、联结新区、联动乐平的文章，科学布局工业设计、电子商务、数字经济、现代物流、品牌营销等生产性服务业，建设产城融合区。结合城市更新，引进一批名品名店、大型商超、专业市场等龙头骨干企业，发展一批餐饮、宾馆、娱乐、商场等生活性服务业，形成富有现代气息、商机人气云集的区域性商贸中心。巩固全域旅游成果，精心打造“昌南里”、香江路美食街等文旅品牌，推出一批有看头、有玩头、有吃头、有住头、有说头、有买头、有学头、有回头的精品旅游线路，推动陶瓷游、乡村游、红色游、生态游深度融合、迅速走红。

第二，聚焦项目建设，强力推进投资拉动。省委书记易炼红指出，项目建设是地方经济社会发展的不二“王炸”。市委已经明确，把2022年作为“产业发展攻坚年”。因此，今年的经济工作重点，落脚点就是要聚焦产业发展，推进项目建设，坚定不移地以项目扩投资、稳增长、促发展。

一要拿出一股“韧劲”和“拼劲”。抓项目建设，不可能立竿见影，不可能一蹴而就，需要持之以恒、久久为功。现在换届已经过去一段时间，有些干部“三把火”的激情不能退了，要发扬“钉子”精神和“蚂蟥”精神，以“功成不必在我”的心态潜心干事，以“建功必定有我”的要求专心做事，舍得流一身汗、脱一层皮、瘦一身肉，盯紧盯牢盯死，牢牢把项目建设扛在肩上、抓在手上、落实在行动上。

二要攻克一批重点和难点。抓项目建设，需要突出重点、纲举目张。要全力服务好昌景黄高铁、沿江西路、鱼山货运码头等省、市重大项目，提前抓紧谋划、抓好项目入库，及早尽快确定2022年的重点项目，特别是要重点围绕先进陶瓷、电子信息、生物医药等主导产业，有针对性地开发、储备、引进一批重大项目。要主动融入国家试验区建设，将陶青台打造成“一轴、一带”的靓丽起点。要建立落实“意向项目抓签约、签约项目抓开工、开工项目抓进度、竣工项目抓投产”的工作推进机制，确保前期项目早开工、早投产、早见效。

三要督出一种压力和动力。抓项目建设，不能上热下冷，需要传导压力、真抓实干。要发挥区委、区政府督查职能作用，强化区纪委区监委的监督检查作用，突出区高质量考核办公室的牵头抓总作用，用好“县域经济高质量考核”这根“指挥棒”，通过正向、反向激励机制，把项目建设特别是产业项目作为重点督查考核的重要内容，实行严格的考核、严格的督导、严格的奖惩兑现。

第三，要聚焦招商引资，强力推进开放合作。要把招商引资作为“一把手”工程，主要领导、主要精力、主要资源要投入项目引进中去。

一是要打好“感情牌”。要把“三请三回”“三企入赣”工作作为扩大高水平对外开放的有力抓手、重要载体和具体路径，加快推动人才库建立，打通与在外乡贤的沟通联络机制，利用中秋、春节、国庆等重要节点，用好师生、同乡、同学、同事等关系网络，大力推动以情招商、以诚感商。

二是要抓好领头雁。企业发展往往有雁阵效应，在招商工作中，大型企业和标志性企业关联度高、聚集效应强，一旦引进落户，出于订单与成本的考量，很容易吸引配套企业和项目。下一步招商重点，要主动寻求与世界500强、国内200强、大型央企、知名民企的战略合作，通过驻点招商、委托招商等各种渠道招大引强，重点引进一批龙头企业和战略项目。

三是要盯紧产业链。产业链招商是招商引资的最有效方式。因为行业相通、产品相关、从业者相亲，企业招引的概率很大，反之企业来了也难以生存。去年，我们几个成功的招商案例，就是产业链招商、以商招商的生动实践。下一步，我们要按照易炼红书记调研富祥时的指示要求，围绕“高大上、链群配”产业集群抓招商，突出产业升级发展、集群发展，在延链补链强链壮链上下功夫，积极主动承接江浙、广东等发达地区产业转移。今年，要力争引进“50”（亿元）项目1个，“20”（亿元）项目2个，亿元以上项目20个。

第四，要聚焦短板弱项，强力优化营商环境。营商环境是昌江的切肤之痛，全省排名倒数。在刚刚召开的市委十二届二次全会上，市委已经明确把优化营商环境作为“一号改革工程”。我们一定要知耻后勇，今年打一个翻身战。老实说，营商环境这个排名深深刺痛我，相信也刺痛大家。我们“痛”在什么地方？痛在盲目乐观、盲目自信，在几个大的企业上花功夫去服务、去对接、去沟通，就自以为掌握面上的情况，忽视对整体环境、小微企业的关心与支持；痛在麻木不仁、不敢担当，只说这样不行，不说怎样能行，痛定不思痛，知耻不奋进；痛在多头管理、人浮于事，之前没有明确到底是工商联还是发改委，或者其他部门牵头，不抓具体、不抓深入，这不光说你们，我也要开展自我批评，对抓营商环境的体制机制没有破题研究，对破坏营商环境的人和事没有下狠心、出重拳。当前，昌江区的营商环境建设工作形势十分严峻、局面十分不利、工作十分被动。同志们，这些年来，我们在抓经济社会发展的过程中，同样面临过很多困境、考验、危机。抓征地拆迁难不难？市委要求7天拆完沿江西路征迁，我们干部4天半时间就完成顺吉物流园2.4万平方米征拆。抓闲置土地清理难不难？9月28日市牛奶厂资产还在人家手里，10月28日鱼丽电子信息产业园就举行开工仪式，只用7天完成7200平方米厂房破拆，150亩土地清表，只用15天收回夏石高新技术有限公司150亩优质土地资产。抓项目建设难不难？凌富项目从洽谈到落地到开工仅用3个月时间，25天完成300多亩土地平整、120万立方米土方工程。这些工作都证明，昌江的干部队伍是一支敢打硬仗、善打恶仗、能打胜仗的队伍，是一支敢于作示范、勇争先的队伍！区委相信，只要全区上下团结一致、坚定信心，我们一定能够排除万难、扫清障碍，打赢营商环境整治这场攻坚仗、翻身仗、争气仗！

一是要营造高效便捷的政务环境。持续深化“放管服”改革，进一步优化办事流程，推进政务服务事项标准化，用政府权力的“减法”换取市场活力的“乘法”。要着力破解办事难问题,实行“首问负责制”“首接负责制”，首问负责、首接负责、负责到底，对企业诉求限时办结、按期答复。要打造周到的全程代办服务，为企业提供从洽谈、签约、建设到投产全程跟踪“保姆式”服务。要构建“亲清”新型政商关系，只要做到有交往、没交换，有交集、没交易，就要大胆为企业搞服务、与企业家交朋友。要坚持以铁的纪律、铁的面孔、铁的手腕查处影响发展环境的人和事，谁挡路、就要谁让路，谁搅局、就要谁出局，谁失职、就要谁失业。在这里，我特别强调一句：今后，谁破坏昌江的经济发展环境，谁就是昌江的罪人，就是昌江群众的敌人。区委决不允许吃拿卡要现象继续存在，决不允许占着位子不想事、拿着薪水不干事、带着笑脸不办事。

二是要营造守信践诺的诚信环境。企业家是宝贵的资源，在昌江还是稀缺资源，必须服务好、利用好。对待企业家，眼光不能仅仅局限于一地、一时、一利之“失”，更应该看到企业给我们带来的资金、技术、市场、就业等各方面的“得”。要有战略思维、全局眼光，学会“舍”，学会算大账、算长远账、算综合账，不管区级财政如何困难，涉企资金必须保障、优惠政策必须兑现，对答应企业家的事，必须一诺千金、坚决兑现，决不能“欠企业的钱”“放企业的鸽子”。对于历史遗留问题，我们必须正视，新官也必须理旧账，今年涉企历史遗留问题，“两办”要梳理一下，一事一挂点，由区委区政府明确牵头的县级领导统筹化解。

三是要营造公平透明的法治环境。执法的目的是帮助企业纠正发展方向、实现更好发展，也是服务的一种形式，但绝不能以检查代替服务、以罚款代替服务，绝不能以执法为手段变相地找企业麻烦，发现一起、严查一起，绝不姑息。要坚持凡查必备，从制度上预防“随意性执法”“选择性执法”“倾向性执法”等行为，为企业生产经营保驾护航。公、检、法、司等部门要为企业发展提供有力的司法保障，在优化发展环境、整顿市场秩序、提供法律服务等方面履职尽责，尤其是对妨碍、破坏企业经营的违法犯罪活动要露头就打、依法严惩，维护好企业的合法权益。

四是要营造开放包容的市场环境。营商环境优化需要大力解放思想，凡是外地成功做法，都可以大胆引用；凡是政策法规没有明令禁止的，都可以大胆试行；凡是上级政策和规定有一定弹性幅度的，都要放到最宽。要对现有产业政策、招商引资政策进行梳理汇编成册，加大送政策上门力度，真正把政策用足用好。要坚持以市场主体为中心，抓紧出台惠企政策，激发市场活力、帮助企业发展。要研究吃透政策机遇，精心编制项目，主动上跑对接，争取更多项目、资金和政策支持企业发展。要大力推进“银税合作”“银企合作”，探索与区国资公司协作模式，帮助企业抵押贷款，降低融资成本，切实解决好民营企业“融资难、融资贵”问题。

五是要营造宜商宜居的生活环境。加大交通、用水、用电等配套设施建设力度，协调降低水、电、气等生产要素价格，为企业营造便捷的生产生活环境。要积极推动人才公寓建设或租赁，加快制定出台企业人才子女入学管理办法，解决广大人才的后顾之忧。要给企业家适当的足够的政治上的荣誉、社会上的地位，继续团结好、组织好民营企业家队伍，营造人才想进来、想创业、想扎根的良好氛围。

第五，要聚焦共建共享，强力推进民生改善。民生是最现实的“国之大者”。我们要坚持民生为本，切实维护好群众的根本利益、共同利益、长远利益。

一是要抓好生态环境建设。要树立底线思维，实行最严格的生态环境保护制度，持续推进中央生态环保督察问题整改、大气污染防治和“林、河（湖）长制”管理，强力整治突出环境问题。要贯彻中央和省委部署要求，把碳达峰、碳中和纳入全区生态文明建设整体布局，抢抓机遇发展新能源项目和产业，大力培育绿色低碳新兴产业，坚决遏制“两高”项目盲目发展，不断提高发展的质量和效益。

二是要发展社会事业。深入开展“我为群众办实事”实践活动，聚焦教育、医疗等重点民生领域，全力解决好幼有所育、学有所教、劳有所得、病有所医、老有所养、住有所居、弱有所扶；就业岗位、托幼园位、上学座位、医疗床位、养老点位、停车车位、如厕厕位等群众急难愁盼的“七有”“七位”问题，让民生福祉更有“温度”更有“质感”。要做好城镇困难群众解困脱困工作，确保共同富裕路上“一个都不掉队”。

三是要树牢风险意识。把防范化解重大风险摆在特别突出的位置，树牢财政、金融等方面风险意识，增强风险研判、风险识别的本领，提高防范化解各领域风险的能力。要坚持“谁家孩子谁抱”，强化属地风险处置责任和维稳第一责任，严格落实行业主管、纪检监察等部门责任和企业自救主体责任，对重大风险做到“一案一策”，形成风险防控化解合力。

四是要维护安全稳定。今年将召开中共二十大，中央再三强调，要保持国泰民安的社会环境。要绷紧平安稳定之弦，加大违法犯罪活动打击整治力度，常态化开展扫黑除恶斗争，严格落实安全生产责任制，守万家灯火、护一方平安。深入推进市域综合治理试点工作，完善落实网格化管理运行机制。聚焦疑难信访积案，采取领导包案、集中攻关、综合施策的方式，开展集中化解专项行动，切实提高群众满意度。

四、关于加强和改善党对经济工作的领导

做好经济工作，关键在党、关键在人。全区各级党组织要切实担负起全面从严治党的主体责任，不断增强全面从严治党的系统性、创造性、实效性，为实现全区新一轮高质量发展提供坚强的组织保障。

一是要推动大抓落实之风。落实是最大的政治担当，也是最硬的工作作风。省党代会闭幕后不久，省委书记易炼红专门撰写《关于抓工作落实的调研与思考》调研报告，向全省释放大抓工作落实的强烈信号。要以“实”为本抓落实。要做老实人，不投机、不钻营，踏实干事，埋头做事；要办老实事，少说怎么抓，多想怎么干；要说老实话，不夸大，不遮掩，不阳奉阴违。要以“快”为先抓落实。始终保持“一天当作两天用，三步并作两步走”的实干精神，不等不靠马上办，立说立行、说干就干、干则必成。要以“和”为贵抓落实。昌江区当前的团结氛围来之不易，大家要像爱惜自己的眼睛一样去珍惜、去维护。坚持大事讲原则、小事讲风格，工作圆台补台不拆台、理解谅解不误解，确保思想上合心、工作上合力、行动上合拍。

二是要营造争先进位之风。坚决克服自满心态、等靠心态、安逸心态，时刻保持进取精神、拼抢精神、攻坚精神，放大“坐标系”、找准“参照物”，把本地本部门的工作放到全市全省的大局大势中去思考、去谋划，以勇立潮头的姿态、争创一流的勇气，同好的争、跟强的比、与快的赛，努力实现争先进位。易炼红书记在全省领导干部专题研讨班开班式上，给每个县区都布置了一项作业，就是要在全国范围内明确一个对标的先进目标。我认为，每个地方、每个单位也要在全市、全省找到一个追赶的先进和标兵，明确2022年怎么追、怎么赶，达到什么效果，并把这个“参照物”报区委。

三是要树立廉洁自律之风。惩治腐败、端正党风，是民心所向、事业所需。要压实管党治党、一抓到底政治责任，坚持把党委主体责任和纪委监督责任一贯到底。要锲而不舍转作风，严格落实中央八项规定精神，严厉整治形式主义、官僚主义问题，努力形成基层减负常态化长效化。要紧盯工程建设、项目审批、国有企业、营商环境等领域，运用监督执纪问责“四种形态”，坚决整治群众身边腐败问题和不正之风，做到有案必查、有腐必惩，发现一起、严办一起，保持风清气正的政治生态。

昌江区人民政府工作报告

——在昌江区十一届人大二次会议上

区长 伊文斌

（2022 年 2 月 22 日）

一、2021 年工作回顾

一年来，我们坚持以习近平新时代中国特色社会主义思想为指导，坚决贯彻落实市委、市政府和区委各项决策部署，统筹疫情防控和经济社会发展，扎实做好“六稳”工作，全面落实“六保”任务，实现“十四五”良好开局。

这一年最令人振奋的是，交出一份亮眼答卷。全区经济社会发展保持稳中有进的良好态势，全年 GDP 增长 8.7%，规上工业增加值增长 10.9%，固定资产投资增长 9.4%，社会消费品零售总额增长 16.2%，城乡居民人均可支配收入分别增长 8%、8.6%。财政总收入增长 6.1%，其中税收占比达 82.4%。全年共签约落户“5020”（亿元）项目 2 个，5 亿元以上项目 6 个，亿元以上项目 14 个。区国资公司资产突破 50 亿元，是 2020 年初的 25 倍。净增“四上”企业 43 家，是 2020 年的 6.1 倍。

这一年最令人难忘的是，携手一路奋勇拼搏。一年来，全区上下坚持换届不换挡、干事不松劲，在冲刺中交接班、在奋进中起好步，干成一件又一件大事，展现新时代昌江人能干事会干事干成事的精气神。在人民的大力支持下，仅用 4 天半完成顺吉物流园 2.4 万平方米征拆，25 天完成 300 亩土地平整、120 万立方米土方工程，90 天内凌富医药项目从洽谈到开工，短期内“腾笼换鸟”收回 700 亩闲置用地，快速启动、推进鱼山医药产业园和鱼丽数字经济（电子）产业园建设。这一切，是与时间赛跑的坚毅执着，是与困难较量的拼搏奋进。

这一年最令人自豪的是，赢得一批珍贵荣誉。高分通过国家知识产权强县工程试点县（市、区）验收，连续十一年被评为“全省森林防火平安县区”，华风社区获“全国第八批民主法治示范社区”称号，丽阳镇获“全省第二批‘五型’政府建设示范乡镇”称号。尤为值得一提的是，在全省工业高质量发展考核评价中，排名前移 33 位，进步幅度居全省第 5 名，获省工信厅通报表扬。一连串沉甸甸的荣誉，不断提升昌江的知名度、美誉度和影响力。

这一年最令人暖心的是，各级组织的关心厚爱。2021 年 8 月 10 日，省委书记易炼红调研富祥科技，对昌江区“以商招商、产业链招商”的经验做法给予充分肯定。2022 年正月，省长叶建春在昌江区调研，对昌江区春节假期“三不一旺盛”[1]工作和抓数字经济的思路给予高度赞扬。景德镇市委市政府对昌江区更是厚爱有加，2021 年市委书记刘锋、市长胡雪梅先后 27 次莅临昌江区指导工作，为昌江区发展把脉定向、对症开方。各级组织的关心关爱，极大提振昌江区加快发展的信心和决心，激发全区上下感恩奋进、担当实干的不竭动力！

一年来，主要做了以下工作：

（一）环主线促融入，陶瓷文化传承创新取得新进展。围绕国家试验区建设主线精准发力，圆满完成全省旅游产业发展大会各项任务，打造“昌南瓷宴”、夜游昌南里等文旅品牌，紫晶国际旅行社获评全市首家五星级旅行社，承接中日韩陶瓷文化艺术与旅游周活动，成功举办张五常商周时期青铜器展和全国肢残人（口足）书画文化节，25 个市重点项目超进度完成年度投资，奏响景德镇国家陶瓷文化传承创新试验区建设的雄壮旋律。

（二）重实体促升级，产业发展迈出新步伐。坚定实施工业倍增三年行动，狠抓工业强区和招商引资，各级干部赴京沪、进江浙、下广深，邀请 100 余名台商企业家、上市公司高管来昌江区看项目、话合作、谋发展，承办景德镇航空与电子产业专题推进会，累计开展各类招商引资活动 70 余次。快速推进 10 万平方米工业标准化厂房建设，凌富医药、美科 LED 项目实现当年签约、当年开工，富祥科技（一期）竣工投产。宏亿电子等 4 家企业获批省级工业发展专项，美凯精冲等 10 家企业获评省级“专精特新”企业。

（三）优环境促发展，改革开放焕发新动力。“放管服”改革纵深推进，投资2000万元的新政务服务中心（一期）建成运行。圆满完成财政零基预算改革试点工作，不断深化创新国资平台改革。新增各类市场主体1万余户，占全市新增市场主体总数的35%。扎实开展“企业服务日”活动，提供就业岗位2105个，发放“财园信贷通”“惠农信贷通”等贷款近4亿元，累计减税降费近亿元，发展活力进一步增强。

（四）强投入促提升，城乡建设展现新面貌。持续打好蓝天、碧水、净土保卫战，落实河湖林长制，国考断面水质全部达标。投入1.15亿元，实施15个老旧小区和37条背街小巷改造提升。三闾庙城中村棚改项目全面清零，沿江西路二期项目全线贯通，塔（前镇）荷（塘乡）三级公路项目建成通车。2万亩高标准农田建设全面施工，完成20个新农村点位建设，农村生活垃圾无害化处理率100%，童坊村、杨湾村、山田村入选“省级森林乡村”，枫林村被认定为“第二批全国乡村治理示范村”。

（五）惠民生促和谐，百姓福祉实现新改善。全年民生支出近10亿元，占一般公共预算支出比重接近70%。十件民生实事基本完成。顺利通过全省巩固脱贫成果后评估，率先在全市完成对接国家医保系统和区级养老服务信息平台建设。新改扩建9所公办幼儿园，昌江二中整体搬迁，教育“双减”工作有效落实，昌江姑娘程玉洁在东京奥运会上取得佳绩。依法处置各类欠薪案121件，帮助447名农民工追回工资459万元。持续开展安全生产专项整治三年行动，社会大局和谐稳定。

与此同时，民兵基层建设达标步伐加快，国防动员质效不断提升，军民融合、退役军人、民族宗教、审计、人防、外事、供销、老龄、档案、地方志、工青妇、红十字会、爱国卫生、机关事务等工作都取得良好成绩。

一年来，我们扎实开展党史学习教育，“我为群众办实事”实践活动24个重点项目和《问政江西》交办38件网友建议全部办结。自觉接受人大法律监督、政协民主监督和社会监督，80件人大代表建议、政协委员提案全部办结。坚决落实全面从严治党主体责任，干部清正、政府清廉、政治清明的良好氛围已然形成。

在肯定成绩的同时，我们也清醒地看到，发展中还存在不少困难和不足，主要是：经济总量不大、质量不高、结构不优；民生领域还有不少短板；少数干部争先创优意识不强，抓落实的本领还不过硬；营商环境有待进一步优化，等等。对此，区人民政府将高度重视，采取有力措施予以解决。

二、2022年工作安排

今年是中共二十大胜利召开之年，是全面贯彻省、市、区党代会精神的开局之年，做好政府工作意义重大。总体要求是：坚持以习近平新时代中国特色社会主义思想为指导，全面贯彻中共十九大和十九届历次全会精神，深入贯彻习近平总书记视察江西重要讲话精神，以景德镇国家陶瓷文化传承创新试验区建设为统领，坚持稳字当头、稳中求进，注重“稳住、进好、调优”协同发力，稳增长、强产业、优环境、防风险、惠民生，全力实施“3344”战略行动，全面建设现代化魅力新昌江，以优异成绩迎接中共二十大胜利召开。

经济社会发展的主要预期目标是：地区生产总值增长7%以上，一般公共预算收入增长5.5%以上，规模以上工业增加值增长8.5%以上，固定资产投资增长8.5%以上，社会消费品零售总额增长10%以上，实际利用外资增长6%以上，城乡居民人均可支配收入分别增长7.5%、8%左右，城镇登记失业率控制在4.5%以内，完成国家和省市下达节能减排工作任务。

实现上述目标，要坚持党的领导，要学会借势发力，要敢于直面困难，要发扬斗争精神，重点把握“四个突出”：突出稳中求进。坚定实施省委、省政府“双一号工程”，打好稳企业强信心、抓项目扩投资、优服务靓环境组合拳，保持稳中有进、进中向好的发展态势。突出融合发展。全力推进昌江区与高新区的“两区”融合、产城融合、城乡融合、党建融合，在融合发展上作示范、勇争先。突出争先创优。进一步放大坐标系、找准参照物，锚定九江市柴桑区等先进县区，一切对标先进，持续学习先进，奋力赶超先进。突出提质提效。进一步拉高标杆、提高标准，推动农业提质、工业提档、服务业提标，在工业强区、招商引资等各项重点工作上实现提质提效。

具体来讲，就是“围绕一个中心、做到四个坚持”，主要抓好五个方面工作：

第一，围绕中心大局，深度融入国家试验区建设。围绕“两地一中心”[2]战略定位，主动靠拢“一轴一带一区多点”[3]核心区布局，在景德镇国家陶瓷文化传承创新试验区建设重大机遇中展现更大作为。

推进传承创新。以丽阳窑址、三闾庙明清古街为重点，探索数字化保护利用，加强陶瓷文物保护、研究和修复。发展陶瓷文化创意体验和研学实践，支持陶瓷文化进校园，鼓励区中心幼儿园、区实验学校等有条件学校开展陶艺教育。做好新建张五常藏品博物馆前期工作，打造文化遗存平台承载。

促进文旅融合。放大国家全域旅游示范区品牌优势，发挥古窑、中国陶瓷博物馆、昌南里等文化景区的辐射带动作用，促进旅游业全要素、全产业链发展。依托月亮湖、郭璞峰等景点生态优势，开发康养休闲游、山地户外游等一系列旅游产品。加快建设童坊村红色旅游项目，推进荷塘国家AAAA级乡村旅游点创建工作，打造中国农垦文化传承创新地。支持宁封窑创国家AAAA级景区，推进区旅游集散中心建设。建好香江路美食街区，挖掘、打造昌江美食品牌。力争全年接待游客突破600万人次，旅游综合收入突破90亿元。

繁荣对外交流。加强与国内外文化机构的交流合作，协助办好2022中国景德镇国际陶瓷博览会。建成陶青台陶瓷文化创意园，培育京东陶瓷电商园区，推进宁封窑顺利开园，办好北京国际设计周景德镇分会场活动，打造集创意、设计、定制、展示、交易于一体的“一轴、一带”靓丽起点。改善提升锦绣昌南、中国陶瓷城等陶瓷集贸市场周边环境，支持名镇瓷毯、巴宝利等陶瓷企业发展壮大，吸引优质陶瓷企业投资落户。

第二，坚持工业强区，全力以赴打造206国道工业发展轴重要支撑。深入开展“产业发展攻坚年”行动，加快推进工业提档，不断推进产业基础高级化、产业链现代化。

打造优势产业。围绕“2+1+N”产业体系[4]，实施产业链链长制，不断推进延链补链强链，完成规上工业营业收入276亿元以上。做大生物医药产业，力争生物医药行业全年营业收入突破50亿元，总产值突破60亿元。做大电子信息产业，力争电子信息行业全年营业收入突破10亿元，总产值突破15亿元。发展先进陶瓷产业，重点依托生物医药、电子信息等优势产业，发展通信及电子陶瓷、生物陶瓷。发展数字经济产业，聚焦错位发展、场景培育、产业集聚、赋能升级，抢占数字经济产业基础赛道，出台《昌江区数字经济发展三年行动计划》，建设昌江区数字经济总部经济大楼，加快鱼丽数字经济（电子）产业园建设，着力打造数字经济集聚区。加快产业数字化，对接黑猫集团、富祥药业等重点企业，学习浙江、江苏等地先进经验，建设一批智慧工厂，力争工业技改增速达70%。

倾力扶优扶强。落实“意向项目抓签约、签约项目抓开工、开工项目抓进度、竣工项目抓投产”的工作推进机制，确保凌富医药、美科LED、安正科技等重点项目今年如期竣工投产。常态化开展“企业服务日”活动，落实减税降费政策，加大对企帮扶纾困力度。推动“个转企”“小升规”“规上市”，促进中小微企业“专精特新”发展，支持重点企业增资扩产，净增规上工业企业15家以上。优化资源配置，进一步“腾笼换鸟”，力争盘活闲置用地500亩以上。

实施工业企业。工业发展轴打通堵点、连接断点。加快“两区”融合，支持高新区发展，建设昌高飞地经济产业协作园，推进设施共建、资源共享、合作共赢，在项目建设、调区扩区、社会事业等领域携手并进，启动鱼丽工业平台申报省级工业园区工作。加快产城融合。确保“产有空间”，推进调区扩区，鱼山医药产业园扩容至1700亩左右，鱼丽数字经济（电子）产业园扩容至1000亩左右，新建工业标准厂房10万平方米以上；确保“城有配套”，加快园区道路、学校、医院、商住区等配套设施建设，建成鱼丽工业平台污水处理厂。加快城乡融合。重点突出“四个一体化”[5]，扎实推进公交进乡村，实现行政村全覆盖，加快206国道沿线要素聚集、业态汇集、人流云集，引导工农商互促互补，将“城乡接合部”的治理难点，打造成“城乡融合区”的特色亮点。

第三，坚持改革开放，全力以赴增强经济社会发展动力活力。不执于旧、不畏于新、不懈于闯，加大改革的力度，拓宽开放的程度，持续培育跨越赶超强劲动能。

全面优化营商环境。实施“一号改革工程”，按照“五个营造”[6]工作要求，实现为企服务“零距离”、落实政策“零偏差”、损害企业“零容忍”，让企业家在昌江区专心创业、放心投资、安心经营，坚决打赢优化营商环境“翻身仗”。重点把握“四个一”：坚持一个目标，坚决迈进全省营商环境考核中等以上水平。打造一个品牌，加快“昌快办·畅快办”政务服务品牌建设，完成区政务服务中心（二期）建设，持续推进“六减一增”[7]。落实一套机制，落实挂点领导“五包”[8]责任制，常态化举行企业家恳谈会，全过程协调解决项目推进问题。营造一种氛围，对全区2.9万余户市场主体，划分网格做好服务，扎实开展“千名干部进万企”活动，形成“人人都是营商环境、人人关心营商环境、人人助力营商环境”的一流氛围。

深化重点领域改革。推进国资公司改革，健全现代企业经营管理制度，加强人力资源配置，实施薪酬制度改革，加快转型发展。提升投融资能力，健全风险防范机制，有序推进资源资产化、资产资本化、资本证券化。促进国有资产保值增值，做好资源资产的二次开发和多元利用，鼓励同各乡镇（街道）开展深度合作。坚持公建项目和产业项目“两手抓、两手硬”，放大国有资本功能，提升对主导产业的带动力。强化市场思维，突出业态培养，全面布局工业贸易、乡村振兴、工程项目、房地产开发、酒店服务等板块，提升企业盈利水平，力争公司资产规模突破100亿元。深化“放管服”改革，赋予乡镇（街道）更多审批服务执法权限，抓好“容缺审批+承诺制”等集成式审批改革，深化惠企政策兑现“线上一网、线下一窗”改革，实现600项以上政务服务“一网通办”，推动更多政策“免申即享、即申即享”。实施临聘人员管理改革，完成机关事业单位临聘人员摸底调查，有序推进区直各单位、区属各学校、各乡镇（街道）临聘人员规范管理，切实降低行政成本。

持续提升开放水平。大力开展产业链招商、以商招商、资本招商、基金招商、乡贤招商、驻点招商，采取“头部企业+专业化分工”模式，力争全年引进“50”（亿元）项目1个、“20”（亿元）项目3个、5亿元以上项目8个、亿元以上项目20个。以位于辖区的昌景黄高铁乐平北站建设为契机，加快推进乐昌产业协作示范园建设。深入开展“赣企入景”“三请三回”[9]等系列活动，引导带动民营资本共享发展良机，力争民营资本投入占全年区级重点项目投资额比重达70%。

第四，坚持美美与共，全力以赴提升城乡功能品质。持续推进新型城镇化和乡村振兴，守护美好生态，打造颜值更高、气质更佳的大美昌江。

建设美丽城市。提升城市品质，推进谭家山片区、官庄片区城市更新项目，完成沿江西路二期道路防洪工程、吕蒙大桥危桥重建，推进15个老旧小区改造提升，做好老旧小区加装电梯工作，加快昌南、园林农贸市场建成使用，启动河西农贸市场建设。加强城市管理，深化城管体制改革，完成吕蒙乡撤乡改设街道，打造汪王庙智慧社区，建设53个智能安防小区，创新无物业小区管理模式，常态化开展志愿服务，巩固国家卫生城市创建成果，助力全市争创全国文明典范城市。旺盛城市商圈，推进服务业提标，实施新一轮商贸消费升级“三年行动”。加快昌南里文化景区业态植入，把昌南里长天酒店打造成西市区高端商务酒店。大力发展民宿经济、赛事经济、夜间经济，力争净增规模以上服务业企业15家、限额以上商贸企业20家、资质内建筑业企业6家。

打造美丽乡村。巩固脱贫攻坚成果，加快实施乡村振兴，扎实做好“三农”工作。促进农业提质提效。加快培育“一村一品、一镇一业”，支持鲇鱼山镇打造“半城半乡”特色农业，支持丽阳镇唱响“古镇丽阳”农业品牌，支持荷塘乡推进“农文旅”融合发展。严守耕地“红线”，再完成2万亩高标准农田建设。发挥农业龙头企业带动作用，启动丽阳镇万亩黄精种植项目，推进荷塘酱坊、粉皮加工坊建设。促进农村宜居宜业。以开展美丽乡镇建设五年行动为契机，以昌景黄高速铁路沿线为重点，持续深化农村人居环境整治，推进“三大革命”[10]，提升一批美丽村庄、美丽庭院、美丽田园、美丽公路、美丽河湖。促进农民富裕富足。实施产业强村、经营强村行动，推进农村土地“三权”分置[11]，行政村村集体年经营性收入增长10%以上。持续推进供销综合改革，丰富营销助农、消费惠农、金融扶农等措施，办好农民丰收节、农产品展销会等特色活动。

构建美丽生态。打好新一轮蓝天、碧水、净土保卫战。落实河湖林长制，确保国考断面水质100%达标，大力提升森林火灾预防和扑救能力。全面推进生活垃圾分类处理设施建设，有序推动6个农村污水治理项目建设。落实碳达峰、碳中和工作要求，推进“三线一单”[12]分区管控，完善能耗“双控”制度，坚决遏制“两高”项目发展。

第五，坚持共建共享，全力以赴增进民生福祉。用脚步丈量民情，用服务增添民利，实实在在提升人民群众的获得感、幸福感、安全感。

健全“保民生”体系。加大就业创业扶持力度，开展职业技能提升行动，城镇新增就业2600人以上。持续抓好重点领域欠薪治理，让农民工不再“忧薪”。实施全民参保计划，落实医保改革政策，兜牢社会保障底线，逐步解决村、社区干部相关保险事宜。完善社会救助和福利补贴政策，实现应救尽救、应补尽补。持续发展老龄、残疾人、红十字会和“双拥”优抚事业，切实保障妇女、儿童和青少年的合法权益。

发展“暖民心”事业。启动区工人文化宫和文化“三馆”建设，加大公办幼儿园补短力度，新建7所公办幼儿园。推进义务教育优质均衡发展，推进8所中小学校改扩建。完成昌江一中改造提升一期工程，打造“学在昌江”特色品牌。加快构建产教融合、顺应产业发展的现代职教体系。推进森林公园康养中心建设，开展乡镇养老服务机构提升专项行动，改造提升全区农村敬老院。积极应对人口老龄化，推进“三孩”配套政策落实。加快健康昌江建设，深化医疗卫生体制改革，推进昌江区中医医院建设，提升基层医疗卫生服务水平。办好2022年“十件民生实事”[13]，着力解决群众关切的突出问题。

推进“护民安”治理。抓好常态化疫情防控，完善重点领域专项应急预案。推进鱼山消防国家一级站、交警鱼山中队、区专业森林消防大队营房正规化建设，打造区级应急综合指挥平台。健全矛盾纠纷化解协调机制，有序化解信访积案。推动扫黑除恶常态化，严厉打击违法犯罪行为。加强网络安全保障体系和能力建设，牢牢守住意识形态阵地。完善隐患排查整治长效机制，严守生产安全、食药安全、防火防汛等各领域安全底线，确保社会大局和谐稳定。

政府自身建设是永恒的课题，我们必须巩固拓展党史学习教育成果，严格落实“四最”[14]工作要求，纵深推进新形势下“五型”政府[15]建设，坚决扛起“保一方平安、促一方发展”的重任。我们将满怀忠心向党的赤诚。增强“四个意识”，坚定“四个自信”，做到“两个维护”，捍卫“两个确立”，确保党中央和省、市、区委决策部署不折不扣执行到位。我们将涵养尽心履职的作风。满怀工作热情，加快工作节奏，提高工作效率，拒绝“躺平”，争当“干将”，加速形成“定了就办、马上就办、办就办好”的工作常态。我们将坚持凝心聚力的原则。严格落实“三重一大”制度，贯彻民主集中制，走好群众路线，推进政务公开，自觉接受人大法律监督、政协民主监督和社会监督。我们将彰显正心养廉的风骨。坚决扛起全面从严治党主体责任，主动履行“一岗双责”，严格落实中央八项规定精神，从严从紧抓好预算执行，持续缩减“三公”经费，用政府的“紧日子”换老百姓的“好日子”、昌江的“美日子”。

注释：

【1】“三不一旺盛”：春节期间重大项目不停工，重点企业不停产，招商引资不停步，消费市场更旺盛。

【2】“两地一中心”：国家陶瓷文化保护传承创新基地、世界著名陶瓷文化旅游目的地、国际陶瓷文化交流合作交易中心。

【3】“一轴一带一区多点”：珠山大道陶瓷文化保护传承轴、昌江百里风光带、新平先行区以及高岭矿山公园、南窑遗址、瑶里古镇等10个能够集中体现景德镇陶瓷文化的典型区域。

【4】“2+1+N”产业体系：生物医药、电子信息+先进陶瓷+数字经济等其他优势产业。

【5】“四个一体化”：产业发展一体化、设施建设一体化、公共服务一体化、劳动力就业一体化。

【6】“五个营造”：营造高效便捷的政务环境，营造守信践诺的诚信环境，营造公平透明的法治环境，营造开放包容的市场环境，营造宜商宜居的生活环境。

【7】“六减一增”：推进减环节、减材料、减证明、减时限、减跑动、减费用、增强透明度。

【8】“五包”：挂点领导包项目“签约落地、立项开工、施工环境、进度质量、竣工投产”。

【9】“三请三回”：请乡友回家乡、请校友回母校、请战友回驻地。

【10】“三大革命”：农村垃圾、污水、厕所革命。

【11】“三权”分置：在坚持农村土地集体所有的前提下，促使承包权和经营权分离，形成所有权、承包权、经营权“三权”分置，经营权流转的格局。

【12】“三线一单”：生态保护红线、环境质量底线、资源利用上线和生态环境准入清单。

【13】十件民生实事：（1）实现村村通公交车；（2）启动谭家山片区城市更新；（3）启动昌江区工人文化宫和文化“三馆”建设；（4）完成2万亩高标准农田建设；（5）实施鱼（山）丽（阳）路口改造提升；（6）实施昌江一中改造提升；（7）改造提升全区农村敬老院；（8）逐步解决村、社区干部相关保险事宜；（9）发放创业贷款5000万元；（10）理顺吕蒙乡卫生院管理体制，保障全区各乡镇卫生院医疗卫生人员养老保险待遇。

【14】“四最”：最讲党性、最讲政治、最讲忠诚、最讲担当。

【15】“五型”政府：省人民政府于2018年提出的政府模式，具体为“忠诚型、创新型、担当型、服务型、过硬型”政府。

专 文

昌江区新时代十年纪略

中共十八大以来的十年，是党和国家事业发展取得历史性成就、发生历史性变革的十年，也是昌江区牢记嘱托、感恩奋进、勇毅前行、跨越发展的十年。十年来，昌江区始终坚持以习近平新时代中国特色社会主义思想为指导，认真贯彻党中央决策部署，牢记“建好景德镇国家陶瓷文化传承创新试验区，打造对外文化交流新平台”殷殷嘱托，完整、准确、全面贯彻新发展理念，坚决有力落实省委、省政府和市委、市政府各项工作要求，迈出“小区也有大作为”的坚实步伐，全区经济社会发展取得可喜成绩。

9月22日，“景德镇这十年”系列主题新闻发布会（昌江区专场）举行

坚持创新发展，产业结构持续优化

十年来，昌江区瞄准大项目，做优营商环境，“专精特新”企业达7家，高新技术企业达31家，高新技术产业增加值占规模以上工业增加值比重达27.9%。规模以上工业企业达42家，规模以上工业营业收入167.8亿元，规模以上工业增加值年均增长14.88%，生物医药、电子信息两个首位度产业占比超过70%。全区数字经济核心产业规上企业11家，新增企业上云数524家，位列全省第27位。

坚持协调发展，区域融合更加深入

十年来，昌江区加快推进与高新区“两区”融合发展，奋力开创“一区多园”融合发展新局面。积极推动“飞地经济”突破性发展，加快推进电子信息产业园和高新区数字经济产业园连片发展，对1548亩工业用地深化合作，大力推进占地670亩的鱼丽电子信息产业二期建设，联手引进投资超20亿元的高铁刹车片项目，协同发展的动能不断增强。辖区内总投资12.66亿元的鱼山货运码头即将建成，坐落于鲇鱼山镇辖区内的昌景黄高铁乐平北站加速推进。昌江的区位优势越发凸显，206国道工业发展轴的支撑作用正在强化，区域协调、融合发展的步伐越走越稳。

坚持绿色发展，城乡环境明显改善

十年来，昌江区大力实施城市功能与品质提升三年行动，常态长效开展全国文明城市创建工作，完成57个棚改征收项目、151个老旧小区、513条背街小巷改造提升，为景德镇市成功创建全国文明城市、国家卫生城市作出重要贡献。昌江区全力推进乡村振兴，优化升级10条公交班线，在全市率先实现城乡公交一体化，33个村集体经济收入全部达10万元以上，吕蒙乡古城村、鲇鱼山镇金桥村等村集体收入突破500万元，完成226个新农村点位建设、1万余农户厕所新改建任务，农村生活垃圾无害化处理率达100%。昌江的天更蓝、山更绿、水更清，已成为乡村振兴的新模式，碳达峰、碳中和的新典范。

坚持开放发展，外界形象显著提升

十年来，昌江区着力打造“昌快办·畅快办”政务服务品牌，加压推进营商环境优化升级“一号改革工程”，市场主体突破3万户。围绕“两地一中心”战略定位和“一核两轴”总体规划，率先创建国家全域旅游示范区。昌江区聚焦“高大上、链群配”，成功引进“5020”（亿元）项目7个。2021年，全区社会消费品零售总额达131亿元，同比增长16.2%；实际利用外资突破3000万美元，同比增长7%；引进内资59.4亿元，同比增长8.5%。

坚持共享发展，民生福祉不断增强

十年来，昌江区以“时时放心不下”的责任感坚决兑现民生承诺，扎实办好民生实事，努力提升全区人民的获得感、幸福感、安全感。2021年，全区城乡居民人均可支配收入分别达47155元、21777元，年均增长7.9%、9%；706户1890名建档立卡贫困人口全部实现高质量脱贫。特别是近五年来，完成14所中（小）学、15所公办幼儿园改造提升，新增学位1.74万个。昌江的百姓安居乐业，幸福指数更高，日子越来越甜美。

加强党的建设，示范引领越来越强

昌江区共有中共党员6667人、基层党组织214个，涌现出中共十七大、十八大代表李金霞等一批先进典型，党组织战斗堡垒作用和党员先锋模范作用充分发挥。高质量完成村（社区）“两委”换届，班子结构实现“两升一降”，书记、主任“一肩挑”比例达100%。开展基层党建标准化、规范化、信息化“三化”建设，实施“对标管理、错位争先”行动，打造昌南湖、汪王庙等一批示范社区。

站在新起点，踏上新征程，昌江区将全方位落实党中央“三新一高”重大战略部署，聚焦“作示范、勇争先”目标要求，深入贯彻落实省第十五次党代会、市第十二次党代会部署，踔厉奋发、笃行不怠，以“工业强区、文明新城、开放融合、幸福共享，全面建设现代化魅力新昌江”为目标，坚定信心决心，践行初心使命，勇于担当作为，做好昌江的工作，办好昌江的事情，以实际行动迎接中共二十大胜利召开。

昌江区强力推进双"一号工程"

全省深化发展和改革双"一号工程"推进大会、全市优化营商环境动员大会，吹响了全省全市强力推动数字经济大发展、营商环境大提升的冲锋号角。昌江区抢抓数字经济发展新机遇，以数字产业化、产业数字化，不断深化"放管服"改革，提供全方位、多元化服务，打响"昌快办·畅快办"政务服务品牌，不断激发高质量跨越式发展新动能、新活力，引领昌江区经济强劲开局，持续向好。

产业"蝶变"，数字赋能推动经济发展

2022年以来，昌江区坚持"项目为王"理念不动摇，坚定市委、市政府"工业三年倍增"决策部署，引进一批电子信息重点项目落地生根、开花结果。2021年10月，昌江区鱼丽电子信息产业园暨美科项目开工仪式举行。该项目总占地面积456亩，总投资约42.5亿元。其中包含高标准智能化厂房及美科绿色LED照明产业园、MINI显示屏PCB产业园两个"20"（亿元）投资项目。引进的美科LED照明产业园项目，配套拟引进智能照明、太阳能照明、植物照明以及压铸、电子料、结构件等制造企业15家以上；MINI显示屏电路板产业园项目配套拟引进电路板、LED灯具上下游企业10家以上，数字经济持续发展基础愈加坚实。

鱼丽电子信息产业园的建设，投射出全区产业在智能化引领下拔节成长、转型升级的持续发力，为昌江区创新赋能产业发展提供肥沃土壤。昌江区积极推动人工智能产业应用于当地经济社会发展，引进人工智能产业翘楚猎户星空项目，投入8000万元打造"人工智能+5G"城市会客厅作为数字中枢，打造"赋能·智启时代""中枢·数字大脑""动能·产业互联"等多种布局，全场景、全链条、全方位的AI新型智慧城市大脑，为智慧城市建设提供指引、方案预判、实践和教育，为带动本地产业发展和产业本地化提供技术支撑。

猎户星空智能科技有限公司制造的烹茶机器人"智咖大师"亮相北京冬奥会、昌江区实验学校学生可以在AI教室学习智慧编程教学。在中枢大脑的技术驱动下，昌江区数字产业链和产业集群不断发展壮大，卡服物流、胜利社区智慧养老中心、智慧政务服务大厅、智慧综治平台、智慧发展中心、智慧农贸市场等项目和融合应用示范场景不断催生，助推"一号发展工程"落地见效，成为昌江区新的经济增长点，实现经济社会高质量跨越式发展。

2022年，昌江区聚焦错位发展、场景培育、产业集聚、赋能升级，抢占数字经济产业基础赛道，出台《昌江区数字经济发展三年行动计划》，建设昌江区数字经济总部经济大楼，加快鱼丽数字经济（电子）产业园建设，着力打造数字经济集聚区。

企业"畅快办"，打造高效便捷营商环境

营商环境是看不见、摸不着的软环境，但市场主体"用脚投票"的结果却是实打实的印证。2021年，全区全年共签约落户"5020"（亿元）项目2个，5亿

5月19日，昌江区优化营商环境"千名干部进万企"帮扶工作培训会举行，就推进全区营商环境优化升级工作进行专题授课

元以上项目6个，亿元以上项目14个。全区新增市场主体10594户，其中，企业1205家，同比增长6%；个体工商户9389户，同比增长13%。

2022年以来，昌江区秉承安商、亲商、爱商、护商原则，聚焦企业全生命周期，持续深化“放管服”改革，不断优化政务服务流程，在便企、帮企、惠企上下功夫，高效落实企业帮扶政策，形成上下联动、部门协同、全员参与的优化营商环境体制机制，努力营造出流程明晰、高效便捷、暖心爽心的营商环境，实现为企服务“零距离”、落实政策“零偏差”、损害企业“零容忍”。

完善“帮代办”服务队伍。昌江区“5020”项目陆续成功引进、落地，区行政服务中心优化营商环境职能受限。2022年，突破创新、打破壁垒、顺势而上，成立“帮代办”服务队伍，开展业务培训，整合涉企服务部门力量，帮助重点企业与市直单位对接沟通，确保在短时间内解决问题。

8月3日，区领导到区人民法院调研案件办结率等优化营商环境工作情况

加快“昌快办·畅快办”政务服务品牌建设。推进区政务服务中心（二期）建设，设立公安办事专厅和法人办事专厅，实现部门应进必进；推动乡村两级便民服务场所规范化建设，将更多审批服务事项下沉，让群众家门口就能办成事；提升“赣服通”平台办理功能，持续强化“无证办理”“一链办理”“秒批服务”等事项建设，推动更多事项“掌上办”。

落实挂点领导“五包”责任制。常态化举行企业家恳谈会，对全区2.9万余户市场主体，划分网格做好服务，扎实开展“千名干部进万企”活动，形成“人人都是营商环境、人人关心营商环境、人人助力营商环境”的一流氛围。

积蓄新动能，奋进新征程。昌江区“十四五”数字经济和营商环境的壮丽画卷正徐徐展开，为全面建设现代化魅力新昌江的目标奋力前行。

昌江区全面布局“数字经济赛道”

近年来，昌江区数字经济呈现蓬勃发展态势，从引进重点项目到谋划数字产业，从广泛运用数字技术到赋能社会管理和服务……数字化正渗透、融入昌江人们生活的各个方面。

昌江区数字经济做优做强，科学确立发展目标和方向，扎实推动全区数字经济快速发展。

昌江区科学布局数字产业赛道，确立以电子元器件和半导体照明为基础赛道，以软件和信息技术服务、行业应用软件开发为新兴赛道，以数字文创、电子商务为融合赛道的发展方向。

位于206国道旁的鱼丽电子信息产业园，不到一年时间，已从不毛之地变成工业集聚区，投资20余亿元的“20”（亿元）项目美科绿色LED照明产业园，已经建成10多栋标准厂房；同为“20”（亿元）项目，安正MINI显示屏PCB产业园项目建设快马加鞭，项目进度完成过半。同时，该产业园附近还有昌江区数字经济发展中心、陶青台文创园、宁封窑数字经济产业孵化基地等，多个平台连片形成经济带，构筑起数字经济立体发展的格局。美科、云财科技、浪潮兆谷等一大批数字化企业已入驻各平台。

昌江区紧抓流量风口，发展流量经济，并不遗余力用数字赋能传统产业转型升级，如今线上营销、云管理已成常态。

2022年11月初，宁封窑陶瓷文化发展有限公司全新亮相，打造线下展示、交流体验、展览销售＋线上电商直播、短视频运营、全网销售立体覆盖的数字生态系统。2022年，全区陶瓷行业网络零售额近25亿元。

截至2022年年底，昌江区上云上平台企业达929家。与此同时，昌江区联合景德镇市高新区，与中国联通（江西）工业互联网研究院达成战略合作，筹备成立中国联通（江西）工业互联网研究院景德镇分院，作为工业互联网生态重要载体，重点推动数字经济发展中心建设。该中心将吸纳卡服物流、猎豹移动、云财科技、景腾科技等数字化企业，为智慧物流、人工智能、汽车售后等领域提供大数据和应用软件技术服务。

数字化不仅成为昌江区经济增长点，还为百姓带来美好幸福生活。

通过数字引智，不断完善智慧城市体系。昌江区打造“昌快办·畅快办”服务品牌，运用“赣服通”等大数据平台，强化“无证办理”“一链办理”“秒批服务”等事项建设，让政务服务实现数据“多跑路”、群众“少跑腿”。2022年年底，全区近一半人口注册“赣服通”；在昌江区实验学校，学生通过人脸识别进出校园、体验智慧黑板教学、在智慧食堂刷脸就餐……这是昌江区猎户星空项目落地的成果，项目利用AI智能技术，将老师和学生间形成数据化链接。此外，智慧政务服务大厅、智慧综治平台、智慧农贸市场、智慧停车楼等一大批项目均已建成。

大事记

1月

1日，区委书记倪卫春率队调研全区重点项目建设。在陶青台陶瓷文化创意产业园、富祥科技、凌富生物医药、鱼山货运码头、鱼山集镇改造、鱼丽电子信息产业园和昌南里长天酒店，倪卫春了解项目建设进度、投资规模、发展方向和存在困难，听取意见建议，系统推进项目工作。区领导乐先锋、彭新建、聂刚陪同调研。

3日，区四套班子务虚会召开。区委书记倪卫春主持会议。会议指出：要做强实力，把“家业”立起来；要做靓形象,把“门楣”立起来；要做优服务,把“口碑”立起来；要做严规矩,把“家风”立起来。江智峰、李恩清、陈华清等区副县级以上领导及法检“两长”、全区各乡镇（街道）、单位（部门）负责人出席会议并发言。

8日，在收听收看全省、全市新冠肺炎疫情防控工作电视电话会议后，区新冠肺炎疫情防控应急指挥部立即召开指挥长会议，研究部署春节期间疫情防控工作。区长、区疫情防控应急指挥部指挥长伊文斌出席会议。会议强调，要深刻认识当前疫情防控形势的严峻性、复杂性，精准细致抓好疫情防控各项工作。要强化服务保障，完善区本级、各乡镇街道的物资储备。区政府副区长、区疫情防控应急指挥部副指挥长张碧珍参加会议。

9日，谭家山片区陶瓷文化生态城市更新设计汇报会召开，听取中国城市规划设计研究院（简称“中规院”）关于谭家山片区城市更新项目设计汇报。区领导倪卫春、伊文斌、江智峰、乐先锋、汪维，和中规院主任研究员、中规院长三角文旅研究院有限公司总经理、北京市平谷区政协委员刘畅等中规院专家出席会议。

同日，省委宣传部常务副部长郭建晖到区走访慰问全国道德模范提名奖获得者周发春，并与区委理论学习中心组成员交流学习中共十九届六中全会精神。

14日，区委党史学习教育总结会议召开。区委书记、区委党史学习教育领导小组组长倪卫春出席会议并讲话。市委党史学习教育第三指导组组长、市委宣传部副部长徐耿忠到会指导。全区62家党史学习教育单位主要负责人参加会议。

27日，区委常委班子党史学习教育专题民主生活会召开。市委副书记吴隽到会指导并作点评讲话，区委书记倪卫春主持会议并作总结讲话，市委宣传部副部长、市委党史学习教育第三指导组组长徐耿忠到会指导。会议通报区委常委班子2020年度民主生活会整改落实情况和本次民主生活会征求意见情况，倪卫春代表区委常委班子作对照检查并带头发言，查找问题不足，剖析症结根源，明确整改措施。区委常委会成员逐个发言，开展相互批评和自我批评。

28日，区2022年春节期间疫情防控工作调度会议召开。区政府副区长、区疫情防控应急指挥部副指挥长张碧珍出席会议，区卫健委负责人传达全市2022年春节期间疫情防控工作调度会议精神、安排部署全区春节期间疫情防控工作。

2月

4日，市长胡雪梅到区调研电子信息产业链发展情况，就如何延链、强链把脉问诊。在宏亿电子科技、美科绿色LED照明、MINI显示屏产业园建设工地，她强调，要正确认清形势，坚定发展信心，进一步增强紧迫感、责任感和使命感，营造良好发展环境，突出以商招商，推动电子信息产业发展壮大。区领导倪卫春、乐先锋陪同调研。

7日，区委书记倪卫春主持召开县域经济高质量发展工作调度会，对全市县域经济高质量发展现场巡查准备工作进行调度，对责任再分工、任务再明确、要求再部署。区领导伊文斌、江智峰、乐先锋、余世建、汪德胜、彭新建、汪维、聂刚出席会议。

8日—9日，省长叶建春在景德镇市调研。在区鱼丽电子信息产业园、景德镇名镇天下陶瓷文化创意公司、景德镇5G城市会客厅，他强调，要深入贯彻习近平总书记视察江西重要讲话精神，聚焦“作示范、勇争先”目标要求,坚定文化自信，抢占创新高地，擦亮特色品牌，不断提升产业发展能级和核心竞争力，奋力迈出高质量跨越式发展新步伐，以优异成绩迎接中共二十大胜利召开。

11日，市委书记刘锋、市长胡雪梅率队到区开展全市县域经济高质量发展巡查，现场检阅2021年昌江区经济社会高质量发展成效。

同日，高新区、昌江区2022重大产业项目集中签约开工仪式举行。此次集中签约项目共有20个，总投资234.64亿元；集中开工项目共有16个，总投资210.9亿元。市委书记刘锋宣布项目集中开工并见证签约，市委副书记、市长胡雪梅讲话，市四套班子领导吴隽、曹雄泰、俞小平出席，市政府副市长、高新区党工委书记罗文军主持，高新区管委会主任、昌江区委书记倪卫春致辞。

12日，高新区、昌江区融合发展规划设计情况汇报会召开。听取关于高新区工业五路至南环路片区控规优化调整、高新区与昌江区融合发展初步成果、高新区需市自然资源和规划局协调解决事项的汇报，并进行研究讨论，提出意见建议。市政府副市长、高新区党工委书记罗文军，高新区管委会主任、昌江区委书记倪卫春，市自然资源和规划局党组书记、局长邹虚怀等出席会议。

21日，区市场监督管理局组织执法人员对中国陶瓷城进行突击检查。在某商店发现14盒印有“冰墩墩”“北京2022奥运五环”图样的瓷具。执法人员当场责令当事人改正违法行为，对现场涉及侵权产品进行封存，对涉案当事人做现场检查笔录。

21日—22日，中国人民政治协商会议昌江区第九届委员会第二次会议召开。会议应到委员169人，实到委员160人。会议选举徐美煜为区政协副主席，会议表决通过区政协九届二次会议关于提案审查情况的报告和区政协九届二次会议决议。

22日—23日，昌江区第十一届人民代表大会第二次会议举行。会议应到代表164人，实到代表148人。区委书记倪卫春出席会议。区长伊文斌作《昌江区人民政府工作报告》，区人大常委会副主任占文军作《昌江区人大常委会工作报告》，区人民法院院长周理作《昌江区人民法院工作报告》，区人民检察院检察长程家敏作《昌江区人民检察院工作报告》。大会提请审议关于昌江区2021年国民经济与社会发展计划执行情况和2022年国民经济与社会发展计划草案的报告，关于昌江区2021年财政预算执行情况和2022年财政预算草案的报告。大会表决通过区十一届人大二次会议选举办法。大会选举侯志军、刘志辉为区十一届人大常委会委员。大会还表决通过相关决议。

是月，根据国务院联防联控机制《重点场所重点单位重点人群新冠肺炎疫情常态化防控相关防护指南》（2021年8月版）和省、市有关常态化疫情防控政策要求。

3月

3日，全市村史馆建设现场会在鲇鱼山镇徐坊村村史馆召开。会议要求全市各县区积极落实《江西省地方志事业发展“十四五”规划》和“积极推进县（市、区）方志馆建设”工作要求，全力做好景德镇市申报建设国家方志馆陶瓷分馆和统筹推进全市村史馆（室）建设。市史志办全体班子成员和昌江区委史志办、珠山区委史志办负责人参加会议。徐坊村村史馆，由昌江区委史志办历时一年时间挖掘整理，并依托始建于清乾隆元年（1736）的徐氏宗祠布展而成。

4日，省教育厅发布《关于公布2022年江西省中小学生游泳教育试点县（区）名单的通知》，昌江区成为此次公布的17个试点县（区）之一。通知要求，各试点县（区）要制定游泳教育安全预案和游泳培训场地管理制度，强化游泳安全知识、防溺水知识教育和游泳技能教学，加强校外游泳培训尤其是农村学校学生进城参加游泳培训所需交通、饮食等各方面的统筹安排和安全督导。

6日，区乡镇（街道）经济高质量发展考核现场测评会召开。会上，各乡镇（街道）主要负责人分别就当地2021年经济高质量发展情况和下步工作打算作交流发言。与会县级干部和科级干部本着客观公正、实事求是的态度，依据各乡镇（街道）2021年度工作实绩进行测评。倪卫春、伊文斌、江智峰、李恩清、陈华清等区四套班子领导出席会议，全区科级以上干部近200人参加会议。

9日，区疫情防控工作推进会召开。会议深入贯彻落实习近平总书记在参加全国两会内蒙古代表团审议时关于疫情防控工作重要指示精神以及近期省、市疫情防控工作会议精神，对下步全区疫情防控工作进行部署。会议指出，当前疫情防控形势仍然严峻复杂，国内本土疫情时有发生，全区各级各有关部门要克服麻痹松懈心理，坚持人民至上、生命至上，扎扎实实把各项常态化疫情防控措施落实到位，坚决守住疫情防控底线。区政府副区长、区疫情防控应急指挥部副指挥长张碧珍出席会议。

21日，市委召开人才工作会议。会上，宣读《关于授予景德镇市第二人民医院等12家单位为景德镇市人才创新创业示范基地的通知》，昌江区共有4家单位入选示范基地名单。分别是：江西富祥药业股份有限公司、景德镇猎户星空智能科技有限公司、景德镇卡服物流科技有限公司、景德镇青花道经营管理有限公司。区委常委、区委组织部部长曾亚平参加会议。

23日，市长、市疫情防控应急指挥部指挥长胡雪梅到高速路口、重点企业、街道社区督导疫情防控工作。

24日，《昌江区革命老区发展史》发行仪式举行。该书由区委党史办牵头历时两年多完成编纂，内容以昌江区革命、建设、改革、发展等历史时期为主线，共设7章39节和附录部分，约20万字。全面、客观、系统地记述昌江人民在中国共产党的领导下“站起来、富起来、强起来”的历史进程，是一部具有较高思想理论水平和昌江地方特色的革命历史专著。前期，省《革命老区县发展史》编纂联络指导组特发贺信祝贺。区委副书记、区编纂委员会常务副主任江智峰，区政协副主席、区编纂委员会常务副主任吴集才出席仪式，市史志办主任李雪海到会指导并致辞。

同日，高新区、昌江区城乡公交一体化正式运营及新能源公交车发车仪式在市西客站站前广场举行。此次共有10辆新能源纯电动豪华公交车投入使用，开行线路为高新区昌1、昌2内外两条循环公交班线和“西客站—鲇鱼山镇礼城村（荷塘乡杨湾村）”“西客站—鲇鱼山镇发电厂、珑岭人文公园”“西客站—丽阳镇八一小学”“西客站—鲇鱼山镇慈义村”“西客站—鲇鱼山镇新柳村”“西客站—丽阳镇江联村”“西客站—鲇鱼山镇关山村”“西客站—荷塘乡仓下村”8条镇村公交班线，实现镇村公交班线在“两区”乡镇的全覆盖。票价根据路程远近分为1元、2元两种。市委常委、市政府常务副市长邓永翔出席仪式，高新区管委会主任、昌江区委书记倪卫春出席并致辞，市交通局局长陈振中出席仪式。

同日，省委书记、省人大常委会主任易炼红到景德镇市调研。在西郊街道汪王庙社区党群服务中心，易炼红详细了解基层党建、网格化管理和便民服务等情况，并看望中共十七大、十八大代表李金霞，鼓励她继续发挥“传帮带”作用，借助丰富的基层党建经验和群众工作方法，帮助提升社区年轻干部工作水平，激发社区工作活力。省委常委、省委秘书长史文斌随同调研。

4月

1日，高新区管委会主任、昌江区委书记倪卫春到高新区、昌江区部分学校，就“两区”教育融合工作进行专题调研。在调研昌江区中心幼儿园、景德镇市第十六小学（梧桐小学）、高新区中心幼儿园（昌江区吕蒙乡中心幼儿园）、昌江区职业教育中心（昌江二中）、景德镇市航空学校时。他强调，“两区”要明确办学方向和办学规模，进一步做好“两区”融合和学校规划建设，加快推进“两区”融合办学，打造“两区”教育优质品牌。区政府副区长张碧珍陪同调研。

5日，区委书记倪卫春、区长伊文斌率队调研疫情防控工作及专项债项目推进情况。在区直属幼儿园项目建设工地，倪卫春、伊文斌了解债券资金支付使用、项目进展以及项目部落实疫情防控等工作情况。在5G城市会客厅，倪卫春、伊文斌对疫情防控等相关工作进行再部署。在鲇鱼山镇集镇、荷塘乡童坊村，倪卫春强调，基层疫情防控压力大、任务重，要压紧压实各方责任，克服麻痹松懈思想和侥幸心理，时刻紧绷疫情防控这根弦，坚决打赢疫情阻击战。

12日，区人民政府与江西银行景德镇分行战略合作签约仪式举行。区长伊文斌、江西银行景德镇分行行长金锋杰出席签约仪式。区委常委、区政府常务副区长乐先锋和江西银行景德镇分行行长助理叶节育分别代表双方签署《战略合作协议》。

同日，市长胡雪梅到昌江区调研御窑遗址申遗和文物保护工作。在三闾庙明清古街，胡雪梅了解房屋征收、开发经费保障和水生态保护提升工程情况，察看古码头、古建筑、古石碑。她指出，要把三闾庙明清古街初步纳入申遗要素点进行系统考虑、专家论证。市委一级巡视员刘朝阳，市政府副市长徐辉，国家试验区管委会专职副主任刘子力，区领导倪卫春、伊文斌陪同调研。

15日，市委书记刘锋到区专题调研市域社会治理现代化试点暨信访积案化解工作。在西郊街道综治中心，刘锋了解中心网格化管理和社会治理监控信息化架构、服务功能和运行情况，并与一线网格员视频连线通话。他指出，综治中心是整合社会治理资源、创新社会治理方式的重要平台，要围绕规范阵地建设、创新治理方式、打造特色亮点、服务保障民生，把防控风险、服务发展摆在更加突出的位置，不断提升综治中心保安全、护稳定、促和谐水平。要选优配强网格员队伍，推进基层治理智慧化、规范化、专业化，形成可复制、可推广的经验做法，不断提升治理效能，真正实现“人在格中走、事在格中办、难在格中解”。

18 日，区瓷都大道西侧景德镇市公安局大楼周边片区棚改项目（232 户）征收工作动员会召开。会议指出，实施棚户区征收是贯彻落实国家惠民政策的必然要求，是回应人民群众对美好生活的期盼，是改善西城区面貌、提升西城区品质形象、加快推进“两区”深度融合重要举措，全区上下必须充分认识棚户区征收工作的重要性，抢抓国家政策窗口期，明确工作任务，全力以赴推进棚户区房屋征收工作。区委副书记江智峰出席会议并作动员讲话，区人大常委会二级调研员占冬英、区政府副区长汪维参加会议。

27 日，市长胡雪梅到区疾病预防控制中心看望慰问省劳动模范和疫情防控一线干部职工。胡雪梅对曾获“中国疾控中心慢病中心先进个人”“江西省五一劳动奖章”“全省优秀共产党员”称号的王德新给予高度评价。她指出，劳动模范是国家和民族的宝贵财富，是时代的标杆和学习的榜样，关爱劳模就是赞美劳动。区领导倪卫春、伊文斌陪同看望。

5 月

1 日，区新冠肺炎疫情防控应急指挥部指挥长会议召开，研究部署疫情常态化防控工作。区长、区疫情防控应急指挥部指挥长伊文斌参加会议。会议指出，当前全国疫情防控形势依旧复杂严峻，外防输入压力不断增加。全区各级各部门要进一步提高政治站位，高度重视“五一”期间疫情常态化防控工作，坚决落实好中央和省、市各项决策部署，科学精准抓好疫情常态化防控工作，坚决守住外防输入的防线，落实落细疫情常态化防控各项举措，坚决筑牢全区人民群众生命健康保障防线。

同日，市沿江西路二期道路通车仪式举行。道路起点为岚山大桥北桥头西侧，顺接沿江西路一期道路，途经规划路、龙井路、园德南路、新都南路，终点至新都南路西侧。采取道路与防洪堤相结合的方式进行同步建设，全长 2 千米，宽 30 米，道路等级为城市次干道，设计时速 40 千米每小时。前期，昌江区仅用 16 天时间，就完成该项目涉及的吕蒙乡官庄村老村 311 户的征收签约任务。

3 日，高新区管委会主任、昌江区委书记倪卫春主持召开景德镇市高新区技术产业开发区管委会、昌江区人民政府与中国联通（江西）工业互联网研究院数字经济座谈会，并签订战略合作协议。

6 日，省工信厅一级巡视员王亦斌率调研组到区调研督导企业发展和项目建设。在景德镇黑猫集团，王亦斌听取该集团的发展历程及创新成果介绍，了解集团公司及各子公司生产经营状况，他对景德镇黑猫集团近年来安全生产、经营管理、深化改革等工作成效给予肯定。在江西富祥科技、凌富生物医药项目建设现场，王亦斌了解项目整体规划、发展前景、建设进展等情况，要求加快推进项目建设，做大做强生物医药，推进生物医药产业集群式发展。调研组对昌江区企业发展、项目建设情况表示肯定。

7 日，全市推进医保电子凭证工作现场会在区召开，研究部署全市全面推广医保电子凭证相关工作。会上，区医疗保障局负责人就全区推广医保电子凭证工作作典型发言，吕蒙乡就推广医保电子凭证工作情况作经验介绍。市医疗保障局党组书记、局长滕晓华出席会议。

9 日，在收听收看全国、全省、全市新冠肺炎疫情防控工作电视电话会议后，区长、区疫情防控应急指挥部指挥长伊文斌接着主持召开全区新冠肺炎疫情防控应急指挥部指挥长会议。会议强调，要深入学习贯彻国家、省、市疫情防控工作电视电话会议精神，切实把思想行动统一到上级决策部署上来，压紧压实责任，善于梳理问题、借鉴经验、抓住重点，不折不扣把各项防控措施落实到位。会议要求，全区各级各部门要坚决克服麻痹思想、侥幸心理、松劲心态，时刻绷紧疫情防控这根弦，时刻保持头脑清醒、高度警惕，坚持常态化防控各项要求，优化“外防输入、内防反弹”措施，巩固来之不易的防控成果。

12 日，市高新区城中村棚户区改造（鲇鱼山镇金桥村朱家坞）项目房屋征收扫尾签约工作全面完成，整个项目累计征收房屋 220 户，征收面积 70732 平方米。项目于 2020 年 8 月 18 日启动征收工作，共征收 172 户，因剩余 48 户房屋被征收人提出不合理要求抱团抵制征收，导致项目征收工作停滞。2022 年 4 月 6 日，高新区、昌江区联合启动项目扫尾工作。

19 日，“5 · 19”文旅宣传推介活动暨昌江区全域旅游集散中心运营启动仪式举行。区全域旅游集散中心总面积约 3000 平方米，是全市已建成的唯一具有游客集散、旅游咨询、旅游预定、旅游商品展示、城市书屋等集服务功能及智慧数据为一体的旅游服务平台，为旅客提供全方位的旅游服务。市政府副秘书长郑皓出席仪式，市文广新旅局党组书记、局长盛璟晶宣布活动启动。

同日，市政府副市长、市工商联主席江民强，市委统战部副部长、市工商联党组书记谭学军为昌江区工商联颁发2020—2021年度全国“五好”县级工商联奖牌和证书。江民强对昌江区工商联近两年来取得的工作成绩给予肯定，希望继续强化服务意识、围绕中心、服务大局，找出切入点，提升服务水平，特别在优化营商环境、服务中小微企业，调查研究等方面上找准发力点，围绕“五好”县级工商联的要求，进一步创新工作，打造特色品牌，取得更加优异成绩。

20日，十二届昌江区委第二轮巡察的2个常规巡察组完成对区交通运输局、区林业局、区重点项目推进中心、区财政局、区人社局、区文旅局共6家单位的进驻工作。本轮巡察，区委2个常规巡察组将在各被巡察单位工作60天左右，其间设置专门联系电话和邮政信箱，主要受理反映被巡察党组织领导班子及其成员、下一级党组织领导班子主要负责人和重要岗位党员干部问题的来信来访，重点是关于违反政治纪律、组织纪律、廉洁纪律、群众纪律、工作纪律和生活纪律等方面的举报和反映。其他不属于巡察受理范围的信访件，将按规定移交有关部门处理。

23日，区先进陶瓷产业发展专题培训会召开，特邀景德镇陶瓷大学专家学者到区授课。培训采用“理论讲授＋案例分析”相结合的形式进行，对电子陶瓷、生物陶瓷、结构陶瓷、陶瓷粉体以及先进陶瓷的产业调研与招商引资等主题进行讲解，具有很强的指导性、针对性和可操作性。区委各部门、区直各单位、各乡镇（街道）党政负责人及各乡镇（街道）先进陶瓷招商小分队成员100余人参加培训。

26日，区人民政府与景德镇黑猫集团新材料产业基地项目签约仪式举行。该项目建设地点位于吕蒙乡历尧村，总投资29.6亿元（其中,碳纳米管项目投资6.76亿元，净药材的提取生产线项目投资7.04亿元，焦炉产能置改造项目投资15.8亿元），主要建设内容为对现有资源进行整合、利用，打造新材料产业基地。项目一期已开工建设，将新建年产5000吨碳纳米管粉体及配套产业一体化的生产线、3.3万吨/年的净药材的提取生产线、生产加工中药材1.5万吨/年以上的生产线，为昌江区新材料领域带来一次全面的转型升级。

同日，2022年江西省文化强省建设推进大会在上饶市召开。省委书记、省人大常委会主任易炼红出席会议并讲话，他强调，要深入贯彻习近平总书记关于文化建设的重要论述和视察江西重要讲话精神，聚焦“作示范、勇争先”的目标要求，以推动文化高质量发展为主题，以深化文化领域供给侧结构性改革为主线，以满足人民日益增长的精神文化生活需要为根本目的，锚定一流，锐意进取，担当实干，守正创新推动文化强省建设提速提质提效，奋力谱写新时代赣鄱文化繁荣发展新篇章。昌江区等10个县（市、区）获2021年度江西省文化产业重点县（市、区）称号。会上，省领导为受到表彰的2021年度全省文化产业发展先进单位代表授牌，区委书记倪卫春代表昌江区上台接受奖牌。

27日，省统计局党组书记、局长方向军带队到昌江区调研经济运行总体情况、工业重点行业、重点企业生产经营等工作落实情况。在猎户星空智能科技有限公司人工智能5G城市会客厅，调研组参观在北京冬奥会亮相的烹茶机器人“智咖大师”，详细了解该公司在智慧旅游、家居、教育等方面的研究成果。在富祥生命科技园项目建设现场，调研组深入了解企业当前生产经营、项目技改、企业用工、产业发展规划等情况。他勉励企业把握发展势头，用好用足相关政策和资源，在实现企业更好发展的同时助力景德镇高质量跨越式发展。

6月

8日，省委常委、省委统战部部长黄喜忠率调研组到区调研自由职业工艺美术师统战工作。在宁封窑国际陶艺村，黄喜忠对宁封窑传承保护景德镇古法制瓷72道工序，还原景德镇宋、元、明、清手工制瓷工坊及陶瓷新电商布局表示赞扬，并鼓励企业继续打造景德镇传统陶瓷产业数字化发展的创新模式。他指出，要全面贯彻落实习近平总书记关于加强和改进统一战线工作的重要思想，认真落实中共中央统一战线工作领导小组关于加强自由职业人员统战工作创新的意见要求，充分利用网络、大数据等现代科技手段，利用社会化、网络化的思路开展工作，搭建好平台。形成新的社会阶层统战创新工作品牌，为各地开展相关群体统战工作作出示范。

16日，区人民政府与江西耐安新材料科技有限公司高铁刹车片项目签约仪式举行。该项目由政企双方共同出资打造，将分3期建设，计划总投资20亿元，全面投产后可年产120万套高铁刹车片，实现年销售收入72亿元，年纳税5亿元，解决就业岗位150个。中软云联集团董事长张兴国，董事、副总裁胡楚楚，江西天略建设集团有限公司董事长范涛，景德镇陶瓷大学材料系教授刘维良、刘属兴，区委副书记、区长伊文斌出席签约仪式。

同日，全国人大代表、省人大常委会党组成员、副主任张小平到区调研碳达峰碳中和工作进展情况。在鱼山货运码头施工现场，张小平详细了解项目建设进展情况和项目建成后的水运情况，对水运节能环保低碳运输带来的远景予以肯定。他指出，实现碳达峰碳中和，是全省践行“争当表率、争做示范、走在前列”的重大使命，要提高政治站位，提高践行习近平生态文明思想的自觉性和坚定性，切实增强实现碳达峰碳中和的责任感使命感紧迫感。

21日，省委统战部副部长刘伟旗到区调研自由职业工艺美术师统战工作。在宁封窑国际陶艺村，刘伟旗详细了解昌江区创新创业示范基地内新的社会阶层人士的工作和生活情况，并听取意见建议。刘伟旗对宁封窑直播平台运营、实践创新基地建设以及新联会工作给予肯定。省新联会副会长、省律师协会常务副会长刘卫东随同调研。市委统战部副部长、市民宗局局长黄涛，区委常委、区委统战部部长周薇陪同调研。

26日，是第35个国际禁毒日。区禁毒委员会在市人民公园举行昌江区禁毒主题公园揭牌仪式，向市民展出昌江区近年来禁毒成果，多种形式宣传禁毒知识。区禁毒委主任余世建、副主任凌辉出席活动。

28日，区首家消防所在新枫街道挂牌成立。新枫街道消防所作为街道消防工作机构，接受昌江区消防救援大队和新枫街道的双重领导，由3名工作人员组建而成，主要负责辖区的消防安全管理、消防监督执法、消防宣传培训等工作职能。

29日，昌江航道提升工程社会稳定风险评估专家论证会在区召开，听取报告编制单位江西省工程咨询中心有限公司对《报告》的介绍，并进行征询和讨论。区委政法委、区信访局、区发改委、区交通运输局、区生态环境局等单位负责人和专家参加会议。昌江航道提升工程项目建设地点位于景德镇市昌江区、上饶市鄱阳县。由江西省港口集团有限公司建设。建设范围起于鄱阳县姚公渡，止于昌江区吕蒙大桥，全长77公里，提升工程由疏浚工程、航运枢纽工程、桥梁工程、配套工程组成。项目计划总投资29.7亿元，工期48个月。

同日，市人民检察院党组书记、检察长涂平贵到区调研市域社会治理现代化试点工作。在西郊街道森林社区、西郊街道综治中心，涂平贵详细了解基层党建、社区管理、为民服务、社会治理监控信息化架构、服务功能和运行等情况。他指出要充分发挥综治中心整合社会治理资源、创新社会治理方式的作用，推进综治中心规范化实体化建设、网格化管理、群防群治等工作，助力疫情防控和各类风险隐患防范处置，进一步夯实市域社会治理现代化根基。

同日，区重点项目集中开工仪式在鱼丽电子信息产业园（二期）举行。这次集中开工的项目共有24个，总投资约120亿元，涵盖产业功能配套、治理能力提升、旅游资源开发、教育设施完善等多个领域。预计建成后可实现产值70亿元、税收5.8亿元，带动就业约2500人。市委常委、市委统战部部长吴财锋出席活动并宣布项目开工。

30日，区园林邻里中心“园林农贸·便捷惠民”开业庆典仪式举行。新枫街道园林邻里中心是一个以新型智慧农贸市场为核心的一站式社区商业综合体，经营面积约1.2万平方米。一层农贸市场已正式营业，共进驻商户90余家，将为周边1.5公里半径内数十个社区约5万居民提供一站式便利服务。区长伊文斌、市商务局副局长程新裕出席活动。

是月，江西省森林防灭火指挥部办公室、省林业局、省应急管理厅、省公安厅联合发布《关于2022年全省森林防灭火“平安春季行动”综合评价结果的通报》，昌江区被评为2022年全省“春季森林防灭火平安县（市、区）”。这是昌江区连续十二年获此殊荣。

是月，昌江一中改扩建项目进展顺利。项目用地面积59072平方米，拟建建筑占地面积2090平方米，拟建建筑建筑面积9732平方米，总投资约2亿元，共分三期建设。其中一期项目总投资4500万元，于2022年4月开工建设，新建建筑面积2950平方米、共五层20个教室的教学楼1栋，新建可满足3000名师生用餐的食堂综合楼1栋，新建3层艺术楼1栋，一期项目将于2023年9月1日开学前交付使用。后续还将进行二期项目的运动场改造、停车场建设以及三期项目的校园外立面改造。

7月

4日，市委书记刘锋到区调研城区内涝点整治工作。他强调，要深入贯彻习近平总书记关于防灾减灾救灾工作的重要指示精神，切实把治理城区内涝问题作为一项重要的民生工程做细做实，加快补齐排涝设施短板，提升城市排水防涝能力，全力保障人民群众生命财产安全。在吕蒙乡古城片区景德镇市第十三小学（古城小学）和高新区合盛路、长城创域路等内涝点，刘锋了解积水内涝治理情况，听取内涝原因及整治方案介绍，现场研究防内涝、除隐患、保安全、保畅通的措施办法，要求各单位严格落实责任，进一步优化细化方案、强化协同联动、加快整治进度，最大限度降低城市内涝对市民生产生活的影响，确保城市安全有序运行。

6日，昌南里长天酒店开业庆典仪式举行。该酒店紧邻景德镇地标建筑“斗笠瓷碗”昌南里文化艺术中心，建筑面积约2.9万平方米，拥有261间现代化客房，客房设施设备按照四星级标准配备。

8日，区长伊文斌会见景德镇黑猫集团副总经理李宾和集团信息化部部长、浪潮兆谷董事长陈文峰一行，双方就数字经济合作事宜进行座谈。景德镇黑猫集团与浪潮集团携手成立的江西浪潮兆谷云计算服务有限公司已落户昌江区。浪潮兆谷公司营业范围主要面向云计算、大数据、工业互联网、智慧城市等相关数字经济领域。

同日，区市场监督管理局丽阳分局启用仪式在景德镇市农产品批发市场举行。区市场监督管理局丽阳分局是区市场监管局派出机构，为副科级建制，成立于2018年6月。现办公地点迁至新落成的景德镇市农产品批发市场办公楼，主要职责为负责丽阳镇行政区划范围内食品药品、特种设备及产品质量“三大”安全监督管理，处置消费投诉举报、查处各类违反市场监管法律法规行为、服务辖区市场主体发展等。辖区内有景德镇市农产品批发市场、景德镇市冷链物流园、鱼丽电子信息产业园、丽阳集镇等市场，共有市场主体2169户，其中企业316家、个体1853户。市市场监督管理局局长邱晨阳，区长伊文斌出席活动并揭牌。

14日，省政协社会和法制委员会原专职副主任、中化学南方建设投资公司高级顾问李东山，中化学南方建设投资公司江西公司党委书记、董事长米伟秀等中化学南方建设投资公司一行，到富祥生物医药、凌富医药考察，畅叙投资合作，共谋双赢发展。市委常委、市委统战部部长吴财锋，区委常委、区委统战部部长周薇陪同考察。

15日，市人大常委会主任曹雄泰率队巡查区常态长效创建全国文明城市和争创全国文明典范城市工作。在新枫街道嘉禾迎宾城小区、河西村和西郊街道昌南湖社区，曹雄泰对照全国文明城市测评标准，现场研究整改工作。他强调，创建全国文明城市是一项长期性系统工程，要把常态长效创建全国文明城市和争创全国文明典范城市作为一项重大战略任务和重大民生工程来抓，对标创建要求，紧扣时间节点，高标准常态化推进全国文明城市创建工作。区领导倪卫春、江智峰、李恩清、刘坚陪同巡查。

17日，由景德镇市文广新旅局、昌江区人民政府主办的创建“东亚文化之都”器成天下走·中西融千年——景德镇外销瓷博物馆开馆暨“陶瓷之路展”开展仪式在宁封窑国际陶艺村举行。景德镇外销瓷博物馆建筑面积3200平方米，收藏有宋、元、明、清、民国各个时期和新中国成立后景德镇销往海外的陶瓷共计3000多件，并以时间为序，生动再现了景德镇辉煌的制瓷历史。中国博物馆协会理事长刘曙光，江西省文旅厅副厅长、省文物局局长丁新权，景德镇市委常委、市委宣传部部长林蓉，市政府副市长徐辉，昌江区委书记倪卫春出席活动。

18日，昌江公安分局站前派出所向浮梁县博物馆移交一批（古钱币133枚、金属杂件13件）文物。这批文物是该所民警于7月16日在昌江河畔巡逻时所发现。当日，该所民警在辖区河边开展防溺水巡逻和宣传时，发现有人在河中用特殊设备潜水。经审查，该潜水人员为广西男子马某，曾从事过潜水打捞工作，近来在景德镇昌江河捞到文物146件，具体为中国唐代古币开元通宝1枚，宋代古币崇宁重宝、天禧通宝、皇宋通宝、祥符元宝、熙宁元宝各1枚，清代各种古币126枚，以及产自日本的宽永通宝1枚，另有金属杂件13件。

根据《中华人民共和国文物保护法》《中华人民共和国水下文物保护管理条例》，民警对马某擅自潜水打捞疑似水下文物的行为作了批评教育，马某遂将其在景德镇打捞出水的物品全部上交站前派出所。

21日—22日，文化和旅游部产业发展司副司长马力、中国工艺美术馆·中国非物质文化遗产馆副馆长王辉、中国东方演艺集团副总经理张蕾，到辖区的古窑民俗博览区和景德镇中国陶瓷博物馆调研，参观拉坯、沾釉等制瓷技艺演示，了解独具特色的陶瓷工艺和景德镇历代陶瓷的特色以及景德镇所独具的制瓷地域条件。

22日，市政协主席俞小平到区调研优化营商环境、产业发展、“赣事好商量”履职平台建设、基层政协工作，并看望区政协机关干部。

25日，高新区棚改项目（吕蒙乡古城村片区）征收动员会在吕蒙乡召开。该棚改项目位于吕蒙乡古城村方家排，拆迁面积约1.5万平方米。征收为全力配合高新区园区经济建设，加强内涝治理，改善城市环境。区委常委李龙江、区政府副区长汪维出席会议。

同日，市委书记刘锋到区调研。在景德镇市公安局大楼片区城市更新项目现场，他指出，城市更新是重大民生工程，各责任单位要履职尽责、主动作为，加快征迁进度，推进全面清零，确保新项目顺利落地，让老百姓早受益。在区政务服务大厅，他了解服务部门进驻和各窗口办事手续优化情况，询问群众办事感受，对服务大厅开设潮汐窗口、推进信息化建设、打造“畅快办”政务服务品牌等创新举措给予肯定。在宁封窑非遗传承数字产业基地，他详细了解直播间入驻、讲解内容、销售收入情况，叮嘱要进一步挖掘景德镇深厚的文化资源，切实把文化产业和数字经济发展结合起来，让千年文脉延续传承，助力经济社会发展。刘锋还先后到富祥科技和凌富生物医药项目、鱼丽电子信息产业园和园林邻里中心商业综合体，了解项目建设进度和项目高端化、智能化和智慧化应用情况。

27日，市长胡雪梅到城乡接合部、农贸市场、批发市场、老旧小区，巡查指导常态长效创建全国文明城市暨争创全国文明典范城市工作。胡雪梅沿着瓷都大道实地了解部分道路开挖情况，和城乡接合部吕蒙乡古城村周边属地、环卫责任落实情况。她要求，创建全国文明典范城市，标准更高、程序更严、难度更大，要迅速开展一次培训，认真学习文明城市创建新要求、新变化；要迅速发布一个提示，把测评体系新精神简明扼要列出；要迅速开展一次督查，全面排查整改短板弱项。要聚焦亟待解决的问题抓重点，围绕道路开挖、农贸市场整治攻难点，并努力在优势领域出亮点。

是月，鲇鱼山镇人民政府被评为2021年度全省政府系统“五型”政府建设先进集体。

8月

2日，赣州市经济开发区管委会党工委委员、二级调研员吴汉波，四级调研员吴小梅一行到区交流考察。双方围绕招商引资、项目建设、营商环境打造和体制机制创新等方面进行深入交流。区政府副区长聂刚出席、鲍希文主持。

4日，省应急管理厅二级巡视员刘武率省第十督导组到区督导检查安全风险防范工作。在听取区安全风险防范工作情况汇报和查阅区应急管理局安全风险防范工作落实情况后，督导组到中国石化瓷都加油站、景德镇市宏亿电子科技有限公司和丽阳镇实地督导检查。

5日，由昌江区人民政府、景德镇黑猫集团联合主办的黑猫集团年产5000吨碳纳米管粉体及配套产业一体化项目开工仪式举行。市委常委、市委统战部部长吴财锋出席项目开工仪式并宣布项目开工。5月26日，昌江区人民政府与景德镇黑猫集团正式签约建设该项目。

4日—5日，省人大常委会副主任曾文明率省人大财经委调研组到区开展2022年“物业社区行”专题调研。在西郊街道4321厂宿舍和新枫街道鹭金昌江府（一期）、阳光城翡丽公园等不同类型物业小区，曾文明详细了解小区物业服务管理模式、服务水平、收费标准以及居民需求等情况，并就物业管理工作中存在的问题和难点与相关部门、街道、社区及物业负责人进行交流。他指出，各相关部门要立足全局提高思想认识，切实增强开展“物业社区行”活动的责任感和紧迫感，以高度的政治自觉、思想自觉和行动自觉，推进“物业社区行”活动往深里走、心里走、实里走。

11日，市退役军人事务局党组书记、局长肖建中代表省委退役军人事务工作领导小组办公室，向昌江区授予“江西省第一批关爱退役军人示范单位”牌匾。区委书记倪卫春参加授牌仪式。

同日，区委理论学习中心组集体学习（扩大）会议召开，专题学习《习近平谈治国理政》第四卷，邀请江西师范大学党委委员、副校长周利生到区做专题讲座。区委书记倪卫春主持会议。

12日，景德镇市委常委、乐平市委书记林卫春到昌景黄高铁乐平北站调研。在位于昌江区鲇鱼山镇新柳村的昌景黄高铁乐平北站施工现场，林卫春查看工程进度，了解站前广场、通站道路的规划设计和进展情况，并就有关问题进行研究探讨。区长伊文斌陪同调研。

15日，市长胡雪梅到区调研防旱抗旱工作。在位于丽阳镇的山田水库，胡雪梅查看旱情和水利设施，听取工程措施、调水补水、应急解旱和居民饮水等情况介绍，询问当地种粮农户水稻受旱情影响情况及应急措施。

17日，区委书记倪卫春主持召开书记专题会议，听取十二届昌江区委第二轮巡察情况汇报，研究部署下步工作。根据市委巡察工作上下联动和区委统一安排，4月至6月、5月至7月，区委3个巡察组对8家单位党组织开展交叉巡察和常规巡察。会议还听取十二届区委第一轮巡察整改和线索办理情况报告、十二届区委第二轮巡察综合情况汇报。

17日—23日，区委书记倪卫春率队赴浙江、四川招商引资，学习考察对标县区台州市黄岩区，走访多家知名企业与工业园区，对接洽谈生物医药、数字经济、电子信息等项目。在黄岩区，倪卫春率区学习考察组到当地企业对标考察学习，并与黄岩区委书记包顺富深入交流，进一步深化两区交流合作，寻找差距、对标赶超。

19日，全市首届党务技能大赛（昌江赛区）在昌南里长天酒店开赛。大赛以“比学赶超赛技能、创先争优展风采”为主题，经过激烈角逐，“两新”组织党建项目共评选出一等奖1名、二等奖2名、三等奖3名；国企党建项目共评选出一等奖1名、二等奖2名、三等奖3名。此次全市党务技能大赛（昌江赛区），由景德镇市委组织部主办、昌江区委组织部承办,共有来自全市“两新”组织党建和国企党建两个项目的36个精彩党建项目案例参加比赛。区委常委、区委组织部部长曾亚平为大赛致辞。

22日，市委常委、市委统战部部长吴财锋到区调研防旱抗旱工作。在丽阳镇芦源村、鲇鱼山镇良港村和新桥村，吴财锋听取农作物受旱和抗旱引水工作汇报，查看农田灌溉保水、水源保障、土地干裂等情况。他强调，要统筹安排好人民群众生产生活、农田灌溉等各项工作，精准掌握现有水资源和用水需求，针对性制定方案和措施，更好发挥水利工程蓄水供水的最大效益，努力把旱情对群众生产生活的影响和损失降到最低。市政协副主席高唤虎陪同调研。

24日，区委书记倪卫春到丽阳镇和荷塘乡调研防旱抗旱工作。在丽阳镇枫林村、芦源村、山田水库和荷塘乡仓下村，倪卫春到田间地头查看水稻秧苗长势，了解旱情和抗旱工作落实情况，叮嘱大家要坚定信心，及时开展生产自救，努力保障农作物灌溉用水需求，稳住农户种粮积极性。

24日，区委书记倪卫春在区政府会见太平洋建设十九集团董事局主席李婧娜一行,并就昌（江区）乐（平市）一体化产业园区前期研究规划进行交流座谈。会上，华设设计集团城建院创意中心主任石倩倩从战略机遇、场地条件、目标定位、规划思路、实施意见五个方面阐述昌乐一体化产业园区前期研究规划。昌江区就开发主体单位、园区选址方案、产业园土地开发等具体问题提出意见建议。

26日，昌江区开展住户调查大样本轮换动员暨业务培训。邀请国家统计局景德镇调查队科长孙朝良、主任光冬冬到区授课，各乡镇（街道）分管人员、统计站长及调查小区辅调员参加培训。孙朝良、光冬冬分别从住户收支、住户监测调查季报、抽样实操、调查小区图绘制、摸底流程等方面进行讲解。住户调查综合采用分层、多阶段、与人口规模大小成比例（PPS）和随机等距抽样相结合的方法抽选村级单位、确定调查小区、抽选样本住户。

27日，区委书记倪卫春主持召开“冲刺一百天、夺取全年胜”百日攻坚专项行动调度会，总结回顾上半年全区经济运行工作，研判部署下阶段工作。会议指出，相关部门要进一步增强责任意识、拼抢意识，对标对表、查漏补缺,补短板、强弱项,全力以赴、加压奋进，确保经济运行持续向好，为圆满完成各项任务，夺取全年胜目标打下坚实基础。

28日，区营商环境优化升级“一号改革工程”指挥部第八次会议召开。会议就“三个评价体系”中的主要监测指标评价体系进行专题调度、会商、研判，着力重点解决在营商环境优化升级工作中“卡脖子”“阻碍阻力”

和如何“打通最后一公里”的问题。会议要求，要精准掌握规则，持续打好主动战。全区上下要搞懂弄清评价体系的规矩、规则、程序和标准，把准自身在坐标系中的位置，认清形势、认识差距、认准方向，落实好责任链条、时间路线、具体举措，吃透规则、挂图作战、整合力量，坚决形成相关的整改提升工作闭环，扎实细致做好优化营商环境各项提质工作，确保全区营商环境实现争先进位。

27 日，市重大商贸项目、民生工程——景德镇市农产品批发市场开业运营。该市场位于丽阳镇 206 国道旁，投资近 10 亿元，用地面积约 275 亩，建筑面积约 20 万平方米。项目涵盖蔬菜交易市场、水果交易市场、水产交易市场、肉禽蛋综合交易市场、冷链交易市场五大业态，设有电子结算中心、信息运营中心、检疫检测中心、冷链物流中心、客户服务中心五大中心，建有物流云仓、酒店式公寓、大型商超等商业配套。

30 日，景德镇市暨昌江区退役军人及其他优抚对象优待证集中发放仪式在昌江区举行，标志着全市退役军人和其他优抚对象优待证发放工作正式启动。市政府副市长江民强出席发放仪式。

31 日，昌江区社区矫正中心在南湖新村举行揭牌仪式。市司法局副局长彭新平、区社区矫正委员会主任余世建、区公安分局局长凌辉出席揭牌仪式。

9 月

1 日，区党外人士座谈会召开，向党外人士通报全区上半年经济社会发展情况，听取对下半年经济社会发展情况安排的意见建议。区委书记倪卫春出席会议，区委副书记、区长伊文斌通报全区 2022 年上半年经济社会发展情况及下半年工作安排。会上，各民主党派市直属昌江支部主委、区工商联、区知联会、区新联会负责人，区非公有制经济企业负责人，直奔主题、直面问题、直击要害，紧紧围绕当前经济形势和昌江实际，结合自身特色、专业优势，从产业转型升级、优化营商环境、大力发展民营经济、加强人才培养、推进职业教育发展等方面提出意见建议。

7 日，省交通运输厅公路管理处副处长肖振发到区调研“四好农村路”省级示范县创建工作。调研组通过观看专题汇报片、听取创建工作情况汇报、实地调研等方式，详细了解昌江区“四好农村路”省级示范县创建工作开展情况和成果成效。区长伊文斌、市交通运输局党组成员宁足祥、市交通运输事业发展中心主任熊伟参加汇报会。

9 日，昌江区直属幼儿园（原称昌江区森林幼儿园）正式开园。幼儿园位于景德西大道森林公园西侧（黄雀垄），可容纳 15 个教学班，满足小中大各年龄段共 450 多名幼儿的活动空间。市教育体育局局长冯国平出席开园仪式并致辞。区领导伊文斌、李恩清、汪德胜、张碧珍、段嗣斌出席开园仪式。

11 日，全区范围内开展全员核酸检测工作。采样对象为全区所有常住人口、暂住人口、临时流动人口。采样地点为各乡镇（村组）、城区设置的临时核酸采样点和常态化采样点。

同日，市长胡雪梅到华达超市新风路店调研中秋节期间商贸消费情况，慰问不停工项目、不停产企业一线工作者，并开展“企业服务日”活动。

26 日，昌江区残疾人联合会第七次代表大会开幕式在昌南里长天酒店举行。大会总结 5 年来全区残疾人事业取得的阶段性成就，描绘新时代残疾人工作蓝图。选举产生新一届区残联主席团、执行理事会。来自全区视力、听力、肢体残疾人中先进代表人物，智力、精神残疾人的亲友，扶残助残爱心人士，各乡镇（街道）分管残疾人工作的人员和残联理事长及区直有关部门代表共 85 人参加开幕式。市残联副理事长占燕萍，区委常委、区委组织部部长曾亚平出席会议，区政府副区长刘方孟主持会议。

10 月

8 日，市委常委、市委宣传部部长林蓉到区调研乡村振兴、文化企业、新时代文明实践工作，并到挂点企业开展“企业服务日”活动。在荷塘乡幸福酱坊与乡村振兴展馆，林蓉查看项目建设情况，了解荷塘乡红色历史。区委书记倪卫春，市委宣传部副部长徐耿忠，区委常委、区委宣传部部长汪德胜陪同调研。

是月，昌江区陶青台文创园开园。该园规划占地面积 390 亩，总建筑面积 16 万平方米，总投资 20 亿元，是 206 国道工业发展轴的重要组成部分，同时也是景德镇国家陶瓷文化传承创新试验区“一轴一带”起点项目，被列入省重点建设项目。陶青台主体项目完工后，已有宝瓷林、巴宝利陶瓷、宁封窑、翰唐陶瓷、龙塘山房、睿延斋、盛世泥火等70余家企业入驻。京东陶瓷产业带货直播基地、凤凰数字产业孵化中心京东云仓等数字项目也已落户，园区入驻率95%。该园正式开园后，年生产总值将达15亿元，直接税收5000万元，提供就业岗位2000余个。

11月

1日，省委书记、省人大常委会主任易炼红到景德镇市调研，宣讲中共二十大精神。在西郊街道时代奥园小区，易炼红指出，老旧小区改造是群众的急难愁盼问题，我们要着力为群众办实事、做好事、解难事，进一步完善配套设施、强化精细管理，让群众真真切切感受和触摸到身边的变化，共同奋斗创造更加美好生活。省委常委、省委秘书长史文斌随同调研。

3日，区新冠肺炎疫情防控应急指挥部指挥长会议召开，传达学习全市疫情防控工作会议精神，研究部署当前疫情防控工作。区长、区疫情防控应急指挥部指挥长伊文斌出席会议。他指出，当前国内疫情呈多点散发态势，疫情防控形势严峻复杂。景德镇将迎来瓷博会等重大活动，人员流动和聚集将明显增加，疫情输入和传播风险进一步加大。全区上下要保持高度重视、高度警惕、高度负责的状态，毫不动摇坚持“外防输入、内防反弹”总策略，进一步把疫情防控责任压得更实、措施抓得更严、效率提得更高，确保疫情防控各项工作落到实处。

4日，市委书记刘锋到区属学校宣讲中共二十大精神，并调研学校建设工作。在昌江区高级职业学校，他查看学校建设情况，询问办学规模、师资力量、招生情况，面对面向老师、同学们宣讲中共二十大精神。

5日，昌江区青年发展工作联席会第三次全体会议暨县域共青团基层组织改革工作部署会召开。会议传达学习中长期青年发展规划实施工作部际联席会议第四次全体会议精神、江西省中长期青年发展规划实施工作厅际联席会议第四次全体会议和景德镇市青年发展工作联席会第四次全体会议精神。听取第二次全体会议召开以来落实《江西省中长期青年发展规划（2018—2025年）》工作情况，审议通过《昌江区青年发展工作2022年第四季度—2023年重点工作任务（审议稿）》。会议还对团中央、团省委、团市委县域共青团基层组织改革动员部署会议及相关文件精神进行传达学习，就下阶段推进全区县域共青团改革工作进行部署。区委副书记、联席会议召集人江智峰出席会议并讲话。

7日，省生态环境厅副厅长级生态环境监察专员兼赣东专员办主任陈世超到区督导检查10月水质监测数据问题情况。在鲇鱼山镇关山断面、丽阳村昌江支流、鱼丽工业园污水排口和江西富祥药业污水排口等地，陈世超查看断面水质、企业废水检测数据，听取水环境治理情况汇报，了解附近村庄生活污水和企业生产废水对断面水质可能产生的影响。区委书记倪卫春、区长伊文斌和市生态环境局副局长安政陪同检查。

9日，新余市渝水区政府副区长王娟率考察团到区考察交流全省旅游产业发展大会项目建设和筹备相关工作。在区全域旅游集散中心和荷塘精神红色教育基地、荷塘幸福酱坊项目、荷塘乡村振兴馆，考察团了解景区和项目的规划设计、建设运营等情况以及省旅游产业发展大会的观摩线路选取、大会沿线环境提升改造等方面经验做法。

同日，作为2022中国景德镇国际陶瓷博览会重要配套活动，由昌江区委、区人民政府主办，以“设计·融合·发展”为主题的“首届景德镇国际设计周”系列活动在陶青台文创园举行。旨在通过创意设计激活景德镇千年的文化积淀，按照新发展理念，促进景德镇传统陶瓷制造业转型升级为服务型制造业，汇聚各类传统手工与艺术设计融合的创意资源，借艺术设计与科技创新融合，推动工艺陶瓷、艺术陶瓷、先进陶瓷的创新发展，促进现代手工产业发展，提升城市形象和城市美学品质，构建对外文化交流新平台。

10日，“学习二十大，建功新时代”——2022年“文明赣鄱行动”示范活动走进昌江区西郊街道景航社区。活动中，市福利彩票发行中心向全国道德模范提名奖获得者周发春和江西省新时代好少年黎佳佳发放爱心资助金。

11日，在收听收看全国、全省新冠肺炎疫情防控工作电视电话会议后，昌江区紧接着召开新冠肺炎疫情防控应急指挥部指挥长会议，迅速落实党中央、国务院对进一步优化防控工作的二十条措施（以下简称“二十条优化措施”），部署疫情防控下一步工作。区长、区疫情防控应急指挥部指挥长伊文斌出席会议。会议强调，要深入学习贯彻习近平总

书记关于疫情防控工作的重要指示精神，认真落实国务院联防联控机制工作部署，坚持“外防输入、内防反弹”总策略和“动态清零”总方针不动摇，全力守护人民生命安全和身体健康。

13日，区委书记倪卫春、区长伊文斌率队调研重点项目（宁封窑非遗传承数字产业基地和信万骏、富祥科技、凌富医药、乐彭电子、安正科技）建设进展情况，协调解决项目建设过程中存在的困难问题。倪卫春指出，有关职能部门要深入一线，主动作为，及时解决项目建设过程中出现的困难和问题，为重点项目建设提供全方位的要素保障，加速推进重点项目建设进度，使项目早建成、早见效。伊文斌要求，强化要素保障，密切协作配合，及时协调消除项目推进中的难点和堵点，紧盯建设目标，合理安排工期，上足人员设备，加快项目建设进度，确保项目高标准、高质量如期建成。

15日，区疫情防控工作部署会召开，结合“二十条优化措施”，研究部署疫情防控工作。区委书记、区疫情防控应急指挥部指挥长倪卫春出席会议。会议指出，疫情防控形势严峻复杂，全区各级各部门要迅速把思想和行动统一到党中央对疫情形势的分析判断和部署要求上来，认真学习领会和完整把握“二十条优化措施”，按照“疫情要防住、经济要稳住、发展要安全”重要要求，高效统筹疫情防控和经济社会发展，以最鲜明的态度、最有力的行动、最务实的举措，着力增强疫情防控工作的科学性、精准性、有效性，最大程度保护人民生命安全和身体健康。区政府副区长、区疫情防控应急指挥部副指挥长张碧珍出席会议。

16日，区委书记倪卫春在凌富医药项目部主持召开富祥科技、凌富医药项目调度会，现场与市国控集团、景德镇发电厂、华润燃气等单位就项目推进存在问题进行再调度，推动项目建设再提速提效。会上，市国控集团、景德镇发电厂、华润燃气、富祥科技、凌富医药等项目责任单位汇报项目推进情况，全面梳理分析存在问题，提出解决方案。市国控集团总经理、古镇公司董事长胡景平出席会议。

18日，省民政厅党组书记、厅长李明生到区调研养老服务工作。在西郊街道胜利社区“逸享昌南长者之家”，李明生对昌江区不断加快养老服务体系建设给予肯定。在景德镇5G城市会客厅，李明生察看5G技术运用场景。他指出，嵌入式养老院建设运营是便民利民惠民的实事好事，要把好事办好、实事办实，不断完善管理、规范服务，进一步提高老旧小区智慧化水平，满足老年人多样化多层次需要。省民政厅党组成员、副厅长黄永茂随同调研。市政府副市长江民强、市民政局局长程卫东和区委书记倪卫春、区长伊文斌陪同调研。

同日，江西省第十六届运动会落下帷幕，区少儿体育学校派出近百名运动员参加多个项目的角逐，共获得金牌15枚、银牌11枚、铜牌24枚（除比赛现场夺得的金牌外，参加全国各大运动会获奖，带入省运会金牌数70余枚，记入全市团体总分。）的优异成绩，为全市竞技体育发展贡献昌江力量。

23日，在收听收看全省、全市疫情防控电视电话会议后，区委书记、区疫情防控应急指挥部指挥长倪卫春主持召开全区疫情防控工作调度会。会议强调，要坚定不移落实“外防输入、内防反弹”总策略，坚定不移贯彻“动态清零”总方针，坚持坚决果断、科学精准的防控原则，不折不扣贯彻落实好“二十条优化措施”，引导广大群众自觉遵守疫情防控相关规定，以严谨务实的工作作风抓紧抓牢各项防控工作。

12月

4日，区委书记、区疫情防控应急指挥部指挥长倪卫春主持召开全区疫情防控工作调度会。倪卫春指出，要切实把思想和行动统一到党中央、国务院及省市的分析研判和决策部署上来，坚持第九版防控方案，落实“二十条优化措施”，全面提高疫情防控工作的能力水平，最大程度保护人民群众生命安全和身体健康，最大限度减少疫情对经济社会发展的影响。区长、区疫情防控应急指挥部指挥长伊文斌强调，要坚决贯彻落实好第九版防控方案和“二十条优化措施”以及省市常态化防控工作方案要求，全面加强能力建设，优化完善工作措施，及时回应群众关切，提高防疫工作的科学性、有效性、精准性，全力守护群众生命安全和身体健康。

6日，上午10时，中共中央、全国人大常委会、国务院、全国政协、中央军委在北京人民大会堂隆重举行江泽民同志追悼大会。全区各界干部群众收听收看江泽民同志追悼大会现场直播，表达对江泽民同志的深切哀思。区政府机关大楼下半旗志哀。

9日，区长、区疫情防控应

急指挥部指挥长伊文斌主持召开区疫情防控工作调度会。会议要求，严格落实优化疫情防控新十条措施，结合昌江实际进一步做好各项防疫政策落实工作。加强医疗、养老、托幼等特殊机构的工作指导和服务保障，加大对老弱病残孕等特殊群体的关心和帮扶。

10日，江西乐彭电器有限公司开业庆典在美科绿色LED照明产业园举行。美科绿色LED照明产业园项目由江西美科光电科技有限公司投资建设，主要建设LED产品生产线、产品展示区、产品研发区。江西乐彭电器有限公司作为美科绿色LED照明产业园首个投产企业，主要经营项目有家用电器制造、家用电器研发、照明器具制造、电子元器件制造、半导体照明器件制造等。区领导伊文斌、江智峰、乐先锋、汪德胜、聂刚出席开业庆典。

12日，全区894名普通高中高三学生正式复学。复学前，区疾控中心严格按照卫生消毒管理标准，采取“地毯式”消杀方式，分校区、分班级、分区域开展全面消杀，做到清洁、细致、到位、无死角；区教体局全面加强高三复学工作部署和相关人员培训。除高三学生外，全区其他各年级22822名中小学学生继续线上学习，暂缓恢复线下教学。

13日，2022年区劳动模范和先进工作者表彰大会召开。会议宣读《中共昌江区委、昌江区人民政府关于表彰劳动模范和先进工作者的决定》，区领导为20名劳动模范和30名先进工作者颁奖，先进工作者代表宣读区劳动模范和先进工作者的倡议书。区领导倪卫春、伊文斌、江智峰、李恩清、陈华清、周淮钦、李龙江、余世建、彭新建、曾亚平、周薇、占文军、戴欣出席会议。

14日，区人大常委会主任李恩清率领区人大常委会副主任占文军、陈菊明、王建安、程振火及部分区人大常委会委员组成视察组，对区十一届人大一次会议、区十一届人大二次会议人大代表议案建议办理情况进行调研。区委常委、区政府常务副区长乐先锋陪同调研。

18日，2022年度区委人才工作领导小组第二次会议召开。会议强调，人才工作事关全局，影响深远，一定要把人才工作摆在更加突出的位置上，解放思想，创新举措，奋力开创人才事业发展新局面。区领导倪卫春、江智峰、李恩清、乐先锋、余世建、汪德胜、彭新建、曾亚平、周薇出席会议。

19日，学习贯彻中共二十大精神市委宣讲团昌江区宣讲报告会召开。区委书记倪卫春主持会议，市委宣讲团成员、市委宣传部副部长、市文明办主任程步才到区做宣讲报告。李恩清、余世建、汪德胜、彭新建等区副县级以上领导参加报告会。

同日，区委书记倪卫春主持召开中共昌江区委十二届五次全体（扩大）会议。会议传达学习省委十五届三次全体（扩大）会议和市委十二届三次全体（扩大）会议精神，审议《区委常委会2022年度工作报告》，表决通过《中共昌江区委关于深入学习宣传贯彻党的二十大精神，加快全面建设现代化新昌江的决定》。

23日，市委书记刘锋到区调研项目运营、建设选址工作。在鱼丽电子信息产业园，刘锋详细了解企业生产经营、复工复产、用工需求、上下游配套、物流运输以及疫情防控等情况。他指出，随着疫情防控措施的不断优化调整，企业要坚定信心、铆足干劲，积极稳妥推动复工复产，安全、科学、有序恢复生产秩序，持续扩大释放产能，尽全力把失去的时间抢回来、落下的产量提上去。在调研昌江区电子信息产业孵化园项目选址工作时，刘锋强调，抓好项目建设，既是稳经济、促发展的当务之急，又是积蓄后劲、厚植优势的长远之策。昌江区作为206国道工业发展轴的重要支撑，要坚定不移把招大引强作为经济社会发展的“第一抓手”，紧紧围绕工业倍增三年行动各项目标任务，精心谋划明年各项重点工作，做到任务项目化、项目清单化、清单责任化、责任绩效化，积极主动谋划推进一批重大工程、重点项目，激发全社会干事创业活力，为2022年工作开好局、起好步打下坚实基础。

26日，区长、区疫情防控应急指挥部指挥长伊文斌到丽阳镇和鲇鱼山镇上徐村、鲇鱼山镇卫生院，专题调研督导农村疫情防控工作，了解各卫生院基本医疗功能、发热诊室运行等工作情况，现场协调解决存在困难和问题。

27日，区长伊文斌主持召开区经济运行分析会，分析当前经济形势，研究部署下步重点工作。会议强调，全年经济工作到了最关键的收官阶段,各乡镇（街道）、行业部门一定要认清形势，高度重视各项经济运行指标中存在的问题，加强对接协调，细化措施，确保全年目标任务圆满收官。

29日，区委书记、区疫情防控应急指挥部指挥长倪卫春到丽阳镇卫生院、丽阳镇余家村卫生室、鲇鱼山镇中心卫生院专题调研督导农村疫情防控工作。在乡镇卫生院，倪卫春了解发热病人、药品储备、基本急救设施配备、转诊流程情况。他强调，乡镇卫生院要切实发挥基层网点作用，要加强新冠对症治疗化学药、中成药等药品储备，确保农村地区药品供应充足。要设立和公布24小时接诊电话，加大宣传引导力度，引导群众尽量少聚集、健康饮食、保持良好心态。

同日，十二届昌江区委第31次常委会召开。会议传达学习习近平总书记在中央经济工作会议上的重要讲话精神、习近平在中央农村工作会议上的重要讲话精神、省纪委有关违纪违规违法问题的通报，以及全省疫情防控应急指挥部会议精神。会议强调，要提高思想认识，迅速调整优化防控重点。要完整准确全面把握“乙类乙管”政策调整要求，抢抓时机做实做细各项工作，全力守护农村群众身体健康，让广大农民特别是返乡人员健康团聚、安全过节。会议听取全区安全生产工作情况汇报。

同日，市委副书记吴隽到区调研河（湖）长制及新农村建设工作。他强调，要深入贯彻习近平生态文明思想，牢固树立绿水青山就是金山银山的发展理念，深入实施河（湖）长制，着力解决河湖治理保护突出问题，扎实推进秀美乡村建设，持续提升人民群众获得感幸福感安全感。

30日，市重大交通项目吕蒙大桥危桥重建工程竣工通车。吕蒙大桥横跨昌江，起点顺接瓷都大道，终点位于与岚山路交叉口处，按一级公路兼城市主干道路标准建设。桥梁为T型箱梁结构，总长353米，总宽33米，双向六车道，设计行车速度60千米每小时，桥位处河道通航等级为Ⅲ级。原吕蒙大桥为等截面悬链空腹式双曲拱桥，共6孔，净跨36米，于1973年1月动工新建，1974年10月竣工通车。总长243.8米，桥面净宽7米，两侧各1米人行道。河道通航等级为6级。2001年进行维修加固，但仍不能适应城市交通发展需要。2020年11月2日，对原桥进行爆破拆除，2021年9月26日危桥重建项目开工，经过建设者15个月的接续奋战，该大桥较原计划工期提前近4个月完工。

区情概览

【概况】昌江区位于享有“世界瓷都、中国直升机工业摇篮和首批国家历史文化名城、国家文明城市、国家卫生城市”等称号的江西省景德镇市西南部，是景德镇市的行政中心、金融中心、通信中心和交通枢纽。

国家级景德镇高新技术开发区、中航工业吕蒙昌飞公司、江西富祥药业、景德镇黑猫集团、景德镇发电厂、景德镇华润燃气等产业及能源基地位于区境，杭（州）（南）昌高速铁路黄（山）（南）昌段、皖（安徽芜湖）赣（江西鹰潭）铁路、G 35 济（南）广（州）高速公路景（德镇）鹰（潭）段、206 国道（烟汕线）和昌江（属江西五大水系饶河水系，发源于安徽省祁门县，大致由北向南的走向注入鄱阳湖）穿境而过，区境建有杭昌高铁乐平北站、皖赣铁路景德镇南站、景鹰高速景德镇南出口、景德镇水利枢纽、景德镇农产品批发市场、景德镇冷链物流园、景德镇国家粮食储备库、鱼山码头等重大基础设施和民生工程；国家 AAAAA 级旅游景区古窑民俗博览区、全国重点文物保护单位丽阳窑址、国家一级博物馆景德镇中国陶瓷博物馆、国家水利风景区山田水库、全国历史文化保护街区三闾庙（以纪念楚三闾大夫屈原命名）明清古街、全国重点镇鲇鱼山镇以及被誉为“社会主义时代南泥湾”的荷塘垦殖场等均坐落区境。

近几年来，昌江区先后获得全省生态文明示范县、全省美丽宜居先行县、全省四好农村公路示范县、全省中小学生游泳教育试点县、全省创新型县区、全省首届十大人文魅力县区、全省计划生育工作先进县区等称号，连续 9 年获评全省双拥模范区，连续 12 年获评全省森林防灭火平安春季行动先进单位，入列全国信访工作三无县区、第二批国家全域旅游示范区、国家慢性病综合防控示范区、国家知识产权强县工程试点县区、中国慈善公益百佳县市等榜单。

【区划沿革】昌江区成立于 1970 年 3 月，因流经景德镇市城区的最大河流昌江而得名。位于北纬 29°6′ ~ 29°27′、东经 117°1′ ~ 117°17′，南邻本市乐平市，北交本市浮梁县，西接上饶市鄱阳县，东与本市珠山区隔昌江相望。区人民政府驻地为景德镇市瓷都大道 836 号。

昌江区现辖地清代时属浮梁县的镇市都、里仁都、长芗都、湖田都，民国时分别属浮梁县景德镇公所二区、四区、新平乡、三龙乡及上饶地区鄱阳县鱼山乡。中华人民共和国成立初期，除鲇鱼山、荷塘外，分别属于景德镇南市区、浮梁县一区和三区的里仁、银坑、三宝、新厂、青塘等乡。1970 年 3 月，景德镇市城区组建景南区（即昌江区前身）、景北区，直属市革委会领导，辖太白园公社、昌江公社、东郊公社。1979 年 3 月，江西省革委会批复景南区为县级行政区，并更名为昌江区，辖太白园街道、周路口街道、昌江街道、里村街道、新厂街道、昌河街道和西郊垦殖场、竟成人民公社。1980 年 5 月，景南区改称为昌江区，中共景南区委改称为中共昌江区委。12 月，昌江区革委会撤销，成立昌江区人民政府。1983 年 10 月，昌江区接管从上饶地区波阳县划出的荷塘垦殖场和鱼山公社（党委）。同年 12 月，浮梁县鹅湖区的古城公社（今吕蒙街道）、珠山区的朝阳垦殖场（今旧城乡）、先锋垦殖场、国营枫树山林场划入辖区，辖区的周路口街道、昌江街道、里村街道、新厂街道、昌河街道划归珠山区。1984 年，先锋垦殖场划归浮梁县蛟潭区。同年改乡建制，辖太白园街道、竟成乡、旧城乡、鲇鱼山乡、荷塘乡及西郊垦殖场、枫树山林场。1987 年从辖区的鲇鱼山乡划分 10 个行政村成立昌江区丽阳乡。1989 年鲇鱼山乡撤乡设镇，同年旧城乡划归浮梁县鹅湖区管辖。1992 年 11 月，在城区新风路南面增设枫树山街道。1994 年 11 月，竟成乡撤乡设镇。

2002 年 8 月，辖区太白园街道划归珠山区，珠山区西郊街道划入辖区。2005 年 7 月，区吕蒙乡成建制移交市高新区管理。2013 年年底，景德镇市推进“划江而治”，对昌江区、珠山区“插花”区域进行调整。将区竟成镇“一分为二”，河西区域的昌南湖、金岸名都 2 个居委会调整给区西郊街道，三河村、河西村 2 个行政村调整给区新枫街道，保留河东区域的竟成镇建制，并划入珠山区，由市高新区代为管理的吕蒙乡划还昌江区。2014 年 1 月，丽阳乡撤乡设镇。2020 年 7 月，区吕蒙乡下辖的石岭村、二亭村和区新枫街道旸府滩社区划给市昌南新区，区西郊街道官庄社区、吕蒙社区、历尧社区、黎明社区调整给区吕蒙乡，新组建枫树山社区由区西郊街道管辖，新组建嘉和社区由区新枫街道管辖。同年 11 月，区西郊街道凤凰山社区、油榨套社区调整给区新枫街道管辖。2022 年 8 月，吕蒙乡撤乡改街道。

【面积和人口】2022 年年底，全区共辖 2 个镇（鲇鱼山镇、丽阳镇）、1个乡（荷塘乡）、3个街道（西郊街道、新枫街道、吕蒙街道）和35个村委员、37个居委会。区域总面积315平方千米，耕地面积3733公顷，森林面积1.7万公顷，森林覆盖率48.02%。户籍总人口20.1万人，其中城镇人口15.9万人，以汉族为主，人口自然增长率3.48‰。

【自然环境】 昌江区属亚热带季风性湿润气候，光照充足，气候温和，雨量充沛，四季分明，无霜期长，年平均气温在17.3℃左右，非常适合多种农作物和植物生长。全区矿产和自然生态资源十分丰富，有砂金、砂石、紫砂、瓷土、煤、泉水等，开发利用价值巨大。2015年，昌江区鲇鱼山镇礼城村焦元坞区域发现大型紫砂陶土矿，储量约3160万吨，远景储量超亿吨。

【区位优势】 昌江区是景德镇市的行政中心、金融中心、通信中心、交通枢纽。景德镇市行政中心和教育资源西迁，给昌江区的空间结构调整、人口资源汇集、基础配套提升带来历史性机遇；国家五大国有银行（中国工商银行、中国农业银行、中国银行、中国建设银行、交通银行）景德镇支行和证券、金融、保险公司的集中落户，有效促进全市金融产业聚集，提升资本市场活力；国家级景德镇高新区“千亿产业园”全速推进，全市工业向西、向南集聚，景（德镇市）乐（平市）一体化、昌（江区）高（新区）一体化，鱼山医药产业园产业链聚群发展，为昌江区工业腾飞插上政策与平台的“双翅”；杭昌高铁乐平北站、皖赣铁路景德镇南站、景鹰高速景德镇南出口、景德镇发电厂、鱼山货运码头坐落在昌江区，为推动昌江区经济发展创造更为有利的先决条件。

【经济社会】 昌江区产业基础雄厚，国家级景德镇高新技术开发区、鱼丽工业平台位于区境。全区生物医药、电子信息、现代物流、人工智能四大创新板块驱动引领作用日益凸显。拥有江西富祥药业、新航科技两家区属上市公司，和陶青台、唐龙陶瓷、众臣电子等一批年销售额超千万甚至过亿元的陶瓷电商企业，新枫街道三河村获得全市首个“中国淘宝村”称号。农业基础地位得到进一步巩固，是景德镇市重要的粮食、蔬菜及经济作物生产基地。文化旅游、电子商贸、现代物流、酒店餐饮等第三产业发展迅猛，成为新的经济增长点。

全区共有义务教育学校48所。其中，完全小学37所（含教学点12所）、初级中学3所、九年一贯制学校6所（含民办学校2所）、完全中学2所，职业高中1所。共有中小学在校学生21695名。其中，小学生13755人、初中学生5219人、普通高中学生2721人，职高学生466人。共有教职工1176人。其中，小学教师722人，初中教师273人。共有幼儿园96所，在园幼儿8222人。辖区还分布有景德镇市第二中学（高中部）、第五中学、第七中学和景德镇市实验学校（九年一贯制）、景德镇市白露学校、景德镇市特殊教育学校，教育资源十分丰富。区内有三甲医院2家，各乡镇（街道）、村（社区）卫生医疗防疫机构健全，城市居民和农民医疗保障体系完善。全区已实现村村通硬化路和镇村公交，家家通广播电视卫星信号和千兆互联网网络，以及城乡环卫一体化、城乡供水一体化全部到位，人民群众的幸福感、获得感成色十足。

2022年，昌江区始终牢记习近平总书记“建好景德镇国家陶瓷文化传承创新试验区，打造对外文化交流新平台”的殷殷嘱托，完整、准确、全面贯彻新发展理念，坚决有力落实省委、省政府和市委、市政府各项工作要求，按照区第十一、十二次党代会确立的奋斗目标和战略部署，感恩奋进、担当实干，扎实做好“六稳”工作，全面落实“六保”任务，全区经济社会发展取得全面进步。

2022年，全区地区生产总值首次突破300亿元，达300.23亿元（排名全省第32位），增长6%（排名全市第2位）；一般公共预算收入6.94亿元，增长12.8%，是全市唯一实现正增长的县区。其中，第一产业增加值6.26亿元，增长2.6%；第二产业增加值171.96亿元，增长5.6%；第三产业增加值122亿元，增长3.6%。财政总收入首次突破20亿元大关，税收占比33.7%。城镇居民人均可支配收入49368元，增长5%；农村居民人均可支配收入23026元，增长7.1%。工业总产值125.01亿元，增长17.8%，占地区生产总值的比重41.6%。规模以上工业增加值增长8.6%。固定资产投资增长9.6%，社会消费品零售总额增长8%。出台《高新区和昌江区“一园多区”融合发展的实施方案》，联合开展重大项目集中签约仪式2次，投资总额445亿元，联合申报“5020”（亿元）项目10个，“两区”规模以上工业营业收入首次突破1000亿元。区国资平台资产规模达108亿元。鱼丽电子信息产业园一期建成投产，有数字经济规模以上企业35家，营业收入完成36.98亿元，增长13.9%。先进陶瓷企业完成产值6.5亿元，同比增长144.4%。新增规模以上批零、住宿、服务业企业39家。完成景德镇市公安局大楼周边、三闾庙明清古街（二期）等共4.4万平方米棚改征收和14个老旧小区改造提升任务。投入2147万元,实施16个乡村振兴产业项目。完成2万亩高标准农田建设。打造26个新农村建设点，完成鱼山集镇和鱼丽路口优化改造提升任务。新（改扩）建景德镇市航空学校和航空幼儿园、昌江二中（昌江区高级职业学校）、昌江区直属幼儿园等7所中小学、幼儿园。实现城乡公交一体化。建成古城、园林、昌南等一批邻里中心（集农贸市场、餐饮、零售等于一体的商业综合体）。$PM_{2.5}$空气质量达到二级标准，昌江河水源地入选国家饮用水水源地。

区本级连续12年获评“全省森林防灭火春季平安行动先进单位”，首获“全省文化产业重点县”“全省美丽宜居先行县”“全省四好农村路示范县”称号；区工商联获评“2020—2021年度全国五好县级工商联”，西郊街道华风社区获评“2021年度全国民主法治示范社区”。

【历史人文】 在历史上，区境属饶州鄱阳县、浮梁县管辖，徽州、饶州文化叠加，尤其是景德镇陶瓷文化遗迹遗存星罗棋布。近几年来，昌江区大力发展文化、文物事业。全区共有不可移动文物35处。其中，全国重点文物保护单位1处(丽阳窑址)、江西省文物保护单位1处(鲇鱼山郭璞峰摩崖石刻)、市级文物保护单位5处、县级文物保护单位4处，重要历史风貌建筑1处,不可移动文物点23处。共有省级以上非物质文化遗产2个、市级6个、区级13个；市级以上传承人5名、区级传承人14名。荷塘“手工艺竹编”，技艺精湛，2009年列入省级“非物质文化遗产”名录。景德镇陶瓷装饰技艺（薄胎瓷艺）2013年列入省级“非物质文化遗产”名录。昌江区木船营造技艺、陶瓷浮雕、根雕、糖画、叫花子灯等非物质文化遗产，历史悠久，传承有序，工艺成熟。此外，传统榨油、手工压榨麦芽糖以及水碓、砖木瓦房、土坯房等营造技术，值得挖掘、保护和传承。

昌江区历代人物辈出。北宋状元彭汝砺（1042—1095）、宝文阁待制程节（1033—1104）、“政声直入明光宫”程筠（1036—？）、“江东夫子”史邈（生卒年不详），南宋抗蒙名将彭大雅（生卒年不详）、明代江西诗派代表人物刘彦昺（1331—1399），理学家余祐（1465—1528）、史桂芳（1518—1598），山东参议刘莘（1384—1467）、廉吏陈文衡（生卒年不详），抗倭名将蓝芳威（生卒年不详）等一大批曾在中国历史以及古代饶州历史上显赫一时的人物从这里走出。有多部诗文集收入《四库全书》《豫章丛书》。

【旅游风光】 昌江区地处景德镇市城乡接合部，为积极策应景德镇国家陶瓷文化传承创新试验区建设和景德镇市“建好国家陶瓷文化传承创新试验区，开启全面建设社会主义现代化国际瓷都新征程”的奋斗目标和“五新”（新型人文城市新范例、特色产业新高地、全域融合发展新格局、共同富裕实践新样本、对外文化交流新平台）战略行动，昌江区审时度势，在“建设魅力昌江、做靓瓷都门户，在打造与世界对话的国际瓷都中实现新跨越”和“工业强区、文明新城、开放融合、幸福共享，全面建设现代化魅力新昌江”的奋斗进程中，全力推进“五区”（重点产业集聚区、创新创业示范区、生态文明样板区、文化旅游拓展区、幸福都市生活区）建设和“3344”（三地联动、三大平台、四种路径、四项工程）战略行动。近几年来，随着文化旅游拓展区和文明新城建设步伐的不断加快，全区文化旅游事业发展空前繁荣。2019年获评江西省全域旅游示范区，2020年成功创建国家全域旅游示范区。

昌江区山川钟秀，风景独好。拥有国家级水利风景区山田水库、国家湿地公园昌南湖、国家森林公园枫树山，省级森林公园郭璞峰、昌江百里风光带等自然风光；有国家AAAAA级旅游景区古窑民俗博览区、AAAA级旅游景区江西直升机科技馆、国家一级博物馆景德镇中国陶瓷博物馆、国家级历史文化街区三闾庙明清古街、省级爱国主义教育基地荷塘精神红色教育基地、江西十大文化古镇丽阳镇等众多人文景区景点；有宁封窑国际陶艺村、中国瓷园、中国陶瓷城、昌南里文化街区等陶瓷文化旅游观光、休闲购物景区；有紫晶宾馆、昌南里长天酒店、西山湖凯莱大酒店、开门子大酒店和香江美食街等众多星级宾馆酒店以及特色美食街区；且名人效应聚集，张五常收藏艺术陈列馆、王鲁湘工作室、李可染画院景德镇陶瓷艺术分院落户昌江区。

中共昌江区委员会

综　述

【概况】2022年，是中共二十大胜利召开之年，也是全区牢记嘱托、感恩奋进，全面落实区第十二次党代会精神的关键之年。区委常委会坚持以习近平新时代中国特色社会主义思想为指导，紧扣学习宣传贯彻中共二十大精神这条主线，认真贯彻党中央决策部署和习近平总书记视察江西重要讲话精神，有力落实“稳住、进好、调优”工作思路，战疫情、促发展、惠民生、保稳定、强党建等各项工作取得明显成效。

全年实现地区生产总值增长6%，固定资产投资增长9.6%，规模以上工业增加值增长8.6%，社会消费品零售总额增长8%，城乡居民可支配收入分别增长5.0%、7.1%，发展质量和发展成效好于预期。

【学习宣传党的创新理论走深走实】始终坚持“第一议题”制度，传达学习习近平总书记重要讲话和重要指示批示精神，把政治理论学习抓在平常，落在实处。中共二十大胜利闭幕后，区委把学习宣传贯彻中共二十大精神作为当前和今后一个时期的首要政治任务，坚持系统学、深入学、思考学、联系实际学，全面推进党的创新理论入脑入心入行。召开区委常委会、区委理论学习中心组学习会和全区领导干部会议等70余场，举办学习贯彻中共二十大精神、中共十九届六中全会精神、《习近平谈治国理政》第四卷和党史党规党纪等主题研讨班26班次，参学人员2000余人。区四套班子带头深入挂点村（社区）和企业开展中共二十大精神宣讲活动，抽调骨干力量成立区委中共二十大精神宣讲团，广泛深入开展各类宣讲活动200余次。召开区委十二届五次全体（扩大）会议，研究出台《区委关于深入学习宣传贯彻中共二十大精神，加快全面建设社会主义现代化新昌江的决定》，印发《区委关于认真学习宣传贯彻中共二十大精神的通知》，推动中共二十大精神在昌江走深走实。

【产业转型升级量质提升】在保护与传承方面，推进丽阳窑址保护房建设和安防工程，编制《丽阳古窑20年总体规划》并报国家文物局批复，加快推进三闾庙历史文化街区保护设施项目建设，支持宁封窑国际陶艺村加快建设进度，外销瓷博物馆如期开馆。在产业发展方面，加大陶青台文创园招商引资力度，已进驻初心璞真、盛世泥火等规模上陶瓷企业7家，产值突破3亿元。大力发展先进陶瓷产业，全区先进陶瓷企业达13家，2家陶瓷企业获“专精特新”称号，全区先陶产业产值完成6.5亿元，同比增长144.4%。在交流合作方面，借助已连续举办19届的2022中国景德镇国际陶瓷博览会平台优势，高质量举办首届景德镇国际设计周、合盛宁封陶瓷艺术数字产业基地揭幕仪式等系列活动，昌江区的外部影响力、外部形象力显著提升。

坚持落实省委、市委每季度经济运行分析会部署要求，聚焦电子信息、生物医药两个首位度产业，在春节、“五一”、国庆期间，打好重大项目不停工、重点企业不停产组合拳，美科LED、凌富医药等5个重点项目连续作业，富祥药业等重点企业高速运转，乐彭电器开业投产。积极引导龙头企业转型升级，宏亿电子等重点企业累计投入资金4.75亿元实施工业技改，“专精特新”企业达到7家，高新技术企业达到31家。剔除黑猫解捆因素，全年规模以上工业营业收入完成200亿元，净增规模以上工业企业12家，工业固定资产投资增速达22%，引进5亿元以上工业项目6个。

全力实施数字经济“一号发展工程”，编制《昌江区数字经济发展规划》，印发《昌江区关于深入推进数字经济做优做强“一号发展工程”的实施方案》，按照“精细化、专业化、赛道化”思维明确数字经济发展方向，瞄准电子元器件、半导体照明、数字文创和电子商务等方向开展精准招商。宁封窑陶瓷直播基地营收突破2亿元，联合高新区与中国联通（江西）工业互联网研究院开展战略合作，数字经济18项主要监测指标完成情况良好，部分指标排名全市前列。其中，全区数字经济规模以上核心产业达到35家，省级两化融合示范企业6户；上云总数2215户，位列全市排名第一；网络零售额同比增加15.9%。

把招商引资作为拼经济抓发展的“头版头条”，建立区党政主官“早餐恳谈”协调工作机制，深入实施“5020”项目攻坚、“三请三回”、“产业链招商”等招大引强行动，主要领导赴江苏、浙江、广东等地开展招商达113天，举办和参与各类招商活动10余场次，对接企业142家、客商33批次，引进落地一批重大项目。全年签约引进金盾电子安防项目、飞宇医药化工项目、高铁刹车片等“20”（亿元）项目3个，引进亿元以上项目24个，5

亿元以上项目7个。杭昌（原称昌景黄）高铁乐平北站、鱼山货运码头等省、市重点工程项目加速推进，景德镇现代农产品批发市场竣工运营。

【创新驱动发展的动能增强】 围绕“一年求突破、两年创一流、三年树标杆”的总体目标，召开全区首次千人誓师大会，深入推进营商环境“五大改革”和“十大专项行动”，梳理补短板事项74项、创新事项41项，梳理制定《评价指标对标提升任务清单》63项、《整体优化改革创新任务清单》115项，完成率97%以上。开发“昌快办·畅快办”营商环境微信小程序，推进“千干进万企”“企业服务日”等系列活动，探索完善“企业安静期”“首违轻微免罚”等工作机制，出台为企纾困解难38条举措，652家企业兑现金额1.4亿元，发放创业担保贷款8166万元，完成专利质押融资1.37亿元，有效缓解市场主体压力。全年新增市场主体11059户，同比增长11.4%。2022年度营商便利度企业评价结果排名全省中上游水平，营商环境优化升级翻身仗攻坚战效果明显。

研究出台《景德镇高新区和昌江区“一区多园”融合发展的实施方案》，编制《高新区和昌江区空间发展战略规划》，通过建立重大项目推进等专题联席会议制度，推动与高新区教育、民政等非直接涉企社会事务一体化发展，在全市率先实现城乡公交一体化等方式，推动“两区”建立统一宣传推介、统一政策支持、统一服务标准、统一数据统计等体制机制，以产业融合加速实现产城融合、城乡融合。“两区”联合开展重大项目集中签约仪式2次，鱼丽电子信息产业园（一期）建成使用，大力推进占地670亩的鱼丽电子信息产业园（二期）建设，共同推进总投资达445亿元项目36个。

【绿色赋能发展路径清晰】 牢固树立和践行绿水青山就是金山银山的理念，奋力打造美丽江西“昌江样板”。召开常态长效创建全国文明城市、争创全国文明典范城市攻坚推进大会，常态化开展十大专项整治行动，推动昌江“面子”“里子”再升级。紧抓景德镇城市更新试点城市契机，推进城市更新和片区开发有机结合，拆除“两违”建筑168处6800平方米，完成景德镇市公安局片区等棚改征收项目3个4.4万平方米，时代奥园等14个老旧小区改造提升。园林邻里中心（农贸市场综合体）、古城邻里中心（农贸市场综合体）、昌南农贸市场建成投入使用，鱼山集镇和鱼丽路口提升工程改造完成，沿江西路全线贯通，物业管理改革试点工作初见成效。

加快推进脱贫攻坚成果同乡村振兴有效衔接，全年新增监测户5户14人，投入资金2639万元推进33个产业扶贫项目，清查2013—2020年扶贫项目并确权资产达5030万元。建成荷塘乡村振兴场馆，打造“古镇丽阳”农产品品牌，完成2万亩高标准农田建设，茶油、甘蔗糖等特色农产品产值超2000万元，33个村集体经济年经营性收入全部达10万元以上，个别村集体经济超百万元。以文旅融合发展为切点，依托半城半乡的地域布局，打造独具山水田园特色的乡村旅游，荷塘“幸福酱坊”建成运营，昌南里长天酒店开业运营，全年新增规模以上批零、住餐企业31家，新增服务业8家，旅游人次突破1100万人次，旅游收入接近100亿元，成功申报省级“四好农村路”示范县。

打好污染防治攻坚战，推进蓝天、碧水、净土“三大保卫战”，严格落实碳达峰、碳中和的部署要求，对辖区内17个排污口溯源管理，对54家企业开展环境监测统计，加快推进鱼丽工业园污水处理厂建设和鱼丽电子信息产业园雨污分流工程，2021年第二轮中央生态环境保护督察反馈昌江区的6件信访件全部整改办结，以最快速、最有力的举措落实中央和省级环保督察整改各项工作。大力实施农村人居环境整治行动，农村生活垃圾无害化处理率100%。压实林、河（湖）长制责任，完成人工造林230亩、退化林修复682亩、封山育林1184亩，连续12年获全省森林防火平安县称号，成功入选省级美丽宜居先行县。

【共享发展成果画卷绘就】 面对突发新冠疫情，区委自觉对标落实党中央优化防控工作各项措施，梳理形成“突出强化十条工作法”，果敢精准高效做好疫情防控工作。坚持系统攻坚、整体推进，第一时间启动应急预案，把指挥部设在一线，扁平化作战，区四套班子和各级党员干部全部扎根抗疫最前沿。坚持人文情怀，关心关爱，出台《关于进一步激励关爱疫情防控一线社区工作者七项措施》《昌江区关于强化人文关怀工作的十条意见》，1445名党员干部和志愿者奋勇值守，6家超市和配送单位齐心协力，全区各级干部全员上阵，鏖战坚守 18 天，全力守住 20 万昌江人民的生命健康。3 月和 11 月，省委书记易炼红 2 次到昌江区调研，对昌江区疫情防控和基层社会治理工作给予高度肯定。

优先发展教育事业，新（扩、改）建航空学校、昌江高级职业学校、直属幼儿园等中小学、幼儿园 7 所，增加 7460 个学位，统筹抓好“双减”、防溺水工作，2021 年全省教育发展综合考评，昌江区排名全省第 20 位，较上年度前移 50 位，首次进入全省第一方阵。举办招聘会、送工入企等专项活动 30 余场，区红十字会开展各类捐赠及帮扶活动 28 次，区“12345”政务服务热线平台 4510 件受理工单全部办结，全区民生支出占一般公共预算支出比重达到 70%，西郊街道森林社区被评为全国示范性老年友好型社区。

常态化推进扫黑除恶专项斗争，深入推进整治电信网络诈骗、养老诈骗等行动，破获涉恶集团案件 1 个、“九类”涉恶个案 14 起，逃犯追捕率超 90%，排名全省第一。创新推进基层治理，挂牌成立昌江区综治中心，完成 70 个住宅小区智慧安防项目建设，推进 33 个建制村、224 个自然村雪亮工程建设，探索“五社联动”新模式，打造“嫂子帮帮团”“零工驿站”等基层治理服务品牌。2022 年，群众安全感满意度、公检法司满意度等指标始终保持全省第一方阵，新枫街道获评“平安江西建设示范乡镇（街道）”。

【推动昌江发展力量凝聚】 筑牢意识形态建设。牢牢掌握意识形态工作领导权，对全区各级各部门意识形态工作责任制开展专项检查，把党管意识形态落到实处。依托区委党史地志办、区融媒体中心、“学习强国”App 等平台载体，推出《老区垦区新荣光：荷塘乡童坊村》《江西景德镇昌江区：亲情连线“云团聚”见证温暖瞬间》等系列优秀新闻作品，全市首部党史类纪录片《寻访 1926》获全市社会科学优秀成果社科普及读物类一等奖，全国革命老区县发展史丛书《昌江区革命老区发展史》出版发行走在全省前列，殊源坞党史教育基地获评全市第四批爱国主义教育基地。昌江区获评 2021 年度江西省文化产业重点县，成为“小区也有大宣传”的创新标杆。

凝聚各方智慧力量。巩固发展爱国统一战线，出台《昌江区党外干部培养选拔工作联席会议制度》，支持民主党派、工商联、无党派人士和新的社会阶层人士发挥参政议政、民主监督作用，推进四个“五好”宗教场所创建。选树 50 名劳动模范和先进工作者，抓好党管武装，深化国防动员体制改革，开展全民国防教育，做好双拥、民兵、预备役、人防等工作，加强退役军人服务保障，获江西省第一批关爱退役军人示范单位。

【全面从严治党责任压实】 召开党史学习教育总结大会。高质量配合省委第五巡视组完成巡视工作，得到省委巡视组高度肯定。扎实落实政治谈话制度，印发《关于加强政治生态分析研判、深化政治谈话、推动同级领导班子监督具体化的实施办法》，对各单位党委（党组）、行政“一把手”和所有村（社区）党支部书记、主任开展政治谈话，覆盖率 100%。召开全面从严治党形势分析会，出台《中央纪委国家监委纪检监察建议整改工作方案》，主动认领 5 大类 9 个方面 36 项整改事项，制定 112 条整改措施并全部整改到位。

出台《昌江区基层党建“对标管理、错位争先”行动方案》，培育 13 个“书记创新项目”和 23 个“示范引领项目”，成立“小个专”综合党委、快递外卖行业联合党委和物流行业联合党委等基层组织，创立“昌江・畅快”系列党建工作品牌。全区 213 个网格实现“全要素网格”联动机制，有序做好党员“双报到、双报告”工作，鲇鱼山镇徐湾村、丽阳镇江联村成功获评全省乡村振兴模范村党组织。

坚持新时期好干部标准，印发《昌江区关于贯彻落实“干部创先二十条”的推进方案》，实行“揭榜挂帅”，让实绩突出的干部有前途，让群众认可的干部有通道，让敢于担当的干部有舞台。全年选拔、重用、调整科级干部 110 人次，为“老黄牛”式的干部晋升职级 61 人次。挂牌成立昌江区社会主义学院，多渠道、多层次推进党员干部轮训 20 余期。出台《“才达昌江”行动方案》，梳理调整五大人才政策，明确 16 项人才项目，一批高精尖人才、知名人士落户昌江。

开展中央八项规定精神十周年“回头看”系列活动，紧盯元旦、春节、“五一”等重要时间节点，严肃查处公款吃喝、送礼和违规配备使用公务用车等问题，查处“四风”问题 9 起，通报曝光典型案例 6 起 6 人。组织十二届区委第一轮、第二轮巡察，对 24 家单位进行政治体检。一体推进“三不腐”工作，以系统施治、标本兼治理念。为 2 名受到不实举报的干部进行公开澄清，旗帜鲜明为担当者担当、为负责者负责、为干事者撑腰。

重大会议

【十二届区委第9次常委会会议】 1月7日，区委书记倪卫春主持召开。会议传达学习习近平总书记在中共中央政治局专题民主生活会上的重要讲话精神，省委书记易炼红、省长叶建春在全省领导干部“学习贯彻中共十九届六中全会精神提高政治判断力政治领悟力政治执行力”专题研讨班上的讲话精神以及在省委人才工作会议上的讲话精神。研究遴选昌江区推荐提名江西省出席中共二十大代表候选人。

【十二届区委第10次常委会暨区委常委议军会会议】 1月21日，区委书记倪卫春主持召开。会议传达学习《关于印发〈中央军委国防动员部领导在贯彻落实民兵建设“十四五”规划任务部署会上的讲话〉的通知》有关内容以及市委常委议军会主要精神，听取区人武部工作情况汇报，研究审议《2022年昌江区民兵开展“双争”活动实施意见》《2022年昌江区民兵参加地方重点工程建设实施方案》《2022年“双拥”和衔接乡村振兴工作方案》《关于组织全区民兵积极参加“文明创建”活动的实施方案》等工作方案，审议其他若干事项。

【十二届区委第11次常委会（扩大）会议】 1月21日，区委书记倪卫春主持召开。会议传达学习习近平总书记在省部级主要领导干部学习贯彻中共十九届六中全会精神专题研讨班开班式上的重要讲话精神，传达学习中共中央、国务院《关于做好2022年全面推进乡村振兴重点工作的意见》，传达学习中共中央办公厅《关于加强巡视整改和成果运用的意见》，传达学习全国、全省宣传部长会议精神，传达学习省委书记易炼红、省长叶建春在省委农村工作会议上的讲话精神。研究审议《关于调整区委人民武装委员会成员的通知》《关于调整区国防动员委员会成员的通知》《关于成立昌江区军事设施保护委员会的通知》，听取关于2021年昌江区市域社会治理现代化试点工作汇报及2022年工作计划，研究审议《关于贯彻落实〈关于党政主要负责人履行推进法治建设第一责任人职责情况列入年终述职内容工作的实施方案〉分工方案》《关于全面实施预算绩效管理的实施意见（送审稿）》，通报省、市、区涉粮问题专项巡视（巡察）监督检查情况，并部署涉粮问题专项巡视（巡察）监督检查问题整改工作。研究审议关于设立西郊街道“如意湖社区居委会”“新城社区居委会”事宜，研究审议《中共昌江区第十二届委员会常务委员会工作规则（送审稿）》，研究推荐昌江区省级乡村振兴模范村党组织名单，研究部署区委常委班子党史学习教育专题民主生活会相关事宜，听取关于成立昌江区国有资产运营管理控股集团的情况汇报，听取关于区国资投融资情况汇报。会议还研究人事议题。

【十二届区委第12次常委会（扩大）会议】 1月28日，区委书记倪卫春主持召开。会议传达学习习近平总书记在十九届中央纪委六次全会上的重要讲话精神及省委书记易炼红在省纪委十五届二次全会第一次大会上的讲话精神，传达学习省十三届人大六次会议及市十六届人大二次会议精神、省政协十二届五次会议及市政协十四届二次会议精神。研究部署春节期间疫情防控、安全生产、重点项目推进等工作，审议《关于调整昌江区优化营商环境工作领导小组的通知（送审稿）》。

【十二届区委第13次常委会（扩大）会议】 2月14日，区委书记倪卫春主持召开。会议传达学习习近平总书记在中共中央政治局第三十六次集体学习时的讲话精神，传达学习省长叶建春在景德镇调研推进营商环境优化升级“一号改革工程”时的讲话精神，传达学习中共江西省委、江西省人民政府《关于深入推进数字经济做优做强“一号发展工程”的意见》《关于深入推进营商环境优化升级“一号改革工程”的意见》，审议关于召开区纪委十二届二次全会相关事宜，原则同意于2022年2月16日召开区纪委十二届二次全会。

【十二届区委第14次常委会会议】 2月18日，区委书记倪卫春主持召开。会议传达学习习近平总书记在中共中央政治局第三十四次集体学习时的重要讲话精神，传达学习中共中央办公厅、国务院办公厅关于印发《地方党委和政府领导班子及其成员粮食安全责任制规定》，传达学习省委书记易炼红在景德镇调研时的讲话精神。审议关于区属各基层党（工）委抓基层党建述职评议考核综合评价认定等次事宜，审议关于召开昌江区十一届人大二次会议相关事宜、关于召开昌江区政协九届二次会议相关事宜。审议《昌江区人民政府工作报告（送审稿）》《昌江区人民法院2021年工作报告（送审稿）》《昌江区人民检察院工作报告（送审稿）》《关于昌江区2021年国民经济和社会发展计划草案的报告（送审稿）》《关于昌江区2021年预算执行情况和2022年预算草案的报告（送审稿）》。

【十二届区委第15次常委会会议】 3月6日，区委书记倪卫春主持召开。会议传达学习习近平总书记在中央党校（国家行政学院）中青年干部培训班开班式上的重要讲话精神，全国、全省统战部长会议精神，传达学习《关于地方政府投融资平台公司存在的问题》、省委书记易炼红在省委教育工作领导小组2022年第一次全体会议上的讲话精神，全省拓展新时代文明实践中心建设暨推进留守儿童、留守老人"关爱工程"民生实事项目工作电视电话会议精神，传达学习全市宣传部长会议精神。审议《昌江区关于深入推进营商环境优化升级"一号改革工程"工作推进方案（送审稿）》《昌江区关于深入推进营商环境优化升级"一号改革工程"实施方案（送审稿）》，听取全区信访积案化解工作情况汇报，审议《关于成立昌江区发展数字经济领导小组的通知（送审稿）》《关于表彰2021年区属纳税十强企业的请示（送审稿）》《关于表彰2021年区属工业十强企业的请示（送审稿）》《2022年度昌江区政协"赣事好商量"协商工作计划（送审稿）》，听取关于区国资公司向景德镇市文化实业发展公司出借资金情况汇报。

【十二届区委第16次常委会（扩大）会议】 3月22日，区委书记倪卫春主持召开。会议传达学习习近平总书记在中共中央政治局第三十五次集体学习的讲话精神，习近平总书记对政法工作的重要指示精神及中央政法工作会议、省委政法工作会议、市委政法工作会议精神，全国两会精神和全省领导干部会议精神，中共中央办公厅《关于加强和改进新时代市县政协工作的意见》，传达学习全市工业倍增暨招商引资攻坚大会精神、市委人才工作会议精神、《关于景德镇市3起损害营商环境典型问题的通报》。研究部署全区新冠疫情防控工作，听取昌江区推进全面依法治区工作情况汇报和昌江区法治政府建设工作情况汇报，审议《昌江区2022年重点工程建设项目计划（送审稿）》《昌江区关于深入推进数字经济做优做强"一号发展工程"的实施方案（送审稿）》《昌江区委常委会2022年工作要点（送审稿）》《高新区及昌江区全域公交运营方案（送审稿）》，及关于下拨2021年及2022年度全域公交补贴经费相关事宜，听取十二届区委第一轮巡察综合情况汇报，审议关于昌江区电子信息产业园10千伏电力专线工程相关费用、景德镇市安正科技有限公司项目专项奖励资金、鱼山医药化工产业园区经费相关事宜、关于华风小学新建教学楼相关事宜、关于2022年招聘教师及定向培养乡村小学教师相关事宜、关于报送2022年度基层林业专业技术人员定向培养指导性招生计划事宜，听取关于区国资公司有关项目推进情况汇报，审议关于变更昌江区国有资产经营管理有限公司股东事宜。

【十二届区委第17次常委会会议】 4月2日，区委书记倪卫春主持召开。会议传达学习省委书记易炼红在景德镇调研时的讲话精神，传达学习全省、全市组织部长会议精神，听取区禁毒工作情况汇报，审议《昌江区2022年督查检查考核计划（送审稿）》《中共昌江区委关于深入贯彻落实〈中国共产党重大事项请示报告条例〉的通知（送审稿）》《2022年度区委理论中心组学习计划（送审稿）》《2021年度工业倍增及招商引资工作先进单位和个人表彰决定（送审稿）》。

【十二届区委第18次常委会会议】 5月7日，区委书记倪卫春主持召开。会议传达学习习近平总书记在中共中央政治局常务委员会上的重要讲话精神、习近平总书记对湖南长沙自建房倒塌事故作出的重要指示批示精神、习近平总书记在北京冬奥会冬残奥会总结表彰大会上的重要讲话精神。传达学习中央政治局常委、中央纪律检查委员会书记赵乐际和国家监察委员会主任杨晓渡在全国巡视工作会议暨十九届中央第九轮巡视动员部署会上的讲话精神以及省委书记易炼红和省纪委书记、省监察委主任马森述在全省巡视巡察工作会议暨十五届省委第一轮巡视动员部署会上的讲话精神。传达学习省委办公厅印发《关于狠抓工作落实的若干措施》文件精神。听取关于全区农村自建房安全排查整治工作汇报。传达学习《关于江西省10起违反中央八项规定精神典型问题的通报》《关于领导干部配偶子女及其亲属违纪违法问题及其教育警示的通报》《关于景德镇市3起损害营商环境典型问题的通报》

《关于景德镇市2起损害营商环境典型问题的通报》，传达学习《国务院安委会关于进一步强化安全生产责任落实坚决防范遏制重特大事故的15条措施》《关于迅速贯彻落实全国安全生产电视电话会议精神的通知》。传达学习《信访工作条例》《学习宣传贯彻〈信访工作条例〉工作方案》，研究部署关于全市信访积案相关工作。审议《昌江区先进陶瓷产业发展行动计划(2022—2025)(送审稿)》《昌江区人民政府重大行政决策程序规定（送审稿）》，审议关于启动西郊街道汪王庙社区高品质智慧社区建设试点项目事宜，审议《昌江区促进总部经济发展实施意见（试行）（送审稿）》《关于成立昌江区扩大开放领导小组的通知（送审稿）》《昌江区关于市委巡察指导督导反馈意见的整改工作方案（送审稿）》，审议关于调整区直有关部门（单位）党委（党组）设置相关事宜，审议《关于编制2022年扶持壮大村集体经济实施方案的报告（送审稿）》、关于2022年度昌江区“三支一扶”高校毕业生招募计划、2022年昌江区机关事业单位养老保险基金缺口相关事宜，审议《昌江区事业单位管理岗位职员等级晋升制度工作实施方案（送审稿）》。听取关于鱼丽电子信息产业园配套设施项目部土地征收费用情况汇报，审议《昌江区规范公务员工资津贴补贴实施方案（送审稿）》《关于规范乡镇（街道）和区直机关中层干部选拔任用工作暂行办法（送审稿）》和关于核定区司法局政工科科长领导职数事宜。

【十二届区委第19次常委会（扩大）会议】 5月24日，区委书记倪卫春主持召开。会议重温习近平总书记视察江西时重要讲话精神，传达学习习近平总书记在庆祝中国共产主义青年团成立100周年大会上的重要讲话精神和省委书记易炼红在江西省学习贯彻习近平总书记在庆祝中国共产主义青年团成立100周年大会上重要讲话精神座谈会上的讲话精神、习近平总书记在中共中央政治局第三十八次集体学习时的重要讲话精神，传达学习省委书记易炼红《关于提升基层治理水平的调研和思考》文章精神，传达学习《江西省文明委2022年工作要点》《关于深化江西省文明城市常态长效创建工作的若干举措》《江西省新时代文明实践中心建设指南》等文件精神，传达学习全省公务员工作推进会议精神、省委民族工作会议暨全省宗教工作会议精神，传达学习地方党委统一战线工作领导小组发挥作用经验交流会和省委常委会议精神、市委统一战线工作领导小组2022年第一次全体会议精神，传达学习《中共江西省委统一战线工作领导小组关于贯彻〈中国共产党统一战线工作条例〉的实施意见》。审议《区委统一战线工作领导小组2022年工作要点（送审稿）》《关于进一步加强全区红十字会基层组织建设的实施方案（送审稿）》《2022年昌江区精神文明建设工作要点（送审稿）》，听取关于吕蒙乡成立豪德居民委员会情况汇报，审议关于全区2022年统筹整合资金推进高标准农田建设工作事宜、关于拨付2022年学校保安经费事宜、关于拨付全区国有企业破产改制及困难企业职工医保区级配套资金事宜、关于拨付景德镇市公安局昌江分局专项工作及办公经费事宜。会议还讨论其他议题。

【十二届区委第20次常委会（扩大）会议】 6月23日，区委书记倪卫春主持召开。会议传达学习习近平总书记在中共中央政治局第三十九次集体学习时的讲话精神，传达学习中央政治局常委、国务院总理李克强关于一季度经济形势和做好下一步经济工作的讲话精神和全国稳住经济大盘电视电话会议精神，传达学习《中央纪委国家监委纪检监察建议整改工作方案》，全国和省、市扫黑除恶相关会议精神、2022年江西省文化强省建设推进大会精神、《关于加强和改进新时代市县政协工作的二十条措施》。通报《关于2021年度干部选拔任用工作“一报告两评议”结果》，传达学习《关于开展专项清理整治的通知》《关于新形势下党内政治生活的若干准则》《中国共产党纪律处分条例》《中国共产党问责条例》。审议关于成立昌江区城市基层党建引领基层治理工作领导小组事宜、关于区级乡村振兴担当作为好支书人选事宜、关于昌江区高级职业学校机构编制事宜、关于区教体局增核总督学领导职数事宜、关于调整区农业农村水利局机构编制相关事宜、关于昌江区2022年事业单位公开招聘三级联考计划申报事宜、《2021年度科级领导班子和领导干部考核定格意见（送审稿）》。

【十二届区委第21次常委会会议】 7月7日，区委书记倪卫春主持召开。会议传达学习习近平总书记在中共中央政治局第四十次集体学习时的讲话精神、习近平总书记在湖北武汉考察时的讲话精神、习近平总书记在庆祝香港回归祖国25周年大会暨香港特别行政区第六届政府就职典礼上的讲话精神，传达学习中共中央办公厅、国务院办公厅印发的《关于建立健全领导干部自然资源资产离任审计评价指标体系的意见》《中国共产党政治协商工作条例》，中共中央办公厅印发的《党委信息办理工作规定》《关于党员干部权色交易、钱色交易违纪违法问题及其教育警示的通报》，传达学习市委书记刘锋在十二届市委第20次常委会会议上关于先进陶瓷产业发展的讲话精神，审议《昌江区落实全面建设“六个江西”奋斗目标领导小组（送审稿）》《中央纪委国家监委纪检监察建议整改工作方案（送审稿）》，听取昌江公安分局工作汇报、关于成立昌江区产业投资有限公司、昌江区产业投资合伙企业情况汇报，审议《昌江区产业投资基金管理办法（送审稿）》、审议关于设立昌江区社会主义学院事宜、关于解决常态化疫情防控物资及采样亭（车）等经费事宜。

【十二届区委第22次常委会会议】 7月16日，区委书记倪卫春主持召开。会议传达学习习近平总书记在金砖国家工商论坛开幕式上的主旨演讲精神，传达学习《关于江西省6起公职人员酒驾醉驾背后“四风”问题的通报》，传达学习市委书记刘锋在全市领导干部警示教育大会上的讲话精神，审议《中共昌江区委全面从严治党形势分析会方案（送审稿）》、《区委全面从严治党形势分析报告（送审稿）》、关于景德镇市航空学校机构编制相关事宜。

【十二届区委第23次常委会（扩大）会议】 8月11日，区委书记倪卫春主持召开。会议传达学习习近平总书记在省部级主要领导干部“学习习近平总书记重要讲话精神，迎接中共二十大”专题研讨班上的重要讲话精神，传达学习省委书记易炼红在设区市市委书记座谈会上的讲话精神、《中共江西省委关于深入贯彻习近平总书记视察江西重要讲话精神以优异成绩迎接中共二十大胜利召开的决定》，传达学习中央统战工作会议精神、全省组织系统中共二十大安保维稳工作部署会议精神和《关于当前江西省意识形态领域有关情况的通报》《关于党员领导干部违规借贷获息问题的通报》《关于景德镇市2起损害营商环境典型问题的通报》，审议《区委党建工作领导小组2022年工作要点（送审稿）》《关于深化城市基层党建引领基层治理实施方案（送审稿）》《关于拟成立昌江区城市基层党建引领基层治理五个专项工作组的请示（送审稿）》《区委非公有制经济组织和社会组织工委2022年工作要点（送审稿）》《区委“两新”工委成员单位及其主要职责任务（送审稿）》《关于进一步加强和规范昌江区新时代文明实践中心志愿服务队伍建设的方案（送审稿）》《昌江区新时代文明实践工作三级书记任务清单和重点项目清单（送审稿）》，听取昌江区农村基督教点位意识形态阵地建设情况汇报，审议《关于成立昌江区“两山转化”推进领导小组的通知（送审稿）》、《昌江区“两山转化”推进领导小组工作规则（送审稿）》、《昌江区2022年“两山转化”工作计划（送审稿）》、《昌江区“两山转化”三年行动计划（2022—2025）（送审稿）》、《2022年昌江区新农村建设工作实施方案（送审稿）》、关于召开昌江区残疾人联合会第七次代表大会相关事宜、关于核定昌江区高级职业学校领导职数事宜、关于调整景德镇市航空学校机构编制事宜、关于加挂昌江区文物局牌子相关事宜、关于办理2019年特岗教师转正入编及工资等手续相关事宜、关于办理2017年定向培养教师和2018年昌江区籍公费师范生安置手续相关事宜、关于招聘公办幼儿园合同制教师相关事宜、关于区4所幼儿园购置园内教学设备相关事宜、关于昌飞嘉园幼教中心购置教学设备相关事宜、关于拨付江西凌富生物科技有限公司企业发展财政扶持奖励资金事宜、关于入股景德镇市安正科技有限公司情况汇报、关于吕蒙乡撤乡设街道党组织设置事宜。

【十二届区委第24次常委会（扩大）会议】 8月25日，区委书记倪卫春主持召开。会议传达学习习近平总书记在中共中央政治局第四十一次集体学习时的重要讲话精神，传达学习《党中央、国务院和省委、省政府领导关于切实做好困难群众救助补助资金专项审计发现问题专项治理工作批示》《关于更加有效发挥统计监督职能作用的意见》《关于更加有效发挥统计监督职能作用的若干措施》，传达学习省委书记易炼红、省长叶建春在省委上半年经济运行分析会暨“拼搏三季度、奠定全年胜”动员会上的讲话精神，传达学习《中共江西省委组织部关于坚决防范和整治任人唯亲、任人唯圈问题的通知》、《关于印发〈领导干部个人有关事项报告查核处理典型案例〉的通知》、《省委巡视办关于十五届省委第一轮巡视发现普遍性问题的通报》、江西省服务中共二十大网信保障工作推进会议精神。听取全基层社会治理建设发展工作情况，审议《迎接省委第五巡视组来昌江区巡视工作方案（送审稿）》，听取十二届区委第一轮巡察整改落实及问题线索办理情况汇报、十二届区委第二轮巡察综合情况汇报、十二届区委第二轮巡察落实意识形态工作责任制专项检查结果的汇报，审议关于召开共青团昌江区第十次代表大会事宜、《全区学习宣传贯彻〈习近平谈治国理政〉第四卷工作方案（送审稿）》、关于2022年林业定向培养毕业生安置事宜、关于昌江区国有平台公司优化升级重组工作情况汇报、昌江区国企制度汇编情况汇报、关于区国资公司申请北京银行及中国农业发展银行贷款的情况汇报,审议《昌江区关于做好中共二十大信访保障工作方案（送审稿）》，审定人事任免事项。

【十二届区委第25次常委会会议】 9月8日，区委书记倪卫春主持召开。会议传达学习习近平总书记在党外人士座谈会上的重要讲话精神、《关于6起营商环境领域腐败和作风典型问题的通报》，听取区委工作情况汇报，审议关于统筹推进2022年昌江区农村生活污水治理工作事宜、《关于调整昌江区劳动模范（先进工作者）评选表彰工作委员会的请示》《2022年昌江区劳动模范和先进工作者评选表彰活动方案（送审稿）》，审议关于昌江区中小学（幼儿园）安防“四个一”工程建设资金事宜。

【十二届区委第26次常委会（扩大）会议】 10月7日，区委书记倪卫春主持召开。会议传达学习习近平总书记重要文章《坚持和发展中国特色社会主义要一以贯之》，传达学习省委书记易炼红、省长叶建春在全省稳增长、防风险、保稳定、惠民生工作部署会上的讲话精神，省委书记易炼红在纪念安源路矿工人运动100周年座谈会上的讲话精神和调研文章《以正确的方法做正确的事情下最大的功夫求最好的效果》，传达学习《中共江西省委关于加强党的政治建设推动江西政治生态持续向上向好的意见》、中央和省、市关于巡视工作有关会议精神、省纪委书记马森述在十五届省委第二轮巡视动员部署会上的讲话精神和省委第五巡视组组长蔡厚勇、市委书记刘锋在省委第五巡视组巡视景德镇市工作动员会议上的讲话精神，传达学习全省干部监督工作推进会暨十五届省委第二轮巡视选人用人检查动员部署会和全省公务员业务骨干培训班会议精神。听取区委常委领衔区党代会重大部署调查研究和推动落实事项报告、全区未成年人思想道德建设工作专题汇报、全区新时代文明实践工作专题汇报，审议《昌江区城市功能与品质再提升行动方案（送审稿）》、关于投资入股杭州小蝪网络科技有限工作情况汇报。

【十二届区委第27次常委会会议】 10月7日，区委书记倪卫春主持召开。会议专题研究意识形态工作，传达学习习近平总书记关于意识形态工作重要论述和《关于当前景德镇市意识形态领域有关情况的通报》，听取关于全区“两新”组织意识形态工作调研督导发现问题情况汇报，研究审议《当前我区意识形态领域有关情况的通报（送审稿）》《关于贯彻执行党委（党组）网络意识形态工作责任制若干措施的实施细则（送审稿）》等若干事项。

【十二届区委第28次常委会（扩大）会议】 10月25日，区委书记倪卫春主持召开。会议传达学习中共二十大和二十届一中全会精神，审议《关于昌江区学习宣传贯彻中共二十大精神工作方案（送审稿）》《关于推进昌江区共青团基层组织改革工作的实施方案（送审稿）》《2022第19届中国景德镇国际陶瓷博览会昌江区活动方案》，听取2022年巩固拓展脱贫攻坚成果考核情况及下步工作安排部署，审议区政府党组关于《昌江区2022年度转业军官和政府安排工作退役士兵安置接受事宜》的请示，区政府党组关于《昌江区2022年度招募“三支一扶”人员拟服务岗及2020年度招募“三支一扶”人员服务期满拟安置岗位事宜》的请示，区政府党组关于《解决区消防救援大队推进相关消防工作经费事宜》的请示，听取区政府党组关于启动昌江区城乡雨污管网配套设施建设项目情况汇报，审议关于核定丽阳镇综合行政执法队队长等领导职数相关事宜。

【十二届区委第29次常委会会议】 11月29日，区委书记倪卫春主持召开。会议传达学习习近平总书记在中共中央政治局第一次集体学习时的重要讲话精神、中央政治局常委、国务院总理李克强在第十次全国深化“放管服”改革电视电话会议上的讲话精神和《中共十九大以来中央巡视工作总结报告》、《中共江西省委关于认真学习宣传贯彻中共二十大精神的通知》，全省前三季度经济运行分析会暨“决战四季度、夺取全年胜”动员会上的讲话精神，省委书记易炼红在省委统战工作会议上的讲话精神、《景德镇市“十四五”文化发展规划》，听取关于昌江区平安建设工作情况汇报、《关于拨付昌江区申请设立省级产业园项目工作经费的请示》、《关于将昌江区吕蒙乡卫生院管理体制上划归口区卫健委管理的请示》、《关于解决全区卫生健康系统医疗卫生专业技术人员参加机关事业养老保险的请示》，审议2022年昌江区劳动模范、先进工作者人民名单（送审稿）。

【十二届区委第30次常委会会议】 12月18日，区委书记倪卫春主持召开。会议达学习中共中央政治局会议精神、传达学习习近平总书记在党外人士座谈会上的重要讲话精神，审议《中共昌江区委关于成立区委综合考核工作委员会的通知（送审稿）》《关于召开中共昌江区委十二届五次全体（扩大）会议工作方案（送审稿）》《中共昌江区委常委会2022年度工作报告(送审稿)》《中共昌江区委关于深入学习宣传贯彻党的二十大精神，加快全面建设社会主义现代化新昌江的决定（送审稿）》，听取昌江区2022年红色基因传承工作和2023年工作计划情况汇报，审议区政府党组提请《关于提高昌江区2022年城乡居民基本养老保险全省基层养老金提标事宜》、区政府党组提请《关于解决新冠肺炎疫情防控经费的请示》、昌江区2022年深入推广三明医改经验工作情况汇报、关于昌江区城市建设投资开发有限公司拟升格成为集团公司的情况汇报。

【十二届区委第31次常委会会议】 12月29日，区委书记倪卫春主持召开。会议传达学习习近平总书记在中央经济工作会议上的重要讲话精神，传达学习省纪委有关违纪违规违法问题的通报、全省疫情防控应急指挥部会议精神、全区安全生产工作情况汇报。

（谭　颖）

区委办公室

【概况】 2022年，区委办公室在推动服务发展、服务决策、服务落实“三服务”工作上提质提速提效，当好区委的坚强“前哨”和巩固“后院”。

【办文办会高质高效】 牢固树立服务观念，工作上做到热情细致、高度负责、步调一致、配合默契。严格规范公文处理，把“下功夫、出精品”作为办文行动指南，准确把握领导意图，做好参谋助手。在区委各类大型会议召开前，做到早安排、早部署和精心安排。全年共起草区委十二届三次全会、四次全会、五次全会和优化营商环境千人誓师大会等领导讲话和文件，收文727件，印发各类文件240件，承办大小会务40余次。

【督查工作扎实有效】 紧盯区委重大决策落实，领导重要批示、指示，群众关注的难点、热点问题开展重点督查，服务全区工作大局。牵头会同区有关部门开展对重点项目推进、高质量考核、“双创双修”等中心工作的督查，及时协调解决重点工作推进中存在问题，明确任务目标和时间节点，确保中央和省、市、区的各项指示精神、决策部署贯彻落实到位。全年共开展督查暗访30余次，办理省、市“民声通道”交办件72件，上报市委督查材料11篇，办结率100%。

【信息工作有质有量】 坚持把信息作为党委科学决策、民主决策、依法决策的重要依据，着力在提高更加优质高效的信息服务上下功夫，制定下发《中共昌江区委办公室关于进一步加强和改进信息工作的通知》，进一步明确信息工作的基本要求和重点内容，拓宽信息沟通渠道，建立信息工作责任考评机制，实行定期通报，提高信息工作质量和水平。全年共组织召开2次信息工作座谈会，举办1次业务培训，上报信息稿件223篇，被省委办公厅采用6篇，被市委办公室采用130余篇。

【机要保密规范严谨】 严格落实党政领导干部保密工作责任制，严把涉密环节，加强对涉密文件、涉密会场和重要考试的保密管理，有效杜绝涉密事故、事件的发生。高度重视国家安全工作，在全区传达学习习近平总书记关于保密工作的重要指示批示精神和中央保密文件精神，以“4·15”第七个全民国家安全教育日、“12·4”第九个国家宪法日、纪律教育宣传月为契机，深入开展保密学习教育，国家安全工作扎实开展。

（谭　颖）

主要负责人名录

主　任：梁　毅（2021.10任）

副主任：李镃岚（2022.12 免）
方桂平（女，2021.10 任）
戚丽莲（女，2021.10 任）
徐承兵（2022.12 任）

组织工作

【概况】 区委组织部为区委直属正科级全额拨款公务员单位，核定编制数为 6 名。下设昌江区党群服务中心和昌江区人才发展服务中心 2 个副科级全额拨款事业单位，核定编制数均为 5 名。2022 年年底，全区共有基层党（工）委 13 个、基层党总支 30 个、基层党支部 241 个、基层党组织 271 个。全区共有党员 6793 人。其中，正式党员 6673 人，预备党员 120 人；男性党员 5151 人，女性党员 1642 人；汉族党员 6787 人，少数民族党员 6 人。

【三化建设成果持续巩固】 坚持全方位规范、全领域推进。严格落实第一议题制度，及时跟进学习习近平总书记重要讲话、重要论述、重要书籍。中共二十大胜利召开后，及时研究制订深入学习宣传贯彻实施意见，举办学习研讨班 11 个班次，实现基层党组织、党员干部全覆盖，有效推动中共二十大精神入脑入心、走深走实。区委先后 14 次专题研究党建工作，区委主要领导开展党建工作调研 23 次，直接认领党建创新项目 1 个。区四套班子党员领导带头建立基层党支部工作联系点 67 个，协调解决实际问题 138 个。制定《关于开展基层党建“对标管理、错位争先”的实施方案》，建立“三单三查三评”机制，每月组织基层党（工）委观摩 1 个阵地、汇报 1 次进度、评定 1 次分数、组织 1 场考试、发出 1 张整改清单，让“学在经常、考在日常”制度化。2022 年，对标省、市委党建重点任务，梳理重点工作 98 项，细化工作举措 283 个。

【干部综合考核管理扎实有效】 从高质量发展成效、加强党的建设成效、满意度评价“三个维度”，研究制定《昌江区年度综合考核办法（试行）》等“1+1+3”综合考核文件体系。充分激发和保护好各级领导班子、广大干部的积极性、主动性、创造性，引领和推动全区高质量跨越式发展。

【招才引智上新台阶】 组织召开全区人才工作专项述职会、区委人才工作领导小组会议，出台《中共昌江区委人才工作领导小组 2023 年工作要点》《昌江区人才分类评价认定办法》。举办全区科级领导干部能力提升培训班和科创人才国情研修班，进一步提升党政人才综合素质。在全区各乡镇（街道）建立人才服务站。落实人才公寓 10 套，发放人才创业担保贷款 2007 万元。在昌江区人民政府门户网站开设“才达昌江”专栏。推荐 2 人入选江西省“双千计划”，4 人入选市级双高人才培养工程；1 人获国务院政府特殊津贴，5 人获市政府津贴。引进王志光博士成立富祥研究院，集聚各类研发人员 160 余名。

【组工宣传成绩突出】 办好“昌江组工”官方微信公众号，全年共推送各类信息 454 篇，其中原创 150 余篇。与团区委联合制作的短视频《青春心向党，建功新时代》，被“瓷都组工微信”、“江西组工微讯”、“学习强国”学习平台采用；与区中心幼儿园联合制作的短视频《童年，“童梓”》，在“瓷都组工微信”、“学习强国”学习平台上推送；与区委党史办、荷塘乡党委联合制作的全省红色名村“我的村、我记录”短视频创作大赛作品——《童坊村：老区垦区新荣光》短视频，在“江西组工微讯”上发布，并获大赛三等奖。全年累计在“江西组工微讯”微信公众号上用稿 4 篇，在省级平台发表网评文章 18 篇，在《江西组工信息》、中组部《组工通讯》上稿积分为 85 分。区委组织部被省委组织部授予 2022 年度全省组织系统网络宣传先进单位称号。同时，主抓新闻宣传工作的部务委员施启权被省委组织部授予 2022 年度全省组织系统优秀网宣员称号。

【市委领导到区调研基层党建工作】 3 月 16 日，市委常委、市委组织部部长肖承贵到区西郊街道泰豪商圈党建共同体调研指导基层党建工作。肖承贵强调，要坚持以党建为引领，以社区发展和党员群众需求为导向，进一步优化社区网格设置，细化社区网格管理，探索建立党建引领下的社区居民委员会、业主委员会和物业服务企业协调运行机制，进一步优化营商环境，提升基层治理能力水平，切实增强人民群众的获得感、幸福感。区委书记倪卫春、市委组织部副部长张通华和区委常委、区委组织部部长曾亚平陪同调研。

【全区机关党的工作会议暨打造模范机关动员部署会召开】 3 月 24 日，2022 年度全区机关党的工作会议暨打造模范机关动员部署会召开，会上宣读区委书记倪卫春对区直机关党建工作要求的批示。区委常委、区委组织部部长曾亚平出席会议并讲话。会议要求，要提高政治站位，深刻认识打造模范机关是坚决捍卫“两个确立”、做到“两个维护”的具体行动；要抓实目标任务，全面提升打造模范机关工作质量；要强化工作保障，凝聚机关党建强大合力。

【区委党建工作领导小组第一次会议召开】 4月2日，区委党建工作领导小组第一次会议召开。

4月2日，2022年度昌江区委党建工作领导小组第一次会议召开

会议指出，全区各级干部要有强烈的创先争优意识，通过“有载体、有抓手、有创新、有品牌”的工作模式，将党的建设工作做实。区领导倪卫春、伊文斌、江智峰、李恩清、周淮钦、李龙江、乐先锋、余世建、汪德胜、彭新建、曾亚平、周薇出席会议。

【全区组织工作会议召开】 4月12日，区委常委、区委组织部部长曾亚平主持召开全区组织工作会议并讲话。会议总结2021年以来组织工作，部署2022年工作任务。会议指出，全区组工干部要锤炼忠诚品格、提升专业素养、锻造严实作风，以实践、实干、实效履职尽责，人人创先、事事争优、处处表率，在打造“让党放心、人民满意的一流机关、模范部门”活动中走前列、作表率。区委书记倪卫春会前就会议召开作出批示。

【全区人才工作专项述职会召开】 4月12日，区委常委、区委组织部部长曾亚平主持召开全区人才工作专项述职会议。会议强调，要牢固树立人才优先发展的理念，真正把人才工作当作“一把手工程”来抓，把人才工作抓实抓好抓到位。要坚持以问题和需求为导向，按照“缺什么、补什么”的工作思路，搭建引才载体，按需纳才，实现人才与产业经济发展同频共振、有机融合。要压紧压实责任，充分发挥各自职能作用和独特优势，推动各项人才政策落地生根。

【区委领导调研全区基层党建工作】 4月20日，区委书记倪卫春到部分学校、社区、商会、企业调研基层党建工作。倪卫春强调，基层党组织要发挥战斗堡垒作用，基层党员要发挥先锋模范作用，以党建提升基层治理能力，以党建高质量增强人民群众的幸福感、获得感。

【区委领导调研“两委”换届“回头看”工作】 4月27日，区委书记倪卫春到鲇鱼山镇调研村（社区）“两委”换届“回头看”工作，并召开座谈会。倪卫春强调，要不断加强村（社区）“两委”班子建设，进一步增强农村基层组织的执行力、凝聚力和战斗力，以更加有力的举措、更加务实的作风，坚定落实市委、区委决策部署，确保经济社会稳定发展，以实际行动迎接中共二十大胜利召开。

【到高新区学习非公有制经济党建工作】 为响应市委提出的昌江区和高新区“两区”党建融合工作理念，5月18日，区委常委、区委组织部部长曾亚平率队赴市高新区学习考察非公有制经济组织基层党建工作。曾亚平指出，要参考“专兼结合、组团服务”党建模式，注重“强体、塑形、铸魂”，学习成功经验，借鉴先进做法，推动全区非公有制经济组织基层党建工作的创新发展，走出一条具有昌江特色的非公党建工作创新之路。

【为老党员颁发光荣在党50年纪念章】 在中国共产党成立101周年之际，6月30日，昌江区“光荣在党50年”纪念章颁发仪式暨“我是共产党员——‘80岁’与‘90后’对话”座谈会举行。区委常委、区委组织部部长曾亚平出席会议并讲话。会议要求，要学习传承老党员对党忠诚的政治品格，要学习传承老党员不负人民的为民情怀，要学习传承老党员永不懈怠的奋斗精神。

【全市首届党务技能大赛精彩开赛】 8 月 19 日，全市首届党务技能大赛（昌江赛区）在昌江区昌南里长天酒店精彩开赛。共有来自全市“两新”组织党建和国企党建两个项目的 36 个精彩党建项目案例参加比赛。区委常委、区委组织部部长曾亚平出席大赛并致辞。

（陈文怡）

主要负责人名录

区委常委、区委组织部部长：
曾亚平（2021.8 任）
常务副部长：
陈进辉（2021.12 任）
副部长、人社局局长：
吴田兰（女，2021.2 任）
副部长、老干部局局长：
宁俊锋（2021.12 任）
副部长：周庆辉（2021.12 任）
孔　伟（2022.12 任）
部务委员：
施启权（2021.1 任）
李亚兰（女，2022.6 任）

宣传工作

【概况】 区委宣传部为区委直属正科级全额拨款公务员单位，核定编制数 4 名。归口管理正科级全额拨款事业单位为区融媒体中心，核定编制数 8 名。

2022 年，区委宣传部以迎接宣传贯彻中共二十大工作为主线，聚焦“举旗帜、聚民心、育新人、兴文化、展形象”的使命任务，组织召开全区宣传思想文化工作会议，贯彻落实上级关于宣传思想文化工作各项决策部署，为全面建设现代化魅力新昌江提供坚强思想保证和强大精神力量。

6 月 30 日，昌江区“光荣在党 50 年”纪念章颁发仪式举行

【学习宣传中共二十大精神】 在中共二十大召开前期，通过文艺会演、宣传普及等多种形式，营造浓厚氛围。中共二十大胜利闭幕后，积极组织各级各部门迅速行动，通过会议部署、集体学习、主题宣讲、理论研讨等形式，开展各类宣传活动，让中共二十大精神家喻户晓。区委通过组织召开全区领导干部会议、区委常委会、区委理论中心组会议，传达学习中共二十大精神，认真思考和研究昌江区贯彻落实好中共二十大精神的具体思路、具体路径、具体举措，全面部署学习宣传贯彻落实各项工作。组织宣讲队员用本地话、家常话，深入社区、村小组等地开展“接地气”的宣讲，让大家听得入心、学得到位。并同步开展送戏下乡、瓷画创作、书画作品展等一系列群众喜闻乐见的文艺活动，让中共二十大精神深入基层、深入人心。

【落实意识形态工作责任制】 作为区委主管意识形态工作的主要职能部门，区委宣传部通过创新

3 月 4 日，全区宣传思想文化工作会议召开

10月27日，昌江区新时代文明实践中心开展学习宣传贯彻党的二十大精神主题活动

体制机制、抓好责任落实、巩固阵地建设、提升队伍水平等多举措齐发力，积极做好省委巡视意识形态专项检查迎检工作，为建设具有强大凝聚力和引领力的社会主义意识形态做出积极贡献。全年共对拟评优评先、提拔重用的122人次进行履行意识形态工作责任制情况核查，把党管意识形态工作落到实处。先后派出专项检查组参与到十二届区委第二轮、第三轮巡察中，对17家单位党组织开展落实意识形态工作责任制的专项检查，对6个乡镇（街道）分别在年中、年底开展2次专项督查。全面抓紧抓实各级党组织意识形态工作，与区委组织部联合制发《昌江区选派“两新”组织党建工作指导员工作方案》，选强配优党建指导员深入辖区“两新”组织开展意识形态工作和党建业务指导。

【用好“学习强国”学习平台】全区各级领导干部自觉利用“学习强国”学习平台加强学习，做到在实践中学习、在学习中成长。区融媒体中心作为主要投稿部门，积极向“学习强国”学习平台投稿。全年共投稿284篇，其中上稿127篇。推送的《找到了，全网寻找的“黑衣哥”是昌江人》获全省县级融媒优秀作品双月赛第3期三等奖，《景德镇昌江区：亲情连线“云团圆”，见证温暖瞬间》获2022年江西省“新春走基层”融媒体作品大赛优秀奖。

【深化新时代文明实践活动建设】印发《关于进一步加强和规范昌江区新时代文明实践中心志愿服务队伍建设的方案》的通知，举行昌江区志愿服务总队授旗仪式，促进志愿服务工作提质增效。鲇鱼山镇“嫂子帮帮团”、荷塘乡“洪家大院说党史”、西郊街道“小蜜蜂在行动”和各乡镇（街道）同步开展的“童心港湾”志愿活动赢得广泛认可。童坊村“红色打卡”、江联村“绿色宣传”、景航社区“金色服务”、太阳船社区“蓝天救援”4个特色项目得到巩固提升。全区全年获评市“岗位学雷锋”标兵1名、市“学雷锋”示范点1个、市优秀志愿者30名、市优秀志愿组织5个、市优秀志愿服务社区8个，省优秀志愿服务项目1个；第一届景德镇市文明户5户；市新时代好少年3名，省新时代好少年1名；“瓷都好人”14名，“江西好人”3名。

【力推媒体融合发展】区融媒体中心围绕中心工作，服务大局，在实施双“一号工程”、项目建设、疫情防控、文明创建中发出“昌江好声音”。全年累计刊发原创新闻稿件6000多条，发布短视频500多条，全方位宣传昌江。获得“全省十佳县级融媒体中心”称号（全市唯一）；2篇融媒体中心记者原创新闻在“全省新春走基层作品大赛”和“全省市县融媒体双月赛”中获奖。成立昌江融媒记者联络站园区分站，将新闻触角延伸到企业车间；创办《魅力昌江》电子报，上线昌江区网络电视台，成立文明创建观察团。策划举办“昌江区中小学生征文大赛”“魅力新昌江摄影和短视频大赛”，以及“昌江区十大镇街新闻”评选活动，讲好魅力昌江新故事。

（王子华）

主要负责人名录

区委常委、区委宣传部部长：
汪德胜（2021.8任）
常务副部长：
许荣崽（2014.8任）
副部长：王志强（2021.10任）
胡莹莹（女，2021.10任）

统一战线

【概况】2022年，区委统战部深入学习贯彻习近平总书记关于加强和改进统一战线工作的重要思想和《中国共产党统一战线工作条例》《中共江西省委统一战线工作领导小组关于贯彻〈中国共产党统一战线工作条例〉的实施意见》，着力加强思想引领，着力服务中心大局，着力加强自身建设，为实现“工业强区、文明新城、开放融合、幸福共享，全面建设现代化魅力新昌江”的发展定位凝聚人心、汇聚力量。办公地点由原紫晶南路南湖新村迁至原区疾病预防控制中心。

【省领导到区调研统战工作】 6月8日，省委常委、省委统战部部长黄喜忠率调研组到区调研自由职业工艺美术师统战工作。省委统战部常务副部长彭世东，省委统战部副部长、省人民政府侨办主任张继钦随同调研。市委常委、市委统战部部长吴财锋，区委书记倪卫春，区委常委、区委统战部部长周薇陪同调研。

【加强民主党派建设】 拟订《中共昌江区委2022年度政党协商计划》，全年召开党外人士座谈会2次，申请25万元专项经费用于帮助民主党派解决办公场所问题，建设“民主党派之家”。组织各民主党派昌江支部结合自身界别特色和优势，围绕乡村振兴、优化营商环境等区委区政府中心工作开展调研。区委书记倪卫春专题听取《关于构建全域联动农产品运营体系，助推数字农业发展的调研报告》《红色资源保护与开发研究》等8篇调研报告，并对大调研工作做出批示，要求相关部门积极配合做好成果转化。

【做好民族宗教工作】 以“五好”宗教活动场所创建工作为契机，稳步推进“五好”宗教场所建设，制定《昌江区“五好”宗教活动场所创建工作方案》。

【促进非公经济健康发展】 做好惠企政策宣传，将省政府28条、市政府34条、区政府38条惠企纾困政策汇编成册印发3万份。畅通企业诉求渠道，对4个民营企业维权诉求渠道进行整合，完善企业及群众投诉举报机制，简化办理程序、缩短办理时限，真正做到“畅快办结”。抓好企业维权服务，全年累计接到企业反映各类诉求87件，办结85件，办结率98%。引导企业和广大非公经济人士积极履行社会责任，多渠道开展捐资助学、盲人公益体检、贫困村产业帮扶活动，切实为民众排忧解难。

【做好新的社会阶层统战工作】 做好新的社会阶层人士统战工作，打造“宁封窑”自由职业工艺美术师创新创业示范基地，创建“自由职业＋陶瓷文化传承”特色品牌。对全区自由职业陶瓷从业人员、陶瓷工艺美术师、陶瓷工艺美术师示范工作室进行摸底调查，掌握其基本情况。实行动态管理，充分发挥村、社区作用，定期更新自由职业工艺美术师信息数据，建立人员台账，提高工作信息化水平。成立昌江区自由职业工艺美术师创新工作领导小组，制定出台《昌江区关于加强自由职业工艺美术师统战工作创新的意见》，建立自由职业工艺美术师示范基地统战工作联络员制度，形成工作合力。开展列名联系活动，区委主要领导多次到自由职业工艺美术师示范基地调研，区委常委与列名联系的工艺美术师开展谈心谈话活动，帮助解决工艺美术师成长和工作中的困难问题。区政府拨付22万元工作经费，用于全区新的社会阶层人士实践创新基地建设。

【用好新乡贤资源】 发挥新乡贤联谊会、异地商会作用，定期邀请新乡贤根据职业、专业情况开展讲座、座谈等交流活动，广泛联络新乡贤，凝聚新乡贤力量。全区共有新乡贤169名，其中以富祥药业、宏亿电子为代表的新乡贤积极以商招商，引入投资50亿元凌富生物医药项目1个、10亿元电子科技项目3个。组建由42人组成的新乡贤志愿服务队，开展惠民政策宣传活动16次，助力基层社会治理能力全面提升。创新新乡贤沟通服务体系，

6月8日，省委常委、省委统战部部长黄喜忠（右四）到区调研统战工作

按照“有办公地点、有机构章程、有专人管事、有工作制度、有信息平台、有服务参与”的“六有”标准，全区6个乡镇（街道）均建立乡贤工作站，荷塘乡完成乡贤馆的打造。

（苏　铭）

主要负责人名录

区委常委、区委统战部部长：

周　薇（女，2021.8任）

常务副部长：

张小乐（2021.10任）

副部长、工商联党组书记：

吴祖爱（2021.9任）

副部长：程晓峰（2022.12任）

党校教育

【概况】 区委党校成立于1976年10月。2020年9月，区委、区政府投资对原荷塘中学进行改造，将其作为区委党校党员干部教育培训中心。2022年底，实有在职人员6名（不含兼任校长），无专职教研人员。党校校长由区委副书记兼任。办公地点由原吕蒙乡古城村委会迁至区政府楼。

2022年，区委党校努力克服新冠疫情带来的不利影响，以知难而进、积极作为的精神状态，紧紧围绕区委区政府工作大局，积极开展党员干部培训，切实加强理论研究，努力在更高层面提升区委党校的办校办学水平。

【举办中共十九届六中全会精神专题研讨班】 以“1+N”模式，多渠道、多层次推进全区中共十九大、十九届六中全会精神党员干部专题轮训工作。全年共举办学习贯彻中共十九届六中全会精神研讨班、轮训班26个班次，参训学员2000余人。

【抓好党员干部教育培训】 开展全区领导干部廉内助培训班、全区政法系统政治轮训班、2021年新发展党员培训班、全区党务工作者培训班、全区社区党组织书记培训班、人防知识专题培训班等专题班次。全年共举办专题培训班12个，参训学员近500人次。

【举办“流动课堂”送学下基层】 中共二十大胜利闭幕后，区委党校第一时间组织相关人员开展集中学习、集中研讨、集中备课，交流学习心得，为开展基层宣讲精心备课。先后到鲇鱼山镇关山村、凤岗村，丽阳镇丰田村，西郊街道胜利社区、黎明社区、油榨套社区，宏亿电子、宁封窑等基层党组织宣讲12场次。

【围绕中心工作开展培训】 坚持推动企业实现高质量发展，围绕优化营商环境的重要性、双“一号工程”的意义、任务、目标安排营商环境专题课程30节次，安排数字经济专题课程20节次，举办系列先进陶瓷专题培训班。

【发挥理论研究主阵地作用】 完成区社科联立项课题“以数字经济推动县域经济高质量发展——以昌江区发展数字经济实践为例”，《习近平谈治国理政》第四卷基层宣讲专项课题在市社科联立项，并于年内结项。另有1篇文章获区社科联一等奖、1篇文章获市社科联二等奖。

（汪琦君）

主要负责人名录

校　长：江智峰（2021.8任）

常务副校长：

姜进雪（2016.12任）

党史方志

【概况】 区委党史地志办公室（简称“区委史志办”）成立于2021年3月27日，由事业单位改革前的原区委党史工作办公室（成立于1970年，始称“区史组”）和原区地方志编纂委员会办公室合并组建，为区委直属公益一类正科级全额拨款事业单位，核定人员编制数为26名（其中，实际编制8名、控制编制18名），领导职数为主任1名、副主任2名。改革后，原在编在岗人员（原

3月31日至4月2日，全区科技领导干部深入学习贯彻党的十九届六中全会精神专题研讨班举行

区委党史办主任 1 人，原区地方志办无人员）整体划转至区委史志办，于 4 月 23 日全区进行集中挂牌。2022 年 3 月 28 日，省委组织部下发《关于景德镇市所辖县（市、区）52 家单位列入参照公务员法管理范围的批复》，同意将区委史志办列入参照公务员法管理范围（昌江区 12 家）。2022 年，实有在编干部 2 人。其中在编在岗干部 1 人，并兼任区委组织部部务委员；另 1 人在区委组织部借用，并于 12 月底交流任职调离。11 月底，向区委申报江西省 2023 年度考试录用公务员（综合管理岗）计划 8 人。

2022 年，区委史志办以全面完成深化事业单位机构改革为新的起点，紧扣党中央"推进党史学习教育常态化制度化"的工作要求和"为党立言、为国存史、为民修志、为政问道"的时代使命，聚焦史志工作主责主业，当好历史文化的守护者、本土文化的挖掘者、传统文化及红色文化的传播者，各项工作均取得新成效、迈上新台阶。7 月 1 日，单位负责人施启权受聘为全省地方志系统专家库成员；10 月 18 日，首次上报参评的《昌江年鉴（2021）》，获全省第七届年鉴质量评比活动县级综合年鉴二等通报表扬；12 月 16 日，2021 年党史学习教育期间策划制作的全市首部党史类纪录片《寻访 1926》，获全市第十次社会科学优秀成果社科普及读物类一等奖。

【助力党史教育基地建设】 1 月 19 日，荷塘精神红色教育基地举行"省级爱国主义教育基地"挂牌揭牌仪式，区委常委、区委宣传部部长汪德胜参加仪式。该教育基地为市级党史教育基地、市级爱国主义教育基地、市级廉政建设教育基地，2021 年 7 月荣升为省级爱国主义教育基地；2021 年 7 月授牌的区级党史教育基地荷塘殊源坞教育基地，近半年时间共接待参观学习的单位或人员近百批次，免费开讲"中共景德镇地方党史"党课 40 余场次，成为响当当的党史学习教育品牌。省委宣传部常务副部长、省委党史学习教育领导小组办公室副主任郭建晖，省委党史学习教育领导小组第五巡回指导组组长黄晓波、景德镇市市长胡雪梅等领导给予充分肯定，中国共产党新闻网、人民网等媒体和省委党史学习教育工作简报进行报道或转载。2022 年 1 月，该教育基地获"全市第四批爱国主义教育基地"称号。

【举行《昌江区革命老区发展史》发行仪式】 3 月 24 日，组织举行《昌江区革命老区发展史》（由原区委党史办牵头主编）发行仪式，江西省编纂联络指导组特发来贺信祝贺，市史志办主任李雪海应邀到区出席仪式。昌江区是全市首个、全省（共 85 个）第 17 个完成《革命老区发展史》编纂并出版发行的县（区、市）。该书作为《全国革命老区发展史》丛书之一，已由中国老区建设促进会统一捐赠中央党校、中共党史和文献研究院、中央档案馆、国家方志馆、香山革命纪念馆等 10 余个单位和国家级馆收藏展示。

【加强党史宣传教育】 6 月 15 日至 7 月 12 日，区委史志办与区融媒体中心在"魅力昌江"微信公众号联合推出"庆七一·昌江红"系列专栏 6 期。6 月 22 日，由区委宣传部主办，区文联、区委史志办、团区委、区教体局、区作协联合承办的"庆七一·颂党恩"暨"喜迎二十大·强国复兴有我"主题诗歌朗诵会在景德镇航空学校举行。与区实验学校联合选送的《跨越百年的承诺》节目脱颖而出，获得一等奖。8 月，与区委组织部、荷塘乡党委联合制作的全省红色名村"我的村、我记录"短视频创作大赛作品——《童坊村：老区垦区新荣光》短视频，被"江西组工微讯"采用，并获大赛三等奖。12 月 12 日—13 日，应横峰县委、县人民政府邀请，到横峰县参加纪念闽浙赣革命根据地创建暨闽浙赣省苏维埃政府成立 90 周年座谈会。

【做好《区委书记执政实录》年度资料收集编纂】 完成《区委书记执政实录》2022 年度资料收集编纂，是全市唯一自 2016 年县区换届以来，连续为区委书记编纂执政实录的县（市、区）。并于 2021 年县区换届后启动《区委副书记、区长执政实录》资料编纂，接续做好《区委副书记、区长执政实录》2022 年度资料收集编纂。

【做好区委党史学习教育材料简报组工作】 自 2021 年 3 月至 2022 年 2 月全区党史学习教育期间，区委党史办作为区委党史学习教育领导小组办公室材料简报组牵头单位，共编发区本级党史学习教育工作简报 42 期，在市委工作简报用稿 10 篇，在省委工作简报用稿 13 篇（与乐平市并列全市第一，整段篇幅综合用稿数与上饶市广信区、宜春市袁州区并列全省第二）。撰

5 月 19 日，昌江区学习贯彻《江西省地方志事业发展“十四五”规划》暨《昌江年鉴（2022）》编纂培训会举行

写区委、区委党史学习教育领导小组主要领导各类讲话稿近 20 篇。在全区党史学习教育总结大会上，区委对区委党史办参与的材料简报组工作和充分利用荷塘红色资源，在殊源坞新时代文明实践中心增挂“中共昌江区党史教育基地”牌子，并举办景德镇地方党史文献（文物）展、制作全市首部党史类纪录片《寻访1926》、在“魅力昌江”微信公众号推出“党史耀初心”系列专栏等工作给予肯定。

【召开年鉴编纂培训会议】 5 月 19 日，组织召开全区学习贯彻《江西省地方志事业发展“十四五”规划》暨《昌江年鉴（2022）》编纂培训会议，传达学习《江西省地方志事业发展“十四五”规划》，邀请市史志办副主任李景春进行业务培训，吹响向“一年打基础、两年见成效、三年创一流、五年树标杆”的精品工程目标进军的号角。

【举行第四小学“史志阅读角”授牌揭牌仪式】 6 月 27 日，在景德镇市第四小学举行“史志阅读角”授牌揭牌仪式，并赠送《奋进中的昌江区（邮票）》《昌江年鉴》《昌江区革命老区发展史》《回望峥嵘读初心》等昌江区域地方党史、地方文化类书刊，市史志办副主任黄重英和区委常委、区委组织部部长曾亚平参加仪式。并邀请原市史志办二级调研员王国保为市第四小学全体党员、师生代表和区委组织部机关支部全体党员讲“景德镇地方党史”专题党课，推进地方史志文化进机关、进校园、进党员干部和师生头脑。

【加大地方文化挖掘力度】 由原区地方志办挖掘整理、鲇鱼山镇打造的全区首个村史馆——徐坊村村史馆于 2021 年底建成开放，实现全区村史馆建设“零”的突破。2022 年以来，区四套班子主要领导、区人大代表视察团、区政协调研团和浮梁县 100 余名村（社区）书记参观团等团体前去参观学习。3 月 3 日，由区委史志办承办的全市村史馆建设现场会在徐坊村村史馆召开。上半年，还与丽阳镇联合启动《古镇丽阳》编纂工作，配合市史志办完成《勤廉景德镇史鉴》编纂工作。

【加大对外宣传力度】 一年来，共撰写《遇见徐坊》《景德镇市村史馆建设现场会在昌江区召开》等多篇稿件，先后在省地方志研究院官方微信公众号“方志江西”和《江西地方志》杂志上采用和刊登。制作《昌江区史志工作纪略》短视频，对区委 2021 年换届以来特别是深化事业单位机构以来的史志工作进行梳理再现。12 月 16 日，单位负责人在万年县举办的 2022 年全省地方志工作会议暨业务培训班结业式上作交流发言。会上，陈列有全省 11 个设区市 2022 年工作亮点

6 月 27 日，景德镇市第四小学“史志阅读角”授牌揭牌仪式举行

展板，昌江区工作内容及照片约占景德镇市板块内容的98%，并向参加会议的近20个县（市、区）赠阅《昌江区革命发展史》《昌江年鉴（2021）》，有力提升了昌江史志工作在全省史志系统的知名度。

【完成其他工作任务】 超额完成2022年度《党史文苑》杂志学刊用刊任务，共组织征订342份，列全省第三位，已连续十余年进入全省前十行列；积极向国家方志馆赠送已公开出版的《昌江年鉴》2012卷、2017—2020卷和《昌江区志》，11月9日，国家方志馆特制发入藏证书；按时完成《景德镇年鉴（2022）》《江西年鉴（2022）》昌江区专题组稿和供图任务。

【实现工作条件质的提升】 7月16日，区人民政府第7次区长办公会审议通过以区人民政府抄告单的形式拨付2022年度地方志工作经费，并同意自2023年度起将地方志工作经费纳入区财政年度预算，结束区地方志工作历年来工作经费"无着落"的问题。8月中旬，在区人民政府大楼二楼调剂到一间约20平方米的办公室，将其改造提升为集资料储放、陈列展示、视频会议等于一体的多功能办公室，初步解决机构改革前的两个原单位均无专门办公用房的问题。11月，区四套班子主要领导莅临新改造提升的多功能办公室指导。

（施启权）

主要负责人名录

主　任：施启权（2022.1任）

副主任：程晓峰

（2022.1任，2022.12免）

机构编制

【概况】 区机构编制委员会成立于1989年4月28日，下设办公室，办公室与区劳动人事局合署办公。2004年，下设副科级事业单位区事业单位登记管理局。

2009年，区机构编制委员会办公室单独设立，列区委工作序列。2015年，区事业单位登记管理局增挂事业单位机构编制储备管理中心牌子。2019年1月，更名为中共昌江区委机构编制委员会办公室，作为区委工作机关，归口区委组织部管理。2016年3月，成立中共昌江区机构编制委员会办公室支部，2019年1月，更名为中共昌江区委机构编制委员会办公室支部。2021年3月，成立区机构编制实名制管理中心（事业单位），撤销区事业单位登记管理局（事业单位），并在区委编办综合股加挂区事业单位登记管理局牌子。2022年，区机构编制实名制管理中心新招录事业编制工作人员2名，至此，区委编办共有人员6人，办公地点由原吕蒙乡古城村委会迁至区行政服务中心。

【巩固机构改革成果】 为保证机构改革取得实效，组织开展全区机构改革遗留问题排查摸底，对全部涉改单位的职责划转或承接、机构设置、人员转隶或安置、财政经费、资产划转、医保和社保等接续、离退休干部服务管理和其他八个方面内容进行摸底。共有38家单位未反馈问题，16家单位反馈有23个问题（其中2个与机构改革无关）。根据排查结果，有针对性地制定解决办法。开展党政机构改革调研评估，重点评估党政机构改革后的各部门运行情况及存在问题，进一步理顺各单位职责，划清部门间职责边界，确保各部门知职责、明边界，确保各部门服务企业不缺位、不越位、不推诿。

【做好重大制度机制和职责调整】 为完善粮食行政管理体制，将原市粮食局昌江分局承担的行政职能划转至区农业农村水利局，将区农业农村水利主管部门与粮食行政主管部门实行综合设置，在区农业农村水利局加挂区粮食局牌子。为加强全区职业技能后备人才培养和健全全区中医药服务体系，增设昌江区高级职业学校和昌江区中医医院机构。为重点、紧缺部门调编增编，提高编制使用效率，为区委党校、区委党史地志办公室、区档案馆、区教师发展中心、区财政公共服务中心、区国有资产服务中心、区现代商贸业发展中心、区公办幼儿园增加事业编制。

【加强机构编制日常管理】 严格机构设置管理。为贯彻落实《中央编委机构编制管理评估办法（试行）》，增强机构编制管理评估操作性，根据全区机构编制工作实际，制定《区委编办机构编制管理评估工作细则（试行）》。为进一步落实党管机构编制原则，推进机构编制法定化，加强机构编制管理，便于各乡镇（街道）、各部门办理机构编制事项，制定出台《昌江区委机构编制委员会办公室机构编制工作流程》。根据全区干部人事变动情况，切实加强编制实名制管理，做到核编上编流程规范，人员上下编及时，人员信息完善。

【强化事业单位登记管理】 全年，共办结163项事业单位登记事项。其中，设立登记24家、变更登记33家、年度报告98家、注销登记7家、证书补领1家。为8家党政群机关单位变更统一社会信用代码证。统一社会信用代码赋码工作实现全覆盖。

【举办全区事业单位登记管理培训班】 10月13日，举办全区事业单位登记网上操作和中文域名网上注册培训班。采取理论讲解和网上实操相结合的方式，为全区各单位近百名业务人员讲解事业单位法人登记全部流程，为下步规范全区事业单位登记管理工作打下坚实基础。

（陶瑶函）

主要负责人名录

主　任：汪立琴（女，2018.2任）
副主任：孔　伟（2022.12免）
　　　　洪　丹（女，2022.12任）

信访工作

【概况】 区委区政府信访局成立于2002年，下设督查室、接访室、办公室。办公地点由原区政府大楼迁至原区疾病预防控制中心。

2022年，全区信访工作贯彻落实习近平总书记关于加强和改进人民信访工作的重要思想和《信访工作条例》，强力推进信访积案化解专项行动、化解信访突出问题百日攻坚行动等系列行动，最大限度解决好群众信访问题和困难，信访积案存量明显减少，较好维护群众合法权益。全区信访件及时受理率100%，及时办结率100%，群众对责任部门满意率98.61%。

【开展信访积案化解攻坚行动】 自1月景德镇市四套班子信访工作专项会议部署信访积案化解专项行动以来，昌江区聚焦重点难点，强化领导包案，压实化解责任，加强协调督导，多措并举，扎实推进信访积案化解攻坚，信访积案化解专项工作取得明显成效，市交办积案实现清仓见底，问题得到妥善解决、矛盾得到化解。6月，市专项行动交办昌江区的90件信访积案全部化解，一批时间长、跨度大、涉及面广的钉子案得到妥善解决。

【开展信访积案化解百日攻坚行动】 为巩固提升信访积案化解专项行动成果，着力推动化解信访突出问题，根据省、市信访工作联席会议《关于开展“化解信访突出问题百日攻坚行动”的实施方案》精神，昌江区对省交办1件、市交办3件、区自行排查10件信访突出问题，落实责任，制定措施，妥善化解。至8月30日，省、市交办昌江区及自行排查的共14件信访突出问题全部化解。

【学习宣传贯彻《信访工作条例》】 5月1日，中共中央、国务院印发的《信访工作条例》开始施行。区委区政府第一时间组织理论中心组进行学习，并将其列入全区各级党委（党组）理论学习中心组学习的重要内容和法治宣传教育的重要内容，要求全区领导干部深刻把握其核心要义、精神实质和实践要求，深刻领会其新思想新观点新论断。区委信访局组织召开全区信访工作会议，围绕如何运用《信访工作条例》规范信访工作，准确把握新时代信访工作原则和方法，开展集中培训和专题研讨，全面提升信访干部用理论指导实践的能力和水平。编印《信访工作条例》1000余份，做到各级信访干部人手一册。

【举办全区信访工作专题培训会】 7月11日，举办全区信访工作专题培训会，区信访联席会成员单位的信访联系人及区人社局、区城管局、区卫健委、区市监局、区住建局、区棚改办分管领导和各乡镇（街道）分管领导、信访办主任、信访办业务人员、各村（居）书记主任参加培训。

【出台县级领导接访工作制度】 12月28日，区委办公室印发《2023年区县级领导接待群众来访工作安排》的通知，就全区2023年县级领导接待群众来访作出具体安排。如由于公务或其他原因不能按时接访的，由各领导自行调换，确保有领导到位接访，确保信访渠道畅通，群众合理诉求得到及时解决。

（钟海宁）

主要负责人名录

区委办副主任，党组书记、局长：
　　戚丽莲（女，2021.10任）
党组成员、副局长：
　　蔡秀梅（女，2021.10任）

老干部服务

【概况】 区委老干部局成立于1990年，核定编制数为2人。下设股级事业单位1个（区老干部活动中心），核定编制数为5人。

2022年，区委老干部局认真落实老干部政治生活待遇，不断创新工作方式，以服务至上、时刻关爱老干部的工作状态全面开展老干部工作。办公地点由原区政府大楼迁至原区乡村振兴局。

【做好《老友》杂志征订】 全年为老干部征订《老友》《老年报》150份，为老干部送去精神食粮。许多老干部从《老友》《老年报》中了解党中央和国家关于老干部工作的方针政策，并时常谈论《老友》的文章，交流心得体会。

【组织春游活动】 4月26日，组织全区副县级以上离退休老干部前往景德镇5G城市会客厅智慧旅游中心参观，近距离体验和感受高科技为昌江区近年来经济社会高质量发展带来的丰硕成果。

【开展“五送”活动】 5月起，开展离退休老干部“五送”（送学上门、送贺卡、送信息、送健康、送慰问）活动。即为老干部统一印制学习笔记本，为老干部定期编发养生资料及《离退休干部学习资料》，向老干部征求对全区工作及老干部工作的意见建议，向老干部通报全区重要工作情况，在入党纪念日为老干部赠送一张“政治生日”贺卡、一个生日蛋糕以及纪念水杯。

【开展“四季贴心、季季行动”活动】 7月28日，开展“四季贴心、季季行动”（春日踏青、秋日秋游、夏季送清凉、冬季送温暖，每月过政治生日、每季度有健康讲座、每半年有保健服务）活动。针对高龄离退休老干部，开展夏日送清凉活动，给老干部捎去医疗保健箱、夏季清凉物品等慰问品，宣传防诈骗知识，叮嘱老干部及其家人注意做好防暑

5月起，开展离退休老干部“五送”活动。图为给老干部送去生日蛋糕

降温、疫情防控等事项。共走访慰问离退休老干部20余名。

【组织健康体检】 10月15日，组织全区离退休老干部到市第一人民医院集中体检，以及时准确了解老干部的身体状况，并提供“一对一”的精准服务，提高广大离退休老干部的健康意识和自我保健能力。

（汪艳梅）

主要负责人名录

区委组织部副部长、局长：

宁俊锋（2021.10任）

副局长：汪金花（女，2021.10任）

档案管理

【概况】 区档案馆成立于1978年7月，2003年8月设立区档案局，实行区档案局与区档案馆两块牌子、一套内设机构和人员，属区直属正科级事业单位。2019年机构改革将区档案局职能划归区委办，核定编制数7名。2022年3月，省委组织部批复为参照公务员管理事业单位。主要工作职责为整理、鉴定、接收、收集、征集、保管、寄存、查阅、利用档案相关工作。

2022年，区档案馆在档案资源、档案安全、开放利用等方面下功夫，查漏补缺，强化管理，在2016年创评“省三级综合档案馆”的基础上，成功创评“省二级综合档案馆”。

【档案资源建设】 全年共接收区直各单位档案4081卷、5006件，其中，电子档案1267件、照片38张；共征集社会档案1638件，其中电子照片1500张，使散落在社会的珍贵档案得以进馆留存。

【档案服务利用】 利用馆藏档案，编印《图鉴辉煌——昌江区建区以来经济社会发展掠影》图册，全方位系统记录昌江区经济社会发展点滴变化。全年共接待档案查阅利用近400人次。

【档案宣传】 在“6·9”第十五

个国际档案日期间，举办以“历史的见证”为主题的专题展。在喜迎中共二十大召开之际，举办以《图鉴辉煌》为主题的昌江区历史图片展，用“活”档案，讲“活”历史，充分发挥档案资政育人作用。

（董明娣）

主要负责人名录

馆　长：雷良晨（2022.1 任）

11 月 9 日，2022 中国景德镇国际陶瓷博览会昌江区配套活动“首届景德镇国际设计周”举行

综合事务

【概况】 区委区政府接待办公室（简称“区接待办”）成立于 2012 年。共有编制数 5 名，其中全额拨款事业编制数 3 人；现实有人员 5 人，其中事业编制 3 人、临聘 2 人。

2022 年，区接待办全年共接待来宾、省委驻昌江区巡视组、到区考察企业等 70 余次。

【完成“三请三回”新春恳谈会接待】 2 月，昌江区“三请三回”新春恳谈会和全市县域经济高质量现场巡察昌江区活动在昌江区举行，区接待办尽全力做好服务工作。

【参与景德镇瓷博会昌江区配套活动接待】 11 月中旬，全力配合做好 2022 第 19 届中国景德镇国际陶瓷博览会昌江区配套活动，参与由昌江区委区人民政府主办的首届景德镇国际设计周以及合盛·宁封陶瓷艺术数字产业基地开幕相关工作，助力瓷博会和景德镇国家陶瓷文化传承新试验区建设。

【做好政企早餐畅谈会工作】 为扎实推进营商环境优化升级“一号改革工程”，昌江区探索建立区党政主要领导“早餐畅谈会”制度，搭建起一个常态化的政企沟通平台。于每周三邀请 1~2 位企业负责人与区党政主要领导在区直机关食堂共进早餐，面对面交流企业发展存在的困难和需要政府予以解决的问题。早餐畅谈会由区接待办负责做好相关接待工作。

（程　飞）

主要负责人名录

主　任：王　倩（女，2019.12 任）

副主任：方　健（2021.10 任）

深化改革

【概况】 2022 年，区委深改办全面落实党中央和省委、市委有关改革工作的各项决策部署，坚持问题导向和目标导向，强化协同、聚力攻坚，较好完成全年深化改革各项目标任务，为全面建设社会主义现代化新昌江凝聚起强劲的发展动力。获得“2022 年度全省市县综合考核一类县第一等次”称号。

【工作举措细化优化】 及时印发《昌江区委全面深化改革攻坚行动方案（2022—2024 年）》《昌江区委全面深化改革委员会 2022 年工作要点》和 8 个专项小组《区委深改委专项小组 2022 年工作计划》，对十大改革攻坚行动、十大改革攻坚项目的年度目标任务和改革时间表、责任人进行明确，制定年度要点台账。多次组织召开区委深改委会议，传达学习中央、省、市委深改委会议精神，审议区委深改委相关工作，并多次上报区委常委会、专题会研究改革工作，确保各项改革任务落实到位。

【两区融合结出硕果】 探索实践昌江区与高新区全方位深度融合发展新机制，研究出台《景德镇市高新区和昌江区“一区多园”融合发展的实施方案》，完成《高新区和昌江区空间发展战略规划》编制，推动“两区”教育、民政、交通等非直接涉企社会事务一体化发展，实现优势互补、资源叠加，形成“1+1 ＞ 2”的乘数效应。2022 年，“两区”联合开展重大项目集中签约仪式 2 次，联手引进投资超 20 亿元项目1个，共同推进总投资达445亿元项目36个，带动周边群众就业5000余人；联合新（扩、改）建景德镇航空学校、景德镇航空幼儿园、昌江二中（昌江高级职业学校），助力教育优质均衡发展；联合开通镇村公交，在全市率先实现城乡公交一体化。

【营商环境成效明显】 召开全区首次千人誓师大会，深入推进营商环境“五大改革”和“十大专项行动”，梳理补短板事项74项、创新事项41项，开发“昌快办·畅快办”营商环境微信小程序，推进“千干进万企”“企业服务日”等系列活动，探索建立“企业安静期”(每月20日前)、“首违轻微免罚”工作机制，出台为企纾困解难38条举措，共为652家企业兑现惠企资金1.4亿元，发放创业担保贷款8166万元，完成专利质押融资1.37亿元，有效缓解全区市场主体金融压力。在2022年度营商便利度企业评价结果排名中，居全省中上游，营商环境优化升级攻坚战成效明显。

（谭　颖）

主要负责人名录

主　任：江智峰（2021.12，区委副书记兼任）

副主任：梁　毅（2021.12，区委办主任兼任）

曹正义（2021.12，区发改委主任兼任）

李镒岚（2021.12，区委办副主任兼任）

昌江区人民代表大会

综 述

2022年，是昌江区积极践行全过程人民民主、扎实推进法治建设，人大工作开拓进取的一年。区人大常委会认真落实中央人大工作会议精神，坚持党的领导、人民当家作主、依法治国有机统一，围绕党中央重大决策部署和省委、市委、区委工作要求，着眼高质量发展，主动服务工作大局，不断推进全过程人民民主，切实履行宪法和法律赋予的职责，常委会各项工作得到不断提升。

全年共组织召开主任会议6次、常委会会议6次，组织听取审议专项工作报告17项，组织执法检查4次，开展专题调研视察9次，作出决议决定9项，以人大依法履职推动制度优势转化为治理效能。

代表大会

【十一届区人大第二次会议】 2月21日—23日，区十一届人大人民代表大会第二次会议召开。会议听取和审议区人民政府区长伊文斌作关于区人民政府工作的报告、区人大常委会副主任占文军作关于昌江区人民代表大会常务委员会的工作报告、区人民法院院长周理作关于昌江区人民法院的工作报告、区人民检察院检察长程家敏作关于昌江区人民检察院的工作报告。

大会表决通过区十一届人大二次会议选举办法。大会选举侯志军、刘志辉为十一届区人大常委会委员。表决通过《关于昌江区人民政府工作报告的决议》《关于昌江区2021年国民经济和社会发展计划执行情况与2022年国民经济和社会发展计划的决议》《关于昌江区2021财政预算执行情况和2022年财政预算的决议》《关于昌江区人大常委会工作报告的决议》《关于昌江区人民法院工作报告的决议》《关于昌江区人民检察院工作报告的决议》。

常委会会议

【十一届区人大第2次常委会会议】 2月18日召开。区人大常委会主任李恩清，副主任占文军、王建安、程振火、彭金岭及人大常委会组成人员出席。区人民法院院长周理、区人民检察院检察长程家敏，区人大财经办主任侯志军以及拟任人员列席会议。会议由程振火主持。

会议首先学习传达省十三届人大六次、市十六届人大二次会议精神。会议表决通过任命罗慧青为昌江区人民法院副院长、审判员、审判委员会委员议案，罗慧青现场进行宪法宣誓，李恩清为其颁发任命书。会议审议通过关于确认侯志军等代表资格的报告，并审议表决通过叶岚、余康义、涂慧萍、蔡文娟4人提出的辞去昌江区十一届人大代表职务的请求。

会议还审议并表决通过关于召开区十一届人大二次会议的决定，并原则通过区十一届人大二次会议相关材料。区十一届人民代表大会第二次会议召开时间定于2月21日—23日。

【十一届区人大第3次常委会会议】 4月21日召开，传达学习习近平总书记重要讲话精神、省人大常委会有关文件精神，听取审议有关工作报告，进行人事任免。区人大常委会主任李恩清出席并讲话，区委副书记、区人民政府区长伊文斌列席并就提请的任免议案作说明。副主任占文军、陈菊明、程振火、彭金岭及人大常委会组成人员出席。会议由占文军主持。区监察委、区发改委、区卫健委、区乡村振兴局相关负责人，部分区人大代表以及本次会议拟任人员列席会议。

会议首先传达学习习近平总书记在中共中央政治局第三十五次集体学习时的重要讲话精神、《昌江区人大常委会关于开展人

2月21日—23日，昌江区第十一届人民代表大会第二次会议召开

大代表聚焦“六个江西”建设，争当“四个表率”主题活动的实施方案》。

就深入贯彻本次常委会会议精神，李恩清强调，全面依法治国是“四个全面”战略布局的重要法治保障，是人民当家作主、行使国家权力的有力法治保障，区人大常委会及各位代表要积极开展好相关执法检查、宣传有关法律法规等各项活动，在全面依法治国方面充分发挥作用；要坚持服务中心、服务大局、服务群众，加快推进基层代表联络站规划建设和区乡两级人大代表履职考核制度落实，率先垂范，带头落实“三联系”，发挥好联系群众的桥梁纽带作用，不断提高人大常委会工作水平，为服务全区经济社会发展作出新贡献。

会议分别听取区人民政府、区监察委员会提请的任免议案，以无记名投票方式，任命鲍希文为区人民政府副区长。任命区监察委员会相关工作人员。新任命国家机关工作人员进行宪法宣誓。

会议还听取区人民政府《关于老龄工作情况的汇报》《关于全区经济运行情况的汇报》《关于全区工业运行情况的汇报》《关于教育“双减”工作情况的汇报》；听取和审议《中华人民共和国乡村振兴促进法》《江西省乡村振兴促进条例》实施情况汇报。

【十一届区人大第 4 次常委会会议】 6 月 28 日召开。区人大常委会主任李恩清，副主任陈菊明、王建安、程振火、彭金岭及委员出席会议。区人民政府副区长张碧珍、区人民法院院长周理、区人民检察院检察长程家敏，区监察委、区发改委、区民政局、区科技局、区林业局、区卫健委负责人及部分区人大代表列席会议。

会议传达学习习近平总书记在中央政治局第三十九次集体学习时的重要讲话精神，省委书记易炼红、省长叶建春、省人大常委会副主任赵力平在省委贯彻落实中央人大会议精神推进会上的讲话精神；听取区人民政府《关于营造创新创业浓厚科技工作氛围情况的报告》《关于殡葬改革工作情况的汇报》《关于松材线虫病防治工作情况的汇报》《关于重大项目建设和资金使用情况汇报》和区人民法院《关于做好法治营商环境工作情况的汇报》。

会议重点听取并审议区人民政府《常态化疫情防控工作情况的汇报》，会议要求全区各级各部门要坚持“人民至上、生命至上、外防输入、内防反弹、动态清零”的总策略、总方针不犹豫不动摇，紧盯疫情防控思想这根弦，强化风险意识，认真落实常态化疫情防控工作。充分认识疫情防控宣传工作的重要性，引导属地百姓自觉配合疫情防控工作。坚决守住即使发生疫情，群众正常生产生活能够保障，社会能够正常运转的底线。切实做到生产防疫两手抓，两手硬，两不误。疫情防住，经济稳住，发展保住。要精准落实防控措施，科学合理，坚持反对简单粗暴的做法，切忌层层加码、搞“一刀切”。既要积极组织好生活物资的保障，又要及时协调解决好企业生产资料在运输环节的难点堵点卡点问题，保障企业生产不停工不停产。

会上宣读《关于聘请谢爱武等 7 人为规范性文件备案审查咨询专家的公告》，李恩清为区人大常委会规范性文件备案审查咨询 7 名专家颁发聘书。为进一步提高全区规范性文件备案审查能力和工作水平，经区人大常委会第五次主任会议研究，决定聘请谢爱武等 7 人为昌江区第十一届人大常委会规范性文件备案审查咨询专家，为昌江区规范性文件备案审查提供力量保障。

【十一届区人大第 5 次常委会会议】 8 月 30 日召开。传达学习习近平总书记重要讲话精神，听取审议有关工作报告，进行人事任免。区人大常委会主任李恩清出席并讲话，区人民政府区长伊文斌列席并就提请的任免议案作说明。区人大常委会副主任占文军、陈菊明、王建安、程振火、彭金岭及人大常委会组成人员出席。区人民法院院长周理、区人民检察院检察长程家敏，区相关单位负责人和部分区人大代表以及本次会议拟任人员列席会议。

会议首先传达学习习近平总书记在省部级主要领导干部“学习习近平总书记重要讲话精神、迎接中共二十大”专题研讨班上的重要讲话精神、《习近平谈治国理政》第四卷摘要。

就深入贯彻本次常委会会议精神，李恩清强调，区人大常委会及机关要深入学习领会，坚决贯彻落实，在坚持党的全面领导上更加坚定自觉，充分发挥党组把方向、管大局、保落实的政治功能，使人大成为坚持党的领导、执行党的决定的坚强阵地，时刻胸怀“两个大局”、牢记“国之大者”，努力做到全局工作重心在哪里，区人大常委会的工作就跟进到哪里，职能作用就发挥到哪里，努力建设让党放心、让人民群众满意的模范机关。

会议分别听取区人民政府、

区人民法院、区人民检察院提请的任免议案，以无记名投票方式，任命戴欣为昌江区人民政府副区长，任命谢爱武、杨杰为区人民法院副院长。新任命国家机关工作人员现场进行宪法宣誓。

会议听取区人民政府《关于开展异地就医直接结算工作情况的汇报》《关于地质灾害防治工程建设情况的汇报》《关于2022年1月—6月国民经济和发展计划执行情况的汇报》和区人民检察院《关于公益诉讼工作情况的汇报》、区审计局《关于2021年预算执行和其他收支情况的审计报告》；听取并审议区人民政府《关于2021年财政决算和2022年1月—6月财政预算执行工作情况的汇报》；听取审议并表决通过区人民政府《关于调整财政预算支出的情况汇报》；审议并通过《关于确认徐守春等同志代表资格的报告》。

【十一届区人大第6次常委会会议】 10月27日召开。传达学习中共二十大会议精神，听取审议有关工作报告，进行人事任免。区人大常委会主任李恩清出席并讲话，区委常委、区政府常务副区长乐先锋列席并就提请的任免议案作说明。区人大常委会副主任王建安、程振火、彭金岭及人大常委会组成人员出席。区人民检察院检察长程家敏，区相关单位负责人及部分区人大代表以及本次会议拟任人员列席会议。

会议首先传达学习中共二十大精神。李恩清强调，要深刻认识中共二十大精神的重大意义，把深入学习宣传贯彻中共二十大精神作为当前和今后一个时期的首要政治任务和头等大事，在全区人大系统迅速掀起学习宣传贯彻中共二十大精神热潮。切实加强学习。原原本本学，全面系统学，带着信念、感情、使命学，感悟蕴含的强大真理力量；加大宣传力度。运用各种生动活泼、群众喜闻乐见的形式，积极开展多角度、全方位、立体化的深度报道，营造网上网下一体、线上线下联动的良好氛围；抓好贯彻落实。不断加强和改进新时代人大工作，积极发展全过程人民民主，将学习成效转化为做好各项工作的强大合力，推动人大常委会各项工作取得新进展新成效。

会议听取区人民政府提请的任免议案，以无记名投票方式，任命周庆辉为区民政局局长、徐海美为区农业农村水利局局长。新任命国家机关工作人员现场进行宪法宣誓。会议还宣读关于聘请区人大财经监督资讯专家的决定，并颁发聘书。

会议听取区人民政府《关于餐饮油烟治理工作情况汇报》《关于知识产权工作情况汇报》《关于退役军人“尊崇工作法”工作情况的汇报》《关于保民生稳就业情况汇报》《关于加快推进宁封窑国际陶艺村创建国家AAAA级旅游景区工作情况汇报》；听取和审议区人民政府《关于“八五”普法工作实施情况的汇报》《关于国有资产管理情况的汇报》《关于政府债务管理情况的汇报》和区人大常委会《关于规范性文件备案审查工作情况的汇报》。

依法监督

【加强对财政经济工作的监督】 坚持发展是第一要务，紧扣全区发展战略，支持和督促政府抢抓机遇乘势而上。一是围绕发展经济大局开展调研、视察、检查、听取工作汇报。对全区经济运行和规模工业运行及研判、营造创新创业浓厚科技工作氛围、法治营商环境、重大项目建设和项目资金使用、国有资金管理及政府债务管理情况等一系列经济发展问题进行调研、视察，听取专项工作报告。二是推动财政规范健康运行。着力改进和完善预算监督方式，将监督贯穿于预算编制、执行、调整和决算的全过程和各环节。听取和审议区人民政府关于2021年财政决算和2022年1月—6月预算执行情况的汇报、关于2022年1月—6月国民经济和发展计划执行工作的情况汇报、关于2021年度预算执行及决算草案和其他财政收支审计报告。听取2021年度审计发现问题整改情况的报告并进行满意度测评。本年度预算支出调整均已报请区人大常委会审议批准。

【加强对民生改善工作的监督】 围绕社保基金管理、医保异地就医直接结算、保民生、稳就业、教育“双减”、居家养老、殡葬改革、安全生产、疫情防控等一批群众关切的问题进行调研视察，开展“物业社区行”活动，督促政府在民生工程上投入更多的资源，让人民群众共享发展成果。把各级代表进站接待选民群众作为了解社情民意，维护群众权益的重要渠道，通过热情接待，对群众提出的问题进行收集和梳理，及时交办、督办，保障群众合法权益，维护社会和谐稳定。

【加强对环保工作的监督】 围绕松材线虫病防治、地质灾害防治、餐饮油烟治理等问题开展视察调研。听取2022年度区人民政府

3月29日，区人大常委会调研贯彻《江西省乡村振兴促进条例》落实情况

关于生态文明建设和生态环境状况的专项工作汇报，进一步增强全区生态保护意识，对保护生态环境，合理利用生态资源，加快发展生态经济，努力提高生态效益等方面具有积极推动作用。

【加强对监委及公检法司工作的监督】 认真贯彻全面依法治国基本方略，始终坚持监督“一府一委两院”依法行政、公正司法，扎实推进法治昌江建设，努力为全区经济社会发展营造良好法治环境。全面促进普法宣传工作。听取和审议区人民政府关于“八五”普法工作实施情况，对全区法律进机关、进乡村、进社区、进学校、进企业、进单位“六进”活动进行视察调研，全区普法宣传的广泛性、针对性和实效性得到提升。通过执法检查，“一府一委两院”依法行政意识进一步提高。加强对区监委和区法检“两院”的监督，听取区公安机关关于加强派出所基础设施建设、区人民法院关于做好法治营商环境工作、区人民检察院关于公益诉讼工作的汇报，首次听取区监委关于开展营商环境领域监察监督工作情况的汇报，实现常委会对“一府一委两院”监督的全覆盖。听取区人大常委会备案审查专项工作情况汇报，并创新推动区人大常委会备案审查工作向乡镇延伸，实现乡镇全覆盖。向市人大常委会报备9件区人大常委会的决议或决定。

重要工作

【决定重大事项工作】 听取和审议区人民政府关于2021年财政决算和2022年1月—6月预算执行情况的汇报、关于2022年1月—6月国民经济和发展计划执行工作的情况汇报、关于2021年度预算执行及决算草案和其他财政收支审计报告。听取2021年度审计发现问题整改情况的报告并进行满意度测评。本年度预算支出调整均已报请区人大常委会审议批准。

【做好干部选举和任免】 全年共任命区人民政府副区长2名，区监察委员会副主任1名、监察委委员1名，区政府组成人员2名，区人民法院副院长3名，区人大代表4人，免职10人，辞呈4人。

【做好法律法规执法检查】 加大对《中华人民共和国乡村振兴促进法》《江西省乡村振兴促进条例》实施情况的执法检查力度。对区人民政府和区乡村振兴局贯彻实施法律条例情况进行视察调研，在常委会会议上进行审议，提出审议意见。听取和审议区人民政府《关于“八五”普法工作实施情况的汇报》。

（卢钰章）

主要负责人名录

党组书记、主任：

李恩清（2016.10任）

党组成员、副主任：

占文军（2021.10任）

副主任：

陈菊明

（女，民盟，2021.10任）

党组成员、副主任：

王建安（2016.10任）

程振火（2021.10任）

彭金岭（2021.10任）

党组成员、办公室主任：

马文胜（2015.1任）

昌江区人民政府

常务会议

【十一届区人民政府第 4 次常务会议】 1 月 20 日，区长伊文斌主持召开。会议传达学习习近平总书记重要讲话精神和近期党中央、国务院重要文件、会议精神，研究审议《昌江区人民政府工作和议事规则》《中共昌江区委、区人民政府关于全面实施预算绩效管理的实施意见》，审议关于申请拨付办公场所租赁费事宜、关于昌江区会议中心升级改造统一由区国资公司负责事宜、关于申请拨付机关食堂运营和物业安保管理差额经费事宜、关于设立西郊街道“如意湖社区居委会”“新城社区居委会”事宜、关于解决吕蒙乡撤乡设街道工作经费事宜、关于解决新冠疫情防控隔离点经费事宜、关于区专业森林消防大队队员（区综合应急救援队队员）工资待遇及配备通信指挥车辆的情况汇报、关于解决区幼儿园合同制劳务派遣教职工工资事宜、关于拨付 2021 年学校保安经费并将保安经费列入部门年初预算事宜、关于区国资公司变更为昌江区国有资产运营管理控股集团的情况汇报、关于昌江区国资投融资情况汇报、关于成立昌江区建筑工程有限公司的情况汇报、关于成立景德镇市区供应链管理有限公司的情况汇报。

【十一届区人民政府第 5 次常务会议】 2 月 17 日，区长伊文斌主持召开。会议传达学习习近平总书记重要讲话精神和近期党中央、国务院重要文件、会议精神，研究审议 2022 年《昌江区人民政府工作报告（送审稿）》《关于昌江区 2021 年全区和区级预算执行情况与 2022 年全区和区级预算草案的报告（送审稿）》《关于昌江区 2021 年国民经济和社会发展计划执行情况与 2022 年国民经济和社会发展计划草案的报告（送审稿）》，审议关于请求拨给富祥药业 10 千伏专线新建（丽阳出线）工程资金事宜、关于拨给陶青台基础设施建设项目资金事宜、关于解决新枫街道医保缴费资金事宜、关于解决荷塘乡（荷塘垦殖场）退一补一缴费资金事宜、关于成立昌江区人民政府投资项目结算管理领导小组事宜、《昌江区人民政府投资项目结算管理暂行办法（试行）》、关于发放 2021 年大学毕业生入伍一次性奖励金和调整昌江区大学毕业生士兵征集优待措施事宜，听取区国有资产服务中心关于区国资公司向景德镇市文化实业发展公司出借资金情况汇报。

【十一届区人民政府第 6 次常务会议】 3 月 19 日，区长伊文斌主持召开。会议传达学习习近平总书记重要讲话精神和近期党中央、国务院重要文件、会议精神，研究审议 2022 年《昌江区人民政府工作报告》重点工作任务责任分工事宜、《昌江区人民政府办公室关于调整一批非常设议事协调机构的通知》《昌江区 2022 年重点工程建设项目计划》《昌江区关于深入推进数字经济做优做强“一号发展工程”的实施方案》《昌江区人民政府重大行政决策程序规定》，听取昌江区 2021 年度法治政府建设工作情况报告，研究审议《昌江区属国有企业领导人员管理暂行办法》《景德镇市高新区及昌江区全域公交运营方案》《关于申请下拨 2021 年及 2022 年度全域公交补贴经费的报告》，听取关于昌江区荷塘乡童坊村红色旅游基础设施项目施工总承包协议签署情况汇报，关于昌江区高标准智能化厂房建设项目二期设计采购施工总承包协议签署情况汇报，关于请求拨付鱼丽工业平台污水处理厂后期土地征收款事宜，关于成立昌江区鱼丽电子信息产业园配套设施项目（留阳村鱼丽路口）房屋及土地征收补偿项目部事宜，关于华风小学新建教学楼事宜，关于 2022 年招聘教师及定向培养乡村小学教师事宜，关于报送 2022 年度基层林业专业技术人员定向培养指导性招生计划事宜，关于请求更换执法执勤用车事宜，关于解决松材线虫除治、造林绿化、森林督查等工作经费事宜，关于解决区疾控中心公共卫生工作人员短缺事宜，关于解决新冠疫情防控防护物资及检测耗材、防控隔离点及防护物资等经费事宜，关于请求拨付景德镇市安正科技有限公司项目专项奖励资金事宜，关于请求拨付昌江区电子信息产业园 10 千伏专线新工程相关费用事宜，关于成立鱼山医药化工园区管委会事宜，关于请求拨付鱼山医药化工产业园区经费事宜，关于区政务服务中心大厅二期新增临聘人员事宜，关于变更昌江区国有资产经营管理有限公司股东事宜，关于表彰奖励景德镇农商银行事宜。

【十一届区人民政府第 7 次常务会议】 4 月 11 日，区长伊文斌主持召开。会议传达学习习近平总书记重要讲话精神和近期党中央、国务院重要文件、会议精神，研究审议关于拨付区纪委监委留置案专项工作经费事宜、《昌江区先进陶瓷产业发展行动计划（2022—2025）》《昌江区2022年地质灾害防治方案》《昌江区促进总部经济发展实施意见（试行）》及关于成立昌江区扩大开放领导小组事宜，听取美科绿色LED照明产业园项目、安正MINI显示屏PCB项目招商引资情况汇报，研究审议关于拨付2022年昌江区春节促进商贸旅游消费月促销资金和活动经费、关于拨付2022年度外资和外贸企业奖励资金事宜，听取关于拨付鱼丽电子信息产业园配套设施项目土地征收费用情况汇报，研究审议关于西郊街道汪王庙社区高品质智慧社区建设试点项目事宜，研究审议关于2022年度昌江区“三支一扶”高校毕业生招募计划事宜，研究审议《昌江区事业单位管理岗位职员等级晋升制度工作实施方案》，关于解决2022年昌江区机关事业单位养老保险基金缺口事宜、关于解决区人防办公务用车编制事宜、关于昌江区全域旅游集散中心运营经费列入区财政预算事宜、关于昌江区全域旅游基础设施建设PPP项目申请退库事宜、关于区国资公司与江西富祥科技实业有限公司、江西昌蓝融汇环境科技有限公司签订战略合作协议的情况汇报，研究审议《昌江区规范公务员工资津贴实施方案》。

【十一届区人民政府第8次常务会议】 5月12日，区长伊文斌主持召开。会议传达学习习近平总书记重要讲话精神和近期党中央、国务院重要文件、会议精神，传达学习近期市委、市政府重要文件、会议精神，研究审议关于认真做好2022年市、区人大代表建议和政协委员提案办理工作事宜、《关于进一步加强全区红十字会基层组织建设的实施方案》《昌江区有效应对疫情帮助中小企业纾困解难政策措施》听取全区自建房安全专项整治工作汇报，研究审议关于拨付鲇鱼山镇中心卫生院建设经费事宜，听取关于吕蒙乡成立豪德居民委员会情况汇报、关于2022年新增债券资金安排使用情况汇报、关于研究部署昌江区2022年统筹整合资金推进高标准农田建设工作事宜、关于新增1家2022年“财园信贷通”企业情况汇报、关于拨付2022年学校保安经费并将保安经费列入部门年初预算事宜、关于拨付全区国有关破改及困难企业职工医保区级配套资金事宜、关于拨付区公安分局专项工作及办公经费事宜。

【十一届区人民政府第9次常务会议】 6月9日，区长伊文斌主持召开。会议传达学习习近平总书记重要讲话精神和近期党中央、国务院重要文件、会议精神，省委、省政府重要文件、会议精神，听取关于昌江区2022年巩固拓展脱贫攻坚成果同乡村振兴有效衔接工作汇报，研究审议《昌江区自建房安全隐患排查整治实施方案》，听取关于中介服务超市运行管理情况汇报，研究审议《昌景黄高铁乐平北站（鲇鱼山镇辖区）房屋征收补偿方案》，研究审议关于新枫街道三河新村地质灾害整治相关事宜、关于解决昌江区2022年度第一批次（新桥村）、第二批次（留阳村）、第三批次（金桥村）农村村民宅基地用地事宜，关于昌江公安分局工作情况汇报，关于昌江区2022年事业单位公开招聘三级联考计划申报事宜，关于解决更换执法车辆经费事宜，关于设立污水集中处理项目发展奖励基金的报告，关于解决昌江区税务局工作经费事宜，关于成立昌江区产业投资有限公司事宜，关于成立昌江区产业投资合伙企业事宜，关于规范昌江区产业投资基金管理办法事宜，关于解决常态化疫情防控防护物资及采样亭（车）等经费事宜。

【十一届区人民政府第10次常务会议】 6月30日，区长伊文斌主持召开。会议传达学习习近平总书记重要讲话精神和近期党中央、国务院重要文件、会议精神，传达学习全国、省、市扫黑除恶相关会议精神，研究审议《昌江区全民科学素质行动规划纲要实施方案》《2022年昌江区金霞党建工作室公开招聘合同制预备社工实施方案》《2022年昌江区新农村建设工作实施方案》《景德镇高新技术产业开发区管理委员会、景德镇市昌江区人民政府、江西联通工业互联网研究院合作协议》，听取关于新增1家2022年“财园信贷通”企业情况汇报，听取关于昌江区2020年度绩效资金拨付情况汇报、关于拨付江西凌富生物科技有限公司企业发展财政扶持奖励资金事宜、关于安排区级乡村振兴配套衔接资金事宜、关于丽阳镇更换公务用车事宜、关于区司法局购置执法执勤车事宜，研究审议吕蒙乡《拟征收土地房屋告知书》。

【十一届区人民政府第11次常务会议】 7月16日，区长伊文斌主持召开。会议传达学习习近平总书记近期重要讲话精神，传达学习近期省委、省政府重要文件、会议精神，审议《中共昌江区政府党组全面从严治党形势分析会

方案（送审稿）》《中共昌江区政府党组全面从严治党形势分析会对照检查材料（送审稿）》《关于成立高新区城中村棚户区改造（吕蒙乡古城村片区）项目的请示（送审稿）》《高新区城中村棚户区改造（吕蒙乡古城村片区）项目房屋征收补偿安置方案（送审稿）》及关于请求招聘公办幼儿园合同制教师事宜。

【十一届区人民政府第 12 次常务会议】 7 月 25 日，区长伊文斌主持召开。会议传达学习习近平总书记近期重要讲话精神和党中央、国务院重要文件、会议精神，省委、省政府重要文件、会议精神，审议《昌江区妇女发展规划（2021—2030 年）（送审稿）》《昌江区儿童发展规划（2021—2030 年）（送审稿）》《关于建立昌江区物业管理联席会议制度的通知（送审稿）》《关于进一步加强昌江区物业管理工作的实施意见（送审稿）》和“两山转化”工作相关文件（送审稿），听取全区信访工作情况汇报、全区民政工作情况汇报，审议《昌江区融资平台优化升级实施方案（送审稿）》，听取关于入股景德镇市安正科技有限公司的情况汇报，研究关于变更区城投公司出资人事宜、关于国库集中支付代理银行到期重新开展招标工作事宜、关于撤销鲇鱼山镇良港村吴家渡口事宜、关于解决新冠疫情防控隔离点经费事宜、关于办理 2019 年特岗教师转正入编工资等手续事宜、关于办理 2017 年定向培养教师和 2018 年昌江区籍公费师范生安置手续事宜、关于碧桂园天璟幼儿园揽枫郡幼儿园区第六幼儿园区第八幼儿园购置设备事宜、关于昌飞嘉园幼教中心购置教学设备事宜、关于请求拨付亚鑫科技标准化厂房建设项目配套丽阳镇道路前期资金事宜。

【十一届区人民政府第 13 次常务会议】 8 月 25 日，区长伊文斌主持召开。会议传达学习习近平总书记近期重要讲话精神和党中央、国务院重要文件、会议精神，省委、省政府重要文件、会议精神，市委、市政府重要文件、会议精神，审议《昌江区做好中共二十大信访保障工作方案（送审稿）》《昌江区突发环境事件应急预案（送审稿）》《高新区、昌江区社会事务移交合作协议（送审稿）》《昌江区城市功能与品质再提升行动方案（送审稿）》，研究关于成立昌江区瓶装液化石油气实名制配送管理系统专项整治工作领导小组事宜、关于实施“昌江区背街小巷和老旧小区雨污水管混接、错接整改”项目事宜、关于实施“昌江区边坡护坡应急治理”项目事宜、关于 2022 年林业定向培养毕业生安置事宜、关于新增 2 家 2022 年“财园信贷通”企业事宜、关于昌江区国有平台公司优化升级重组工作情况汇报、关于昌江区国企制度拟订情况汇报、听取关于区国资公司申请北京银行及中国农业发展银行贷款的情况汇报。

【十一届区人民政府第 14 次常务会议】 9 月 6 日，区长伊文斌主持召开。会议研究关于区政府领导分工调整事宜，传达学习习近平总书记近期重要讲话精神和党中央、国务院重要文件、会议精神，传达学习近期省委、省政府重要文件、会议精神，传达学习近期市委、市政府重要文件、会议精神，听取全区卫生健康工作情况汇报、全区交通工作情况汇报，审议《昌江区行政机关负责人出庭应诉规定（送审稿）》《2022 年昌江区城乡环境综合整治工作要点（送审稿）》《昌江区 2022 年垃圾分类试点工作方案（送审稿）》，研究关于统筹推进 2022 年昌江区农村生活污水治理工作事宜，关于解决政务网络机房升级改造经费事宜，关于解决宣传视频制作经费事宜，关于解决昌江区中小学（幼儿园）安防“四个一”工程建设资金事宜，关于江西银行景德镇市分行、赣州银行景德镇市分行加入昌江区就业创业服务中心创贷业务合作银行事宜，听取市国控集团投资入股昌江区国有资产管理公司情况汇报。

【十一届区人民政府第 15 次常务会议】 9 月 27 日，区长伊文斌主持召开。会议传达学习习近平总书记近期重要讲话精神和党中央、国务院重要文件、会议精神，传达学习近期省委、省政府重要文件、会议精神，传达学习近期市委、市政府重要文件、会议精神，审议《昌江区高标准农田建设规划（2021—2030 年）（送审稿）》《昌江区农村宅基地制度改革规范管理三年行动工作实施方案（2022—2024 年）（送审稿）》《昌江区安全生产大检查“回头看”督导检查情况》，研究关于第三批中央水利救灾资金分配事宜、关于解决全区农业农村水利工作经费事宜、关于更换公务用车事宜、关于开展全区养老机构消防安全整改建设项目事宜、关于开展昌江区临聘人员统一规范管理事宜、关于拟签订招商代理协议事宜、关于投资人股杭州小蜴网络科技有限公司事宜、关于打造昌江区香江路美食街事宜。

【十一届区人民政府第 16 次常务会议】 10 月 17 日，区长伊文斌主持召开。会议传达学习习近平总书记近期重要讲话精神和党中央、国务院重要文件、会议精神，传达学习近期省委、省政府重要文件、会议精神，传达学习近期市委、市政府重要文件、会议精神，听取关于数字经济做优做强“一号发展工程”工作情况汇报，审议《昌江区人民政府关于进一步深化预算管理制度改革的实施意见（送审稿）》，研究关于昌江区 2022 年度转业军官和政府安排工作退役士兵安置接收事宜，审议《首届景德镇国际设计周实施方案（送审稿）》《合盛·宁封陶瓷艺术数字产业基地开幕实施方案（送审稿）》，研究关于昌江区 2022 年度招募“三支一扶”人员拟服务岗及 2020 年度招募“三支一扶”人员服务期满拟安置岗位事宜、关于解决区消防救援大队推进相关消防工作经费事宜、关于启动昌江区城乡雨污水管网配套设施建设项目事宜。

【十一届区人民政府第 17 次常务会议】 10 月 27 日，区长伊文斌主持召开。会议就中共二十大精神进行专题学习，传达学习近期习近平总书记重要讲话精神和党中央、国务院重要文件、会议精神，传达学习近期省委、省政府重要文件、会议精神，传达学习近期市委、市政府重要文件、会议精神，听取营商环境优化升级“一号改革工程”工作情况汇报、全区争资争项工作情况汇报，研究关于将购买退役军人服务经费列入财政预算事宜、关于拨付昌江区申请设立省级产业园项目工作经费事宜、关于解决全区卫生健康系统医疗卫生专业技术人员参加机关事业单位养老保险经费事宜、关于启动西河商贸中心项目事宜。

【十一届区人民政府第 18 次常务会议】 11 月 30 日，区长伊文斌主持召开。会议传达学习近期习近平总书记重要讲话精神和党中央、国务院重要文件、会议精神，传达学习近期市委、市政府重要文件、会议精神，传达学习法规文件《中华人民共和国文物保护法》《江西省文物保护条例》《江西省生活垃圾管理条例》《江西省矛盾纠纷多元化解条例》等法律法规。研究关于解决建成区各社区（村）创建工作经费事宜，审议《昌江区政府投资建设项目财政投资评审管理办法（送审稿）》《昌江区本级基本建设项目竣工财务决算审核批复管理办法（送审稿）》和昌江区预算执行及财政收支审计整改工作推进会，审议《昌江区推动油茶产业高质量发展实施方案（送审稿）》《昌江区全民健身实施计划（2021—2025 年）（送审稿）》和关于增加 1 名 2022 年定向培养乡村小学教师事宜、研究关于将吕蒙街道敬老院纳入嵌入式养老院建设事宜、关于拨付昌江区公安技术用房办公经费事宜，研究关于批准并公布全区第一批传统建筑事宜、关于申报 2 处县级烈士纪念设施事宜、关于拨付优化提升营商环境工作专项经费事宜，研究关于对昌江区小型水库大坝安全监测项目进行公开招投标事宜。

【十一届区人民政府第 19 次常务会议】 12 月 13 日，区长伊文斌主持召开。会议传达学习近期习近平总书记重要讲话精神和党中央、国务院重要文件、会议精神，传达学习近期省委、省政府重要文件、会议精神，传达学习近期市委、市政府重要文件、会议精神，传达学习《景德镇市文明行为促进条例》《景德镇市陶瓷文化传承创新条例》。研究关于清理历年暂存暂付款项事宜，听取昌江区 2023 年一般债项目申报情况汇报、区国资公司 2022 年度融资情况汇报、关于昌江区城市建设投资开发有限公司拟升格成为集团公司的情况汇报、听取赣皖铁路昌江区景南道口“平改立”工作情况汇报，研究关于实施昌江区 2023 年城镇老旧小区改造项目事宜、关于实施“创文”基础设施修缮项目事宜、关于实施荷塘乡山门村金龙山小组人居环境提升改造项目事宜、关于实施荷塘乡杨湾村刘家小组人居环境提升改造项目事宜、关于拨付瓷博会相关配套活动经费事宜、关于拨付全额资助和定额资助参保对象资金事宜、关于提高昌江区 2022 年城乡居民基本养老保险全省基础养老金提标事宜、关于解决消防救援人员 2022 年度绩效奖金事宜、关于解决新冠疫情防控经费事宜。

（郝卿雅）

专题会议

【鱼丽工业平台建设推进会】 1 月 5 日，区长伊文斌主持召开。会议明确：成立鱼丽工业平台建设工作领导小组。坚持关联发展、成链发展、集聚发展、集约发展的原则，聘请有资质的高水平团队，统筹考虑全区空间发展规划和鱼丽路口改造提升等事宜，于3月1日前形成鱼丽工业平台整体规划方案。由区国资公司作为实施主体联合富祥药业，推进鱼丽工业平台污水处理厂和雨污分流系统建设；丽阳镇需于1月15日前完成9亩用于污水处理厂建设用地的征收工作。区发改委牵头，依托市高新区设立“园中园”申报省级工业园区，区工信局、区重点项目推进中心等部门全力配合，6月1日前完成申报材料准备工作。由区重点项目推进中心和区国资公司牵头，于1月10日前梳理形成全区需市自然资源和规划局协调解决的用地清单。由区重点项目推进中心和区国资公司牵头，全面摸排鱼丽工业平台现有企业，加快推进“腾笼换鸟”。由昌江生态环境局牵头，持续加强与市生态环境局协调对接，切实做好全区重点项目环评事宜。区委副书记江智峰，区委常委、区政府常务副区长乐先锋，区政府副区长聂刚出席会议。焦景尧、王三改、李志勇等列席会议。

【丽阳窑址保护棚户区改造项目资金专题会】 1月24日，区委常委、区政府常务副区长乐先锋主持召开。区委常委、区政府副区长、丽阳镇党委书记彭新建，区政府党组成员、区政府副区长汪维和丽阳镇、区住建局、区棚改办负责人参加会议。

【昌景黄高铁项目调度会】 3月4日，区委常委、区政府副区长彭新建主持召开。会议决定：同意鲇鱼山镇新桥村安置地、留阳村安置地各打一口深水井，并加上管网铺设，请相关专业机构做出预算。以后用水维修由施工方负责；电力安装采取地面架设方式，电力安装的方案和预算由鲇鱼山镇供电所、丽阳镇供电所负责。新桥村地面附属房（猪栏、牛栏等）按昌景黄高铁鲇鱼山段房屋征收方案价格标准征收，并请第三方进场测量、认定。地面平整，根据测量数据，由昌景黄高铁昌江区鲇鱼山镇段建设项目部按相关程序进行邀标。市自然资源和规划局昌江分局和区农业农村水利局协助鲇鱼山镇办理相关安置地用地手续。同意向昌景黄高铁昌江区鲇鱼山镇段建设项目部拨付款项，用于高铁拆迁及安置地基础设施建设等。金桥村单独成立安置地建设项目部，金桥村安置地建设及相关费用支付必须依法依规进行。安置地的土地平整及水电安装要求在5月15日前完工。区领导葛林华、汪遇春出席会议，区发改委、市自然资源和规划局昌江分局、区农水局、区发改委、区鲇鱼山镇、区自然资源规划局鱼山分局等相关人员参加会议。

【全区病死畜禽无害化处理体系建设调度会】 11月7日，区政府副区长刘方孟主持召开。会议通报全区病死畜禽无害化处理体系规划，对全区病死畜禽无害化处理工作进行研究和部署。会议指出，随着经济社会的发展，全区畜禽交易量和消费量不断增大，动物及其产品调运频繁，疫情来源复杂，畜禽常见病、多发病不断，病死动物处置不当，会增大动物疫病传播蔓延风险，给公共卫生带来严重的影响，甚至直接威胁到人民群众的身体健康，建立全区病死畜禽无害化处理体系意义重大。会议决定，按照全市病死畜禽无害化处理体系建设方案，本区应设置县级病死畜禽收集转运中心，以乐平市病死畜禽无害化处理中心为依托，通过委托集中处理协议等方式，统一由无害化处理中心进行无害化处理。加快本区病死畜禽收集转运中心建设，担负全区病死畜禽收集转运功能。要切实落实属地管理责任、部门监管责任、养殖和无害化处理环节生产经营者主体责任。区发改部门要加强项目支撑，区生态环境部门要加快环评审批，区财政部门要落实税收优惠政策。要加强对病死畜禽收集、转运、处理环节的监管，加强场所、车辆清洗消毒，防止病原扩散。委托区农业农村水利局与深圳市某公司签订协议，推进全区病死畜禽无害化处理工作。

【教育专题会议】 7月6日，区长伊文斌主持召开。会议明确：成立昌江区2022年公办园合同制教师招聘工作领导小组。领导小组下设办公室，办公室设在区教体局，承担领导小组日常工作。明确幼儿园人员配置，即幼儿园6个班以下（含6个班）配置1名园长、1名行政人员；9个班（含9个班）配置1名园长、2名行政人员；10个班及以上配置1名园长、3名行政人员。新增园所的人员招聘核减人数，按预报数211人的70%实施。明确教师招聘笔试聘请第三方实施，面试由招聘领导小组组织安排。拟录用人员除正常体检外，增加心理测试环节，同时进行岗前培训，内部轮训。中小学代课教师补录为国资劳务派遣教师的工作要从紧从严、合法合规开展推优考察。给所有临聘人员统一购买意外伤害险。会议还商定其他事宜。区委常委、区政府常务副区长乐先锋，区委常委、区委宣传部部长汪德胜、区政府副区长张碧珍和相关部门负责人参加会议。

【鲇鱼山集镇外立面改造调度会】9月7日，区委常委、区政府常务副区长乐先锋主持召开。会议议定：原则同意将鱼山集镇至荷塘涵洞高压线改造、鱼山卫生院边高压线下地及变压器移换、集镇鱼山至荷塘涵洞沥青路面、集镇十字路口红绿灯、站边路改造经费，纳入集镇改造项目，项目部按程序依法依规办理。原则同意将鲇鱼山镇政府大院、鱼山村委会内外立面改造项目纳入集镇改造项目，请项目部按程序依法依规办理并严格监督工程质量。原则同意将沿207省道未征绿化用地纳入集镇改造项目，由鲇鱼山镇政府核实相关征地面积，征地资金由项目部支付。鲇鱼山镇、区国资公司、外立面改造施工方、监理方、设计方负责人等参加会议。

【昌景黄高铁和206国道拓宽项目调度会】10月21日，区委常委、区政府副区长彭新建主持召开。会议决定：鲇鱼山镇良港村因206国道施工造成的房屋开裂事宜，相关房屋修复及评估费用，由市公路事业发展中心协调督促施工方支付到位。为解决206国道沿线和进出村庄的交通隐患问题，由市公路事业发展中心在徐湾、新桥、慈义等沿线村庄进入国道入口处设置禁止左拐标牌，在国道进入沿线村庄路口处设置减速标线，在沙嘴大桥路段设置车辆慢行及安全行驶标志；镇、村干部要做好交通安全宣传和村民协调工作。206国道拓宽二期涉及清表费，由市公路事业发展中心协调督促206国道施工方在春节前支付。慈义村、新桥村、徐湾村涉及路宅衔接项目，请市公路事业发展中心、设计单位、相关村书记、主任三方一同进行现场勘察，优化设计，确定最终施工方案、预算控制价，由鲇鱼山镇负责实施；206国道涉及所有路宅衔接项目工程款由市公路事业发展中心按照施工进度及时拨给鲇鱼山镇。安置地项目问题。关于昌景黄高铁项目，金桥村安置地项目由金桥村列出详细的项目及费用清单，报鲇鱼山镇政府和昌景黄高铁项目部核定。昌景黄高铁项目涉及金桥村临时用地租金，由高铁二标施工方与金桥村委会协调好，相关费用于2023年元旦前支付到位。高铁三标施工方租用新桥村便道的临时用地，由三标施工方尽快落实复垦保证金，若迟迟未复垦则继续签订临时用地租用协议，由三标施工方支付租金给新桥村委会。因昌景黄高铁建设导致新桥村两边农田水沟堵塞严重，影响正常灌溉，尽快协调施工方三标段，拿出解决方案。206国道良港小学段道路因施工影响，损坏严重，给村民出行带来不便，同意由昌景黄高铁二标段施工方在撤场之前重新修建。良港村村民提出在高铁桥下两边围栏处开设出入口的事宜由村委会和二标段施工方协调沟通。区领导葛林华、汪遇春出席会议，市公路事业发展中心、区发改委、鲇鱼山镇及施工方负责人参加会议。

（郝卿雅）

区人民政府办公室

【概况】2022年，区人民政府办公室以争先创优为目标，以加强能力建设为保障，完善制度、优化服务，充分发挥承上启下、协调左右作用，圆满完成年初既定各项目标任务。

【规范办文办会流程】按照“办文零差错”“办会零失误”标准，压缩发文数量，规范收发文流程，严控会议次数和规模，统筹做好会前通知、会中服务、会后收集小结工作，高效推动各项工作顺利开展。2022年，累计印发各类文件124份、实施细则8篇、会议纪要73期；累计组织完成区政府各类会议38次，牵头或参与筹办重大项目集中开工、重点项目观摩、上级领导视察等重大活动20余次。

【落实值班值守制度】严格执行24小时双岗值班制度以及节假日领导带班值班制度。在春节、国庆节和防汛抗洪、森林防火、中共二十大、中国景德镇国际陶瓷博览会等重要时段，加强值班值守，确保区总值班室与各乡镇（街道）总值班室24小时不离人、不脱岗。2022年，区总值班室共向市总值班室汇报突发情况信息25次，及时向全区各部门（单位）传达区委、区政府主要领导指示批示精神，为快速顺利处置豪德贸易广场车祸事故、昌南湖男子溺水、盛世峰景小区坠楼等各类突发应急事件打下基础。

【发挥督查督办作用】按照“提质量、重实效”原则，围绕全区中心工作和经济社会发展中的重点难点问题，创新督查方式，加大督导力度，做到行动快、手腕硬、情况准。2022年，累计开展民生实事、专项债券项目、省市决策部署等工作督查30次，累计办清国务院“互联网+督查”15件、社会监督平台问政江西办件单46件、上级督办通知10件、承办人大代表建议及政协委员提案54件（代表委员满意率100%）。

【增强文字参谋服务能力】 全年共起草领导讲话、汇报、总结等各类文稿200余篇，近百万字；共上报国办信息约稿58篇，被国务院办公厅采用信息13篇、省政府办公厅采用信息36篇，在全市排名第二；坚持围绕“3344”战略部署和热点难点工作，深入基层一线开展调研活动，形成关于营商环境、产业发展、项目建设等高质量汇报材料10余篇。

【推进“五型”政府建设】 调整区“五型”政府建设领导机构，领导小组办公室设在区政府办公室，下设综合组、督查组、宣传组3个工作组。在区人民政府官方微信公众号“魅力昌江”设立“五型”政府建设专栏，加大“五型”政府建设宣传力度。加强项目建设、疫情防控、产业发展、政务服务等中心工作的信息收集，全年共向省、市“五型”办报送调研信息13篇、工作信息8篇。其中，省“五型”办采用工作信息1篇、市“五型”办采用工作信息2篇。

【加大政务公开力度】 持续落实“五公开”（决策、执行、管理、服务、结果），将政府常务会议、规范性文件、政策解读、重点领域信息作为政务公开的重要内容，做好微信公众号和微博维护工作，确保政务公开工作及时、全面、真实。在鲇鱼山镇开展“十县百乡”政务公开标准化、规范化建设试点，解决政务公开工作“公开什么”“如何公开”“在哪公开”“如何规范”的问题。2022年，通过政府网站、政务微博微信和政府公报等渠道，共向社会主动公开政府信息7356条。

（于　悦）

主要负责人名录

党组书记、主任：

王三改（2017.1任）

党组成员、副主任：

谭震霞（女，2017.1任）

党组成员、行政服务中心主任：

刘仕勇（2019.3任）

党组成员、副主任：

徐承兵（2022.12免）

7月4日，区政府党组书记伊文斌在区政府办党支部讲“七一”专题党课

行政服务

【概况】 区行政服务中心成立于2011年12月，是区人民政府直属正科级全额拨款事业单位，核定编制数5名，2013年11月列入参照公务员法管理单位。中心下辖为民服务热线受理中心，为正股级全额拨款事业单位，核定编制数5名。

2022年6月，区行政服务中心（二期）升级改造工程完工后，区政务服务大厅使用面积达4293平方米，设有办公区、休息区、导服台、等候区和24小时自助服务区，并在全部窗口实行叫号取号办理，配备政务服务智能机器人，实现服务全天候“不打烊”、全时段“智能化”。设立“企业开办”帮办代办专区，帮助市民快速申办企业，将企业开办时限压缩至“1小时内”，并提供免费邮寄服务。大力推动“应进尽进”工作，全区23个区直部门716项依申请政务服务事项全部进驻大厅，并与区行政服务中心签订授权承诺书，窗口业务在大厅全部实现可审批可办结。

【承接“12345”服务热线职能】 4月起，承接区政务服务“12345”热线职能，建立健全热线诉求受理、交办、办结、回复机制，并通过完善“12345”热线工单办理网络，形成每日回访、每月通报和每季交流工作机制。即，每日对所有热线诉求一一回访，回访不满意诉求退回再办，严格管控热线办结质量；每月通报热线办理排名情况，营造争先进位的工作氛围；每季度召开热线交流协调会，交流经验，疏通热线办理堵点、痛点。2022年，热线中心召开2次热线疑难工单协调会，协调区直部门、乡镇（街道）处理疑难问题12件。全年累计受理工单4290件，其中涉及营商环境工单407件、涉企诉求工单23件，处理市营商环境指挥部二次督办单146件。全年实现及时受理100%，办结率100%，满意率90.2%。

【推进一件事一次办改革】 以企业和群众的实际需求为改革导向，实现“一件事一次办”。围绕重大疾病免费救治审批、婚育户、企业（个体）开办等一件事，梳理整合“一件事”关联的31个政务服务事项，打通环节、简化流程、集成办理，并同步部署政务服务网、赣服通等线上平台，提升审批服务效率。

【快速兑现各项惠企政策】 通过免申即享、即申即享、承诺兑现三种方式，快速兑现惠企政策。2022年，协调区商务局、区工信局、区税务局等部门梳理惠企事项74个，其中，免申即享38项、即申即享11项，承诺兑现25项。“惠企通”平台企业注册数6468家，企业注册率100%，线上兑现企业106家，兑现金额2107.6万元。推行“企业刻章、政府买单”服务，为新办企业提供免费刻制公章服务，并将首套免费3枚公章增加到5枚公章。2022年，共为1117家新办企业和10510家个体工商户免费刻制公章26605枚，为市场主体节约资金106.42万元。

【启用“一网选中介”平台】 8月，正式启用“一网选中介”平台，陆续推动26家中介机构和121家项目业主入驻，梳理并发布中介服务事项28项，完成中介服务采购201次，大幅节约政府采购成本，有效解决“红顶中介”问题，进一步营造公平竞争的市场环境。

【狠抓窗口工作作风】 坚持“不为不办找理由、只为办好想办法”服务理念，对窗口服务内容、服务态度、工作纪律、服务品质、改革落实、延时服务进行量化评价，依据评价结果对各窗口进行绩效考核，每月评选红旗窗口，每年评选年度先进窗口和先进个人，形成正向激励引导，进一步营造争先创优的浓厚氛围。坚持每日开展不定期巡查，对发现的问题及时予以纠正，同时将窗口纪律作风列入绩效考核重点内容，适时进行通报，持续改进作风，大幅提升大厅窗口服务水平。

（徐超群）

主要负责人名录

政府办党组成员，党组书记、主任：刘仕勇（2019.3任）

党组成员、副主任：

彭文婧（女，2013.8任）

李文俊（2012.7任）

机关事务

【概况】 区机关后勤服务中心成立于2003年4月，2021年3月更名为“昌江区机关事务管理中心”，为区政府直属正科级公益一类事业单位，核定全额拨款事业编制20名。内设机构有综合股、昌江区公务用车服务中心。

2022年，重点抓好公务用车管理、公共机构节能、办公用房管理等各项工作。

【开展领导干部司机警示教育】 1月25日，召开全区领导干部司机违纪违法问题及其教训警示教育会，传达学习《关于领导干部司机违纪违法问题及其教训警示的通报》《昌江区公务用车服务中心管理办法（试行）》。区公务用车服务中心全体人员参加会议，全体驾驶员现场签订《承诺书》。

【举办公共机构节能宣传周专题讲座】 6月13日—19日为全国第32个节能宣传周，此次节能宣传周的活动主题为“绿色低碳，节能先行”。6月14日，中心联合区科协主办昌江区“绿色低碳，节能先行”2022年公共机构节能宣传周专题讲座，邀请景德镇学院生物与环境工程学院实验中心主任、博士孟信刚到区作专题授课。区直各单位、各乡镇（街道）公共机构节能工作人员参加讲座。

【开展全国低碳日主题活动】 6月15日全国低碳日，中心与区教体局、华风小学联合开展“小手拉大手，人人争当环保卫士”低碳日主题活动。通过看纪录片、唱主题歌曲、绘主题画、开展主题演讲等形式，向学生们讲解低碳环保知识，帮助其了解更多绿色低碳环保科普知识及节能减排的重要意义，引导其从小养成低碳生活习惯。

【开展能源资源节约专项督查】 9月2日，中心联合市自然资源

6月15日，联合开展“小手拉大手，人人争当环保卫士”低碳日主题活动

和规划局昌江分局、区纪委监委、区发改委、区财政局、区住建局、区审计局、区市监局等部门组成3个督查组，对全区部分乡镇和区直单位开展能源资源节约、办公用房和公务用车管理专项督查。通过督查，进一步掌握全区公共机构节能、办公用房、公务用车工作实际情况，有力推进公共机构节能减排、公务用车平台建设、办公用房清理整改工作落实。

（涂世阳）

主要负责人名录

主　任：詹　婷（女，2015.8任）

副主任：徐义平（女,2013.11任）

汪维娜（女，2022.2任）

政协昌江区委员会

综　述

2022年，政协昌江区委员会机关设1个综合办事机构和6个专门委员会，即办公室、提案委员会、农业农村经济委员会、人口资源环境委员会、教科卫体委员会、社会和法制委员会、文化文史和学习委员会。政协昌江区委员会有主席1名、副主席6名、调研员3名。机关人员编制7人，其中秘书长1人、办公室主任1人，办公室副主任1人，专委会主任4人。

2022年，区政协坚持围绕中心、服务大局，积极发挥专门协商机构作用，为实现“工业强区、文明新城、开放融合、幸福共享，全面建设现代化魅力新昌江”贡献政协智慧和力量。

政协会议

【九届区政协第二次会议】2月21日—22日召开。会议应到委员169人，实到委员160人。会议议程是：听取区委书记倪卫春同志讲话；听取和审议政协昌江区第九届委员会常务委员会工作报告；听取和审议政协昌江区第九届委员会常务委员会关于九届一次会议以来提案工作情况报告；委员大会发言；列席区第十一届人民代表大会第二次会议；审议通过政协区第九届委员会第二次会议提案审查情况的报告；审议通过政协区第九届委员会第二次会议决议；审议通过人事事项。

2月21日举行第一次全体会议，区政协副主席段嗣斌作政协昌江区第九届委员会常务委员会工作报告；副主席程厚宏作政协昌江区第九届委员会常务委员会关于九届一次会议以来提案工作情况的报告。区委书记倪卫春讲话，提出“要提高政协政治站位，在对标中心、服务大局上与区委同频共振；要履行政协职能职责，在协商议政、攻坚克难上锤炼政协能力；要践行政协为民宗旨，在汇聚民声、凝聚共识上彰显政协情怀；要加强政协自身建设，在优化作风、狠抓落实上提升政协形象”四点要求。

2月22日举行第二次全体会议，经大会选举，徐美煜当选为政协昌江区第九届委员会副主席。会议通过区政协九届二次会议提案审查情况的报告；通过区政协九届二次会议决议。区政协党组书记、主席陈华清在闭幕式上作讲话，提出“对党忠诚，旗帜鲜明讲政治；助推发展，服务大局担职责；献计出策，开拓创新抓协商；提高站位，加强引领凝共识”四点要求。

2月21日—22日，政协景德镇市昌江区第九届委员会第二次会议召开

常委会会议

【九届区政协第2次常委会会议】2月17日，区政协副主席汪农主持召开。学习传达《关于加强和改进新时代市县政协工作的意见》《全国宗教工作会议精神》《关于发挥人民政协专门协商机构作用推进“赣事好商量”协商平台建设的实施意见》。审议通过《关于召开政协昌江区第九届委员会第二次会议的决定》和政协昌江区第九届委员会第二次会议议程（草案）、日程安排（草案）；审议通过《政协昌江区第九届委员会常务委员会工作报告（草案）》《政协昌江区第九届委员会常务委员会关于九届一次会议以来提案工作情况的报告（草案）》《政协昌江区第九届委员会第二次会议执行主席名单》《昌江区提案工作办法》《区政协关于进一步提高提案质量的实施意见（草案）》《关于加强政协昌江区第九届委员会常务委员会自身建设的意见》；审议增补九届区政协委员会委员、常委事宜。

【九届区政协第3次常委会会议】2月22日，区政协副主席段嗣斌主持召开。会上各讨论组召集人汇报各组讨论情况；审议通过正式候选人名单、选举办法（草案）

和总监票人、监票人名单（草案）；审议通过区政协九届三次会议决议（草案）、九届二次会议提案审查报告（草案）。

【九届区政协第 4 次常委会会议】 3 月 16 日，区政协主席陈华清主持召开。传达学习全国两会精神和《关于发挥政协委员作用助力优化营商环境和招商引资的意见》。审议通过《关于印发 2022 年度昌江区政协“赣事好商量”协商工作计划的通知》《昌江区政协专题协商会议工作规则（试行）》；讨论区政协常委会专题协商“实施全域公交，推进四个融合”议政课题。

【九届区政协第 5 次常委会会议】 6 月 28 日，区政协副主席吴集才主持召开。传达学习《中国共产党政治协商工作条例》、省委办公厅《关于加强和改进新时代市县政协工作的二十条措施》《政协江西省委员会反映社情民意信息工作条例》、全省政协系统反映社情民意信息工作视频座谈会精神。通报《昌江区政协 2022 年度学习培训计划》、区政协各专委会不驻会副主任名单；审议通过《政协景德镇市昌江区委员会关于进一步加强和改进界别工作的意见（试行）（草案）》和增补刘泉洲为九届区政协委员。

【九届区政协第 6 次常委会会议】 12 月 13 日，区政协主席陈华清主持召开。会议分为两个阶段，第一阶段议程为：区政协副主席徐国明就“推进全域旅游新发展，绘就乡村振兴新画卷”课题做说明；相关区直部门、乡镇（街道）负责人、政协委员就协商课题做交流发言，区委书记倪卫春讲话。他强调，要深入学习、深刻把握中共二十大精神；要强化问题导向、紧盯重点工作持续用力；要凝聚强大合力、全力以赴抓好执行落地。会议第二阶段，区政协常委专题学习中共二十大精神。

重要工作

【做好提案办理】 九届二次会议期间，委员们围绕优化营商环境、乡村振兴、数字经济、老旧小区改造、垃圾分类、加强教师队伍建设、食品安全、公共交通等中心工作提出提案 33 件。按照《区政协提案工作办法》规定，经提案审查委员会审查，确定立案 28 件，不立案 5 件。在立案的提案中，委员个人提案 16 件，联名提案 12 件，提出提案的委员共计 49 人次。其中，有关经济建设方面的 11 件，占立案总数的 39.3%；有关文化建设方面的 5 件，占立案总数的 17.8%；有关社会建设方面的 12 件，占立案总数的 42.9%。立案提案已由区政协提案委会同区委办、区政府办送交有关部门研究办理。针对影响面较大的重点提案，由区政协各副主席带队分头跟踪督办。针对鱼丽工业平台落户的 20 多家企业未能办理不动产证的问题，区政协以集体提案形式将《关于解决鱼丽工业平台企业不动产证登记难题的建议》提交到市政协，推动提、办双方通过“赣事好商量 +”平台进行提案办理协商，向区委区政府报送《关于鱼丽工业园区企业办理不动产证提案办理协商有关事项的请示》，建议成立工作专班，促进相关问题解决。

【开展民主协商】 全年共召开协商会议 20 余次，特别是就全域公交、智慧旅游两个协商议题，区政协召开专题议政性常委会会议进行协商。全年共形成 6 份高质量协商成果供区委区政府参考决策。

【做好社情民意信息工作】 加大对社情民意信息工作的重视力度，赴丰城市政协就社情民意信息工作进行学习交流。精心选聘 16 位特约信息员，建强社情民意信息队伍。编印《反映社情民意信息工作手册》，动员广大委员围绕民生热点、社会焦点撰写社情民意信息。全年向省政协报送社情民意信息 19 篇。其中，《关于抵制外族民俗弘扬我国传统民俗的意见和建议》被省政协报送至全国政协，《关于利用枯水期加强清理福寿螺的建议》被全国政协综合采用。

【打造履职平台】 贯彻落实省委办公厅《关于加强和改进新时代市县政协工作的二十条措施》，在 6 个乡（镇、街道）和鱼丽工业园区设立 7 个政协工作联络组，配齐组长，健全制度。区政协紧紧依托联络组这一基层主阵地，深入开展基层协商活动，积极组织政协委员建言献策，实现政协工作向基层延伸。落实省政协关于推进“赣事好商量”协商平台建设部署，唱响“畅快办”基层协商品牌。在乡（镇、街道）建成 6 个“赣事好商量 · 畅快办”委员工作室，在高新区打造 1 个“赣事好商量·两区融合”委员工作室。各专委会依托委员工作室开展协商议事活动 20 余场次，进一步密切委员与群众、企业、社区、乡村的联系，打通区政协履职为民“最后一公里”。

重大活动

【开展委员专题调研活动】 按照《2022 年度“赣事好商量 +”协商工作计划》安排，组织委员开展调研活动 30 余次。教科卫体委组织委员就“完善创业服务体系，助推昌江‘工业倍增’”进行专题调研，针对全区农贸市场在创文工作中丢分严重、人民群众反映强烈的现象，组织委员深入全区农贸市场进行专题调研；文化文史委和学习委组织委员在丽阳镇开展“转化古镇文化资源，助力丽阳乡村振兴”专题调研；提案委组织委员开展“开展营商环境攻坚行动，推进营商环境优化升级”专题调研；农业农村经济委组织委员开展“实施昌江全域公交计划，加快城乡融合步伐”专题调研；社会和法制委组织委员开展“发展昌江智慧旅游，助推昌江旅游升级”专题调研；人口和资源环境委组织委员开展“加强乡村医疗人才队伍建设”专题调研。

【开展民主监督活动】 通过“领导有力推”“创新方式督”和以点带面的形式，组织委员分别就经济、教育、就业等重点民生领域，开展专项民主监督活动。九届二次会议以来，多次组织委员开展视察监督活动，参与的委员达 100 余人次，形成浓厚的民主监督氛围。区政协围绕营商环境优化升级“一号改革工程”开展民主监督活动，形成《持续优化营商环境，助力现代化魅力新昌江建设——关于推进营商环境优化升级“一号改革工程”建设的建议》。

【开展委员说变化活动】 积极参与省、市政协组织的“喜迎二十大，委员说变化”活动，精心制作、精彩呈现宣传视频 2 条，展现新时代政协委员新风貌。全年共拍摄《政协视窗》电视栏目 6 期，激发委员学习先进、赶超先进的热情。

（吁国林）

主要负责人名录

党组书记、主席：

陈华清（2016.10 任）

副主席：

汪　农（2022.2 免）

段嗣斌（无党派，2016.10 任）

吴集才（农工党，2016.10 任）

程厚宏（无党派，2016.10 任）

陈东升（民建，2021.10 任）

党组副书记：

周　薇（女，2021.8 任）

党组成员、副主席：

徐国明（2021.10 任）

徐美煜（2022.2 任）

党组成员：

金红华（2021.10 任）

中共昌江区纪律检查委员会·昌江区监察委员会

纪检监察

【概况】 区纪委成立于1979年7月，2009年10月成立区纪委第一、第二、第三工作委员会3个机构，2010年5月组建到位并正式开展工作。2018年1月纪检监察体制改革，区监委挂牌成立。

2022年，区纪委监委紧盯工程建设、粮食购销等领域深入开展系统治理，保持惩治力度，强化“不敢腐”的震慑效能。立案数同比增长32.9%，处分人数同比增长117.9%，查办案件的震慑力不断加强，3人主动向纪检监察机关交代问题。加大整改力度，织密“不能腐”的笼子。深化以案为鉴、以案促改、以案促治工作，共发出纪律检查建议书和监察建议书21份，推动相关单位建章立制11个，及时堵塞制度漏洞。着力做好中央纪委国家监委纪检监察建议整改工作，加强全区各责任单位整改工作的监督推动、指导督促，跟踪监督整改销号完成情况，协助区委制定相关制度3个，把纪检监察建议整改情况纳入区委巡察监督重点，推动整改常态化长效化。加大教育力度，增强“不想腐”的自觉。最大限度发挥查办案件震慑效应，组织党员干部观看警示教育片，印发违纪违法典型案例通报，举办全区领导干部“廉内助”培训班，释放一体推进“三不腐”叠加效能。组织广大党员干部集中收看电视专题片《“赶考”路上》，深化警示教育。

【召开纪检监察人员履职座谈会】 召开乡镇（街道）纪（工）委书记、派驻纪检监察组组长履职座谈会，听取各乡镇（街道）纪（工）委书记、各派驻纪检监察组组长履职情况，分析当前工作中存在的问题，研究部署下一阶段重点工作。区委常委、区纪委书记、区监委主任周淮钦主持会议并讲话。会议要求，要加强人才培养，纪检监察干部要广泛学习，拓展知识结构和范围，提升审计、财务等专业化人才使用效率，推进纪检监察干部向一专多能发展，不断提升队伍整体能力和水平，以强有力的人才支撑推进全面从严治党。

【打造廉洁文化教育基地】 荷塘垦殖场孕育出“自力更生，艰苦创业、勇于开拓”的荷塘农垦精神。区纪委区监委立足荷塘精神，充分挖掘红色基因，精心打造集廉洁教育、学习培训为一体的昌江区廉洁文化教育基地，6万余名全省各地党员干部走进荷塘开展廉政教育，有力推进全区党风廉政建设工作。基地被评为江西省爱国主义教育基地、江西省廉洁文化教育基地，成为市内外党性教育学习的首选目的地。以弘扬荷塘精神为主题，制作《清风相伴，廉洁同行——昌江区荷塘垦殖场勤廉小故事》微视频，教育广大党员干部传承荷塘精神，深入推进党风廉政建设。

【开展粮食领域专项巡察】 开展粮食购销领域专项巡察监督检查，发现3方面问题10个，监督推动相关部门和单位扛起粮食生产、流通主管主责，成立机构、落实人员、完善机制，从根本上维护粮食安全这个“国之大者”。先后完成2轮常规巡察，对14家单位党组织进行政治体检。在市委的统筹安排下，由兄弟县（市）组建2个巡察组对区内4家单位党组织开展交叉巡察，发现问题质量和线索数量同比大幅提升。第三轮对10家单位党组织的常规巡察已取得阶段性进展。进一步细化区委巡察工作方案，从理论上帮助解决“巡什么”“怎么巡”的问题。巡察协作更加紧密，常规巡察期间，区委组织部、区委宣传部同步开展选人用人和意识形态专项检查，并将检查情况纳入巡察报告，取得积极成效。

【扎实开展巡察工作】 5月16

9月24日，全区领导干部“廉内助”培训班学员在荷塘廉政教育基地接受教育

日，召开十二届昌江区委第二届巡察工作部署动员会，根据区委统一部署，区委第二轮巡察组建3个巡察组，对昌江生态环境局、区乡村振兴局开展交叉巡察，对区财政局、区人社局、区文旅局、区交通运输局、区林业局、区重点项目推进中心开展常规巡察。9月29日，召开十二届昌江区委第三届巡察工作部署动员会，根据区委统一部署，区委第三轮巡察组建2个巡察组，对区委老干部局、区委党校、团区委、区妇联、区残联、区科协、区民政局、区工信局、区科技局、区统计局共10个单位党组织开展巡察。

【举办领导干部“廉内助”培训班】 9月24日，由区纪委区监委、区委党校、区妇联联合举办的全区领导干部“廉内助”培训班在区委党校党员干部培训中心开班。区委各部门、区直各单位主要负责人、各乡镇（街道）党政主要领导配偶50余人参加培训。培训结束后，学员们前往荷塘廉政教育基地接受现场廉政教育。

【做好教育回访工作】 注重在教育人、转化人、挽救人上下功夫，帮助回访干部走出思想泥潭，激发干事创业激情，争取达到“回访一人，帮带一人，教育一片”的效果。开展回访工作前，仔细研读回访人员违纪违法案件全部档案材料，剖析违纪违法根本原因，根据其性格特点、以往工作表现、违纪违法动因等基本情况，量身定制个性化回访方案。访中坚持因人施策，注重换位思考，出台《昌江区纪委区监委受处分或处理人员回访教育工作实施办法》，坚持一人一策，做到充分掌握受处分人员思想状态、现实表现和工作实绩及处分执行等情况。访后加强沟通反馈，客观公正地对被处分人员“精准画像”，形成《受处分人员回访教育工作情况登记表》，并及时向所在单位党组织反馈，督促党组织加强日常教育和关心关爱，认真做好访后总结、建立回访教育档案，形成完成闭环。全年共审结案件21件，应回访19件，已回访18件，回访率94%，相关做法被省纪委省监委媒体刊登。

（程沛轩）

主要负责人名录

区委常委、区纪委书记：
周淮钦（2020.5任）
区监委主任：
周淮钦（2021.4任）
区纪委副书记：
熊艳梅（女，2015.1任）
方小华（2021.9任）
区监委副主任：
熊艳梅（女，2018.1任）
方小华（2021.9任）
区纪委常委：
王传强（2015.5任）
唐建昌（2021.12任）
谭　剑（2021.9任）
张伟华（至2022.8）
陈　新（2022.8任）
区监委委员：
张伟华（2018.1任）
戚丽莲（女，2018.1任）
谭　剑（2019.5任）
许冬乐（2022.4任）
驻区委办纪检监察组组长：
张　华（女，2021.10任）
驻区委组织部纪检监察组组长：
赵　英（女，2022.8任）
驻区政府办纪检监察组组长：
张克鹏（2022.8任）
驻区检察院纪检监察组组长：
韩先鹏（2019.4任）
驻区农业农村水利局纪检监察组组长：
余秀华（女，2019.4任）
驻区教体局纪检监察组组长：
黄志华（2019.4任）

巡察监督

【概况】 中共昌江区委巡察工作领导小组办公室（以下简称“区委巡察办”）是区委巡察工作领导小组的日常办事机构，为区委工作部门，2017年12月正式成立，主要履行统筹协调、指导监督、服务保障巡察工作等职责。区委巡察办与3个巡察组均为正科级建制。

2022年，区委巡察办认真贯彻落实中央和省市区委巡视巡察工作有关精神和部署要求，围绕全区发展大局，忠实履行职责，把发现问题作为主要任务，把推动解决问题作为落脚点，促进干部作风转变，强化基层党内监督，发挥巡察利剑作用。

【认真履职完善制度】 坚持聚焦基层贯彻落实党的理论和路线方针政策、党中央重大决策部署情况，聚焦群众身边的腐败问题和不正之风，聚焦基层党组织建设情况，坚持政治巡察定位，为被巡察单位政治生态“画像”。2022年，制定《区委巡察办、巡察组工作会商暂行办法》《区委巡察发现问题线索研判会商暂行办法》《昌江区巡察整改方案联合会审工作规程（试行）》《昌江区委巡察工作要点》等一系列制度，明确各成员单位职责，建立明晰运行机制，推动巡察工作制度化、规范化。

5 月 16 日，十二届昌江区委第二届巡察工作动员部署会召开

【强化党内监督】 围绕党中央重大决策部署，省第十五次党代会和市、区第十二次党代会目标任务，景德镇陶瓷文化传承创新试验区建设、优化营商环境、生态环保、乡村振兴等“国之大者”，推行“清单化巡察”，开展巡察前认真制定工作方案，列出被巡察单位需重点关注的问题，为巡察监督有的放矢提供“靶标”。2022 年，共组织 2 轮巡察，对 14 个单位党组织开展巡察监督，发现问题 19 个，移交线索 13 条，整改完毕 163 个。

【扎实开展巡察工作】 3 月 4 日，区委书记倪卫春主持召开书记专题会议，听取十二届区委第一轮巡察情况汇报。5 月 16 日，十二届区委第二轮巡察工作动员部署会召开。根据市委巡察工作上下联动的工作要求和区委统一安排，区委第二轮巡察组建 3 个巡察组，对昌江生态环境局、区乡村振兴局开展交叉巡察，对区财政局、区人社局、区文旅局、区交通运输局、区林业局、区重点项目推进中心 6 家单位开展常规巡察。8 月 17 日，区委书记倪卫春主持召开书记专题会议，听取十二届昌江区委第二轮巡察情况汇报，十二届区委第一轮巡察整改和线索办理情况报告。10 月 9 日，十二届区委第三轮巡察动员部署会召开。根据区委统一部署，区委第三轮巡察组建 2 个巡察组，对区委老干部局、区委党校、团区委、区妇联、区残联、区科协、区民政局、区工信局、区科技局、区统计局共 10 个单位党组织开展巡察。

（王志尧）

主要负责人名录

主　任：唐建昌（2021.10 任）
副主任：王志尧（2018.8 任）

景德镇
国际设计周
CRAFT
DESIGN
WEEK
11/9 - 11/27
展览时间
Exhibition
Time
2022
手作之道

民主党派·工商联

民革景德镇市直属昌江支部

【概况】 2022年，民革景德镇市直属昌江支部共有党员22人。其中，市人大代表1人、市政协委员1人、区政协委员4人；获“优秀教师”称号1人、获“教书育人先进个人”称号2人、获“年终考核优秀”称号2人、获“先进工作者”称号1人。支部被授予民革“全省示范支部”称号，支部党员之家被授予“优秀民革党员之家”称号。

2022年，民革市直属昌江支部以“矢志不渝跟党走，携手奋进新时代”为工作抓手，广泛凝聚共识，积极参政履职，全面提高自身建设水平。

【加强思想政治建设】 通过主委会、全委会、机关工作会议和有关专题会议，深入学习习近平新时代中国特色社会主义思想，深刻领会中共二十大精神。5月27日、9月2日，分别组织到荷塘乡爱国主义教育基地和丽阳镇开展“矢志不渝跟党走、携手奋进新时代”主题教育日活动。

【推进建言资政工作】 邀请民革省委会主委熊皓率队到景德镇市开展“古村落保护”调研。与民革景德镇市委会联合开展《关于构建全域联动农产品运营体系，助推数字农业发展》《关于加强地方种质资源保护利用推进“赣种强芯”工程》《关于推进景德镇陶瓷文化传承与创新发展的建议》等多项课题调研。区两会召开期间，支部共递交集体提案3件、个人提案和建议6件，内容涉及城建、经济、文化、教育、农业等各个领域。

【开展社会服务活动】 5月27日，在荷塘乡中心小学开展庆“六一”“同心”捐赠活动。9月23日，联合民革江西省直第二委员会一支部在景德镇市第十五小学开展“博爱·牵手”活动，向昌江区“童心港湾”捐赠约15000元的图书和美术用品。

（程春芳）

主要负责人名录

主　委：程春芳（2020.9任）
副主委：汪维娜（女，2020.9任）
　　　　章卫杭（2020.9任）
　　　　江逸群（女，2020.9任）

民盟景德镇市直属昌江支部

【概况】 2022年，民盟景德镇市直属昌江支部共有盟员20人。其中，区人大代表1人、区政协委员3人、民盟中央宣传委员1人；获民盟中央脱贫攻坚表彰1人、全省“最美家庭”表彰1个、省劳动模范表彰1人、市劳动模范表彰1人、市三八红旗手表彰2人；新晋升江西省陶瓷艺术大师2人。

【加强思想政治建设】 4月12日，组织盟员到乐平市鸬鹚乡开展乡村振兴调研活动。8月2日，组织到鹰潭市开展“矢志不渝跟党走、携手奋进新时代”政治交接主题教育。10月25日，组织召开中共二十大精神专题学习会。

【建言资政有成效】 组织盟员围绕中心、服务大局，开展调查研究，撰写省级课题1篇、社情民意20篇、议案提案6篇。

【开展社会服务活动】 1月18日，组织到梧桐小学开展“圆梦微心愿·烛光行动”活动。2月18日，到景德镇市金焰瓷业有限公司开展优化营商环境调研活动，就“一号改革工程”政策解读、文件分析与公司团队开展讨论。

（安　祥）

主要负责人名录

主　委：安　祥（2020.11任）
副主委：王巧瞬（女，2020.11任）

民建景德镇市直属昌江支部

【概况】 民建景德镇市直属昌江支部成立于2014年11月。2022年年底，共有会员14人。其中，副县级1人、正科级1人、副科级2人，区人大代表4人、区政协委员4人。

【加强思想政治建设】 8月17日，在陶瓷美术三支部会员之家召开专题学习会，传达学习中央统战工作会议精神。10月16日，组织全体会员集中收看中共二十大开幕会电视直播。

【民建市主委会到区调研营商环境】 7月22日，民建景德镇市委会主委（全国人大代表、景德镇陶瓷大学国际学院院长）张婧婧率队到区调研优化营商环境民主监督工作。调研组先后到赣州银行（景德镇分行）、区行政服务中心、宁封窑国际陶艺村，了解优化营商环境的具体问题并提出意见建议。

（陈海波）

主要负责人名录

主　委：徐志伟（2014.11任）

副主委：陈海波（2020.9任）
吴　蕊（女，2020.9任）

民进景德镇市直属昌江支部

【概况】 民进景德镇市直属昌江支部成立于1996年4月。截至2022年底，共有在职会员17人、退休会员2人。其中，市人大代表1人、区人大代表1人、区政协委员5人，县区政府副区长1人。

【抓好思想政治建设】 4月24日，在景德镇锦泰文化教育基地开展“喜迎二十大”红色专题学习活动。7月18日，开展“矢志不渝跟党走、携手奋进新时代”政治交接主题教育专题学习会。

【积极建言资政】 围绕教育、医疗等领域热点难点问题，积极开展调查研究并撰写社情民意信息。在市政协十四届三次会议上作《关于构筑“试验区”创新型人才梯队的建议》发言、在区政协第九届委员会第二次会议上作《探索医养结合新兴业发展，促进养老服务高质量运行》发言。

（刘　萍）

主要负责人名录

主　委：刘　萍（女,2014.11任）
副主委：周敏华（女,2014.11任）

农工党景德镇市直属昌江支部

【概况】 2022年,农工党景德镇市直属昌江支部共有党员12人。其中，市政协委员2人、区政协委员2人。1人获江西省高级人民法院“全省英模典型”称号（并获全省法院宣传先进个人表彰、景德镇市中级人民法院记个人三等功）,3人获“优秀党务工作者”称号。支部获2022年度“优秀基层组织”称号。

【做好思想政治建设工作】 9月，开展“喜迎中共二十大、矢志不渝跟党走”学习讨论暨知识竞赛活动。10月14日，开展“喜迎中共二十大、矢志不渝跟党走”系列活动。11月，开展中共二十大精神宣讲活动和学习座谈会。

【推进建言资政工作】 全年共报送社情民意信息16篇，其中《加快完善“智慧执行”平台建设，提升执行效能的建议》《关于加强新型人文城市建设的建议》《关于助力旅游产业发展的建议》《关于反虐待动物立法的建议》被农工党江西省委会采用。共向市政协报送提案1份、完成调研报告2篇。

【开展社会服务活动】 5月12日，开展“法治护航，助企发展”优化营商环境送法进企活动，为企业解答企业风险隐患等问题。6月20日，组织支部律师行业的党员到景德镇市中心血站开展“送《民法典》进单位——以案释法专题讲座”活动。

（查旗营）

主要负责人名录

主　委：查旗营（2020.9任）
副主委：金晓猛（2020.9任）

九三学社景德镇市直属昌江支部

【概况】 2022年，九三学社景德镇市直属昌江支部共有社员30人。其中，省政协委员1人、市政协委员3人、区政协委员5人，区人大代表1人；获“第21届全国青年岗位能手”称号1人、首届“江西省青年工艺美术杰出人才”称号1人、九三学社江西省委会“先进个人”称号1人。

【做好思想政治建设工作】 8月5日，邀请市委常委、市委统战部部长吴财锋到“九三学社陶瓷艺术之家”宣讲中央统战工作会议精神。9月22日，在侚塘乡开展“矢志不渝跟党走、携手奋进新时代”主题教育。10月28日，举办学习贯彻中共二十大精神专题讲座。

【推进建言资政工作】 组织社员围绕中心、服务大局，开展调查研究，撰写高质量的调研报告、社情民意、议案提案10篇，其中2篇被九三学社江西省委会采用。

【开展社会服务活动】 1月28日，开展“迎新春送春联”进区行政服务中心活动。7月17日，举办暑期“小小气象员”公益讲座，邀请优秀社员讲授气象科普知识。

（饶　琳）

主要负责人名录

主　委：杨巧玲（女，2020.7任）
副主委：胡　洁（女，2020.7任）
饶国爱（女，2020.7任）
程新华（女，2020.7任）

区工商业联合会（总商会）

【概况】 区工商业联合会（简称“区工商联”）成立于1994年9月，是区委领导的昌江区工业界组成的人民团体和民间商会。办公地点由原区政府大楼迁至原区疾病预防控制中心。

2022年，区工商联共有会员291个。其中，团体会员6个、企业会员164家、个人会员98人，乡镇（街道）商会3个、商协会3个。区非公党工委共有6个非公企业党支部，77名非公企业党员，新发展党员6名。全年共组织非公企业党员、企业法人、常执委等各类培训班和爱国主义教育活动12场次，参加学习及活动人次近580人次。

【开展大走访大调研活动】成立多个走访小组，多次组织开展企业“大走访、大调研”活动，累计走访280多家企业，组织召开7次调研座谈会，宣传优化营商环境、企业维权及企业评价工作、收集企业问题诉求意见，并形成《持续优化营商环境，助力现代化魅力新昌江建设》调研报告。

【加强优化营商环境宣传】印发《致全区市场主体的一封信》《非公企业维权服务宣传单》《惠企纾困政策汇编》宣传资料3万份，送到全区每位市场主体手中，做到“人手一份”。

【创新非公企业维权服务】采用“二压一优”的措施减少办理程序、缩短时限，设立“7111771”热线专席，完善“一站式受理”办理机制，形成高质高效的非公企业诉求办理闭环，提高诉求办理效率和办结率，增强企业获得感和满意度。全年共接到各类涉企诉求603条，已办结（回复）诉求601条，办结率99.7%。

7月19日，昌江区民企座谈交流会召开

【举办金秋助学活动】8月17日，主办的2022“爱在昌江，同心圆梦”金秋助学活动在昌江一中举行。景德镇猎户星空智能科技有限公司、景德镇江南旅游汽车有限公司、景德镇卡服物流科技有限公司等10家企业共同捐赠5万元，用于资助10名困难学子。此外，全年还组织开展扶贫帮困、节日走访、疫情防控、公益体检等活动10余次，累计捐款捐物约43万元。

8月17日，“爱在昌江，同心圆梦”金秋助学活动举行

【助力乡村振兴】10月，组织召开昌江区“万企兴万村”动员大会。江西明博服装集团有限公司在已如期脱贫的省级贫困村丽阳镇丰田村，投资20余万元兴办作坊式服装加工厂。共有16名村民进厂务工，年人均收入将达4万元，创造社会效益100万元。

（赵馨兰）

主要负责人名录

党组书记、局长：

吴祖爱（2021.10任）

党组成员、副局长：

徐兆英（女，2015.12任）

王　苑（女，2021.10任）

群众团体

区总工会

【概况】 区总工会成立于2003年12月。办公地点由原吕蒙乡古城村委会迁至区行政服务中心院内。

2022年，认真贯彻落实《江西省五一劳动奖章和江西省工人先锋号评选管理工作办法》，共推荐区市五一劳动奖章3人和五一劳动奖状1家。开展“2022年昌江区劳动模范和先进工作者”评选表彰工作，共评选区级劳动模范20人、先进工作者30人。

【深化产业工人队伍建设改革】 成立以区委副书记为组长、区相关部门为成员的昌江区新时代产业工人队伍建设改革领导小组。研究制定昌江区新时代产业工人队伍建设改革实施方案和任务分解表，组织召开区新时代产业工人队伍建设领导推进部署会议，扎实推进区企业产业工人队伍建设改革工作。省、市总工会领导对昌江区产业工人队伍建设工作给予肯定。

【做好建会入会工作】 以“县级工会加强年”为牵引，以基层工会“六有六规范”建设为标准，继续巩固25人以上企业建会行动成果，推进以“新业态”群体为重点的劳动者群体入会，落实向“新业态”群体会员赠送意外伤害互助保障计划（向区数字经济企业卡服物流赠送1900份互助保险），助力区双“一号工程”建设。坚持建会入会与实名制录入同步，推动网上入会工作。2022年年底，全区共有工会组织186家、工会会员8298人。

【弘扬劳模精神劳动精神工匠精神】 以“劳动创造幸福”为主题，组织省级、市级、区级劳动模范走进鱼丽工业平台、鲇鱼山镇、吕蒙乡开展劳模创造幸福宣讲活动。开展关爱劳模行动，元旦、春节期间，先后走访慰问区劳动模范51人，发放慰问金3.7万元。组织区省级劳模万绍华、陈良启分别赴韶山和庐山开展疗养活动。

【维护职工合法权益】 开展“尊法守法·携手筑梦”服务农民工公益法律服务行动和女职工维权月系列活动，深入民营企业开展法律宣传活动，发放各类法律宣传手册5000余份。开展维权服务行动，依托法院“诉、裁、调”快速机制和丽阳镇名辉维权工作室处理农民工维权案例119起，共涉及资金780万元。其中，法院102起，涉及资金580万元；名辉维权工作室7起，涉及资金200万元。

【开展关爱职工工会在行动服务】 在“六一”国际儿童节到来之际，组织开展“关爱贫困儿童，爱心传递温暖”行动，共慰问50名困难儿童，提供慰问金1.3万元。与昌江区第七幼儿园合作开办“职工子女暑期托管班”，为60名职工子女精心提供暑期托管服务。为100名企业女职工提供免费妇科体检，为497名乡村教师按每人500元的标准进行免费体检。继续开展互助保障服务，2022年，全区共有10257人次参加互助保险计划，总计65.54万元，全年共赔付保障金23万元。全年共帮扶困难职工174人，发放慰问金18万元；为9户困难职工提供生活救助1.08万元，慰问困难家庭儿童60人，发放物资1万余元。

【开展“四送”服务】 与多部门联合开展“春风送温暖，就业送真情”春节招聘会，共有40多家企业提供216个不同岗位参会，达成意向面试1100余人，发放各类宣传资料1万余份。开展“关爱职工，夏送清凉”行动，走访慰问景德镇市宏亿电子科技有限公司、江西富祥药业股份有限公司和园区，发放慰问金5.26万元。与景德镇鄱阳商会联合开展“金秋助学，铸魂圆梦”行动，为6名品学兼优的贫困大学生捐赠助学金3万元。开展“情暖冬季、温暖人心”行动，为区资产中心10户困难职工提供生活救助1.08万元、医疗救助金近万元。

【开展瓷都工贷融资业务】 继续与邮储银行开展“瓷都工贷”业务，着力为全区小微企业和职工创新创业解决贷款难、融资难的问题。全年共为5家小微企业贷款150万元，为33家小微企业返还经费15万余元。

【开展形式多样的文体活动】 与区妇联联合举办“三八”国际妇女节集体跳绳比赛。与团区委联合举办“缘在昌江，爱在金秋”单身青年职工联谊活动，共有60余名单身青年参加联谊活动。与区教体局主办（区羽毛球协会承办）“建工新时代、奋进新征程”魅力新昌江杯羽毛球赛，共有近200名机关羽毛球选手参赛。

（宋圣林）

主要负责人名录

人大常委会党组成员、副主任，党组书记、主席：

占文军（2021.10任）

党组成员、常务副主席：
吴秉熹（2021.10任）
副主席：程仁虎（2018.5任）

共青团昌江区委员会

【概况】 共青团昌江区委员会（简称“团区委”）成立于2003年3月，核定行政编制2名，现有人员4名。办公地点由原吕蒙乡古城村迁至原区疾病预防控制中心。

2022年，团区委培育推报的10个团组织、9名团干部、6名团员，分别获国家、省、市“两红两优”荣誉。其中，获国家“两红两优”荣誉的团委1个、团干部1人；获省级“两红两优”荣誉的团委1个、团支部1个、团干部1人；获市级“两红两优”荣誉的团委3个、团支部4个、团干部7人、团员6人。团区委获“2022年度全省共青团工作先进县（市、区）”“2022年度全市共青团工作优秀单位”“2022年度全市少先队工作优秀单位”称号。

【深化县域共青团基层组织改革】 以干部来源多元化、组织方式多样化、引领动员网格化、工作内容项目化、生存资源社会化、运行机制扁平化为主攻方向，着力推动共青团在县域强化政治功能、形成社会功能，全面增强全区各级团组织的引领力、组织力、服务力和大局贡献度，于10月制定出台《昌江区县域共青团基层组织改革工作方案》，推出改革创新举措25项。强化“团教协作”改革，按照相关组织程序，团区委负责人已兼任区教体局党组成员，区教体局团工委书记已兼任团区委副书记，成为全市唯一实现共青团和教育系统互相兼任的县（市、区）。一体推进少先队改革，全区30余所中小学均已成立学校少工委，学校大队辅导员配备率100%；且辅导员队伍的政治素质全面过硬，党团员比例明显提升。

【推进“青年之家”“童心港湾”项目点建设】 “青年之家”建设，实现全区6个乡镇（街道）全覆盖，年度活动总数达227次，年度签到总数达4608人次。以“健全农村留守儿童关爱服务体系”为目标，推进建设6个“童心港湾”项目，实现各个乡镇（街道）童心港湾项目点全覆盖，全年共开展志愿活动111场次，服务时长1120余小时，覆盖留守儿童及事实困境儿童共计1600余人次。

5月19日，区领导看望参加学习贯彻习近平总书记在庆祝中国共产主义青年团成立100周年大会上重要讲话精神座谈会的人员并合影

【开展“河小青”保卫母亲河志愿服务】 以“清理河湖水质”为目标，针对区境内主干次河流河滩垃圾清理不到位、不及时的问题，组建8支“净滩小分队”，并建立“一月一巡”工作机制（团区委和各乡镇街道每月至少各开展1次规模6人以上的净滩行动），进一步唱响“河小青”品牌。全年共组织开展“河小青”志愿服务100余次，累计参与人数955人次。

【组织大学生返乡社会实践活动】 按照“因需设岗、属地管理、就近就便”的工作原则，共招募40余名返乡大学生到区各部门（单位）进行社会实践。积极挖掘优秀典型，广泛收集大学生返乡社会实践心得，定期发布推文进行宣传，制作的《景德镇市少先队员寻访美丽江西》宣传视频，被遴选至团省委作为全省少先队同上一堂课的队课内容。

【举办单身青年职工联谊活动】 与区总工会联合举办“缘聚昌江·爱在金秋”单身青年职工联谊活动，给昌江区的单身青年职工搭建一个相识相知相守的平台。活动共邀请70余名单身青年（机关干部、企事业单位职工）参加，成功帮助4对单身青年解决“找对象”的婚恋难题。

（徐静雅）

主要负责人名录

书　记：余　晨（女，2022.8任；2021.10主持工作）
副书记：程沛轩（2022.12任）

区妇女联合会

【概况】区妇女联合会（简称“区妇联”）成立于1973年9月。2022年，区妇联下设乡镇（街道）妇联6个、村（社区）妇联66个。办公地点由吕蒙乡古城村委会迁至新枫路支路区计生服务中心。

一年来，区妇联切实履行思想政治引领、维护妇女合法权益、服务妇女群众的工作职能，充分发挥妇联组织桥梁纽带作用、精准关爱妇女儿童，推动全区妇女儿童事业有新发展。

【抓好宣传普及教育】积极开展“赣鄱红色娘子军”进社区、进校园、进农村、进企业等系列宣讲活动，广泛宣传宣讲中共二十大精神、家庭教育等内容。全年共组织10位宣讲员分赴各地开展主题宣讲15场次，接受教育的群众达1000余人次。

【开展维权教育和服务】加大反家暴、男女平等基本国策知识普及力度，不断提升全区妇女儿童依法维护自身合法权益的意识，围绕《中华人民共和国民法典》《中华人民共和国未成年人保护法》等内容，全年共开展法律知识讲座10场次。全力做好妇女儿童心理健康工作，针对社区矫正妇女和留守儿童、困境儿童，常态化开展心理健康宣传，为妇女群众和学生提供情绪疏导，缓解压力。

【加强家庭家风建设】积极探索生态文明建设新模式，组织开展“最美家庭”“清洁家庭”评选活动，鼓励倡导动员妇女群众和家庭树立健康、清洁的家庭生活新理念；“4·23”第27个世界读书日，组织全体干部到丽阳八一小学开展主题读书日活动，助力少年儿童自小培养良好的阅读习惯，促进家庭文明新风尚。

【开展关爱帮扶活动】1月17日，开展“陪伴的力量——把爱带回家”留守儿童关爱活动，随后持续开展困难家庭关爱慰问，重症儿童、困难儿童和留守儿童关爱共20余场次；发挥“嫂子帮帮团”巾帼志愿服务队作用，深入妇女儿童和孤寡老人家中开展一系列的关爱活动；在“9·9”公益日发起“春雷女童一起捐”活动，为贫困女童募集学习资金2万余元，并结合市妇联下拨资金，为全区20位贫困女童送去助学金16800元。

【加强基层组织建设】6月29日，与区重点项目推进中心召开“两新”组织组建妇联组织工作座谈会，鱼丽工业园区相关企业受邀参加座谈会。7月27日，景德镇市宏亿电子科技有限公司第一次妇女代表大会召开，标志着昌江区“两新”组织首个妇联组织正式成立。全年共有21家“两新”组织妇联组织陆续成立。

（汪　迎）

主要负责人名录

党组书记、主席：

刘志辉（女，2021.10任）

区科学技术协会

【概况】区科学技术协会（简称“区科协”）成立于1983年10月，是区委领导下的人民团体，是区科技工作者的群众组织，是区委区政府联系广大科技工作者的桥梁和纽带。

2022年，区科协深化科协系统改革，实施创新驱动战略，拓展科普思路，打造科普工作特色品牌，在全区范围内大力开展各项科普工作，荷塘农垦精神科普基地、荷塘殊源坞红色教育基地等5家单位成功申报景德镇市科普教育基地，富祥药业、美琳康大2家企业获景德镇市“科创瓷都”称号，庆春蔬菜、三梅粮油2家基地获景德镇市“科技小院”称号，新成立企业科协6家，获“2022年江西省全国科普日优秀组织单位”称号。

【召开全区科学素质工作会议】1月5日和7月19日，分别召开昌江区全民科学素质工作会议。会议审议通过《昌江区全民科学素质行动规划纲要实施方案（2021—2025年）》，并分别对2022年上半年和下半年工作作出部署。区政府副区长张碧珍出席会议并讲话。

【组织参加全省全民科学素质网络大赛】6月1日至7月31日，积极组织发动全区各单位按时参加“喜迎二十大，共筑科技梦”全省全民科学素质网络大赛。全区共有近7000人参赛，答题成绩位列全省第16名。

【举办绿色低碳节能先行专题讲座】6月14日，联合区机关政务管理中心举办“2022年昌江区公共机构节能宣传周‘绿色低碳，节能先行’专题讲座”，邀请景德镇学院生物与环境工程学院实验中心主任、博士孟信刚到区做专题授课。

【做好人才培育工作】选调10

名乡土人才参加景德镇市科协组织的致富带头人培训，选调15名科技工作者参加市科协党校主体培训班，组织10名企业负责人和工程技术人员参加全市推广使用中国专利信息平台工程师培训班。开展科技工作者分布情况调查摸底，对富祥药业和美琳康大2家规模以上企业科技工作者进行调查摸底和建档造册。

（刘　斌）

主要负责人名录

党组书记、主席：

余路程（2018.12任）

党组成员、副主席：

洪古荣（2008.1任）

副主席：

陈秋华（挂职，2019.10任）

王　珏（女，兼职，2019.10任）

张自国（兼职，2019.10任）

秘书长：

柴　奇（女，兼职，2019.10任）

区文学艺术界联合会

【概况】 区文学艺术界联合会（简称“区文联”）成立于2009年3月，核定编制数为3名。其中，主席1名、副主席2名。2010年5月，成立昌江区艺术界联合会党组。2022年，新成立昌江区摄影家协会。新晋级市级作家协会会员3人、省级作家协会会员1人。

【举办庆“七一”主题诗歌朗诵会】 6月22日，由区委宣传部主办，区文联、区委党史办、团区委、区教体局、区作协联合承办的“庆七一·颂党恩”暨“喜迎二十大，强国复兴有我”主题诗歌朗诵会在景德镇航空学校举行。活动中，共有来自全区各部门（单位）15个代表队的选手同台竞技，共评选出一等奖3名、二等奖4名、三等奖7名，充分展现了昌江区党员干部铭记历史、面向未来，立足岗位、锤炼作风、担当作为的豪迈情怀和昂扬向上、朝气蓬勃的精神面貌。景德镇市委办公室副主任余红有，市委宣传部四级调研员倪凯，昌江区委常委、区委宣传部部长汪德胜，区人大常委会原一级调研员、区作家协会主席罗来渠，景德镇学院教授、景德镇市作家协会副主席吴远征，各承办单位负责人等参加活动并为获奖选手颁发荣誉证书。

【江西移风易俗专场文艺志愿服务巡演走进昌江】 6月23日，由省委宣传部、省文明办、省文联主办的“时代新风进万家”移风易俗专场文艺志愿服务巡演走进全省新时代文明实践中心（所、站）活动，走进景德镇。来自全省各地的艺术家、文艺工作者、文艺志愿者，在昌江区实验学校新时代文明实践基地倾情演绎，为观众献上一场精彩纷呈的文艺节目。省文联党组成员、副主席张越，景德镇市委常委、市委宣传部部长林蓉，高新区管委会主任、昌江区委书记倪卫春，市委宣传部副部长、市文明办主任程步才，市文联党组书记熊小席等出席活动。移风易俗主题原创文艺会演，于2021年9月开始，已在南昌市、赣州市、宜春市、九江市新时代文明实践中心（所、站）进行了9场演出。

【文艺志愿服务进社区】 10月28日，由景德镇市文联、昌江区委宣传部主办，区文联承办，区西郊街道协办的“瓷韵颂党恩，昌江展新姿”学习宣传贯彻中共二十大精神文艺志愿服务活动，走进西郊街道蟠龙岗社区。通过以群众喜闻乐见的文艺活动的形式，让中共二十大精神深入基层、深入人心。

【开展文学艺术类评选】 12月9日，2022年“昌江区文学艺术奖”评选活动获奖作品揭晓并进行为期7天的对外公示。共评选出文学类、美术类、书法类、微视频类24件优秀作品为一、二、三等奖，充分展示全区2022年文艺创作成果。

（吴一波）

10月28日，学习宣传贯彻中共二十大精神文艺志愿服务活动走进社区

主要负责人名录

主　席：

周敏华（女，民进，2020.5 任）

党组成员、副主席：

徐梅芬（女，2021.10 任）

区社会科学界联合会

【概况】　区社会科学界联合会（简称“区社科联”）成立于 2009 年 11 月 27 日。现有党组书记 1 名，主席 1 名，党组成员、副主席 1 名。

2022 年，区社科联积极开展社科研究、社科普及等工作，并取得一定的成绩。

【开展系列理论宣讲普及活动】　充分利用“昌江社科大讲堂”平台，广泛开展社科普及宣传“六进”活动。3 月，开展以消防安全为主题的宣讲，走进西郊街道华风社区；5 月，开展以《中华人民共和国民法典》为主要内容的宣讲，走进丽阳镇丰田村；9 月，开展以“喜迎中共二十大，感恩奋进新征程”为主题的赠书活动，走进新枫街道谭家山社区；10 月，中共二十大召开后，及时组织邀请社科专家学者到鲇鱼山镇鱼山村、西郊街道金鱼山社区、昌江区高级职业学校等单位开展中共二十大精神宣讲。全年共开展理论政策宣讲 10 余场，受教育群众 4000 余人次。

【理论研究取得新成绩】　紧扣习近平总书记提出的“三新一高”战略部署和落实全省深化发展和改革双“一号工程”，区社联及时组织开展深化发展和改革双“一号工程”（数字经济“一号发展工程”、营商环境“一号改革工程”）主题征文活动。全区社会各界社科人才紧密结合昌江产业特色和营商环境现状，重点围绕先进陶瓷、优化营商环境、数字经济等课题进行深度研究，为积极推动国家重大战略在昌江的落地生根，及区委区政府科学决策提供理论支撑。1 个委托项目（《昌江区先进陶瓷产业招商引资对策研究》）、2 个重点项目（《发展数字经济推动县域经济高质量发展的思考》《优化营商环境促进当地经济发展的若干问题思考》）的研究成果，得到区委区政府主要领导的审阅批示和肯定。

（王　娟）

9 月，开展以“喜迎中共二十大，感恩奋进新征程”为主题的赠书活动

主要负责人名录

党组书记：

程红雷（2021.10 任）

主　　席：

饶国爱（女，2021.10 任）

党组成员、副主席：

王　娟（女，2020.6 任）

区残疾人联合会

【概况】　区残疾人联合会（简称“区残联”）成立于 1991 年 11 月。现有在编人员 2 人、临聘人员 3 人，办公地点位于区行政服务中心。

2022 年，区残联以残疾人宣传、文体活动、教育、康复、就业培训、困难帮扶等工作为重点，逐步形成政府主导、社会参与、部门配合、高效运转的残疾人工作长效机制，推动全区残疾人事业高质量发展，不让一个残疾人在实现共同富裕的征程上掉队。

【举办春季招聘会】　2 月 25 日，区残联与区就业创业服务中心、区人力资源和社会保障局在西郊街道汪王庙社区泰豪珑原小区广场联合举办以“春风送温暖，就业送真情”为主题的春季招聘会。招聘会现场，设立有区残联政策法规咨询点，为前来应聘人员发放残疾人知识宣传手册，科普《中华人民共和国残疾人保障法》《中华人民共和国无障碍环境建设法》《中华人民共和国残疾人教育条例》等知识。共有 120 余名残疾人参加招聘会。

【做好残疾人基本民生保障】　加强残疾人证核发管理，依法依规办理残疾人证，持续开展违规持有残疾人证清理。全区持证残疾人共 3660 人，其中重度残疾人中一级为 254 人、二级为 1166 人；享受困难残疾人生活补贴 1580 人，重度残疾人护理补贴 1286 人；享受重度失能照护和托养 14 人，

2022 年 9 月 26 日，昌江区残疾人联合会第七次代表大会举行

全年发放轮椅、拐杖、助听器等辅具 160 多件。严格按照“按需设岗、以岗聘任、在岗领补、有序退出”的程序，做好残疾人公益性岗位安置工作，确定 36 名农家书屋图书管理员、15 名公益性岗位就业残疾人；兜底保障残疾人权益，落实困难残疾人生活补贴和重度残疾人护理补贴制度，每月 10 日前及时、足额发放当月“两项补贴”，全年共发放“两项补贴”200 余万元。

【营造关心关爱残疾人良好氛围】1 月，春节前夕，组织全体干部到景德镇市社会福利中心，为福利中心的残疾儿童送去照料服务。3 月 3 日，第 23 次全国爱耳日，联合鲇鱼山镇开展“关爱听力健康，聆听精彩未来”为贫困听障人士集体发放助听器活动，向现场 18 位听障人士发放助听设备。5 月 21 日，第 32 次全国助残日，组织开展“促进残疾人就业，保障残疾人权益”主题活动，邀请市爱尔眼科医院和市乐声科技为视障人士和听障人士排查视力、听力情况，开展致残眼病防治宣传，现场为听障人士免费调配助听器活动。10 月，组织近 30 位残疾人开展参观一次展览、看一部好电影、读一本好书、游一次园“四个一”文化活动，满足残疾人精神文化需求，提升残疾人享有公共文化服务水平。11 月，组织举办 2022 年农家书屋残疾人管理员培训班，围绕农家书屋管理员职责讲解，全面提升残疾人工作综合素质，努力提高管理人员的业务素质和水平，更好发挥农家书屋在完善基层公共文化服务中的作用。

【推进残疾人康复服务】在鲇鱼山镇新桥村委会和新枫街道哪吒庙社区建设全区残疾人自强健身示范点，为周边残疾人提供免费康复、锻炼场所，引导和培养残疾人积极向上、自立自强。推进贫困重度残疾人家庭无障碍改造等民生工程，改善残疾人生活条件，提升残疾人家庭生活品质。全年共完成 50 户贫困重度残疾人家庭无障碍改造。

（张玉华）

主要负责人名录

党组书记、理事长：

危立清（2021.10 任）

党组副书记、副理事长：

段君德（2021.10 任）

区红十字会

【概况】区红十字会成立于 2015 年 2 月。现有会长（分管副区长兼）1 名、常务副会长 1 名，内设综合股。办公地点迁至新枫路支路区计生服务中心。

2022 年，区红十字会共接收社会各界捐赠款物 929902.36 元。其中，网络筹资 11108.36 元，定向帮助被火灾侵袭的程艳爱 2 万元，定向捐赠留守儿童、困难儿童款物 49425 元，定向捐赠昌江区中心幼儿园 1 万元，定向捐赠一线环卫工人物资（米、油等）112200 元，乐平市水灾筹资 186299 元，爱心企业捐赠新冠抗原检测试剂价值 16800 元，新冠疫情接收社会各界捐赠款物 524340 元。所有捐赠款物，均全部依法依规及时进行拨付，并按照公开、公平、公正、透明的原则，及时向社会公布捐款情况，主动接受审计和社会监督。全年获“中国红十字会会员之星”1 人，发展红十字团体会员 1 个、发展个人会员 160 人、发展红十字会志愿者 40 人。

【应急救援应急救护人道救助】2022 年，江西省将应急救护培训工作列为“十项民心工程”之一。全年共培训救护员 420 人、培训应急救护普及 4062 人、培训养老普及 367 人。在区人民政府机关大楼、区行政服务中心、区卫生健康综合大楼各投放 1 台 AED（自动体外除颤仪）。春节期间，组织开展“博爱送万家”活动，为低保户、残疾人、特困家庭户送去价值 1 万多元的慰问物品。

【无偿献血造血干细胞捐献遗体和人体器官捐献】全年共组织无偿献血 154 人，献血量累计 54500 毫升；动员造血干细胞入库人数 6 人；遗体和器官组织登记人数 200 余人。

【基层组织建设得到夯实】 制定出台《关于进一步加强全区红十字会基层组织建设的实施方案》，全力推动全区各乡镇（街道）、学校、医院（卫生院）红十字会基层组织建设，使全区基层红十字会各项工作规范化、制度化。2022年，分别在鲇鱼山镇、丽阳镇、荷塘乡、西郊街道各成立红十字会基层组织1个，全区红十字会基层组织总数达20个。

（张雯琪）

主要负责人名录

副区长、会长：

张碧珍（女，2020.6任）

党组书记、常务副会长：

余火生（2021.10任）

党组成员、监事会专职副监事长：

刘晓青（女，2022.8免）

区作家协会

【概况】 区作家协会（简称“区作协”）于2012年10月12日注册成立，是由区委宣传部、区文联领导，经区民政局登记注册的非营利性社会组织。截至2022年底，区作协共有会员52人，其中市作家协会会员15人。

2022年，区作协先后召开二届七次、八次理事（扩大）会议，对全年文学创作、采风、作品编撰、组织管理、协会党建等工作进行研究部署。全年共发展区级会员1人，共推荐3名会员加入市作家协会。

【市作协七届四次理事扩大会在区召开】 1月8日，市作家协会第七届四次理事（扩大）会在昌江区鲇鱼山镇政府召开。会议特邀市作协顾问与有关作家参加。经会议表决，将昌江区作协推荐的3名会员吸收为市作协会员。

1月15日，区作协开展送文学下乡图书捐赠活动

【开展送文学下乡图书惠民活动】 1月15日，组织会员到鲇鱼山镇新柳村开展“送文学下乡图书惠民”活动，向新柳村捐赠100余册文学类书籍。捐赠仪式结束后，会员们参观村民文化广场、农家书屋等新农村建设场所，并到该村的郭璞峰历史文化遗址采风。

【开展2022春季文学采风活动】 3月19日，组织会员到丽阳镇江联村（全国文明村镇）开展“服务基层群众，助力乡村振兴”2022春季文学采风活动。用心用情用力创作出接地气、贴民心的精品力作，讲好昌江故事，传递好昌江声音，弘扬好昌江文化。

【举办昌江区第九届谷雨诗会】 4月28日，由区文联、区作协联合主办，昌江二中协办的“强国兴有我”文学作品朗诵会暨谷雨诗会颁奖仪式在昌江二中举行，标志着“喜迎二十大，春风漾昌江”昌江区第九届谷雨诗会圆满举办。本次谷雨诗会，共征集到符合应征要求的作品148件，较上年度增加1倍以上。共有20件作品分别获一、二、三等奖和优秀奖，4名教师获优秀指导奖，5所学校获优秀组织奖。

【专题学习中共二十大精神】 11月5日，召开学习中共二十大精神专题学习会，传达学习中共二十大精神，研究部署学习宣传贯彻落实有关工作。学习结束后，会员代表结合各自工作岗位和昌江实际情况进行深入交流，并到株源坞中共党史教育基地接受党史教育。

（施启权）

主要负责人名录

主　席：罗来渠（2012.10任）

副主席、秘书长：

姜进雪（2012.10兼任）

副主席：王传强（2012.10兼任）

法　治

政法委与综治

【概况】 区委政法委员会成立于1982年。2019年3月，区委办公室印发《区委政法委员会职能配置、内设机构和人员编制规定》的通知，明确区委政法委员会是区委主管政法工作的正科级工作部门。

2022年，区委政法委以贯彻落实《中国共产党政法工作条例》和省委《实施细则》为抓手，以防范化解影响安全稳定的突出风险为重点，狠抓市域社会治理现代化、综治中心实体化运行、平安昌江建设、常态化扫黑除恶、打击整治养老诈骗，全力提升群众安全感、幸福感和获得感，开创全区政法综治维稳工作新局面。连续5年被评为景德镇市平安建设先进县（市、区）。

【防范化解重大风险】 全力开展影响社会稳定矛盾问题集中摸排化解专项行动，圆满完成全国两会、中国共产党成立101周年、中共二十大等安保维稳任务。2022年，及时化解重大矛盾问题12件和市委政法委交办督办的昌江区涉稳问题10件。

【完善基层社会治理体系建设】 以平安昌江建设为统揽，以市域社会治理现代化试点为抓手，进一步规范网格化管理，充实专职网格员力量，提升基层治理工作水平，构筑共建共治共享的社会治理新格局。落实“一村一辅警”全覆盖，配备巡防队员171人，将工作触角延伸到基层。推进全区33个行政村、224个自然村雪亮工程建设，推进智能安防小区建设，打造智能安防示范小区。

6月15日，开展打击整治养老诈骗主题宣传工作

以综治中心实体化建设为载体，实现区、乡、村三级综治中心建设全覆盖，全面开展综治中心等级化评定工作。突出综治中心信息化智慧平台建设，大力推进数据深度融合共享，从大平台上掌控昌江平安。

【常态化开展扫黑除恶专项斗争】 在2021年开展六大重点行业领域整治的基础上，启动教育、医疗、金融放贷、市场流通新四大行业领域整治，全力铲除黑恶势力滋生土壤。2022年，全区在全市率先破获涉恶集团案件1起，共刑拘8人、逮捕6人；“九类”涉恶个案破案16起，逃犯追捕率超90%，位列全省第一；群众扫黑除恶满意度达99%，位列全省第三。

【政法舆论宣传】 指导协调全区政法单位同步开展国家安全、打击和防范养老诈骗等各类主题宣传，加强与省市主流媒体和市委政法委业务部门及区委宣传部门的联系。组织各乡镇（街道）170个网格结合文明创建、优化营商环境等工作，进村入户开展防养老诈骗、下载“国家反诈中心”App、维护公众安全感等宣传工作。

【市委领导到区调研市域社会治理现代化试点工作】 4月15日，市委书记刘锋到区西郊街道综治中心调研市域社会治理现代化试点工作，了解中心网格化管理和社会治理监控信息化架构、服务功能和运行情况，并与一线网格员视频连线通话，询问有关情况，

4月15日，市委书记刘锋（右三）到区调研市域社会治理现代化试点工作

听取有关汇报。刘锋指出，综治中心是整合社会治理资源、创新社会治理方式的重要平台，要围绕规范阵地建设、创新治理方式、打造特色亮点、服务保障民生，把防控风险、服务发展摆在更加突出的位置，不断提升综治中心保安全、护稳定、促和谐水平。要选优配强网格员队伍，推进基层治理智慧化、规范化、专业化，形成可复制、可推广的经验做法，不断提升治理效能，真正实现“人在格中走、事在格中办、难在格中解”。

【全区政法工作会议召开】 4月28日，全区政法工作会议召开。高新区管委会主任、昌江区委书记倪卫春对2021年全区政法战线工作成绩予以肯定，对做好2022年全区政法工作提出要求。区委常委、区委政法委书记余世建出席会议并讲话，副区长、昌江公安分局局长凌辉部署工作，区人民法院院长周理主持会议。

【区委领导为全区政法系统党员干部上专题党课】 11月7日，区委书记倪卫春以“打造新时代政法铁军，维护全社会安全稳定——以高度的政治自觉建设更高水平的平安昌江”为题，在全区政法领导干部学习贯彻中共二十大精神加强政治建设专题研讨班上，为全区政法系统党员干部上专题党课。

（刘立伟）

主要负责人名录

区委常委、区委政法委书记：

余世建（2021.8任）

常务副书记：

徐德顺（2021.10任）

副书记：汪　健（2021.10任）

张　靖（2021.10任）

公　安

【概况】 2022年，景德镇市公安局昌江分局（简称“昌江公安分局”）按照省公安厅、市公安局工作部署，扎实推进各项工作开展，全区社会稳定。全年未发生重大有影响的群体性事件、特大恶性案件、重大治安灾害事故、重大生产责任事故。

全区常住人口59878户、158828人。共办理二代居民身份证7211张，临时身份证597张。其中，二代居民身份证具体包括：本地身份证4048张，省内异地身份证1371张，外省异地身份证424张，免费办理身份证1368张。新增流动人口录入406人，制作居住证406张，居住证签注76人。

【优化警务环境】 积极探索警企联防警务模式，3月，在江西富祥药业有限公司设立全区第一家“企业警务室”。先后破获一大批涉企案件，其中破获一起涉案金额1466万元串通投标案；查获一起假冒注册商标案，涉案金额近20万元；侦破一起非法获利200余万元的涉企职务侵占案，一起涉案金额几十万元的牛栏山假酒案，扣押1600余箱假酒并销毁；妥善处置涉企死亡事故三起，成功化解涉企纠纷数十起；组织机关和基层派出所民警持续开展“千警助千企”“万警千车下基层”等活动，切实帮助企业解决痛点难点堵点问题，做到涉企业问题全办结。

【开展全民防溺水工作】 5月以来，按照省公安厅、市公安局部署，迅速组织开展“水美家安——全民防溺水”专项行动。6月底，分局筹集用于防溺水“四个一”（一块警示牌、一个救生圈、一根安全绳、一对长竹竿）工程建设资金10万余元，及时增设防溺水警示牌、布设简易救援物品等设施，做到173处重点危险水域全摸排、全建设、全覆盖“3个100%”；开展进校园、进社区宣讲防溺水知识42场次，受教育师生、家长近万人；共组织警力开展水域巡查388人次，及时规劝群众涉水危险行为69次，做到最大限度防止辖区溺水事故发生，用实际行动落实好新“四个一”为民服务工程。

【开展治安整治“百日行动”】 6月25日至9月25日，通过开展夏季治安打击整治“百日行动”，辖区治安刑事警情环比下降10.2%，同比下降25.5%，破获各类行政、刑事案件环比上升17.72%，抓获本地上网在逃人员3名、协外抓获在逃人员3名，追逃率96%，在全省县级公安机关中位列第一。2022年上半年，公众安全感、公安满意度分别位列全省第39名和52名，民调评警在全市位列第一，分局7个派出所有4个派出所进入全市57个派出所的前10名。

【禁毒主题公园正式揭牌】 6月26日，区禁毒主题公园正式揭牌。该主题公园位于市人民公园，禁毒主题公园内共有各类宣传牌30余块，涵盖缉毒执法、禁毒宣传、易制毒化学品管理与服务、走访帮扶、毒惩毒诫等专栏展示区域，全面系统地介绍毒品种类、

6 月 26 日，昌江区禁毒主题公园揭牌仪式举行

毒品危害等知识，市民在健身休闲活动的同时能“零距离”感受禁毒文化，为昌江区禁毒宣传开辟新阵地、延伸新触角、提供新渠道。

【破获一起 24 年前命案积案】 9 月，经过缜密侦查，破获一起 24 年前的抢劫杀人案。1998 年 12 月 24 日，竟成镇三宝村发生一起情节恶劣的抢劫杀人案，由于诸多因素限制，案件历经 24 年一直悬而未解。2022 年，分局抽调各派出所侦查骨干成立专案组，经过 1 个多月的深度检验，发现该案嫌疑人踪迹。分局立即成立四个抓捕小组，历时 72 小时，于 9 月 21 日将犯罪嫌疑人全部抓捕到案。

【命案攻坚及网上追逃工作成效显著】 强力推进命案积案攻坚行动和网上追逃工作，破获 3 起命案，连续 17 年实现“命案必破”的目标。同时，成立命案积案攻坚专班，对历年命案积案重新梳理、逐案分析，抓获 3 名命案在逃人员（分别在逃 23 年、22 年和 17 年），并破获 1 起 24 年前的抢劫杀人命案积案，一举抓获 4 名犯罪嫌疑人。

【依法打击各类违法犯罪】 率先破获全市首例涉黑恶集团案件，28 人被采取刑事强制措施，破获涉及寻衅滋事、聚众斗殴等 9 类案件 14 起。结合“长风四号”专项行动，聚焦“两卡”重点人员，严厉打击电信网络诈骗等多发侵财犯罪，共破获 84 起电诈、帮信类案件，冻结资金 908 万元；深入开展打击串通投标、养老诈骗等违法犯罪行为，共破涉嫌集资诈骗等案 3 起，抓获犯罪嫌疑人 5 人，涉案金额共计 3036 余万元，依法追回赃款 134 万元；积极开展“百日禁毒”“黄赌专项整治”行动，共破获“黄赌毒”类刑事案件 20 起，采取刑事强制措施 30 人，缴获毒品 14.32 克；查处“黄赌毒”类违法案件 184 起，强戒 10 人，行政处罚 381 人。

【推进业务用房建设】 扎实推进公安派出所业务用房建设。有 2 个公安派出所业务用房列入“十三五”规划项目，获中央拨付资金 100 余万元。拨付 200 余万元，为搬迁派出所统一配备办公桌椅、空调等办公设备。争取到公安派出所建设相关规费全部免除的优惠政策。分局各派出所业务用房建设基本完成，共有 5 个派出所业务用房新建完工并投入使用，另 2 个已建成待装修入驻，共新增公安派出所业务用房面积 15906 平方米，达到公安部一级公安派出所建设标准。

（李文静）

主要负责人名录

副区长，党委书记、局长：

凌　辉（2020.9 任）

党委副书记、政委：

汪琦丽（女，2019.5 任）

党委副书记、常务副局长：

吴笑明（2019.6 任）

党委委员、副局长：

吴　磊（2019.5 任）

邱　华（2019.10 任）

朱明红（2020.9 任）

党委委员、政工科长：

江玉霞（女，2017.3 任）

纪委书记：

曹文军（2022.1 任）

检　察

【概况】 1979 年 7 月，景南区人民检察院成立，1980 年 5 月更名为昌江区人民检察院，为国家的法律监督机关，依法独立行使检察权。内设 6 个职能机构：办公室、政治部、第一检察部、第二检察部、第三检察部、司法警察大队。1 个区纪委监委派驻机构：派驻纪检监察组。1 个派出机构：鱼山检察室。在岗干警 57 人。

2022 年，批准逮捕各类犯罪嫌疑人 107 人，提起公诉 319 人。严厉打击故意杀人、故意伤害、抢劫、强奸等严重暴力犯罪，起诉21人。保持打击利用电信网络实施诈骗、赌博等犯罪高压态势，起诉85人，同比上升60.4％。防范化解金融风险，起诉集资诈骗、非法吸收公众存款、洗钱等犯罪8人。常态化开展扫黑除恶，批捕涉恶犯罪7人、起诉7人，有力维护了社会的安全稳定。在46项核心检察业务评价指标中，21项排名全省第一；3个案例被最高人民检察院、江西省人民检察院评为典型案件；2个集体和8名干警获全国、省、市、区表彰。

【优化法治营商环境】 围绕服务保障“一号改革工程”，严厉打击破坏市场经济秩序、危害企业生产经营、侵犯企业合法权益等犯罪，批准逮捕8人，提起公诉27人。严格把握法律政策界限，依法审慎办理涉及企业经营人员犯罪案件，依法不起诉2人，最大限度减少司法办案对企业生产经营的影响。深入开展企业合规改革试点，牵头组建区第三方监督评估机制管理委员会，督促涉案企业开展合规整改，促进守法经营。14名检察官挂点联系22家企业，深入企业走访调研36次，联合区工商联等部门举办检企座谈会等活动19次，办理非公企业诉求9件。为非公企业举办法律讲座、开展法律咨询和以案释法教育15次。区检察院办理的某电缆公司生产、销售伪劣产品案入选最高检典型案例。

【助推市域社会治理现代化】 坚持治罪与治理并重，推动落实“少捕慎诉慎押”刑事司法政策和认罪认罚从宽制度，依法不批捕87人，不起诉174人，认罪认罚适用率93.06%，确定刑量刑建议提出率、采纳率均为100%，有力促进社会稳定。坚持源头治理与系统治理并重，针对办案发现的社会治理典型性、普遍性问题，制发社会治理检察建议4份，均获采纳。全面推开检察听证，对64件案件组织听证，通过释法说理，把事说清、把法讲透，推动“案结事了人和”。落实“谁执法谁普法”责任制，突出以案释法，开展法治宣传、咨询44场次，发放宣传资料1000余份。

【强化民生领域司法保障】 严厉打击侵害群众利益犯罪，起诉“盗抢骗”“黄赌毒”等多发性犯罪99人。严惩养老诈骗犯罪行为，办理涉老年人诈骗案件4件6人，涉案金额1.1亿元，追赃挽损235万元。依法起诉侵犯公民个人信息犯罪2人，办理刑事附带民事公益诉讼案件1件。着力维护农民工、残疾人等弱势群体合法权益，办理民事支持起诉案件4件。助力巩固拓展脱贫攻坚成果，办理司法救助案件31件，共34人，发放救助金27.3万元，充分释放法治温度。落实食品药品安全“四个最严”要求，依法打击危害食品安全犯罪8人，办理食品药品领域公益诉讼案件8件，保障人民群众吃得放心、用药安全。

【依法妥善化解社会矛盾】 坚持和发展新时代“枫桥经验”，落实院领导首次信访包案办理、检察长带头接访等工作机制，依法办理群众信访案件20件，院领导包案办理首次信访案件6件，包案率100%，努力让矛盾化解在源头，解决好群众急难愁盼事。做实群众信访“件件有回复”，7日内程序性答复，3个月内办理过程或结果性答复100%。落实“案—访比”质效分析管理制度，减少因办案衍生信访。充分发挥检察机关能动司法的预警和调节作用，促进刑事和解，化解社会矛盾18件。

【呵护未成年人健康成长】 坚持“零容忍”惩治侵害未成年人犯罪行为，全年起诉7人，全部从严提出量刑建议。针对住宿、娱乐场所违规接待未成年人等问题，督促市场监管、公安等部门开展专项治理。坚持“教育为主、惩罚为辅”的原则，对涉罪未成年人不起诉5人，附条件不起诉4人。依法落实特别保护制度，开展社会调查66次，通知提供法律援助9人，组织专业社工全程跟踪持续帮教涉罪未成年人9人，开展未成年被害人心理疏导治疗2次。成立家庭教育指导工作站，开展家庭教育指导15次。针对监护侵害、监护失职等问题，制发督促监护令14份。深化“法治进校园”工作，检察官担任辖区中小学校法治副校长全覆盖，向2600余名学生开展法治宣讲活动46场次，发放宣传册665本。

【深化刑事检察监督】 设立侦查监督与协作配合办公室，提前介入重大疑难复杂案件20件次，纠正不规范侦查行为16件，监督立案2人，撤案1人，追捕、追诉漏犯、漏罪16人。依法对决定不起诉的109名犯罪嫌疑人移送有关主管机关，督促行政执法机关移送涉嫌犯罪案件6件，公安机关立案6件。加强刑事审判监督，提出刑事抗诉1件，并获得支持。加强刑事执行监督，纠正监外执行罪犯脱管漏管17人。加强与监察机关协作配合，依法办理职务犯罪案件3件4人，切实推动反腐败斗争深入开展。落实好检察长列席法院审判委员会制度，检察长列席区法院审判委员会 4 次。切实开展羁押必要性审查，依法对 5 人变更适用非羁押强制措施。提升办案质效“求极致”，“案—件比”优化至 1 ∶ 1.03（1 ∶ 1 为最优），努力让群众少一些奔波、焦虑和等待。

【加强民事行政诉讼监督】 全年受理各类民事行政监督案件 21 件。对民事审判程序和执行活动违法情形提出检察建议 8 件。依法对确有错误的民事生效裁判提请市院抗诉 1 件，向区法院提出再审检察建议 3 件。开展民间借贷领域虚假诉讼专项监督，办理虚假诉讼案件 4 件。运用民事诉讼监督案件矛盾化解工作机制，促进和解 1 件。深化“行政检察护航民生民利”等专项监督活动，办理行政检察案件 3 件，向行政机关制发检察建议 3 件，采纳率 100%。对行政审判程序和执行活动违法情形提出检察建议 2 件，全部被采纳。开展行政争议实质性化解工作，成功化解行政争议 2 件。区检察院办理的“潘某某与吴某合同纠纷和解案”入选第二季“新时代检察故事汇——检察官讲述办案故事”活动办案故事典型案例。

【深入开展检察公益诉讼】 树牢公益守护人理念，深化落实省人大常委会《关于加强检察公益诉讼工作的决定》，配合开展“公益诉讼江西行”活动，立案公益诉讼案件 44 件，制发检察建议 42 件，回复整改 40 件，实现四大法定领域和重点领域办案全覆盖。充分运用“检察长 + 河湖长”“检察长 + 林长”等工作机制，加强与区农业农村水利局、区林业局等部门在执法办案信息共享、案件线索移送、案件调查取证等方面协作，办理相关案件 8 件。结合办案督促修复受损生态，在行政执法部门支持配合下，督促修复水污染面积 3 亩、清理处置固体废弃物 200 余吨，用法治力量守护绿水青山。

【市关工委到区检察院调研法治教育】 4 月 19 日，市关工委主任周华保一行到区检察院调研未成年人法治教育工作。周华保对区检察院的未成年人检察工作予以肯定，要求强化法治宣传教育，充分认识未成年人普法工作的重大意义，帮助未成年人树立正确的人生观、价值观和世界观；强化法治副校长业务作用，各个部门相互配合，强化对未成年人的重视，积极宣传模范典型，用好身边榜样的力量，弘扬社会正气，激励引导未成年人奋发向上、健康成长。区委书记倪卫春陪同调研。

【省检察长到区检察院指导】 10 月 11 日，省人民检察院党组书记、检察长田云鹏到区检察院指导工作。田云鹏对区检察院工作给予肯定，要求昌江区检察院全体检察人员要始终保持昂扬向上的姿态，主动克服人少事多的困难，聚焦“做示范、勇争先”目标要求，抓重点、补短板，努力在全省检察系统中走在前列。市委常委、市委政法委书记胡春平，区委书记倪卫春陪同。

（胡 筠）

主要负责人名录

党组书记、检察长：

程家敏（2016.8 任）

党组成员、副检察长：

俞 强（2016.12 任）

叶 斌（2016.12 任）

党组成员、政治部主任：

高 扬（女，2016.12 任）

党组成员、驻院纪检组组长：

韩先鹏（2018.8 任）

党组成员、第三检察部主任：

潘 奕（2022.6 任）

法 院

【概况】 区人民法院成立于 1973 年 4 月，原名景南区人民法院。2022 年，全院有中央政法专项行政编制 55 个，实有中央政法专项编制干警 49 人、事业编干警 6 人。内设机构有立案庭（诉讼服务中心）、刑事审判庭、民事审判庭、行政审判庭（综合审判庭）、执行局、审判管理办公室、政治部、综合办公室 8 个部门和法警大队 1 个审判辅助部门。下辖 1 个鲇鱼山法庭。

2022 年，全院共有 3 名干警分别获得“全省优秀法官”“江西省实施妇女儿童发展纲要先进个人”“全省法院综合调研骨干”称号，1 名干警被市委、市政府授予“嘉奖人员”称号、1 名干警被评为区劳动模范和先进工作者、2 名干警记个人三等功。

【市金融法庭在区人民法院挂牌成立】 1 月 7 日，景德镇市金融法庭在区人民法院挂牌成立，集中管辖全市涉金融一审民商案件。2022 年，金融法庭共受理涉金融一审民商案件 7734 件，结案 7718 件，结案率 99.79%，平均用时 14.83 天，涉案标的额 45.58 亿元，相关工作经验在江西法院信息简报和“学习强国”

1 月 7 日，景德镇市金融法庭在区人民法院揭牌

学习平台上推广，省高院组织开展的“媒体记者看法院”采访活动对此进行专题调研。

【推动落实“1+4”营商环境制度体系】 2022 年，全力贯彻落实优化营商环境机制建设，成立服务保障双“一号工程”领导小组，并下设“办理破产”“执行合同”“保护中小投资者”及“知识产权创造、保护和运用”四个工作专班；出台《深入推进营商环境优化升级“一号改革工程”“1+4”实施方案》制度规范，实行“一位分管领导、一个工作专班、一本工作台账”的工作机制，准确把握营商环境评价体系内容，紧抓对应司法指标不放松，提升服务效能，助力优化营商环境。在全省优化营商环境 9 项主要检测指标中，昌江区人民法院首次执行案件结案平均用时 33.69 天，在全省居第 17 位；一审民商事案件简易程序适用占比 96.67%，在全省居第 5 位；速裁快审平均审限 1.41 天，在全省居第 1 位；积案清理完成率 100%，在全省居第 1 位；“执转破”案件受理完成率 200%，在全省居第 1 位；破产案件平均办理周期 71.44 天，在全省居第 17 位。

【持续建设智慧法院】 以构建“互联网 + 司法”为着眼点，通过全面推行“信息一体化”建设，激发“智慧活力”，为群众提供暖心、便捷的服务。通过融合在线诉讼、庭审直播等网络化手段，推广使用网上立案和快办系统，为当事人提供智能化服务；推动无纸化办公，引导当事人在立案的同时同步提交电子证据，实现案件全流程在线办理；借助信息化建设平台，实现文书生成、开庭审理、电子送达批量化，极大地提高了法官审判工作效率。全年文书档案扫描 3.5 万件，音像档案扫描 1900 件，数字化完成率 100%；无纸化覆盖率 89.12%，无纸化阅卷率 80.30%，结案归档率 98.40%。

【健全企业破产府院联动机制】 抓住处置“僵尸企业”牛鼻子，建立健全“执转破”工作“府院联动”机制，通过党委牵头、银企互动，金融工具、资产通道、行政手段多管齐下，将案件审理与破产企业的职工安置等工作一并进行，有序推动破产工作开展，推动昌江区供给侧结构性改革深入开展，为促进“两区融合”提供更加有力的司法保障。全年共受理 14 件破产案件，审结 10 件（含旧存 2 件）；在某酒店用品公司破产清算一案方案中，该院主动及时向区委区政府请示，在府院联动机制的推动下，本案实现法律效果、经济效果和社会效果的有机统一。

（王利平）

主要负责人名录

党组书记、院长：

周　理（2021.9 任）

党组成员、副院长：

谢爱武（2022.8 任）

党组成员、副院长：

杨　杰（2022.8 任）

党组成员、政治部主任：

王璋玲（女，2022.6 任）

党组成员：

占忠泽（2016.12 任）

党组成员、审委会专职委员：

刘　欣（2015.1 任）

刘　斌（2017.1 任）

司法行政

【概况】 区司法局成立于 1986 年。2019 年机构改革后，内设 3 个股室（办公室、社区矫正管理股、行政法治综合股），下辖 6 个乡镇司法所、1 个公共法律服务中心。全局现有 23 个编制，实有干部职工 20 人。办公地点由原吕蒙街道古城村委会迁至新枫路支路区计生服务中心。

2022 年，聚焦聚力智慧社矫，打造昌江区智慧社区矫正中心。聚焦聚力营商环境，持续深化“放管服”改革，全面部署“一窗平台”依申请政务服务事项上线工作，每月平均办结率达 99% 以上；打响“畅快办”营商品牌，全年累计受理 2591 件，工单及时受理率 100%，办结率 100%。鲇鱼山镇良港村获评第七批“江西省民主法治示范村（社区）”。全区共创建全国“民主法治示范村（社区）”2 个、省级“民主法治示范村（社区）”8 个。

【行政执法监督新突破】 全年，“双随机”监管类型数在检查实施清单总数中占比为 100%，在“双随机”监管类型数中占比 29.17%，居全市第一。共办理更换执法证 292 人次，并实行网上公开和信息化管理，做到行政执法人员持证上岗、亮证执法、文明执法。年中，举办全区规范性文件制定和备案审查工作培训班。

【行政争议化解实效】 建立健全行政复议工作制度，创新工作方式，探索“快立、细审、慎决”的新型工作模式，保证行政复议的质量和水平。全年区政府行政复议中心共收到行政复议申请 13 件，立案受理的案件 13 件，审结 13 件，经审理维持 11 件，占 84.6%；终止 2 件，占 15.4%，主要涉及市场监管、人力资源案件。行政机关作为被告的行政诉讼案件共计 7 件，其中撤诉 3 件、裁定驳回 2 件、判决 2 件。

【加大“八五”普法宣传力度】 全区司法系统全年共举办 96 场普法宣传活动，惠及群众 24500 余人。开通“昌江司法行政”官方微信公众平台，共发布稿件 109 篇。在各乡镇（街道）设立“八五”普法宣传广告牌 16 块，总面积 1000 余平方米，印发“八五”普法宣传读本 20000 余本、法治文化长廊 8 处、宣传袋 3950 只。邀请市委党校教授和律师事务所专职律师，举办两期“法律明白人”骨干培训班，参训人数 180 余人次。

【开展青少年普法教育】 强化校园普法主阵地建设，开展青少年普法教育，全面提升青少年法治素养，深化预防青少年犯罪及青少年权益维护，组织 32 名青年法官、检察官、警察、律师深入校园开课 76 场次，活动覆盖人数达 2 万余人。聘请 1 名国家级心理咨询师，倾听受助学生心声，打通青少年心理堵点。

【推行温情刑罚执行】 全年共安置帮教 115 人，帮助解决协调就业 3 人。区司法局开展对辖区内生活困难的社区矫正对象和安置帮教对象走访慰问，了解他们的思想动态、生活来源和存在的困难，鼓励他们以积极的心态通过自己的努力，早日融入社会。局社区矫正中心与区妇联合作，开展“微光助行”关爱活动 4 次，关心感化女性社矫人员。6 月，联合区妇联对 2 名有困难的社区矫正对象子女进行关爱走访，详细了解他们的思想动态、生活需要、子女学习情况。

【用好远程会见视频系统】 全区在册社区矫正对象 102 人，新入 73 人，解矫 64 人，警告 3 人次，训诫 5 人次，执行地变更 4 人次，受理审前调查案件 70 件。全区 6 套远程视频会见系统运行良好，为省内外法院提审提供有力保障。全年服刑人员家属申请预约会见次数 100 多次，会见人数 400 余人，省内外法院提审 16 次。

【加强公共法律服务建设】 全面推进法律援助工作站规范化达标建设，扎实推进公共法律服务体系建设。根据《关于开展“法援惠民生”系列品牌活动的实施方案》的文件要求，联合各相关部门，邀请专业律师入企业、入社区、入村户，推动法律服务资源向基层下沉，满足困难群众个性化多样化法律服务需求。全年区法律援助机构共办理诉讼案件 39 件，各类案件 405 件，其中，刑事案件 20 件，民事案件 19 件，非诉案件 170 件，刑事认罪认罚案件 196 件，总受援人数 600 多人。全区共解答法律咨询 4000 余人次，其中来电 600 余人次、来访 3700 余人次，群众咨询反映的问题主要涉及工伤事故赔偿、债务纠纷、医疗纠纷、合同纠纷、交通事故赔偿纠纷、婚姻家庭纠纷等方面。

【聚焦案件调解解民忧】 全年共受理人民调解案件 346 件，调解成功 332 件，调解成功率 95.9%。推行网格化管理，以村居、社区为基本网格单元，对全区网格责任单元进行细划，建立全覆盖的网格化管理责任区域。每个网格设立 1~3 名调解员，负责本区域内的矛盾纠纷信息收集、排查调处工作，遇到处理不了的重点信息或疑难情况，及时上报乡镇、街道司法所协调解决。深化“三调联动”工作。建立区司法局与区人民法院协作机制，规范诉前引导人民调解、诉中委托人民调解、诉后执行和解的人民调解程序。完善“诉调对接”，采取诉前调解、庭内调解、庭外和解等手段，引导当事人更多地通过调解方式解决矛盾纠纷。

【区智慧社区矫正中心挂牌】 8 月 31 日，昌江区智慧社区矫正

8月31日，区智慧社区矫正中心揭牌投入使用

中心揭牌并投入使用，并建立“智慧矫正”中心数据库，推动自助矫正信息化的标准化建设，不断提升社区矫正治理能力和效率。得到司法部督察组、省司法厅、市司法局领导的一致好评。

【推广“企业安静期”管理制度】6月，为营造良好的法治营商环境，区司法局开展推广“企业安静期”管理制度。共计收到并公示执法检查台账318件，联合检查38件。同时印发《致全区企业家的一封信》24000份。10月11日，组织召开全区全力落实“企业安静期”制度工作推进会；10月28日，开展落实“企业安静期”制度专项督查。全区18002家活跃市场主体已全部入驻“掌上执法监督”小程序，23家行政执法单位、335名执法人员完成注册，注册率100%。

【司法部督察组到区督察调研】9月6日，司法部社区矫正管理局教育矫正处处长肖运出率队到区督察调研社区矫正隐患排查整治专项行动开展情况。督察组参观了区社区矫正中心，详细查阅社区矫正对象重点人员台账、社区矫正风险隐患排查和问题整改工作台账等工作资料，现场对社区矫正工作机制建设、日常核查监管、风险隐患排查等做法予以肯定。

（向梓莹）

主要负责人名录

党组书记、局长：

周晓华（2019.2任）

党组成员、副局长：

于丽娟（女，2015.6任）

祝荣贵（2019.6任）

军 事

人民武装

【概况】2022年，区人武部铆住主责主业，守正创新、踔厉奋发，区人民武装工作呈现向上向好的发展态势。全年在中央电视台13套频道、中央军视网、中国民兵等媒体发表各类新闻消息60余篇，并被评为“全省征兵工作先进单位”。

【抓好军民共建】投入近4万元用于区拥军支前队伍器材室建设。通过区乡村振兴局专项渠道，投入10万元助力区乡村振兴建设，其分红收益用于定向助校助学助户。

【区委常委议军会召开】1月21日，区委常委议军会召开。会议学习习近平强军思想，出台民兵参建指导性文件，研究解决基层武装工作经费、民兵连建设经费、提高专武干部岗位津贴等问题。

【省军区首长到区指导役前训练】3月15日，江西省军区副司令员吴学军到昌江区检查指导役前训练，景德镇军分区政委卓健、区人武部部长李龙江和政委汤海兵陪同。吴学军观看预定新兵训练，详细了解预定新兵役前训练情况，并到训练场看望参训人员。此次役前训练为期7天，按照“模拟化组织、正规化训练、封闭式管理、全程式淘汰”原则，切实让准新兵们磨炼意志，端正入伍动机，提升初入军营适应能力。

【职工勇救洪水围困群众】6月19日，区人武部政治工作科职工徐晖在危难关头勇救5名被洪水围困的群众，其事迹在《人民日报》、新华网等多家媒体宣传报道，受到广大人民群众和新闻媒体的关注与好评。

【民兵火速支援乐平抗洪抢险】6月20日，快速组建一支由100名民兵组成的区民兵应急连，连夜奔赴乐平市乐港镇乐安河乐北堤，与现场的火箭军部队、消防救援人员、当地干群一起抢修河堤坝和加固圩堤。经过8个多小时的紧急抢险，共装沙600余袋，加固堤坝40余米、泡泉3个。直至22日凌晨返回，圆满完成支援抢险任务。

【开展军事日活动】7月28日，组织开展“军事日”活动，区委书记、区人武部党委第一书记倪卫春率区四套领导班子成员和区直属机关单位主要领导参加，零距离体验部队军营生活，接受国防教育，强化国防观念，提高军事素质。

【组织秋季征兵体检】8月2日，昌江区2022年度秋季征兵体检工作在景德镇市第二人民医院有序进行。此次体检工作严格按照新冠疫情防控常态化要求进行，对应征人员进行血常规、心电图、内科、外科、五官科等常规科目检查，确保把合格的兵员输送到部队。

（王青华）

人民防空

【概况】2022年，区人防办以“3·1”国际民防日、“5·12”防灾减灾日、“9·18”国防教育日等重要时间节点为工作主线，较好地完成全区人防工程管理、人防宣传教育、人防指挥通信用车前期准备相关工作。

【全面开展人防工程普查】对散布在全区范围内的早期人防工程进行拉网式巡查、安全隐患排查和登记造册。对多次无法寻找和因城市开发建设填埋的早期人防工程向市人防办报备。同时，及时清除安全隐患，做好相关人防洞口管理用房墙体渗水修缮工作。抓好人防队伍调查，配合区人武部做好国防潜力调查。

【开展防灾防空应急疏散演练】3月1日“国际民防日”当天，区人防办联合市人防办、区红十字会在昌江一中开展防空防灾应急疏散演练，向学生讲解人民防空知识、应急知识和应急疏散有关知识，并发放人防宣传册和宣传品300份，以培养学生树立国防意识和处置突发情况、保护自我的意识。

【开展人防知识宣传教育】9月14日，区人防办与市人防办携手在昌江区西郊街道汪王庙社区梅苑小区开展人防宣传进社区活动。围绕“铭记使命，牢记使命”的宣传主题，结合“9·18”国防教育日，向社区群众普及人防知识与技能，提高他们的防灾减灾意识，使他们的国防观念和人防意识入心入脑。

【开展机关干部人防知识培训】11月10日，区人防办与区委党校联合举办2022年“人防知识培训班”，对来自区直机关、重点乡镇的机关干部进行人防知识集中培训，切实增强机关干部的人防意识和国防意识。

（邵任彪）

农业农村 · 水利 · 林业

农业农村水利建设

【概况】 区农业农村水利局（简称“区农水局”）成立于2019年2月，为区政府正科级工作部门。整合原区委农村工作部、区农业局、区水务局，以及区发展和改革委员会的农业投资项目、区财政局的农业综合开发项目、国土资源部门的农田整治项目管理职责。2022年，承接市粮食局昌江分局粮食行政管理职能，增挂昌江区粮食局牌子。

区农业农村水利局现有在职干部职工47人，根据全区事业单位改革方案，局属副科级事业单位3个，分别为区农业农村产业发展服务中心、区水资源保护中心（区山田水库管理中心）、区农业技术推广中心；股级事业单位2个，分别为区水政监察大队、区动物疫病预防控制中心。

2022年，农业招商引资项目1个，实际进资3.73亿元。5名学员成功报名2022年度“一村一名大学生工程”高等学历继续教育，推荐选拔8人分别在浙江大学、华中农业大学、江西农业大学，开展政治理论和专业技能培训。

农业农村

【农业农村体制改革】 推进农业水价综合改革。编制完成县级农业供用水计量体系规划方案。全年建立农业科技示范基地1个，培育科技示范户100户，组织农技指导员和科技示范户培训3期，参与200人次，发放示范基地和示范户物化补化肥250包。加快推进农垦改革工作。完成2020年47户农垦危改造验收工作，推进2021年60户农垦危改造，督促农垦农业生产计划任务的落实、检查，争取欠发达农垦企业产业振兴项目，项目资金217万元。

【农村人居环境整治】 2022年，昌江区成功入选美丽宜居先行县。乡村治理工作被认定为全省19个乡村治理体系建设试点单位之一，2022年顺利通过省、市评估。积极开展新农村建设工作。完成新农村建设点26个。稳步推动农村户厕摸排整改。组织全区各乡镇、村开展户厕信息实地采集，并联合乡村振兴部门将全区户厕信息全部录入省级平台。

【改善农业生态环境】 围绕化肥减量行动，开展测土配方施肥技术推广，完成取土化验93个，测土配方施肥面积覆盖率达90%。组织开展统防统治，防治面积约4万亩，建立水稻、蔬菜、玉米绿色防控示范点3个，示范面积2000亩。建立水稻病虫害监测点1个，面积约1000亩，草地贪夜蛾监测点30个。

【农业科技推广服务】 制定《昌江区2022年农业主推技术推广实施方案》，主推稻油轮作高效栽培技术16项，围绕主推技术开展技术宣传、培训、指导，围绕主推技术进行技术分析总结，开展设施蔬菜提升行动。结合“全面学习贯彻中共二十大精神”宣传活动，开展农业技术、政策、服务下乡活动，发放宣传资料2000余份，接受咨询（含电话咨询）300余人次。

【积极落实农机补贴政策】 全年共计录入补贴资金142万元，其中中央农机购置补贴分配资金共计135万元。共补贴机具116台，受益农户56户。

【畜牧生产和动物疫病防控】 调整产业结构，提高畜牧业综合生产能力，2022年新建2个年出栏万头生猪标准化猪场。积极开展发展提升年活动，利用结对帮扶等形式，结合春秋两防分片对全区34名防疫员和100多名养殖大户进行动物防疫及畜牧生产技术培训，开展畜禽养殖场登记

6月，区农技人员指导肉牛养殖

备案工作。全年共出动监管人员470人次，开展饲料、兽药市场执法检查活动10次，检查兽药经营门市60个（次）。

【开展“农业大讲堂”活动】 8月3日，江西农业大讲堂——昌江区宣讲团成员，深入鲇鱼山镇礼城村开展“做示范、勇争先、保供给、树样板”宣传活动，向严家村食用菌种植大户讲解强农惠农政策、食用菌种植技术，耐心解答种植大户遇到的技术难题。在丽阳镇枫林村金花葵生产基地，宣讲团成员为休闲农业问诊把脉，出谋划策。8月4日，宣讲团成员到鲇鱼山镇、丽阳镇与种粮大户零距离接触，详细了解“双抢”、抗旱保苗情况，实地指导水稻的田间管理技术。

水利建设与管理

【加强水旱灾害防御】 修订完善33座水库度汛方案、应急抢险预案以及低洼地带疏散转移、乡镇、村山洪灾害防御预案。结合水利安全生产工作，对各乡镇（街道）水库（山塘）、山洪灾害点逐座逐点开展实地督查，对发现问题限期整改到位，全面落实水库管理责任，强化各项防御措施，确保水利工程安全度汛。下半年，面对持续旱情，及时启动应急响应，派出工作组赴一线指导抗旱工作，立足抗大旱、抗久旱，完成保供水、保灌溉任务。

【加强水利建设管理】 全面完成丽阳镇枫林小流域水土流失综合治理项目建设任务。扎实推进河长制，开展昌江区鄱阳湖

2022年5月，枫林小流域水土流失综合治理项目基本建成

生态环境专项整治工作，加强生态鄱阳湖流域建设，自查并完成20项清河行动问题整改。开展水库移民工作，2022年度省级共下达419万元移民资金，所有项目全部完工验收。深入推进城乡供水一体化。与市自来水公司签订城乡供水一体化协议，通过城市自来水管网延伸，保障农村饮水安全。

【开展世界水日和中国水周宣传活动】 3月22日，区农水局联合市水利局、浮梁县水利局、乐平市水利局、珠山区农水局在人民广场举办大型宣传活动，宣传《中华人民共和国长江保护法》《江西省农村供水条例》等法律法规，宣传加强河道采砂管理和打击非法采运砂行为。通过宣传活动，增强广大居民群众的节水意识和水资源保护意识。

粮食安全

【抓好粮食生产】 全年早稻种植面积0.6万亩，中稻种植面积4.8万亩，全年粮食作物种植面积达到7.64万亩，粮食总产量达到2807公斤。推进高标准农田建设。完成2022年高标准农田建设项目建设面积2万亩，其中节水灌溉面积2654亩，投入资金6000万元。加强农产品质量监管。检查粮食生产经营企业180余家，出动人员160余人次，对生产主体50余家共开具承诺达标合格证180余张。

【完善粮食应急保障体系】 12月，制定印发本级粮食应急预案，与7家粮食应急保障网点和3家粮食应急保障企业签订协议，建立健全粮食应急预案体系和应急

2022年3月，完成高标准农田建设的基本农田

保障体系。组织开展区级培训和粮食应急演练，并印发《关于进一步加强粮食流通工作的若干措施》，明确粮食应急保障体系建设政策和资金支持。

【开展粮食日宣传活动】 在世界粮食日和全国粮食安全宣传周活动期间，全区各乡镇（街道）共发放节粮减损宣传册等宣传资料2000余份；联合区机关事务管理中心、区市场监督管理局在昌江区实验学校发放、张贴合理膳食、健康消费、光盘行动等宣传材料500余份，推动全社会开展反食品浪费行动。

（胡小梁）

主要负责人名录

党组书记、局长：

赵先伟（2022.8免）

徐海美（2022.8任）

党组成员、副局长：

余德旺（2020.6任）

副局长：郑有明（2019.2任）

乡村振兴

【概况】 区乡村振兴局负责督导推进巩固拓展脱贫攻坚成果同乡村振兴有效衔接工作，协调、指导、推进行业部门乡村振兴工作及全区各乡镇（街道）脱贫攻坚后续帮扶及巩固提升工作。核定领导职数为正科级1名、副科级2名。现有干部11人，其中局长1人、副局长1人、事业编制干部1人（借用）、聘用人员8人。办公地点由原紫晶南路迁至现南湖新村。

2022年，区乡村振兴局紧紧围绕乡村振兴工作任务，狠抓各项工作落实。截至年底，全区脱贫户及监测对象共有712户1894人。其中,脱贫户681户1820人、监测对象48户116人；脱贫人口人均年纯收入21692元。

【完成全面排查问题整改】 制订《昌江区2021年度巩固拓展脱贫攻坚成果同乡村振兴有效衔接国家考核评估反馈问题和省考核发现问题整改工作方案》，2021年国家考核评估、省级考核反馈及举一反三自查发现的17个方面27个问题均整改完成。出台《昌江区关于开展巩固脱贫攻坚成果督导工作方案》，对各乡镇（街道）工作情况进行督导3次，接受市级暗访督导3次，已全部整改清零。

【巩固三保障工作成果】 做好稳定脱贫人口参保动员、监测对象参保资助、低收入人口因病预警监测工作。2022年，全区脱贫户人口签约服务率98%、履约率100%。全年共改造农村危房20户，完成全年计划任务。全区共有29家公有产权村卫生室，均已至少配有1名乡村医生在岗执业，方便村民就近就诊。落实控辍保学联控联保机制，全年共资助应助学生6434人次，发放各类教育资助金355.14万元；共补助脱贫家庭子女“雨露计划”150人次，发放补助资金22.35万元。

【抓好防返贫动态监测与帮扶工作】 采取农户自主申报、基层干部排查、部门筛查预警三种方式，做好防返贫动态监测与帮扶工作。2022年，新增纳入监测户4户13人（突发严重困难户2户6人、边缘易致贫户2户7人），理赔43户（金额56.82万元）。

【抓好脱贫劳动力就业创业工作】 2022年，全区公益性岗位累计吸纳脱贫劳动力就业216人次，扶贫专岗累计吸纳脱贫劳动力73人次；累计发放扶贫小额贷款233笔820.93万元，新增小额贷款87户424万元。

【加强资金资产管理】 2022年，全区共投入各级资金2639.725万元，批复项目衔接资金2639.725万元，涉及项目33个，开工率100%，年底全部竣工。其中，产业项目16个，衔接资金2147万元，产业占比81.33%。

【落实结对帮扶工作机制】 按照党中央“四不摘”工作要求，继续实行区县级领导包村、单位（部门）驻村、副科级以上干部包户、企业帮村联户的帮扶工作机制。2022年，全区共结对帮扶单位61个，共有700余名各级干部结成帮扶对子，并向“十四五”时期省、市、区三级重点帮扶村及其他性质的村选派驻村“第一书记”21人，驻村工作队员18人。“十四五”时期，昌江区共有省定重点帮扶村2个（鲇鱼山镇关山村、丽阳镇山田村）、市定重点帮扶村5个（鲇鱼山镇徐湾村、新桥村，丽阳镇丰田村、洪家村，荷塘乡童坊村）、区定重点帮扶村2个（鲇鱼山镇留阳村、丽阳镇江联村）。

【区委领导调研乡村振兴项目建设】 5月18日，区委书记倪卫春到荷塘乡调研全域旅游和乡村振兴项目建设。他强调，荷塘乡红色文化旅游项目打造要突出荷塘农垦精神，打造独具特色的旅游项目，要以旅游带动产业发展，带动农民增收致富，努力在全域旅游和乡村振兴工作中创特色、争一流，将荷塘乡打造成景德镇市的乡村振兴示范点。

【区委领导调研乡村振兴项目进展情况】 9月18日，区委书记倪卫春到丽阳镇实地调研乡村振兴项目发展情况。他指出，乡村振兴项目建设要根据当地自然禀赋，围绕优势特色产业，做好创新规划及布局，加快农产品、文化、生态的有机融合，将基础产业有效盘活转化为乡村致富、兴业、宜居、宜业、宜游的途径和创新模式，切实帮助群众增收致富，实现乡村振兴发展，努力打造出高标准、可复制、可推广的乡村振兴示范典型。

【全区巩固拓展脱贫攻坚成果专项小组会召开】 10月20日，全区巩固拓展脱贫攻坚成果专项小组会召开，研究部署当前重点任务和下步具体工作。会议强调，全区各级各部门要切实提高站位，把思想和行动统一到中央决策部署上来，高质量完成年度巩固拓展脱贫攻坚成果各项工作。区领导伊文斌、江智峰、刘方孟出席会议。

（甄林浩）

主要负责人名录

党组书记、局长：

吴　伟（2021.10任）

党组成员、副局长：

周景梅（女，2019.5任）

林　业

【概况】 1979年1月8日，区农林水局成立。1983年改名为农水局。1984年，农水局改为农业局，专门成立林业局。1989年3月9日，成立昌江区森林公安派出所，隶属区林业局、市森林公安局双重领导，同年4月25日，建立各乡（镇）林业工作站，隶属乡（镇）、区林业局双重领导。1990年11月，成立国营昌江区林场，下辖鱼山、丽阳2个林业分场，总经营面积3.2万亩。2001年，成立郭璞峰省级森林公园，面积733公顷，与林场两块牌子一套人马。2004年12月28日，成立林业综合行政执法大队与新桥木材检查站，两块牌子一套人马，隶属区林业局。

2022年，区林业局以全面推行林长制为契机，全局干部职工团结一心，较好地完成各项工作任务，为建设现代化魅力新昌江贡献林业力量。全年完成人工造林230亩，占任务数115%，其中营造珍贵树种培育113亩；完成退化林修复682亩，封山育林1184亩。保障粮油生产，大力发展高质量油茶，实施1700亩油茶种植和改造任务，其中新造1200亩，改造提升500亩，切实保障全区粮油安全。

【森林防火取得佳绩】 2022年，昌江区被评为全省森林防火平安县，连续12年获得此项荣誉。全年，向中小学生发放森林防火公开信200余份，森林防火笔记本1000余份，努力形成教育一个孩子、带动一个家庭的良好局面。深入农户发放《森林防火告知书》《禁火令》和森林防火宣传册3000余份，更新“防火码”卡扣20处，积极引导群众入山扫码。狠抓火源管理、巡查，特别是节假日、中共二十大等重点防火时段，各乡镇、村党员干部、林区15名专职护林员加强巡山、巡查，做到山上有人堵、山下有人查、路上有人巡，确保全区森林防火安全。

【加强林地管理】 积极服务于全市、全区工程项目建设，帮助市、区重点项目审核转报林地5块，其中永久使用林地54.2公顷、临时使用林地2.58公顷，征收植被恢复费1076.7万元。严厉打击破坏森林资源违法行为，全年共查处林业行政案件19起，其中10起为擅自改变林地用途案件、7起为毁坏林木案件、2起为乱捕乱猎野生动物案件。

【野生动物监测保护】 救助领角鸮、猴面鹰、刺猬、小白鹭等野

3月12日，全区开展集中义务植树活动

生动物10余次。加强日常监测，建立2个疫源疫病监测点，严格按照“勤监测、早发现、严控制”要求，进行疫源疫病监测、防控工作，准确掌握区域内候鸟等野生动物种群活动动态，确保野生动物疫情第一时间发现，第一现场处理。加大违法打击力度，联合区林业执法大队对全区城乡集贸市场、餐馆酒店进行不定期检查，出动人员20余人次。

【加强湿地保护管理】 全区湿地面积为1777.47公顷，湿地保护率由原来的13.31%提高到57%。全面加强辖区内湿地资源管理工作，加强昌江河、月亮湖等各类中、小水库的监管力度，积极开展湿地周边污染源重点整治工作，促使湿地保护事业健康有序发展。

【强化林业有害生物防治】 做好外来入侵物种普查和松材线虫病秋季监测普查等工作。在枯死木除治工作中，严格按照松材线虫病防治技术方案，对枯死木进行除治。全区除治松枯死木7900余株，对需要保护的松树进行打孔注药，共计1.07万余株，按照技术要求对疫木清理下山或焚烧，枝丫清理干净，伐蔸剥皮处理，保证除治质量。在检疫执法工作中，不定期对涉木单位进行执法和宣传，出动执法检查60余人次，发放防控宣传材料260余份。被评为2021—2022年度全省松材线虫病防控成效先进区。

【开展集中义务植树活动】 3月12日，是全国第44个植树节。全区副县级以上领导和区委各部门（区直各单位）负责人、各乡镇（街道）党政负责人，一同到丽阳镇丰田村林场参加集中义务植树活动。

【壮大新型林业产业经济】 以低产低效林改造、公益林补偿、林下经济等项目为抓手，在大力扶植原有油茶、果业、毛竹等林业产业基础上，努力培育中草药、木地板成品等新型林业产业，全区林下经济企业（专业合作社）达16家。

【落实林长制】 年初，印发《昌江区2022年林长制工作要点》《昌江区2022年林长制考核办法》，推进2022年林长制工作落实。全年全区变化图斑142个，并完成外业调查验证工作。统筹推进林草生态综合监测评价工作，以国土“三调”数据为统一底版，整合相关监测资源，构建林草生态综合监测评价体系，实现林草生态监测数据统一采集、统一处理、综合评价，形成昌江区统一时点的林草生态综合监测评价成果。

（朱怀德）

主要负责人名录

党组书记、局长：

江燕红（女，2021.10任）

党组成员、副局长：

李华荣（2010.5任）

程爱发（2015.4任）

工业和信息化

综述

【概况】区工业和信息化局（简称“区工信局”）于2019年2月由区工业和信息化委员会更名。2021年3月，下设事业单位区中小企业信用担保中心更名为区中小企业服务中心。

2022年，区工信局坚决贯彻“工业强区”战略，深入实施“工业倍增三年行动计划”。在全省工业高质量发展考核评价中昌江区排名全省第40位，与上年度相比前进16位。全区规模以上工业企业，完成营业收入191.89亿元，同比增长13.22%；完成总产值125.01亿元，同比增长17.83%；完成利润1.03亿元，同比增长139.82%；规模以上工业增加值增速8.2%；工业固定资产投资增速6.1%；实现12家企业小升规，净增规模以上企业11家。

【实施产业链链长制】贯彻落实“2+6+N”产业高质量跨越式发展行动计划，大力发展“3+1+X”主导产业。重点打造以富祥药业为主的医药产业，以江西乐彭电器有限公司、景德镇市宏亿电子科技有限公司为主的电子信息产业等产业集群；引进3个“20”项目（美科光电科技有限公司、景德镇市安正科技有限公司、江西耐安新材料科技有限公司）；大力扶持和引进一批产业关联度高、创新能力强的特色服务业，发展配套上下游企业，推动产业集聚，完善产业链发展。

【做强数字经济】推进数字经济做优做强“一号发展工程”。支持全区中小企业“上云上平台”，推动数字产业化、产业数字化，促进数字经济规模倍增。全年共有上云上平台企业2444家，总数位列全市第一。加大软件产业培育工作，全年昌江区软件营收合计19334万元，总数排名全市第一。

【优化营商环境】开展企业服务日、政银企座谈会等活动，纾解企业难题，全年共开展服务企业政策宣传365次、解读政策155次。持续做好清理拖欠民营、中小企业账款专项工作，共帮助11户民营、中小企业清偿拖欠账款43.56万元，完成率100%。

【开展企业帮扶】帮助景德镇市宏亿电子科技有限公司等13家企业拨付工业发展专项资金共计71万元；奖励发放春节期间不停工不停产重点企业资金92.7万元；奖励发放区“工业十强”和“纳税十强”企业共计150万元；用好“财园信贷通”政策，帮助企业解决“融资难、融资贵”难题，全年为4家企业新增贷款0.16亿元，同时为21家企业续贷0.96亿元，帮助有资金需求且符合条件的企业应贷尽贷。

【开展安全生产工作】强化对企业的日常检查，建立健全隐患排查治理机制，全面提升企业安全生产管理水平。牵头相关执法部门开展安全生产检查共16次，检查企业共42家（次），共发现67个安全隐患，发放安全生产手册421份。

【做好“空中乱象”整治】牵头协调电信、移动、供电等单位前往实地进行“空中乱象”巡查共计40次。协调整改平台督办单95个，区指挥部督办单及村社区反映的“空中乱象”问题168个，供电线路表箱问题66个，水表箱破损问题13个，燃气表箱破损问题5个，已全部进行整改，整改率100%。

【推进国企退休人员社会化管理】积极推进国有企业退休人员社会化管理工作，健全2022年国企人员社会化人员新增明细表，下达两笔补助资金，共计36万元。

【新增规模以上工业企业12家】2022年，全区新增规模以上工业企业12家，分别是：景德镇市横溪水泥构件有限公司、江西富信建材有限公司、江西迪拓新材料有限公司、景德镇市昊达体育用品有限公司、景德镇裕洲环保科技有限公司、景德镇市开门子电瓷电器实业有限公司、景德镇市诚磊水泥制品有限公司、景德镇景航晶鑫铸造有限责任公司、景德镇市米一通陶瓷厂、景德镇锦美活性炭有限公司、景德镇圣陶陶瓷有限公司、江西乐彭电器有限公司。

【全区工业倍增推进会召开】4月9日，全区工业倍增暨招商引资提质提效攻坚推进会召开。会议学习传达市委书记刘锋在全市工业倍增暨招商引资攻坚大会上的讲话精神，表彰先进聚共识，下发2022年度工业倍增及招商引资提质提效目标责任书，全力推动全区招商引资和工业经济发展。区委书记倪卫春就“大抓工业”“大抓招商”做出重要指示，区委副书记、区长伊文斌对如何抓好落实提出要求。

（王　芸）

主要负责人名录

党组书记、局　长：

董国金（2019.2任）

党组成员、副局长：

邹新寿（2019.2 任）

丁　妮（女，2021.10 任）

省“专精特新”企业选介

【江西富祥药业股份有限公司】成立于 2002 年 3 月，原址位于昌江区吕蒙乡景德镇市第一塑料厂内。是一家专业从事化学药物研发、生产、销售和服务的制药企业，设有“省级企业技术中心”，拥有江西祥太生命科学有限公司等 5 家全资子公司和 2 家控股子公司。

2007 年 4 月，公司投资 1.5 亿元在昌江区鱼丽工业平台开工建设现厂区项目，总占地面积约 400 亩，成为昌江区首家开工建设的超亿元民营企业项目；2015 年 12 月，企业在深圳证券交易所创业板成功挂牌上市，成为昌江区首家在 A 股创业板上市的区属企业；2020 年，公司投资 50 亿元在昌江区建设富祥生物医药（二期）项目；2021 年 9 月，公司联合上海凌凯医药科技有限公司在昌江区共同投资 50 亿元建设凌富医药项目。2021 年，公司总产值约 13 亿元，是目前行业内重要的 β – 内酰胺酶抑制剂原料药生产基地，其产品舒巴坦酸获 2022 年“赣出精品”认定。并且，公司已成功切入抗病毒药物领域，成为洛韦类药物中间体全球主要的供应商之一。

公司先后获江西省优秀企业、江西省优秀非公有制企业、江西省创新型试点企业、江西省“专精特新”中小企业和国家高新技术企业称号。

【景德镇市宏亿电子科技有限公司】成立于 2012 年 7 月，位于昌江区鱼丽工业平台，总占地面积 60 亩，年产高密度印制电路板 36 万平方米，是景德镇地区首家及行业内最大的专业从事研发、生产、销售单面印制线路板企业之一。

宏亿电子科技有限公司外景

公司各项主要技术指标均达国际先进技术水平，拥有各项专利 38 项，其中发明专利 2 项。建设有先进的 PCB 生产设备、自动化流水生产线，产品广泛应用于汽车电器、电脑及周边产品、数码 / 数字产品、通信、工业控制、医疗器械、家用电器和航空航天等高科技领域。

公司先后获江西省“专精特新”中小企业、江西省智能制造示范型企业和国家高新技术企业称号。

【景德镇市嘉宝陶瓷有限公司】成立于 2012 年，原址位于景德镇装饰材料厂，后迁入昌江区鱼丽工业平台。

公司生产的高温陶瓷煲，采用澳大利亚进口锂辉石及贵州高岭土为主要原料，结合景德镇精湛的制瓷工艺，经 1300℃高温烧制后在陶瓷煲外底部经 800℃烤制一层导磁金属膜而成。年生产耐高温陶瓷煲系列产品 50 万件。被认定为江西省“专精特新”中小企业。

【景德镇美凯精冲科技有限公司】成立于 2016 年 4 月，位于昌江区鱼丽工业平台，是一家集机械加工、模具、金属零件和塑料制品的制作及销售于一体的企业。

公司拥有三坐标检测仪、3D 扫描仪、探伤机、万能拉力机、硬度机、光谱火花直读等高精度检测设备，具有金相分析、化学成分、拉力分析、总成疲劳分析等完整的检验、试验的能力和手段，主要产品有压缩机壳体、小件、回型管组件等。被认定为江西省“专精特新”中小企业。

（王　芸）

升规入统企业选介

【江西乐彭电器有限公司】成立于 2022 年 3 月，位于昌江区鱼丽工业平台的昌江区电子信息产业园内。

公司投资建设的高效 LED 灯具产业化项目，主要开展 LED 研发与制造，生产 LED 球泡灯、

LED 泛光灯、条灯、T 灯等系列产品；项目引进智能照明、太阳能照明、植物照明以及电子料、结构件等配套制造企业 15 家以上。2022 年 10 月，公司正式投产，成为该产业园首家投产企业。至 12 月底，公司累计完成总产值 6600 万元。

【江西迪拓新材料有限公司】 成立于 2020 年 11 月，位于昌江区鲇鱼山镇，是一家研发、设计、生产、销售 EPP 轻质高端环保成型制品的民营企业。

公司以研究化学原料和生产环保新型材料为主，拥有全自动 EPP 智能成型机等国内先进的生产技术装备的自动化生产线，年产能达 3000 吨，生产产品（EPP）广泛应用于包装、飞机汽车零部件及配件、电子结构件、物流运输、建筑隔热隔音等多行业市场。

（王 芸）

工业平台（园区）建设

【概况】 区重点项目推进中心为原区园区办改革更名成立，区人民政府直属公益一类正科级事业单位。核定全额拨款事业编制 6 名。

2022 年，区重点项目推进中心紧扣全区工业倍增三年行动，突出抓好项目建设、优化营商环境、疫情防控等重点工作。

【理论政策宣讲团走进鱼丽工业平台】 5 月 17 日，区营商环境优化升级"一号改革"工程理论政策宣讲团走进鱼丽工业平台，来自区市场监督管理局、区重点项目推进中心和丽阳镇的工作人员，向与会的 13 家企业代表做相关业务知识宣讲，并了解企业所需。

【园区代表荣获市党务技能大赛一等奖】 8 月 19 日，景德镇市首届党务技能大赛在四个县市区赛区同时开赛。大赛由景德镇市委组织部主办，乐平市委组织部、浮梁县委组织部、昌江区委组织部、珠山区委组织部分别承办，共设置 8 个比赛项目，其中非公有制经济组织和社会组织党建项目、国企党建项目在昌江区开赛。来自区鱼丽工业平台富祥药业股份有限公司的宋艳艳，在非公有制经济组织和社会组织项目领域 12 个参赛项目中获一等奖。

【举办数字经济专题培训】 9 月，召开数字经济专题培训会。园区富祥药业党委、宏亿电子党支部、远航物流党支部等 5 个党组织党员共计 34 人参加此次培训会。市委党校图书网络教育中心主任曹婧以"数字经济，引领经济高质量跨越式发展"为题，为大家讲述数字经济内涵、分析国内外数字经济发展趋势、列举数字经济的场景应用知识。会后，参训人员参观了宁封窑数字经济产业孵化基地，近距离感受体验数字经济融合文旅产业的发展。

【开展安全防范督导检查】 9 月 28 日，联合辖区单位到园区重点企业开展节前安全防范督导检查，全力防范化解国庆期间各类安全风险，坚决遏制各类生产安全事故发生。督导组先后到盛世泥火、宏亿电子、富祥药业，对企业的安全防护设施、消防设施等安全生产工作情况进行细致检查，对发现的问题要求相关部门和责任人进行督促解决，加快整改。

（刘帅雯）

主要负责人名录

党组书记、主任：

乔　智（2021.11 任）

党组成员、副主任：

俞　婷（女，2013.11 任）

王　珍（女，2021.11 任）

工业平台（园区）年度项目建设选介

【昌江区 24 个重点项目集中开工】 6 月 29 日，昌江区重点项目集中开工仪式在鱼丽工业平台昌江区电子信息产业园（二期）举行，用一系列高质量发展成果为党庆生献礼。

此次集中开工的项目总数为 24 个，总投资约 120 亿元，涵盖产业功能配套、治理能力提升、旅游资源开发、教育设施完善等多个领域。项目全面建成后，将实现产值 70 亿元、税收 5.8 亿元，带动就业约 2500 人。

【美科绿色 LED 照明产业园基本建成】 位于鱼丽工业平台，总投资约 2.5 亿元，建筑占地面积 17214 平方米，绿地面积 8591 平方米，总建筑面积 64204 平方米。

项目是昌江区 2021 年引进的亿元项目。由昌江区国有资产经营管理有限公司投资建设，河北建设集团股份有限公司承建，主要建设内容为 LED 产品生产线、产品展示区、产品研发区。2021 年 11 月 7 日开工，2022 年 12 月底完工。建成后，将形成一个 LED 上下游配套企业产业园。

【昌江区电子信息产业园首家企业投产】 12月10日，位于鱼丽工业平台的昌江区电子信息产业园（一期）江西乐彭电器有限公司举行开业庆典。

该企业是电子信息产业园首个投产企业，主要产品为LED研发与制造，LED球泡灯、泛光灯、条灯、T灯等系列产品的生产销售。LED常规球泡灯月出口量1500万只以上，其他各类灯具月出口量120万只以上。

【污水处理厂项目开工建设】 总投资约1.5亿元，主要建设内容为污水处理系统的设计、土建工程、设备购置和安装工程。

项目建成后，每日可处理污水5万吨。其中，一期工程日处理能力为1万立方米，计划于2023年底建成使用；二期工程日处理能力为4万立方米。主要服务范围为约1800亩的鱼丽工业园及周边村镇居民。

【横五路项目开工建设】 鱼丽工业平台横五路原为“断头路”，周边群众和企业员工出行极不方便，昌江区将该项目列为亚鑫科技标准化厂房建设项目的配套项目。由昌江区国有资产经营管理有限公司投资建设，计划2023年建成通车。

项目分两标段进行。一标段为鱼丽工业园原有道路断口处连接至丽新路段道路的新建工程，长度约427米；另一标段为206国道至原有道路断口处混凝土路面改沥青路面提升改造工程，长度约760米。道路横断面为园区原有道路横断面宽度25米设计施工，中间加设绿化隔离带，并于地下敷设空间高度为2.4米、宽为2米的污水管廊。该道路设计等级为城市主干道路，设计时速40千米每小时，建设内容包括道路、交通、给排水、综合管线、照明及绿化等项目。

（施启权）

电　力

【概况】 国网江西省电力有限公司景德镇市昌江区供电分公司（简称“昌江区供电公司”）成立于1998年8月（原昌江农电局），现承担景德镇市昌江区3个街道（新枫街道、西郊街道、吕蒙街道）、2个镇（鲇鱼山镇、丽阳镇）、1个乡（荷塘乡）、2个垦殖场（西郊垦殖场、枫树山林场）、景德镇市高新技术产业开发区及珠山区竟成镇部分区域供电任务，供电面积500平方公里，供电客户12.88万户。公司管控内职工158人，其中全民员工64人、农电工94人（含直签工）。设有6个党支部、4个职能部门，管辖5个基层供电所及1家集体企业。

昌江区供电分公司供电区域内建有220千伏变电站4座、110千伏变电站8座、35千伏变电站1座。有10千伏线路120条，其中公用配电线路72条、专用配电线路48条，线路总长809千米；配电变压器2240台，容量1194兆伏安,其中公变981台，容量394兆伏安；专变1259台，容量800兆伏安。

2022年，全年售电收入7.1亿元，较上年同期增加10528.06万元。完成供电量9.83亿千瓦时，同比增长9.03%；售电量9.69亿千瓦时，同比增长9.37%；综合线损率1.5%，同比下降0.31%。概念收益2.06亿元，概念收益增加值0.13亿元，增长率6.65%，综合排名58名。

公司成立以来，先后获得国家电网公司文明单位、江西省文明单位、江西省电力公司安全生产先进班组、社会管理综合治理工作先进单位、劳动保障诚信AAA级单位等称号；所辖吕枫供电所获评国家电网公司五星供电所称号。

【区供电公司生产综合楼启动仪式举行】 1月11日，区供电公司举行生产综合楼启动仪式暨“转变作风、争先进位”誓师大会。昌江区委常委、常务副区长乐先锋，景德镇市供电公司总经理方小平及公司领导班子成员参加大会，浮梁供电公司、乐平供电公司主要负责人应邀参加仪式，昌江区供电公司部分历任领导及员工代表参加仪式。

【完成南山分场电力设施改造】 2月24日，区供电公司党员服务队到吕蒙乡历尧村枫树山林场南山分场开展自主实施项目施工，共投入资金60多万元，对其用电设施进行全面升级改造。历尧村属老旧小区，人口密度大，用电环境复杂，电力设施改造困难。针对这些问题，公司党员服务队以“为民办实事”为宗旨，为村民安装新表箱、敷设电缆，改善村民生活用电条件。

【帮助企业解决生产用电需求】 3月4日，区供电公司到台达陶瓷原料有限公司了解企业用电需求，帮助该企业解决办电过程中的困难，并对其高压配电间、厂区生产线系列用电设备、照明设备、安全工器具等进行全面体检，做到隐患早发现、故障早消除，促进企业健康发展，全力打造一流电力营商环境。

【做好高考保电护航服务】 6月7日—9日，区供电公司成立高考保电组，蹲守在昌江一中高考考点以及景德镇市第一人民医院分院备用考点，为莘莘学子保电护航。为做好此次高考保电工作，区供电公司共安排两组应急抢险人员和一辆应急电源车进行全程保电，并落实专人对考点配电箱、配电房进行“一对一”蹲守保电，对重要线路进行巡视，直至高考圆满落下帷幕。

【做好安全用电知识宣传】 6月16日，区供电公司组织参加区人民政府在豪德贸易广场、新都民营陶瓷园等地主办的全国第21个“安全生产月”主题宣传咨询日活动。通过发放宣传资料、开展用电咨询等形式，“零距离”向市民介绍安全用电常识、电力设施保护法律法规、电价政策、业扩报装流程等，现场解答市民用电问题咨询，增强市民的护电意识和安全用电意识，共创安全和谐的用电环境。

【电力员工勇救落水儿童】 8月15日，昌江区居民王恒健代表全家到区供电公司，将一面“见义勇为，品德高尚”的锦旗送到公司员工朋宇翔手中，表达对其勇救落水孩子的感激之情。8月11日，昌江区西郊街道昌明社区昌江段一名儿童不慎落水，军人出身的朋宇翔在听见“救命”的呼喊后，不顾个人安危，飞速跳入河中，将小孩救上岸。

【电力服务走进第十六小学】 9月6日，区供电公司党员服务队到景德镇市第十六小学，开展“喜迎党的二十大，电力安全护校园”专项服务活动，对学校教学楼、办公楼及食堂的漏电保护器进行调试测试，帮助学校查找电气设备安装不规范、插座开关接触不良等安全隐患，并进行现场维修和更换，及时消除隐患，保障师生用电安全。

1月11日，昌江区供电公司生产综合楼启动仪式暨“转变作风、争先进位”誓师大会举行

【火速为移动方舱实验室通电】 11月20日，区供电公司接到市新冠肺炎疫情防控指挥部用电申请，在景德镇市体育馆紧急安装的移动方舱实验室急需通电投入使用。接到申请后，公司党委迅速组建党员突击队，各部门快速响应，争分夺秒，为移动方舱通电申请开辟绿色通道。40余名党员突击队队员与方舱建设人员齐头并进，于次日凌晨一点完成通电工作，及时满足核酸检测方舱的用电负荷需求，为全市疫情防控工作提供电力保障。

（顾怡菲）

主要负责人名录

党委书记、副经理：
　　张尚武（2022.3 任）
党委副书记、经理：
　　杨　勇（2020.4 任）
纪委书记、工会主席：
　　袁云峰（2022.7 任）
党委委员、副经理：
　　朱　麟（2022.7 任）
党委委员、总工程师：
　　刘晓文（女，2022.7 任）

商 贸

商　务

【概况】 2010年9月，区商业管理办公室更名为区商务局，全面行使商务职能，与区供销合作社合署办公（实行两块牌子一套人马），全称为“昌江区供销合作社（商务局）”。2015年7月，成立昌江区商务局。2019年区招商局招商引资和招商服务协调职能纳入区商务局。2021年区现代商贸业发展中心（原昌江区市场经营服务中心）纳入区商务局。下属1个事业单位（区现代商贸业发展中心）。

2022年，完成亿元以上项目25个，其中亿元以上工业项目17个，5亿元以上工业项目7个；认定“5020”（亿元）项目4个；引进外资3135万美元，同比增长4.5%，其中全口径2124万美元，现汇1011万美元；外贸出口完成23.67亿元人民币，同比增长21.14%；社会消费品零售总额完成136.8亿元，同比增长4.43%；完成限额以上入库企业31家；获“2022年度全省外贸进出口先进单位”。

【招商推介成果丰硕】 2022年，积极对接粤港澳大湾区和“长三角”“京津冀”“闽三角”等地区，建立与国内500强、行业龙头企业和投资促进机构等联系渠道，用好瓷博会等重大活动契机，做好招商推介，实施专项招商。全年累计签约亿元以上项目28个。

【消费经济再添活力】 2022年，连续开展春节促进商贸旅游消费月、五一端午促进商贸旅游消费季、金秋餐饮旅游消费促进月等多个活动，累计发放消费券300万元，带动各类商贸旅游消费近1500万元，推动经济增长。

【外资外贸稳中有进】 积极组织外贸企业参加RCEP专题培训班、跨境电子商务论坛等各类培训，引导企业准确掌握新规则，帮助企业用足用好政策红利；切实发挥进博会“四大平台”功能，持续放大人文交流平台作用，积极组织黑猫国际商贸、钟家千年、景铖瓷业参加非遗暨老字号产品及技艺展示；组织辖区内进出口企业参加中国国际消费品博览会等各类博览会，促进区内企业与参展商精准对接，推进优质消费品和服务“引进来走出去”。

【综合监管成效初显】 2022年，对商贸领域安全生产重点行业开展安全生产大排查20次；对“九小”场所、大型超市及加油站开展深化消防安全检查专项整治，共检查小商店、小餐饮店360家，大型超市及加油站实现全覆盖；完成全区13家加油站点初审年检工作；审核登记报废机动车255辆。

【全力保供战胜疫情】 11月，全市新冠疫情突发期间，区商务局迅速行动、勇于担当，协调6家保供超市，确保生活必需品供给充足；协调配送车辆的出行需要，发放通行证，确保物资运输畅通；测算全区生活必需品需求量、细化保供套餐、出台生活必需品采购指南，全力完成全区68个村（社区）生活物资保供工作。

（夏　琦）

主要负责人名录

党组书记、局长：

甘云云（2020.2任）

党组成员、副局长：

熊爱华（2013.11任）

刘　瑶（女，2021.10任）

供销合作

【概况】 区供销合作社成立于1991年1月，2006年完成社属企业产权改制。2022年2月，更名为区供销合作社联合社（简称“区供销联社”），现有在岗人员9名（其中，参公编制人员4名、聘用人员5名）。办公地点位于塘坞路。

2022年，区供销联社深入贯彻习近平总书记关于“三农”工作重要论述和对供销合作社工作的重要指示精神，以服务“三农”为宗旨，持续深化供销合作社综合改革，组建理事会和监事会，完善供销社基层组织建设，努力构建现代农村流通服务网络体系，积极开展和推广水稻全程机械化种植等农事服务工作，助力乡村振兴。

【深化供销合作社综合改革】 持续深化供销合作社综合改革，于2022年2月建立供销合作社理事会、监事会和社员代表大会制度，组建区供销合作社联合社，成立理事会和监事会。5月，成立区供销合作联社党组，加强对全区供销合作社的领导和管理。

【基层服务网络建设】 按照供销社推进生产、供销、信用“三位一体”建设要求，以开放办社的形式，积极创办和领办村级综合服务社、村级电商网点、再生资源回收点、农资经营点等。与荷塘乡童坊村合作，以“党支部+合作社+农户”模式开展消费合作社建设试点工作，逐步完善供销基层服务网络体系。

【做好春耕农资保供】 积极指导和协调农资经营企业开展农资商品的采购、调运和储备，保障全区春耕备耕对农资商品的需求。同时，还积极联合区市场监管局，开展农资市场大检查，查处假、冒、劣质化肥经营和乱涨价行为，确保农资商品的质量安全、价格基本稳定，保护农民利益。

【常态化开展农事服务】 全年指导和协调农民专业合作社开展土地托管经营，托管土地 11000 亩；为农民提供施肥服务和除草服务，服务田地面积达 15000 亩次。面向专业合作社和农户主办农技知识培训班（鲇鱼山镇、丽阳镇各 1 场），开展水稻全程机械化种植试点。在供销社惠农服务中心设立农副产品直销点，为农户促销农副产品提供无偿服务。

（俞建成）

主要负责人名录

党组书记、理事会主任：黄华斌（2022.5、2022.2 任）

党组成员、监事会主任：舒广文（2022.5、2022.2 任）

党组成员、理事会副主任：舒云军（2022.5、2022.2 任）

交通·通信

交通运输

【概况】 2021年，全区深化事业单位改革时，撤销区交通运输局原下辖运管所、港航所，成立区交通运输事业发展中心。2022年，区交通运输局机关共有在职干部3人，事业发展中心共有在职干部14人。

【做好农村公路建设】 乐平市塔前镇至昌江区荷塘乡段（丽阳镇至东岗战备公路）公路改建工程全面竣工，全长5.4千米。申报丽阳镇上洪家村至彭家渡口、道观桥至芦源（芦源段）建制村通双车道项目库，总里程3.9千米，总投资1482万元。申报丽阳镇联村至鲇鱼山奶牛厂、丽阳镇联村至丽阳镇集镇错车道项目库，设置错车道里程14千米，设置错车道43个。

【做好公路管理养护】 2022年，全区设置县乡道“路长制”公示牌47块，明确总路长和路长工作职责，督促各级路长和相关部门履职情况。全面深化农村公路养护体制改革，确保等级公路列养率达100%，经常性养护率达100%，优、良、中等路的比例不低于75%，路面技术状况指数（PQI）逐年上升。做好农村公路养护工作，同乡镇签订农村公路养护合同，安排专人定期对辖区内农村公路进行日常养护工作，每季度对辖区内养护情况进行检查并通报养护情况。制定2022年农村公路养护大中修计划，合理安排2022年省级养护大中修资金的使用。

【推进城乡客运一体化建设】 坚持“城乡统筹、以城带乡、城乡一体、客货并举、运邮结合”的总体思路，按照“城乡客运一体化、农村交通公交化”的总要求，加快高新区和昌江区内各乡镇之间的人流、物流、旅游流通，助力高新区、昌江区经济高质量跨越式发展。区辖昌江长运公交公司运营的9条镇村公交班线进行优化调整，结合两区实际，在全域内设立10条公交班线，投资近1000万元新购置18辆新能源纯电客车以及充电桩，建造多处候车亭及临时停靠点，确保对全区所有行政村和高新区的所有企业进行全覆盖。

【加大对全域公交的补贴力度】 全年共计投入补贴400万元（其中昌江区投入300万元，高新区投入100万元），全力保障高新区、昌江区域内全域公交运行，构建完整的高新区、昌江区公交线网，提高高新区、昌江区百姓公交出行的便捷性。强化城乡公交客运市场管理，规范城乡公交车辆经营行为，昌江长运公交公司对运营的31台纯电动公交车开展城乡公交流动红旗服务评比活动，全面提高城乡公交文明服务质量。

【加强企业运输工作】 辖区内共有货运企业86家，货运车辆1931辆。2022年，共补换道路运输证785件，货运车辆年审1100件。对拥有50辆以上货运车企业进行考核并与企业签订安全生产责任书，加强辖区内企业监管，组织建立并落实安全风险和隐患排查，严把安全生产源头关。

【推进改渡便民工程】 全区共有渡口4处，分布于鲇鱼山镇和丽阳镇2个乡镇。根据省人民政府办公厅《关于推进改渡便民工程助力乡村振兴的实施意见》和省交通运输厅《关于印发推进改渡便民工程助力乡村振兴实施方案的通知》要求，规范渡口管理，确保渡运安全，经区政府批准撤销鲇鱼山镇良港村吴家渡口。

【成功创建省级“四好农村路”示范县】 9月6日，省交通运输厅公路管理处副处长肖振发率队到区调研创建省级“四好农村路”示范县情况。调研组通过观看专题汇报片、听取创建工作情

9月6日，昌江区省级“四好农村路”示范县创建工作汇报会召开

况汇报、实地调研等方式，详细了解昌江区“四好农村路”省级示范县创建工作开展情况和成果成效。11 月，昌江区获评全省第七批“四好农村路”示范县。

（李玲玉）

主要负责人名录

党组书记、局长：

王时烂（至 2022.12）

侯志军（2022.12 任）

党组成员、副局长：

符元君（女，2019.6 任）

通　信

【概况】 景德镇电信昌江分局是中国电信景德镇分公司下辖的区级服务机构，成立于 2022 年，设有 6 个支局和 4 个中心，自有员工 53 人，渠道合作营业厅 32 家，装维工程师 32 名。业务范围涵盖景德镇市昌江区、高新区和昌南新区内企事业单位、商户、家庭、个人等服务以及业务受理与售后支撑保障。

【提高乡镇信息化水平】 开展数字乡村活动，为数百户村民安装入户监控；建成数字乡镇 3 个，实现数字乡村全覆盖，并推动天翼云眼、云播、千兆宽带“下乡进镇”，以信息化助力乡村振兴。

【设立爱心翼站服务专区】 设立服务专区，为残疾人、孕妇等特殊群体以及快递、外卖员工、环卫工人、辅警等户外工作者，提供休息、饮水供给、餐食加热、手机充电、无线网络等服务。开通适老服务，免费为老人测血压、上门办理业务，开展“老年小课堂”，为老年人讲解并演示微信视频聊天、手机支付、抖音拍摄等知识。

【建立反诈骗联动机制】 配合区反诈中心、公安派出所建立联动工作机制，捣毁多个诈骗窝点，反诈管控成果显著。

【建设智慧安防小区】 联合街道社区完成智慧安防小区建设，开展“传承红色基因，通信安全进社区”活动，为居民免费检测网速、提速升千兆。依托天翼看家、智能门锁、智能门铃、智能音箱、燃气助手等智慧家庭智能产品，提升居民生活品质。

（梁　莹）

主要负责人名录

局　长：余玲玲（2022.3 任）

副局长：周季阳（2023.3 任）

副局长：叶树鹏（2022.3 任）

财政·税务

财　政

【概况】区财政局成立于1984年4月。现设有人秘股、党建办、预算股、国库股、会计股、经建股、教科文股、政法股、农财股、金融债务股、社保一股、社保二股、综合股、非税股、后勤中心15个机构。设有区政府和社会资本合作中心、区国有资产服务中心、区财政公共服务中心3个二级机构。

2022年，区财政局按照“疫情要防住、经济要稳住、发展要安全”的要求，以加快建设魅力新昌江为统领，坚持牢牢稳住宏观经济大盘，坚守住不发生财政金融风险的底线，坚定强化重点民生支出保障，全区经济运行相对平稳，预算执行情况总体较好。

【财政收入实现平稳增长】2022年，全区共完成一般公共预算收入69437万元，完成预算的106.9%，同比增长12.8%，税收占比34%。其中，税收收入23411万元，同比下降19%；非税收入46026万元，同比增长41%。

【财政支出持续保障有力】2022年，在国家减税降费的大背景以及新冠疫情的反复发生情况下，造成收支矛盾较为突出。区财政局在积极挖潜收入的同时，调整支出结构，大力压缩一般性支出，优先用于“保工资发放、保机构运转、保民生支出”的支出，合理调度国库资金，确保不发生支付风险。全区共完成一般公共预算支出189697万元，其中民生支出94292万元，占全部支出49.7%，同比下降7%；全年一般公共预算支出累计完成141180万元，完成预算的134.4%。

【各项民生工程保障有力】严格落实社保及民生政策。及时安排机关养老保险的财政补助1821万元；安排全额资助和定额资助困难群众参加居民医保164.8万元；安排困难群众基本生活救助751.97万元；安排军退部门专项经费389.27万元。持续加大教育支出投入。2022年全区教育支出共计23576万元，其中包含公共经费支出约1829.24万元、校舍安全支出199.5万元、困难学生资助207.26万元等。巩固脱贫攻坚与乡村振兴衔接、新农村建设、抗旱救灾、惠农补贴发放作为工作重中之重，全年共投入脱贫攻坚与乡村振兴衔接资金2639.73万元、高标准农田建设资金2631万元、新农村建设资金480万元、抗旱救灾资金768万元、惠农补贴资金1123.19万元、耕地地力保护补贴资金743.01万元、稻谷补贴156.9万元、一次性种粮补贴223.28万元，为保障全区乡村振兴筑牢财政基础。全力推动卫生事业保障，全年在基本公共卫生、基本药物制度、计划生育工作及残疾人各项补贴等方面共拨付3001.46万元，其中卫健委资金2948.89万元、残疾人补贴资金53.17万元、红十字会资金2.4万元。全年防疫资金合计拨付2573.66万元。

【规范债务金融工作】加强债务管理。全区债务风险指标、综合债务率均在安全区域内，本年度债券资金发行32200万元，专项支出进度100%。巩固专项资金管理。在直达资金分配、支出方面，安排专人对分配、支出情况进行监督调度，严格按照规定路径、用途使用资金，统筹运用日常监控，对违规使用资金等问题早预警、早发现、早纠正，确保资金尽快落地发挥实效。全年累计收到直达资金指标共计28692.78万元，都在区财政公共服务中心的监控监督下完成定点定项分配支付。加大向上争资争项力度。全年累计争取上级各类资金7850万元，其中转移支付资金7850万元、地方政府债券资金32200万元。强化企业融资供给。为支持中小微企业发展，优化企业融资环境，缓解企业“融资难、融资贵”的问题，将“财园信贷通”纳入融资担保体系，全年通过“财园信贷通”共为25户企业放款11275万元。其中，“财园通”续贷20户9225万元，“财复贷”续贷1户450万元，新增4户1600万元。

【强化财政监管水平】项目评审更加科学合理。全年评审项目共18个，送审金额总计5107.54万元，审减金额为422.18万元，审减率为8.26%。政府采购更加节约。全面推广使用政府采购一体化平台和网上商城，采购单位通过平台不出单位当日即可办理采购手续。全年通过省公共资源交易网招标项目共10个，其中预算金额1383.2万元，中标金额1207.8万元，节约金额175.4万元，节约率12.6%；通过江西省政府采购电子卖场，累计金额交易2062万元，供应商累计入驻229家，商品上架累计数4639件。惠农补贴的发放更加准确。一卡通发放金额5808.57万元。

【完善国资监管平台】按照省、市加快融资平台优化升级工作要求，制定国有企业整合重组实施方案，顺利完成区属国有平台公司改革，化解政府性债务风险。贯彻落实党中央、国务院关于加强国有企业监管的决策部署，对区属国有企业加强监管，拟订《昌江区国企制度汇编》手册，从资金、人事等各方面实现对区属国有企业的监管。受区人民政府委托，发表关于2021年度昌江区国有资产管理情况汇报，对全区国有资产情况进行梳理，加强对国有资产的监督管理。

（金　青）

主要负责人名录

党组书记、局长：

李展图（2020.10任）

党组成员、副局长：

程红雷（2020.10任）

段卫东（2020.10任）

税　务

【概况】区税务局成立于2018年。派出机构有第一税务分局、第二税务分局。内设机构有办公室（党委办公室）、法制股、税政股、社会保险费和非税收入股、收入核算股、纳税服务股、征收管理股、税收风险管理股、税源管理股、财务管理股、组织人事股、机关党委、纪检组。下设事业单位有信息中心、机关服务中心。2022年，共有干部职工76人，其中党员49人。

【提升税收收入质效】挖掘税收大数据内涵价值，聚焦落实减税降费，提升税收收入质效。全年共组织各项税费收入30.01亿元，比上年同期增加8.76亿元，同比增长41.22%。其中，组织税收收入12.87亿元，比上年同期减少3.09亿元，同比下降19.36%；组织一般预算收入2.66亿元，比上年同期减少2519万元，同比下降8.65%；组织社会保险基金收入57734万元，比上年同期增加1.05亿元，同比增长22.23%；组织非税收入113713万元，比上年同期增加10.8亿元，

【建立完善新征管体系】采取“分行业，先分析，抓典型，强评估，点促面”的措施，加强对重点行业的管理突破征管弱化项。抓头部企业、典型企业开展重点评估约谈，解剖麻雀，形成典型案例，以点带面抓起来整个行业的税源管控。创新打造“万绍华劳模工作室”，前移71项税收审批流程，累计开展涉税咨询辅导服务100余件，为区重点工程、招商引资提供税务方案20余次。

【多举措防范税收风险】开展税源管理部门与风控部门、税政部门、法制部门之间的业务合作与人员融合，加快干部轮岗历练，优化人力资源，降低税收风险；针对两个基层分局部分人员较长时间无岗位变动、长时间管户的风险问题，对两个分局人员岗位进行交叉调整，优化人员配置；依据“属地管理＋行业管理”的原则，对局内2万余户户管重新进行划分调整，使户管划分更加明晰，户管管理工作更加专业化。

【推动双一号工程落实落细】对深化“一次办好”改革、深入推进审批服务便民化、优化营商环境进行全面动员部署。认真落实省税务局优化营商环境三年行动方案，实现审批提速、服务优化，持续提升区税收营商环境；建立工作台账，逐项任务对标对表，完成一项，销号一项，确保措施切实落地、取得实效；紧抓营商环境运行监控，对标一流营商环境评价指标，将营商环境评价“纳税”指标转化为可量化、可跟踪、可改进的监测指标体系，全方位展示和监测税收营商环境建设情况，瞄准重点环节从严把关。

【提高线上服务水平】通过扩大“网上办”，推进“线上办”，应用“码上办”，拓展“掌上办”，扩大网上办、自助办、邮寄送、线上答的“非接触式”办税缴费范围，为纳税人缴费人提供安全方便快捷的服务；加快纳税人在“电子税务局”提交相关申请的流转、处理，满足纳税人的用票需求，降低纳税人办税成本。

【打造城区一体化审核审批中心】设立城区一体化审核审批中心，派出4名业务骨干进驻审批中心，改变纳税人审核审批事项多部门、多岗位往返跑的现状，切实缩短纳税人等待时间。全年累计为纳税人办结有关涉税事项5900余户次，纳税人缴费人审核审批事项即时办结率95.3%，办税时间平均压缩81%，系统大部分办税事项审批实效由原来2至5个工作日缩减至1个工作日。

（熊　铁）

主要负责人名录

党委书记、局长：

刘　勇（2022.3任）

党委副书记、副局长：

段龙辉（2019.6任）

党委委员、副局长：

余建国（2019.6任）

张勇强（2022.6任）

党委委员、纪检组组长：

吴正华（女，2021.11任）

金　融

金融服务

【概况】 区金融办成立于2014年，正科级级别，设主任1名。2019年机构改革时予以撤并，改为区政府办挂牌部门。

2022年，区金融办积极围绕区委区政府项目建设、招商引资和发展壮大国资公司等中心工作大局，充分发挥政府与银行业间的桥梁纽带作用，牵头完成区人民政府与江西银行景德镇分行达成战略合作等突破性工作，为全区经济社会高质量发展提供可靠、强大的金融支撑。

【召开全区政银企对接座谈会】 5月19日，组织召开全区政银企对接座谈会，邀请中国工商银行、邮储银行、农商银行3家银行景德镇分行与20家区属企业代表对接洽谈，帮助企业解决融资难题，促进银企双方互利共赢。

（于 悦）

银 行

【概况】 景德镇农商银行昌江支行是景德镇农商银行存贷款规模最大的城区中心支行，共有网点12家、员工128人。其中，客户经理46人、柜员35人、运营主管13人、大堂经理4人。昌江支行本部有员工21人，其中行长1人、副行长1人、运营主管2人、客户经理6人、综合科7人、柜员4人。

2022年年底，昌江支行各项存款金额总计15.38亿元，其中对公存款金额8.08亿元，居民储蓄存款金额7.3亿元。各项贷款金额总计29.41亿元，较2021年净增2.04亿元。

4月22日，昌江区与江西银行景德镇分行战略合作签约仪式举行

【推动优质企业挂牌上市】 通过落实“映山红行动”政策，推动全区优质企业挂牌上市，全年共有8家企业在江西联合股权交易中心挂牌、2家企业完成股份制改造。并落实惠企政策，兑现惠企奖励。为完成股份制改造并在江西联合股权交易中心挂牌的企业（江西美琳康大药业股份有限公司、江西开门子肥业股份有限公司、江西得雨活茶股份有限公司、景德镇盛世泥火陶瓷股份有限公司）兑现奖励资金200万元。

【加大普惠金融服务力度】 积极调整业务结构，不定期组织开展“四定五进”（进社区、进商会、进企业、进园区）活动，为有金融需求的客户提供金融咨询等服务，全年共开办普惠金融对接会30余场次。联合昌江区就业创业服务中心办理“下岗再就业”创业贷款，全年共发放下岗再就业贷款65户2330万元，有效缓解各类行业个体工商户及小微企业主创业资金不足的困难，大力支持昌江区小微企业实体经济发展。

【支持重大项目重点企业建设】 大力支持重大项目建设，助力重点企业进一步做大做强，全年共发放大额贷款28笔，总计金额6.07亿元。先后向景德镇市名坊园陶瓷旅游开发项目发放贷款1.5亿元、江西富祥科技集团有限公司发放贷款4500万元、昌江国资旗下企业景德镇市聚瑞贸易有限公司发放贷款1亿元（用于昌江区农贸综合体市场建设）。

【发挥党建引领作用】 充分发挥党组织政治引领作用，以党建引领助力金融业务发展。2022年，分别与昌江区财政局、区乡村振兴局、区市场监督管理局、区西郊街道汪王庙社区、景德镇陶瓷产业创新发展中心和江西富祥药业公司、美琳康大药业股份有限公司等党支部签订共建联建协议，以“平等共建、相互学习、互通信息、互利双赢”为原则开展党建共建联建工作，促进党建与业务深度融合发展。全年共为联建单位30余户办理贷款700万元、信用卡20余张，新增贷款有效户数40户。

（邓千一）

主要负责人名录

行长：饶　峰（2021.4 任）

保　险

【概况】 中国人民财产保险股份有限公司昌江支公司（简称“财保昌江支公司”）是中国人保集团在昌江区设立的四级机构，设有综合部、修理厂业务部、商团部、农险部、直销业务部、鱼山营销服务部 6 个部门，共有各类员工 32 人。2022 年，公司整体保费规模达 10009 万元。

【为居民购买财产安全保险】 与区委政法委合作开展综治保险业务，共为全区 2600 余户家庭投保自然灾害风险保障金 2.6 亿元。此外，与西郊街道昌南湖社区联合开展社区安全保险，为社区常住人群提供每人 200 万元的社区居民公共安全保障。

【为防贫对象购买防贫保障险】 与区民政局合作开展城镇人口防贫保险业务，共为全区 1.4 万名防贫对象投保每人最高 10 万元的防贫保障金，为易返贫、易致贫人员系上远离贫困的“安全带”。

【为特殊护理人群投保意外保险】 与区卫健委合作开展特殊护理人群意外保险业务，共为全区 214 名特殊护理人群每人投保最高 1.8 万元的住院津贴意外保险。

【开展校园综合保险业务】 为全区 2 万余名公立学校在校学生提供每人近 80 万元的在校风险保障，实现全区公立学校校园方责任险承保全覆盖，监护人责任险承保覆盖率 95%。

【开展建工安全责任险业务】 依据《中华人民共和国安全生产法》（2021 年修正版），与市住建局和区住建局、区国资公司以及昌江辖区内的建筑公司开展密切合作，共为昌江区高标准智能化厂房、璟都府小区（二期）、恒大新城小区、景德镇陶博城（1~3 标段）等工程项目提供安全生产责任保障。

（顾　芳）

主要负责人名录

经理：饶云琦（2022.3 任）

经济管理与监督

发展和改革

【概况】2022 年，全区共确定 45 个重点工程建设项目，总投资 321.41 亿元，年度计划投资 64.16 亿元。全年有富祥生物科技园、凌富创新原料药、美科 LED 照明产业园等 34 个项目开工建设，开工率为 75.6%，完成年度计划投资近 40 亿元。陶青台、鱼丽工业园标准化智能厂房、区直属幼儿园（原称森林公园幼儿园）等一批项目相继竣工，其他项目均按计划有序推进中。全区共有 26 个项目纳入市重点工程进行调度，总投资 265.48 亿元，年度计划完成投资 27.2 亿元。全年完成计划投资 32.15 亿元，较上年同期 25.12 亿元增长 28%；完成年度计划投资进度为 118.2%，在全市 10 个考核单位中排名第三。全区有 14 个项目列入省大中型进行调度，总投资 120.91 亿元，年度计划完成投资 26.41 亿元。全年完成计划投资 34.52 亿元，完成投资比率达 130.7%，超时间进度 30.7 个百分点。

【扎实做好价格认定工作】健全社会救助和保障标准与物价上涨挂钩联动机制，加大对困难群众物价补贴力度，全年发放物价补贴 361965 元，共 13568 人次。协助公安、法院等部门开展价格认证工作，完成价格认定 73 起，涉案标的 300 余万元。

【加强粮食质量安全监管】履行主管监管职责，认真开展市场价格监测工作，落实价格监测报告制度，及时报送各类价格监测报表数据、动态价格信息，在粮食收购前将及时收购环节的粮食市场价格全部纳入价格监测范围。全年开展 2022 年早、中、晚稻收购价格监测 12 期。

【推进生态文明体制改革】从优化生态保护机制、完善环境治理制度、创新绿色发展机制三大方面 24 个要点着手，制定《2022 年昌江区国家生态文明试验区建设工作要点》《2022 年昌江区推进长江经济带发展工作要点》《关于完整准确全面贯彻落实新发展理念做好碳达峰碳中和工作的实施意见》等文件，建立长效工作机制。

【做好经济和社会发展工作】研究制定《关于昌江区 2021 年国民经济和社会发展计划执行情况与 2022 年国民经济和社会发展计划草案的报告》，并在区第十一届人民代表大会第二次会议上审议通过。同时，协调区直相关部门抓好 2022 年国民经济和社会发展计划的执行，当好区委区政府的参谋助手。

【优化营商环境工作】印发《昌江区开展“新官不理旧账”问题专项治理行动方案》，全区梳理问题线索 15 个，涉及金额 173.76 万元，并按期完成整改。全年梳理形成《评价指标对标提升任务清单》63 项、《整体优化改革创新任务清单》115 项，《整体优化改革创新任务清单》已完成 112 项，完成率 97.4%。制订并印发《昌江区人民政府关于印发有效应对疫情帮助中小企业纾困解难政策措施的通知》。落实大规模增值留抵退税政策，共完成留抵退税 225 户，金额 10552.39 万元；全年累计完成缓缴累计户数 608 户次，缓缴规模 1935.08 万元。全年“六税两费”减免金额 1700 万元；增值税加计抵减金额 330 万元；其他税费减免金额 2.15 亿元。

【加快社会信用体系建设】3 月 10 日，组织召开全区社会信用体系建设工作业务培训会。开展“讲诚信 亮承诺”政务诚信承诺书签署行动，提高基层单位和公职人员诚信履职意识。组织区直部门签署《政务诚信信用承诺书》，并通过信用中国（江西景德镇）门户网站进行公示，接受社会监督。组织全区基层公职人员签署《公务人员诚信承诺书》。全年共有 34 家区直部门和 320 余名公务人员签署承诺书。

（孙玉轩）

负责人名录

党组书记、主任：

曹正义（2021.10 任）

党组成员、副主任：

徐后强（2021.10 任）

副主任：赖桂亮（2019.2 任）

经济合作交流

【概况】区经济合作交流中心成立于 2021 年 3 月，为区政府直属正科级全额拨款事业单位。

2022 年，围绕生物医药、电子信息、先进陶瓷、数字经济等重点产业（链），引进成立景德镇裕洲环保科技有限公司、景德镇市祥盛再生资源有限公司、景德镇博旭金属有限公司、江西骏达创金精密制造有限公司、江西俊隆精密制造有限公司、景德镇乐洪商务咨询（有限合伙）、江西乐彭电器有限公司、景德镇瑞通精密铸造厂（有限合伙）、景德镇信万骏金属制品有限公司等企业。

【总部经济健康发展】 5月，为统筹协调全区总部（楼宇）经济健康持续发展，区经济合作交流中心牵头召开昌江区总部（楼宇）经济项目评审小组第一次会议，相继召开总部经济会议。2022年，全区共有总部经济企业27家，企业税收总额20576万元，企业奖励金额8064万元。

【加大招商引资力度】 新编制《昌江区投资指南》，翔实介绍昌江概况、区位优势、产业承接平台、重点发展产业、文化旅游产业等情况。抓好重大活动招商，利用省、市举办的各类重大活动为契机，梳理出一批重点招商目标企业，实施专项招商，力争挖掘、推进和落地一批项目，全力推进经济高质量发展。1月25日，召开2022年昌江区新春恳谈会“乡贤回乡叙乡情，乡智共谋家乡路”新春恳谈会，与各参会企业精准对接。

【先进陶瓷产业发展迅速】 按照“一极引领、两带支撑、三点错位”的产业空间布局要求，着力推进全区先进陶瓷产业加快发展。多次陪同区主要领导赴北京（龙芯中科、猎户星空、清控科创）、上海（三责新材）、山东（硅苑新材料科技、中材高新材料）、湖南（众鑫陶瓷、海纳陶瓷、长江电子）、青岛（青岛直升机航空、蓝科途膜材料、中科华联新材料）考察企业。

（杨　丽）

负责人名录

主　任：方桂平（女，2021.11任）

副主任：张锦秀（女，2022.2任）

　　　　余　凡（2022.2任）

市场监督管理

【概况】 区市场监督管理局（简称“区市监局”）是区政府下属正科级组成部门，内设6个股室，下属2个事业单位、4个分局。办公地点位于沿江西路。

2022年，在全市率先成立“小个专”综合党委，创新提出“12315党建工作法”，规范专业市场党建工作，设立4个工作指导站，成立中国陶瓷城、豪德建材市场、景德镇市农产品批发市场3个党支部。组织开展“党建领航，赋能营商环境”活动，发动“小个专”党组织和全体党员干部开展亮身份、亮职责、亮承诺的“三亮”活动，以党建工作赋能营商环境，助力昌江区营商环境优化升级。

营许可试点改革，将食品经营许可申报材料从11项压缩至5项。提高企业开办效率，企业平均开办时间大幅缩短，个体工商户开办实行“即办制”。全年新登记市场主体11624户（家），其中企业1114家、个体工商户10510户。

【优化企业开办服务举措】 推行集群注册“自助式”服务新模式，全力服务数字经济企业发展。以鲸奇数科为试点，主动对接发改、网信等部门将政务外网延伸至企业端，将数据录入等基础权限下放数字经济集群登记注册企业，做到企业录入、后台审核同步进行。率先在政务服务大厅配备营业执照自助打印终端设备，为市场主体开办提供便捷服务。全年共有数字经济集群登记注册企业12家、登记注册市场主体15895户。

7月8日，昌江区市场监督管理局丽阳分局成立

【深化商事制度改革】 聚焦“减材料、减环节、减时限”探索“容缺受理”制度，推进“一照通办”改革，实施注销便利化改革，试行企业开办无纸全程电子化登记。在全市率先探索食品经

【全力助企纾困解难】 制定市场监管领域联合抽查清单，出台柔性执法，建立市场主体免罚清单，推行“首次不罚、告诫到位、下不为例”。全年对20余起违法行为实施免予处罚。充分发挥“双

随机”工作牵头作用，联合部门检查事项占比实现 100%，完善企业信用修复机制，积极指导相关企业主动纠正违法失信行为、消除不良影响、重塑良好信用。全年共帮助 355 户市场主体恢复信用。

【实施质量强区战略】 开展“百城千业万企对标达标提升专项行动”，以黑猫集团、富祥药业、盛世泥火陶瓷等优质企业为重点，加快新型标准体系建设，全面推进企业品质品牌提升。提升产品服务质量，不断强化工业产品质量抽检。全年共完成流通领域工业产品抽检 60 批次，不合格产品均已按时核查处置。

【巩固知识产权强县试点建设成果】 巩固国家知识产权强县工程试点区建设成果，强化知识产权创造运用保护管理服务全链条工作，指导企业积极申请专利，积极推动企业专利质押融资，畅通知识产权维权渠道，开展知识产权专项执法行动。全年共完成专利质押融资 1.37 亿元，查办各类知识产权案件 24 起，罚没金额 2.1 万元。

【维护市场秩序公平稳定】 紧盯群众反映强烈的领域，扎实推进粮食购销领域整治、打击整治养老诈骗专项行动、教育“双减”等工作。强化消费维权，全年共受理消费者咨询投诉举报 25834 件，办结 25751 件，办结率 99.67%，为消费者挽回直接经济损失 60 余万元。组织开展民生领域“铁拳”行动，严查严打市场监管领域违法违规行为，共查办各类违法违规案件 73 起，罚没金额 64.8 万元。

【强化食品安全监管】 重点做好“两小”行业、中型餐饮、校园食堂监管，提高行业文明水平。围绕中高考、节假日等重点节点做好食品安全保障工作，严把冷链食品疫情防控关，做好“四证一码”查验。区持证学校食堂“明厨亮灶”率 100%。全年完成食品安全抽检 537 批次，其中不合格 14 批次，合格率为 97.4%，不合格食品均已按时核查处置。食品安全快检 3310 批次，呈阳性 38 批次。

【强化药品安全监管】 加强药品医疗器械日常监管，做好药品不良反应和医疗器械不良事件监测工作，加强“四类药品”登记管理。开展中药饮片、处方药销售、药品网络销售和医疗器械、化妆品等专项整治，查处相关违法案件 7 起。

【强化特种设备安全监管】 以小区电梯、液化气充装站特种设备、大型游乐设施等为重点，深入开展特种设备隐患排查治理行动，排查整治安全隐患 78 处，全区 2000 余台特种设备安全运行无事故。

【抓好新冠疫情防控】 依托“赣溯源”平台，对进入辖区的所有冷链食品实施全过程严格监管，建立冷链食品追溯体系。强化药店“哨点”监测，督促做好“四类”药品登记，同时积极开展新冠病毒疫苗流通专项监督检查。

（李佳伦）

主要负责人名录

党组书记：
　黄洪波（2020.10 任）
局　长：
　肖瑞芳（女，民进，2020.10 任）
党组成员、副局长：
　胡有平（2017.9 任）
党组成员、吕蒙分局局长：
　陈　丹（2020.10 任）
党组成员、副局长：
　朱　婷（女，2022.12 任）

自然资源管理

【概况】 2002 年 12 月，原昌江区土地管理局与区地质矿产局划归景德镇市国土资源局管辖，成立景德镇市国土资源局昌江分局。2019 年，更名为景德镇市自然资源和规划局昌江分局，为市局派驻机构，在市局和昌江区政府的双层领导下配合从事昌江区范围的自然资源工作的管理与执法，并为昌江区辖区内的乡镇、村企和村民的建设用地服务。分局下设鱼山、荷塘、丽阳、吕蒙 4 个自然资源和规划所。

2022 年，加强耕地保护监督管理，有效制止非农业建设违法占用耕地行为。全区划定永久基本农田保护面积 59355 亩，4 个保护区，50 个保护片，保护标志 55 个。协助市局和昌江区政府开展项目用地的调查、公告、听证，签订土地征收协议和报批等工作。全年共办理和报批以下用地项目：昌景黄（杭昌）高铁乐平北站站前广场项目，用地面积 395.4165 亩；景航锻造厂进出道路地块项目，用地面积 11.9325 亩；丽阳镇供电所地块项目，用地面积 2.8725 亩；昌江区精神病医院项目，用地面积 27.4935 亩；鱼丽工业平台 A 区 6 号地块（污水处理厂）项目，用地面积 53.853 亩；昌景黄高铁项目拆迁安置村民宅基地新桥村、留阳村、金桥村三个批次，用地总面积

119.94亩。另外，积极协助市局有关科室做好国土空间规划、生态保护红线、“两规”融合等工作。

【加强地质灾害防治】 3月1日起，严格执行排查、巡查制度，并建立信息报送和速报制度。落实防灾责任人和监测员。5月12日至13日，联合地质灾害报警器安装单位在鲇鱼山镇、丽阳镇、西郊街道举办地质灾害宣传和应急演练17场，共有254人参加演练。宣传地质灾害防治知识，参加群众1000多人，发放地质灾害防灾资料1000余册，3至5月培训基层群测群防监测人员61人，预报蓝色预警4次；制定《昌江区2022年地质灾害防治方案》，签订《昌江区2022年地质灾害防治工作责任书》，发放地质灾害避险明白卡及工作明白卡1470份，设立明显警示标志牌77块。

【加强地质灾害隐患监测】 全年对305处地质灾害隐患点进行区、乡镇（街道）、村（社区）三级监控，落实防灾责任人和监测员，加强巡查力度，对地质灾害隐患点24小时不间断监测，61位受培训监测群测群防员，共进行巡排查210人次、459点次。全区共发生地质灾害1起，直接经济损失2万余元，潜在经济损失约400万元，直接威胁人员安全10人。

【严格不动产登记管理】 加强不动产登记工作，分村整理登记台账，对采集的身份信息进行审核、分类，核对证书打印及图纸是否完整，整理出台账与相关人员对接，并与相关部门对接并学习林权换证、继承、变更等业务。全年共发放不动产登记证书3978本，已登记未发证约7000本；林权补证并转移登记45本。

（赖香学）

主要负责人名录

局　长：吴　翔（2022.10任）

统计管理

【概况】 区统计局成立于1989年，为区政府正科级工作部门，下设事业单位1个（昌江区统计调查队）。

2022年，区统计局强化统计基层基础建设，努力提高统计数据质量，为全区经济社会实现又好又快发展提供统计优质服务。全年，地区生产总值300.23亿元，同比增长4.7%；一般公共预算收入迅速增长。一般公共预算收入完成6.94亿元，同比增长12.82%；农业生产平稳增长。农林牧渔总产值完成13.29亿元，同比增长3.72%；规模以上工业增加值平稳增长。规模以上工业增加值同比增长8.2%；固定资产投资稳步恢复。固定资产投资同比增长7.9%；规模以上服务业稳中加固。规模以上服务业营业收入完成36.9亿元，同比增长6%；消费市场增速平稳。社会销售品零售总额完成129.35亿元，同比增长4.43%；限额以上社会消费品零售总额完成12.77亿元，同比增长17.7%；限额以上批发业销售额同比增长28.1%；限额以上零售业销售额同比下降3%；限额以上住宿业营业额同比增长23.2%；限额以上餐饮业营业额同比增长17.3%；开放型经济增势平稳。外贸出口完成23.68亿元，同比增长21.1%；引进内资完成64.78亿元，同比增长9.15%；居民收入持续增长。全区城镇居民人均可支配收入实现49368元，同比增长4.7%；农村居民人均可支配收入实现23026元，同比增长5.7%；“五上”企业入库。全区“五上”企业入库共完成61家，较上年同比增长38.64%；其中规模以上工业新增12家（净增10家）、服务业新增8家、住餐11家、批零20家、建筑业7家、房地产3家。

【做好统计监测预警】 围绕区人民政府工作报告确定的目标任务，建立主要经济指标统计联动工作机制，每月、每季对主要经济指标进行预测分析，及时、准确地向区委区政府提供重要参考依据。全年共向区委区政府上报信息100余条，撰写统计分析文章10余篇。

【做好统计服务】 每月编印主要经济指标一览表、《统计月报》，逐月做好统计入规入统工作，统筹做好工业、服务业、商贸批零住餐、服务业、数字经济、文化产业等几大板块统计数据汇总工作，高标准完成小康监测、妇女儿童监测、城乡居民可支配收入监测等各项调查工作。全年共编印统计月报11册，新增规模以上企业68家，为全区经济发展提供统计力量。

【加强统计队伍建设】 定期对乡镇统计站站长、统计业务人员和全区167家规上企业统计人员开展统计知识业务培训，6个乡镇（街道）统计站人员力量得到加强。全年累计组织开展业务培训8次，参训人员300余人次。

【开展住户调查样本轮换工作】 按照每五年进行一次轮换的要求，开展住户调查大样本轮换工作。区统计局成立工作领导小组，制定具体实施方案，并牵头组织开展培训。以各类台账为基础，增加对调查户进行每月进行比对监测。加强对辅调员和记账户的业务培训。召开住户调查培训会，查找问题，进行业务交流；对住户收支、住户监测调查季报、抽样实操、调查小区图绘制、摸底流程等方面进行详细讲解。

（胡慧博）

主要负责人名录

党组书记：

李镒岚（2022.12 免）

程华英（女，2022.12 任）

局长：

童　晶（女,无党派,2019.2 任）

党组成员、副局长：

文秀珍（女，2008.1 任）

审计监督

【概况】 区审计局成立于 1983 年，下设事业单位 1 个（区工程决算审计中心），共有 3 个行政编制、5 个事业编制。2022 年，全局共有在职干部职工 17 人、退休 8 人，其中中共党员 14 人。

2022 年，区审计局共审计项目 21 个，审查出管理不规范金额 15683.28 万元、非金额计量问题 76 项，提出审计建议 145 条。

【召开区委审计委员会会议】 3 月 6 日，召开区委审计委员会第四次会议。会议传达学习全国和省市审计工作会议、省委审计委员会第七次会议、市委审计委员会第五次会议精神、《中华人民共和国审计法》（新修订）及中央“两办”《关于建立健全审计查出问题整改长效机制的意见》，审议通过《昌江区审计局 2022 年度审计项目计划》，听取全区 2021 年审计工作情况汇报，全面部署区委审计委员会 2022 年工作。区委书记、区委审计委员会主任倪卫春主持会议，区长、区委审计委员会副主任伊文斌出席会议并讲话。

【向区人大常委会报告审计工作情况】 8 月 30 日，受区人民政府委托，区审计局负责人向区人大常委会作《关于昌江区政府 2021 年度财政预算执行及决算草案和其他财政收支的审计工作报告》。会上，向区人大常委会报告 2021 年度本级财政预算执行、部门预算执行、区属国有企业审计工作，并对相关事项和主要问题做详细说明。

【召开区预算执行和财政收支审计整改工作推进会】 11 月 30 日，召开区预算执行和财政收支审计整改工作推进会。区长伊文斌出席会议并讲话，区政府班子成员出席会议。

（李　群）

3 月 6 日，中共昌江区委审计委员会第四次会议召开

主要负责人名录

党组书记、局长：

马顺保（2019.6 任）

党组成员、副局长：

张承照（2019.6 任）

王　婧（女，2021.10 任）

城建·环保

住房和城乡建设

【概况】 2022年，区住房和城乡建设局（简称“区住建局”）紧紧围绕全区高质量发展工作目标，攻坚克难，全面推进住建领域各项工作，并取得阶段性成效。其中，城乡环境综合整治工作进入全省考核前十。

【完成规划经一路建设】 2022年，完成老旧小区周边环境整治二期项目中的规划经一路建设子项目续建。该道路为南北走向，南起珠山大道交叉口，北至规划茶山陆交叉口，建设长度约220米，道路按照城市次干道标准建设，标准道路路幅宽度24米（3米人行道+2米非机动车道+14米机动车道+2米非机动车道+3米人行道），项目南侧与珠山大道设置渠化展宽，展宽宽度3.5米，展宽段长约70米。

【推进老旧小区提升工程】 全年共改造小区14个，涉及户数706户、楼栋数39栋、建筑面积6.398万平方米，总投资2118万元。在改造前通过民意调查，在改造过程中与居民召开座谈会等形式，收集居民意见建议400余条。在此基础上，做好与各行业部门的协调和信息沟通工作，并加快工作进度，加强项目的监督与管理，规范施工，确保工程进度和质量。

【推进农村危房改造项目】 巩固拓展脱贫攻坚成果同乡村振兴有效衔接，将20户低收入群体房屋纳入2022年危改计划，其中C级维修9户、D级重建9户、无房新建2户。拨付第一笔、第二笔农村危房改造补助资金共计25.58万元。健全完善工作机制，对农村低收入群体房屋实行动态监测管理，已脱贫户681户，其中A级安全住房有435户、B级安全住房有223户、通过其他方式如租赁、投亲靠友等方式解决住房安全22户，纳入改造2户（原投亲靠友解决住房安全）；监测对象48户，纳入改造3户；低保户和特困户共1824户，纳入改造15户。

【对自建房进行安全隐患排查整治】 全区共排查自建房31769栋，预判存在安全隐患421栋。经鉴定为B级100栋，C级125栋、整治119栋，D级103栋、整治103栋，暂未出鉴定结果有93栋。自建房中用于经营性自建房共3691栋，预判存在安全隐患38栋，经鉴定为B级17栋，C级15栋、整治15栋，D级6栋、整治6栋。整治包含清空、拆除，维修加固，设置警示牌。

【加强对物业行业的管理】 引导和协助3家物业企业成立党支部。建立物业管理联席会议制度，制订《关于进一步加强昌江区物业管理工作的实施意见》《关于建立昌江区物业管理联席会议制度的通知》，明确各职能部门要按照各自职责，形成属地负责、部门共管、业主监督的物业管理工作机制。建立区住宅小区物业服务考评机制。全年共公布《昌江区物业服务企业常态长效化创建红黑榜》9期。加强党组织对业主大会、业主委员会成立过程的指导。全年下发督办单98件，移交转办函3件，及时处置信访投诉326件。认真做好小区维修基金使用前期工作，出具现场勘查认定表148张，验收1件，出具竣工验收表9张。

【推进棚改项目建设】 完成富祥生物医药项目及吴家新村搬迁项目，共征收房屋67户，面积22265.92平方米；完成三间庙清街后增9户签约，三河二期拆迁项目于10月中旬启动；青花文具瓷厂厂房拆迁完成瓷厂测量和拆迁物核对工作；瓷都大道市公安局大楼周边拆迁项目，完成签约270户，面积约26788.92平方米。区棚改办协助征收项目：2020年启动的高新区城中村鲇鱼山镇金桥村朱家坞扫尾征收工作全面完成，杭昌高铁乐平北站房屋征收工作完成，2022年高新区城中村（古城片区）房屋征收工作完成。

【扎实做好安全生产工作】 对辖区内建筑施工工地进行专项排查巡查，发现隐患问题6条，累计下发燃气安全隐患整改通知书15份，排查隐患15条，要求限期整改，并对辖区内2家液化气站、3家代灌点等燃气企业整改情况进行复查，均整改到位。

（冯雪晨）

主要负责人名录

党组书记、局长：

谭新成（2021.10任）

党组成员、副局长：

程月明（2020.5任）

王晓彦（2021.10任）

城市管理

【概况】 2005年，依据市编委〔2005〕1号文件，区城市管理大队定为昌江区人民政府直属

7月4日，中共昌江区城市管理局党组庆“七一”暨学习强国知识竞赛举行

正科级事业单位。2007年，依据市人事局〔2007〕93号文件，大队列入参照公务员法管理单位。2009年，大队获区人民政府城市管理行政执法主体资格。2013年，因市执法局体制改革，大队更名为景德镇市城市管理行政执法局昌江分局，为正科级全额拨款事业单位。2017年12月26日，昌江分局承接市级下划人员181名，接受乡镇（街道）上划人员52名，撤销“昌江分局”，整合组建“昌江区城市管理行政执法局”，为区人民政府直属正科级全额拨款事业单位。2019年1月，撤销区环卫局并在区城市管理行政执法局的基础上组建昌江区城市管理局，定为区人民政府工作部门，原区环卫局相关职能、编制、人员等一同并入。2021年4月，局属城市管理行政执法大队挂牌，涉改的原区城管执法局和原区环卫局在实际中单独运行。

2022年，区城管局积极配合市打击“两违”办公室对已整改完成并上报的第9期至15期航拍“两违”开展抽查，在前期摸排过程中，通过进行现场实地查看，对已拆除整改到位的“两违”实行统一标准，及时认真做好拆除不彻底、漏拆、复建等问题的整改和上报工作，把整治贯穿“回头看”全过程。切实加强政治建设、作风建设、队伍建设，保障各项工作任务顺利开展。

【出台多项整治措施】 制定《昌江区市容乱象专项整治工作方案》《昌江区城管局主次干道市容秩序综合整治工作方案》《昌江区城市管理局关于创建全国文明典范城市联合执法行动工作方案》《昌江区城管局常态长效创建全国文明城市“十大专项整治行动”专项配合工作方案》。制订《昌江区城管局“门前三包”整治工作方案》，签“门前三包”责任状300余份，完善“门前三包”责任牌160余处。

【加强户外广告牌及门店招牌安全监管】 全年共出勤安全问题排查150余次，对豪德贸易广场（一期、二期）、万象广场、中国陶瓷城、金岸名都、国信康华、昌江府、泰豪珑原等大型店招进行安全排查，共签订《户外广告设置安全承诺保证书》40余份。对凤凰城小区大型破损广告布、古窑景区破损广告牌、珠山大道联通公司高空楼顶字体等存在安全隐患的50余处“一店多招”广告进行整改并拆除。对紫晶路、景德西大道、珠山大道、新平路等各路段工地围挡情况进行巡查，对破损工地公益广告围挡进行及时修复，共修复30余处。

【开展城管进社区活动】 制订《昌江区城管局开展“三进三亮三服”活动实施方案》。以中队为单位，落实网格责任，各网格派驻干部入驻所在辖区的社区、村、企业，并制作、悬挂“城管进社区”公示牌，入驻干部加强与社区、村、企业联系，及时了解反映问题，并做好台账和解释、帮助、处理工作，共有26名执法队员入驻38个社区、村、企业，悬挂“城管进社区”公示牌38处，收集处理反映的问题49件。

【整治航拍“两违”】 全年，市打击“两违”办共下发疑似航拍“两违”清单3期163处，已报送整治结果141处（其中已整改拆除76处、不属区范围剔除9处、上报“个案”56处）。全区新增一期航拍共有疑似“两违”4处，其中，已报拆除整改结果2处、已上报个案材料2处，并全部完成整改工作。新增二期航拍共有疑似“两违”5处，其中已报拆除整改结果1处、已上报个案材料4处，已全部完成整改工作。

【运行“数智城管”新模式】 6月，研发上线运行“昌江数智城管”小程序。该程序应用在一线城管执法人员日常执法工作中，对一些违反城市管理相关法规的案件，执法人员不用下载任何客户端，只需在微信内搜索点进“昌江数智城管”小程序，然后按照违法行为所对应的小程序执法手册中分类填写相关信息并上传现场执法照片，现场对处罚金额200元以下的简易案件进行当场处罚，整个执法处罚过程5到10分钟就能完成。数字城管上线至年底，共处罚案件73件，总金额2840元。为优化营商环境，落实“首违轻微不罚”政策，制定区城管领域“首违轻微不罚”工作清单，对“首为轻微”的行为，用小程序进行记录并下达行政告诫书，不作处罚。

（余芳珍）

主要负责人名录

党组书记、局长：

程景秋（2021.10任）

党组成员：刘　芳（2022.6任）

刘双喜(2022.6任)

生态环境

【概况】 区环保局于2004年1月从区建设环境保护局划分成立。2011年12月，新建办公楼位于新平路68号。2019年7月26日，景德镇市昌江生态环境局正式挂牌成立。2022年，全局共有干部9人。

2022年，按照市“三线一单”生态环境分区管控方案和管控单元准入清单，实施环境影响评价审批正面清单，对环境影响评价审批正面清单进行全面梳理和调整，对已纳入排污许可登记管理类、生态环境影响较小的工业制造项目，实行环评审批豁免。落实容缺受理等制度，最大限度地压缩行政许可事项审批时限。推行“送服务上门”举措，组织工作人员深入企业开展帮扶工作，结合企业具体情况和产业特点，精准施策，主动提供环保技术帮扶。全年共审批建设项目5个，环境影响评价登记表58个。

【加强饮用水环境质量监测】 全区设有1个集中式饮用水水源，即：第四水厂，该集中式生活饮用水水源类型都是地表水河流型水源。该水厂监测断面位于取水口上游100米处。除每年一次全分析109个项目，每月监测62个指标。全区饮用水各断面均达到相应的水质标准，全年水质达标率100%。

【环境空气质量优良】 区范围内有2个空气自动监测站点，实时对空气质量中的SO_2、NO_2、O_3、CO、PM_{10}、$PM_{2.5}$进行自动监测，并上传网络，方便公众了解。全年空气质量优良天数比例98.4%，空气质量达到国家II级标准。

【加强土壤自行监测工作】 开展昌江区重点行业企业用地土壤自行监测，全区3家重点企业对用地土壤开展自行监测，同时监测结果上传网络并公布。

【开展排污许可证核发工作】 对实施排污许可管理单位核实排污许可执行报告填报情况，全区实施简化管理单位28家，并全部完成提交年度执行报告。

【开展环保专项整治行动】 根据对各危废产生企业产废数量、种类调查摸底及市生态环境局核实，确定区内纳入重点监管源清单，全区危废监管平台25家产废及2家经营企业，建立危险废物监管企业清单，落实危险废物申报登记制度。

【开展农村环境监测工作】 根据《景德镇市生态环境监测事权清单》工作要求，对6个农村饮用水源地水质和8个农村生活污水处理设施出水水质及地下水开展监测。

【加强环境保护宣传】 为纪念“6·5”世界环境日，区生态环境局借助政府网站、微信、微博等宣传阵地，围绕“共建清洁美丽世界”组织开展多种形式的环保宣传活动。

（张　盛）

主要负责人名录

党组书记、局长：

徐　晖（2021.7任）

党组成员：

余　斌（2022.5任）

环境卫生

【概况】 区环境卫生管理局（简称“区环卫局”）成立于2002年，为全额拨款事业单位，是区政府主管环境卫生的职能部门，承担全区环境卫生的行政管理、环卫设施的规划建设与管理。局下设综合办公室、环卫市容执法大队、市容卫生监督考核办公室、公厕管理所四个部门。2022年，共有在职职工12人，退休职工37人，临时工作人员17人。

2022年，区环卫局对照重点目标和重点任务，不断健全和完善区环境卫生管理机制，保证各项工作有序进行，持续提升常态长效文明创建水平，大力推进环境综合整治工作，提高环卫局工作水平及服务质量，对各项任务狠抓落实。

【聚焦主业抓管理】 指导京环公司对区内垃圾桶和果壳箱进行更细致的管理，同时按照垃圾分类工作要求将全区约4500余个垃圾桶、3000余个果壳箱分类标识全部更新，并对破旧垃圾桶进行更换，提高全区市容市貌。京环公司配备冲洗车88辆，采取“人工+机械”的方式，每日巡回对全区重点路段进行精细化清洗作业；同时组织护栏清洗车、高压水车对主干道路上的交通护栏及护栏下的死角进行全覆盖清洗。继续加强垃圾清运的监控。监督清理城区生活垃圾结合，全年共计清运车数3900车，清运量39272吨。全年清理垃圾累计19977吨，清理大件杂物5800余处。

【优化环境着力专项整治】 根据《昌江区常态长效创建全国文明城市“十大专项整治行动”工作方案》工作要求，设置“牛皮癣”专项整治工作领导小组，将“牛皮癣”专项整治工作落地落实，加强各责任部门以问题为导向，通过联合排查、集中清理和宣传引导等方式，确保各项工作平稳有序推进，每周平均清理“牛皮癣”40处左右。

【推进农村环境卫生管理】 依据《昌江区加强农村环境卫生管理的实施方案（试行）》《昌江区城乡一体化环境卫生作业质量考核办法（试行）》，按照辖区划分，农村环卫工作由各乡镇（街道）具体管理，全面推行村庄清扫保洁制度。建立稳定的保洁队伍。景德镇京环公司农村保洁中心现有保洁员263名，负责村庄主次干道、公共广场等日常清扫保洁工作。鲇鱼山镇、丽阳镇建立保洁队伍，负责房前屋后等垃圾治理工作。全面开展农村存量垃圾及时清理，解决好“垃圾围村”问题，脏乱差的问题得到初步解决。初步建立户投放、村收集、镇转运的农村生活垃圾收运体系。全区农村垃圾清运率、处理率100%。

3月1日，与景德镇京环公司联合开展垃圾分类宣传活动

【试点推进垃圾分类】 制定《昌江区垃圾分类试点项目实施方案》，就继续推进和完善全区生活垃圾分类工作提出打造“6+1”示范模式，并计划以此为样板，全面铺开全区垃圾分类试点工作。2021年以来，在穗苑小区（11栋楼166户）、和合宅苑（3栋楼84户）开展垃圾分类小区试点工作。在两个小区各配备一组四分类垃圾分类亭，同时配备专职垃圾分类人员和专用运输车辆，定期组织居民开展小区垃圾分类宣传推广活动。两个垃圾分类试点小区开展各类垃圾分类推广活动30余次，累计回收、分拣出低值可回收垃圾10吨左右，有害垃圾30公斤，厨余垃圾日产生量50公斤左右。

【开展垃圾分类宣传教育】 开展垃圾分类进社区、进小区、进机关、进校园等宣传教育活动，通过举办主题党日、环保日、志愿服务等分类主题活动，提升市民垃圾分类知晓率。全年累计发放垃圾分类宣传册、宣传单约2万份，发放环保帆布袋、雨伞等物资各3000份。

（徐彩凤）

主要负责人名录

负责人：胡国华（2022.1任）
副局长：余　洋（2013.8任）
刘俊玉（女，2014.11任）

教育·体育

教育事业

【概况】 2022年，全区共有中小学校49所，其中小学37所（含12所教学点）、初级中学3所、九年一贯制学校6所（含2所民办学校）、完全中学2所、职业高中1所。共有在校生22903人，其中小学生13755人、初中生5219人、普通高中生2721人、职业高中生1208人。全区共有幼儿园86所，其中公办幼儿园36所、民办幼儿园50所。共有在园幼儿8421人，其中公办幼儿园在园幼儿4552人；民办幼儿园在园幼儿3869人。

【经费投入持续增长】 2022年，全区一般公共预算教育经费共支出23576万元，较2021年的19934万元增长18.27%。与2021年相比，年生均一般公共预算教育支出中，幼儿园分别为5965.92元/人、6538.68元/人，年增长率为9.6%；小学分别为8115.04元/人、8119.9元/人，年增长率为0.06%；初中分别为9327.39元/人、9364.71元/人，年增长率为0.40%；高中分别为8682.4元/人、8757.07元/人,年增长率为0.86%。

【学前教育稳步提升】 通过新建、改扩建、回收治理等方式，全年新增公办幼儿园5所（景德镇市航空幼儿园、昌江区直属幼儿园、丽阳中心幼儿园、新枫中心幼儿园、天璟幼儿园）。全区公办幼儿园在园幼儿占比达54.1%，普惠性幼儿园覆盖率91.2%，学前三年毛入园率95%。

【义务教育管理规范】 聚焦“双减”工作，建立学校作业公示制度，严格控制作业完成时长，引导学生家长利用好课余时间。景德镇市第十五小学（昌江区吕蒙乡官庄小学）“特色作业点亮生活”入选江西省教育厅“双减”校内提质增效典型案例。规范校外培训，自2021年7月24日起，新的学科类培训机构一律不予审批登记，全区面向义务教育阶段学生的学科类校外培训机构压减率达100%。同时，从培训时间严遵守、预缴费用严监管、从教人员严管理、培训行为严规范4个方面，加强对校外培训机构的严格规范管理。

【高中教育提质增效】 大力推进高中新课改，全面推进素质教育，教育教学质量、教研水平稳步提升。9月，昌江一中被景德镇市委、市人民政府评为“十大模范学校”。《高中历史阶段特征的阐释与运用研究》等3项课题通过省级评估，教师孙杜娟在2022年江西省基础教育优秀课例（高中音乐）大赛中获一等奖。

【职业教育加速发展】 3月，总投入2.83亿元的昌江区高级职业学校正式投入使用。学校设有计算机应用、智能运行与维护、中餐烹饪等专业。暑期学校共招聘专业教师20人。12月28日，学校通过省级达标校评估。

【特殊教育巩固提高】 为切实做好特殊适龄人群教育工作，允许学校根据三类残疾适龄少年儿童本人及家长的申请，可放宽其入学年龄，并要求任何学校和任何教师不得歧视三类残疾少年儿童、不得以任何理由拒收三类残疾少年儿童。全区6~15周岁的三类残疾适龄少年儿童有154人，占总人口的万分之九。其中，肢体残疾者28人，三类残疾儿童117人。全区共有30人在景德镇市特殊教育学校就读，随班就读的残疾少年儿童共有68人，送教上门的残疾儿童42人，在康复机构或学前机构就读的有7人，未入学的有4人。总残疾儿童入学率为98.1%，三类残疾儿童入学率为97.6%，超全国平均水平2.9个百分点。

【民办教育基础夯实】 景德镇市景西实验学校是一所经景德镇市教育局批准设立的小学和初中九年一贯制民办学校。学校拥有多

10月21日，昌江区高级职业学校办学水平分级评估会召开

媒体电教室、语音室、美术室、理化实验室等多个专用教室，和整洁卫生的食堂、温暖舒适的宿舍、宽敞平整的操场，能满足教育教学需要。学校共有16个教学班，学生650余人，在校教职员工50余人，学历达标率100%。

【教育信息化取得新进步】投入750.1万元，为区高级职业学校配备教学设施设备。积极推广智慧作业，为全区教师配齐智慧笔，实现全区“智慧作业”学校使用达标率、班级使用达标率、教师使用达标率“三个100%”。

【校建工作扎实推进】全年共完成景德镇市第五小学（新枫街道三河小学）、景德镇市第十五小学（官庄小学）、华风小学教学楼建设。投入资金2.3亿元，分三期启动建设昌江一中改扩建项目。一期项目（生活服务中心和艺术楼）于2022年2月立项，3月完成招标，6月初开工建设。

【教师队伍建设得到优化】全年共招聘各类教师134人，其中公办幼儿园合同制教师95人、中小学教师和特岗教师39人。全区多名教师获省、市荣誉。景德镇市第十五小学校长江荔思入选“赣鄱名师名校长启航工程”，并被评为“全市十大模范校长”；昌江区实验学校教师李伟英被评为“全市十大模范教师”。

【教育民生惠及弱势群体】全年共计资助脱贫户、监测户、城乡低保户等八类家庭经济困难学生5407人次，资助金额299.96万元（其中，资助脱贫户学生1761人次，发放各类教育资助金91.65万元；资助城镇贫困学生632人次，发放各类教育资助金37.23万元）。

【督导评估实现争先进位】4月，省政府教育督导委员会对设区市提交的县（市、区）、开发区（风景名胜区）党政领导干部2021年度履行教育职责评价结果进行通报，昌江区被评为“优秀”等次。根据省教育督导委员会《关于2021年度江西省高质量发展综合绩效考核评价“教育发展”考评结果的通报》，昌江区6.36分，在全市排名第一、在全省排名第二十。

体育发展

【竞技体育屡创佳绩】以全省运动会和百县体育赛事的举办为契机，坚持不懈加强全区竞技体育训练和备赛工作，培养了两次奥运会冠军跆拳道运动员吴静钰、世界青年摔跤比赛冠军万飞凡、全国青年摔跤比赛冠军胡胜杰和饶余琪等一大批优秀运动员，竞技体育成绩斐然。2017年3月，昌江区少儿体育学校入列国家体育总局命名的“国家高水平体育后备人才基地（2017—2020年）”名单，并通过省级主导的“国家高水平体育后备人才基地”初评，成为全省7个县（市区）体校唯一获评单位。连续五年获得江西省体育局授予的“全省青少年业余训练十强县、精品县”称号，成为全国知名的体育强县（区）。

【群众体育全面开花】制定《昌江区全民健身实施计划（2021—2025年）》，推动全区各乡镇（街道）、行政村（社区）两级公共健身设施建设，建成多个城市社区“15分钟健身圈”和村委会所在行政村的健身路径建设，使全区人均体育场地面积逐年提高，有望达到人均2.62平方米。利用全区唯一中型水库山田水库的地域优势和丰富的水资源，广泛开展涉水、骑行、跑步等环湖体育活动。2022年，新成立昌江区篮球协会和昌江区武术协会，至此全区共有各类体育协会8个。

【抓好全省游泳试点县区试点工作】昌江区作为景德镇市唯一一个入围全省游泳试点县区的县区，区委区政府及时成立昌江区游泳进校园工作领导小组，并借助辖区社会游泳场馆资源，对全区中、高年级学生全面开展游泳训练，使更多的学生“会游泳、懂自救”，进一步巩固了防溺水工作成果。

【省运会斩金摘银】11月8日—18日，在九江市举办的江西省第十六届运动会（2019—2022年）上，昌江区少儿体校代表队与来自全省近3万名运动员分4个部别（青少年部、社会部、学校部、机关部）进行激烈的同场角逐，取得15金、11银、24铜的好成绩。

（陈曼璇）

主要负责人名录

党组书记、局长：

李志明（2014.7任）

党组成员、副局长：

梁鑫棠（女，2021.10任）

高　华（2021.10任）

公办幼儿园选介

【景德镇市航空幼儿园】位于市高新区滨江东路，于2021年建成，2022 年 9 月开园，是一所全新建制并按照省级示范性幼儿园标准建设的现代化公立幼儿园。该幼儿园占地面积 9 亩，建筑面积 5832 平方米，共设 15 个班级，可容纳 450 名幼儿，建有 6 个功能馆室。2022 年年底，通过江西省标准化幼儿园评估认定。

【昌江区直属幼儿园】 原建设项目名称为昌江区森林幼儿园，位于昌江区景德西大道旁，2022 年 3 月开工建设，9 月开园，是一所全新建制并按照省级示范幼儿园标准建设的现代化公立幼儿园。该幼儿园总投资 4800 万元，占地面积 6663 平方米，总建筑面积 8846 平方米，其中幼儿园园所面积 5136 平方米，地下停车场面积 3710 平方米。户外活动面积约 5500 平方米。建有社会体验馆、科探室、体能馆、绘本室、音体室、美术室等 7 个特色功能馆。户外有沙水池、滑梯、大型攀爬网、彩虹跑道、音乐墙等各种类型区角和户外活动区域。共设 15 个班级，可容纳 450 名适龄儿童入托。2022 年年底，通过江西省标准化幼儿园评估认定。

【昌江区第二幼儿园】 位于瓷都大道南侧，于 2021 年 9 月由原景德镇机械中专改建而成，占地面积约 11 亩，建筑面积 2900 余平方米，共有 3 栋教学楼、1 栋后勤楼，采用阶梯排列式布局风格。园所共设 9 个班级，可容纳 270 名幼儿。建有高标准多功能活动室和陶艺室、阅读室、棋艺室、音乐舞蹈室、科学发现室等功能室，户外设有幼儿活动娱乐区、运动区，能满足幼儿各种户外活动需求。

【昌江区第八幼儿园】 位于昌江区弘文路玖域壹品小区内，于 2020 年 9 月开园，是一所市一级一类幼儿园。该幼儿园占地面积约 2500 平方米，建筑面积 1800 余平方米。共设 10 个班级，可容纳 300 余名幼儿。建有高标准多功能活动室和阅读室、美工室、音乐舞蹈室等功能室，户外设有幼儿活动区、运动区，能满足幼儿各种户外活动需求，是一所集美化、童趣化、教育化于一体的儿童乐园。

【昌江区新枫中心幼儿园】 位于昌江区迎宾大道，于 2022 年 11 月开园，按照市一级一类示范园标准规划建设。该幼儿园共设 9 个班级，建有多功能厅、美术创作室、幼儿阅览室、科学探索室、室内运动馆等厅室，户外设有沙水区、野战区、骑行区、种植园、专业篮球场等，为幼儿创造多元化的教育和活动环境。

（施启权）

科学·技术

科技发展

【概况】区科技局成立于2007年10月。2022年，共申报高新技术企业5家、获批市级农业项目3项、工业项目1项、“03”专项1项、省级市级“一村一品”5家、“科贷通”8家，共争取资金2000余万元。积极培育高新技术企业和科技企业队伍，全年科技型中小企业比上年增加20多家，规模以上企业研发投入4.8亿元。

【举办各类科技培训班】1月11日，举办全区科技特派员骨干助力乡村振兴工作培训，聘请“三农”专家授课，参训人员60余人。5月26日，举办昌江区和高新区科技型企业认定及财税政策培训，聘请税务部门专业人员授课，参训企业30余家。

【省科技特派团到区开展科技服务】2月17日，江西省科技特派团到区与海庆种养、庆春蔬菜、四季果业等企业对接，并签订协议建立长期挂点帮扶关系。8月2日，省特派团在四季果业、百荷园开展科技服务，帮助四季果业提升滴灌技术。省特派团昌江经作团帮扶企业6次，帮助企业解决技术难题。

【开展科普宣传教育活动】3月30日，在鲇鱼山镇凤岗村开展“送科技下乡”活动，宣传优惠政策，解答群众疑问，共发放果树种植手册600余份。8月26日，联合市科技局开展“科普进社区”活动，共为西郊街道昌明社区居民发放宣传手册200份。10月18日，为迎接中共二十大胜利召开，联合江西直升机科技馆在丽阳中学开展“喜迎二十大，科技向未来”科技进校园活动。

【开展主题科技周活动】5月27日，区科技局联合多部门在鲇鱼山镇鱼山村委会便民服务中心开展“走进科技，你我同行”主题科技周活动。通过摆放知识展板、发放科技书籍、现场讲解等多种方式，宣传科技法规和政策，推动法规政策贯彻落实，活动参与人员近200人，发放果树种植、花卉培养、惠企惠农政策等书籍手册600余份。

8月2日，江西省科技特派团昌江区经作团到四季果业开展科技服务

【推动创新型县区建设】7月21日—22日，区政府副区长聂刚带队，赴省级第一批创新型县区（新余市渝水区、抚州市崇仁县）考察学习。8月16日，召开创新型县区验收工作部署会，根据创新型县区建设方案对各单位分派任务清单，聘请第三方撰写评价报告。

【推进果蔬基地发展】8月，中国农科院郑州农科所到区为果树种植提供技术指导，打造昌江区果树种植基地。9月2日，与农科所西部中心达成长期合作意向，建立尚康庭合作社水果蔬菜种植基地。2022年，从农科所西部中心引进果蔬新品种，成功试种水果黄瓜、水果甘蓝和水果胡萝卜。

【实现科技成果转化】9月14日，组织部分家庭农场参加江西智库峰会——国家级大院大所产业技术及高端人才进江西活动，并购买大地199高产油菜籽（种植面积300多亩）。10月，组织江西富祥药业、美琳康大药业有限公司参加江西（樟树）中医药强省科技成果在线对接会。11月，组织猎户星空智能科技有限公司参加中国国际高新技术成果交易会（深圳高交会），其产品“智咖大师——双臂手冲咖啡机器人”获优秀产品奖。

（黄幼兰）

主要负责人名录

局　长：张英宝（2017.1任）

副局长：徐进茂（2013.9任）

科学技术普及

【概况】 2022年，区科协拓展科普思路，打造科普工作特色品牌，在全区范围内大力开展各项科普工作，荷塘农垦精神科普基地、荷塘殊源坞红色教育基地等5家单位成功申报景德镇市科普教育基地，富祥药业、美琳康大获景德镇市“科创瓷都”称号，庆春蔬菜、三梅粮油获景德镇市“科技小院”称号，新成立企业科协6家，获“2022年江西省全国科普日优秀组织单位”称号。

【组织科普之春活动进社区】 1月21日、3月2日，区科协分别联合区中医医院和豪德卫生服务站，在西郊街道枫树山社区举办“脑中风的自我识别与预防”专题讲座和“科普之春”健康义诊活动，增强群众的健康意识和科学素质。

【开展科技周送科技下乡活动】 5月26日，区科协联合区农业农村水利局等单位，在丽阳镇余家村开展“2022年‘全国科技活动周’送科技下乡活动”，为农户送去现代农业科学技术，有力提升区、镇科协“3+1”工作合力。

【开展科技工作者日活动】 5月30日，区科协联合区科技局、区卫健委等单位，以“创新争先、自立自强”为主题，在鲇鱼山镇鱼山村开展昌江区2022年“全国科技工作者日”送科技下乡活动。活动中，科技志愿者为群众开展健康咨询、种养技术咨询、防灾减灾知识讲解。

【开展全国科普日活动】 全国科普日期间，9月14日，区科协联合景德镇市康复养生学会在西郊街道汪王庙社区开展“喜迎二十大，科普向未来”科普进社区活动，邀请专家作《腰椎间盘突出及颈椎病的诊治与预防》专题讲座。9月15日和9月20日，分别联合市康复养生学会和区卫健委分别在西郊街道汪王庙社区和景航社区开展健康知识进社区活动，以增强广大群众的自我保健意识和防治慢性疾病的能力。

（刘　斌）

文化·旅游

文旅融合

【概况】 2019年2月25日，区旅游发展委员会和区文化广电新闻出版局合并，组建成立区文化广电新闻出版旅游局，并下辖区文化馆、区图书馆、区文物管理所3个副科级事业单位。2022年，全局共有干部37人，其中在编人员21人。

2022年，区文旅系统认真贯彻落实中央、省、市文化和旅游工作会议精神，紧紧围绕区委区政府工作部署，全面落实文化、旅游等各项工作。

【文旅融合高质量发展】 强化重大节假日、重点涉旅场所管理，在春节、五一、端午、中秋和国庆等传统节假日，对区域内A级景区、星级宾馆开展防控措施督导，倡导预约、限流、错峰出行，确保无疫情从涉旅场所传播，使全区旅游市场安全有序。以中国第12个旅游日为契机，举办“5·19”文旅宣传推介活动暨区全域旅游集散中心运营启动仪式。启动百城百夜昌江区分会场活动，举办“乐享昌江，嗨在古窑音乐会”。在陶青台文创园宁封窑举行景德镇外销瓷博物馆开馆仪式，积极协助辖区所有旅行社申请暂退旅游服务质量保证金，联合区商务局等部门在春节等重要时间节点累计发放文旅消费券137.5万元，促进全区文旅市场消费复苏。

【文旅市场审批工作规范高效】 进一步深化“放管服”改革，优化政务服务。对审批事项清单进行全面梳理，简化审批环节，压缩办理时限。全年共审批事项38项，其中即办件28项，占比率74%，压缩时限80%；行政许可事项6件，备案2件，均在时限内办结。

文化博览

【公共文化服务稳步提升】 组织开展送春联下乡、“树廉洁家风、传优良家训”庆元宵猜灯谜、“迎端午”陶瓷文化交流笔会等文化活动。全年累计开展阅读推广活动13次，图书流通12041册次，接待1.2万人次；共开展送戏下乡24场次、送电影下乡100场次、戏曲进校园14场次。稳步推进公共文化设施建设，全区共有应急广播待建终端74个，实际完成81个，超额完成省下达的目标任务。

【文物保护得到加强】 加大重点文物保护单位的保护力度，安排专人对全国重点文物保护单位丽阳窑址进行每日值守和巡查，实时监控文物现状。联合市文化综合执法支队多次到区域内各级文物保护单位进行安全检查，及时消除安全隐患，保障文物安全。

【丽阳窑址安防工程开工】 3月，争取到省文物局关于丽阳窑址安防工程项目资金237.07万元。4月12日，丽阳窑遗址（龙窑、葫芦窑）本体保护与保护性建筑提升工程开工，有序推进丽阳窑址保护项目建设与周边环境整治。

【助力景德镇窑址申报世界文化遗产】 主动融入景德镇国家陶瓷文化传承创新试验区建设，在积极配合景德镇市古镇投资开发公司有序改造恢复全国历史文化保护街区三间庙明清古街区古韵风貌的基础上，同步配合做好三间庙明清古街区作为“景德镇窑址”申遗要素点申报世界文化遗产相关准备工作。

【非遗保护利用成效显著】 全区列入省级非物质文化遗产名录共3项，分别为景德镇手工制瓷技艺陶瓷雕刻、景德镇传统薄胎瓷制作技艺、荷塘手工竹编技艺；列入市级非物质文化遗产名录共7项，分别为糖画制作技艺1项、木雕古戏台营造技艺1项、手工制瓷技艺4项（釉下五彩绘制、陶瓷综合装饰、色釉粉彩人物综合装饰、传统青花料配制）、剪纸技艺1项。入选非物质文化遗产传承人共10人，其中省级传承人1人。

【版权工作向纵深推进】 严格落实《出版管理条例》，组织对全区25家出版物发行单位进行年度核验，共为符合要求的10家单位办理年度核验登记手续，对15家因经营不善和不符合年检标准的发行单位取消出版物许可证。

【区图书馆第一分馆第四分馆建成使用】 建成区图书馆第一分馆昌南书屋和第四分馆殊源坞红色书屋，并争取到将第一分馆昌南书屋的运行经费和每年新增图书经费纳入区政府财政预算。第一分管昌南书屋位于市区迎宾大道景德镇市邮政大楼旁，建筑面积约1500平方米，划分有藏书室、阅览室、多功能会议室、休闲区、影视厅等功能区。藏书除按照国家图书馆分类法分类外，区域还设有儿童藏书区、红色藏书区、社科类藏书区、休闲类藏书区。第四分馆殊源坞红色书屋位于荷塘乡童坊殊源坞村，建筑面积约600平方米，划分有藏书室、阅览室、多功能会议室、展示区等功能区。该馆藏书以红色经典文学、红色历史文献为主。

【举办世界知识产权宣传周活动】4月22日，以“世界知识产权宣传周”活动为契机，通过播放版权知识产权宣传片、发放知识产权宣传资料、设置版权登记咨询点等方式开展版权知识宣传，累计发放宣传材料3200余份，接受现场咨询550余人次。

（高　攀）

书法家协会

【概况】区书法家协会（简称“区书协”）成立于2017年6月，是由区委宣传部和区文联领导、区民政局登记注册、全区书法家和书法爱好者组成的非营利性社会组织。截至2022年年底，共有会员148人。其中，中国书法家协会会员3人、江西省书法家协会会员22人。

2022年，区书协按照每月召开一次书法创作例会、每季举办一次书法公益大讲堂、每年开展一次会员临帖展“三个一”的活动机制，广泛团结全区广大书法家和书法爱好者，不定期组织开展书法创作、理论研究和对外交流活动。

【开展送春联下乡活动】春节前夕，组织举办“迎新年，送春联”活动，先后到吕蒙街道官庄社区、丽阳镇余家村、荷塘乡殊源坞村等村（社区）送福送春联。

【举办临创网络赛】10月28日至12月20日，组织举办临创网络赛，共收到会员临创作品30余幅，并择优报送作品参加市书法家协会举办的第三届临帖网络展。

【以书法作品为抗击疫情加油鼓劲】11月，全市新冠疫情暴发期间，区书协积极响应省、市、区文联号召，组织会员居家参与抗击疫情书法创作。共有7人用防控疫情诗文内容创作书法作品，发挥文艺工作凝聚人心作用，为疫情防控工作加油鼓劲。

【作品创作成绩喜人】全年，共有1人作品入展“中国书法·年展”全国篆书、隶书、篆刻作品展，3人作品入展江西省第十三届书法临帖展，1人作品入展江西省第三届“黄庭坚奖”书法创作大赛。其中，2人在全国轻工陶瓷行业职业技能竞赛中获奖，1人获“喜迎二十大，奋进新征程”全国陶瓷书法作品展二等奖。

（董国助）

春节前夕，组织举办“迎新年，送春联”下乡活动

主要负责人名录

常务副主席：

李国华（2022.11兼任）

休闲旅游

【芦溪县考察团到区考察全域旅游工作】3月6日，由萍乡市芦溪县委副书记刘勇带队的考察组，到区考察交流创建国家全域旅游示范区工作。考察组先后到区全域旅游集散中心、景德镇中国陶瓷博物馆（国家一级博物馆）和江西直升机科技馆（国家AAAA级旅游景区），实地调研昌江区建设全域旅游示范区的先进做法和所带来的新气象。区委副书记江智峰、区政府副区长张碧珍陪同考察。

【区全域旅游集散中心正式运营】5月19日，“5·19”文旅宣传推介活动暨昌江区全域旅游集散中心运营启动仪式在区全域旅游集散中心举行。区全域旅游集散中心位于市区迎宾大道锦秀昌南地段，总占地面积3000平方米，是景德镇市已建成的唯一具有集游客集散、旅游咨询、旅游预定、旅游商品展示、城市书屋等服务功能及智慧数据为一体的旅游服务平台。同步上线新开发的“一部手机游昌江”和昌江智慧旅游小程序，为来区的八方游客提供全方位、个性化的优质服务。景

5月19日，区全域旅游集散中心运营启动仪式举行

德镇市政府副秘书长郑皓，市文广新旅局党组书记、局长盛璟晶参加活动。

【旅游景区疫情后全面恢复开放】 12月6日和12日，江西直升机科技馆(国家AAAA级旅游景区)、古窑民俗博览区（国家AAAAA级旅游景区）分别发布恢复对外开放公告信息。冷水尖（国家AA级旅游景区）、瓷源山庄等景区接着逐步恢复对外开放。11月19日，因区境内发生新冠疫情，区新冠肺炎疫情防控指挥部及时启动疫情防控预案，区内旅游景区、景点及涉旅部门开始暂停营业。疫情防控有序开放后，区内各旅游景区景点逐步全面恢复开放。

（高　攀）

主要负责人名录

党组书记、局长：

陈玉芳（女，2021.10任）

党组成员、副局长：

黄玉兰（女，2021.10任）

刘晓青（女，2022.8任）

景区选介

【景德镇中国陶瓷博物馆】 又名景德镇陶瓷馆。是中华人民共和国成立后建馆最早、藏瓷最丰富的唯一一所陶瓷艺术专业性博物馆，于1954年元旦正式对外开放，馆名由郭沫若题写。

1955年9月，景德镇陶瓷馆新馆（莲社北路）正式落成，占地面积1.2万平方米，建筑面积4584平方米。2015年10月18日，景德镇陶瓷馆（景德镇中国陶瓷博物馆）新馆（紫晶北路）开馆，馆名江泽民题写，总占地面积5.9万多平方米，建筑面积3.2万平方米。馆内收藏陈列了自新石器时代的陶器和汉唐以来各个不同历史时期的陶瓷名品佳作3.6万余件（其中国家珍贵文物500余件）。

景德镇陶瓷馆是江西省爱国主义教育基地、全省文化系统综合治理工作先进单位、江西省文物调查及数据库管理系统建设项目工作先进单位、江西省科普基地和全国科普教育基地。2015年迁新馆以来，成功列为国家一级博物馆、全国爱国主义教育示范基地、全国中小学生研学实践教育基地、国家海峡两岸交流基地、全国节约型公共机构示范单位，并荣获全国博物馆十大精品陈列奖。

【古窑民俗博览区】 全国唯一一家以陶瓷文化为主题的国家AAAAA级旅游景区，是江西省第一家坐落于城市中心的国家AAAAA级旅游景区，是全国旅游标准化示范景区、国家文化产业示范基地、全国科普教育基地、国家级非物质文化遗产生产性保护示范基地。博览区共分为三大区域：一是历代瓷窑展示区，有古代制瓷作坊、宋代龙窑、元代馒头窑、明代葫芦窑、清代镇窑、清代狮子窑、红店、明清御窑、唐英纪念馆、风火仙师庙、陶瓷陈列馆等景点。二是陶瓷民俗展示区，以12栋明清古建筑群为中心，有陶瓷民俗陈列馆、天后

12月中旬，旅游景区景点逐步全面恢复开放

宫、祖师庙、金瓷工坊、瓷碑长廊、瓷音水榭、瓷乐演奏等景观。三是艺术休闲体验区，有中国古窑馆、紫禁书院、2010年上海世博会江西馆、窑神童宾大型青铜像等瓷文化创意休闲景观。

【枫树山国家森林公园】 总占地面积730亩，是一处集生态、自然为一体的森林绿化景观。公园以“山水瓷都景德镇，修身养性枫树山”为主题进行打造，园内南、北入口均铺有大面积的生态草坪，点缀景观树及花草灌木；园内有南北向水系，沿湖用层次丰富的植物群落造景，水下种植可改善水质且具有观赏效果的水生植物；园内道路采用生态透水材料建造，是一座独具“山水瓷韵、灵秀文润、生态幽雅”的城市休闲旅游新地标。

【郭璞峰自然风景旅游区】 江西省省级森林公园，总占地面积733公顷，最高点海拔453.5米，为第二次国内革命战争时期中共赣东北特委领导的郭璞峰游击队活动根据地。景区茂林修竹，泉流汩汩，景色优美，文物丰富，历史悠久，内有摩崖石刻7块。主要景点有大元摩崖石刻、挫马迹和马蹄痕、斋钵泉、高山平湖、赵家坞“悬棺”、五虎闹羊山、僧人沐浴池、千年罗汉松、玉泉寺、僧人冢、炼丹灶、郭璞塔、郭璞尖、古战场、高山泳池等16处。

【月亮湖风景区】 国家水利风景区，原名山田水库，因水面沿山弯曲，状如月牙，又名月亮湖。湖区群山环抱，水面开阔，水面面积达2050亩，水面直线长度4000余米，宽度320～520米，水深2～6米，适宜开展皮划艇、摩托艇等水上运动体育运动和水上训练。建有景德镇市第一个水上中心和水上运动中心综合楼，为南昌水利水电高等专科学校(2004年命名为南昌工程学院)的科普基地和教学实习基地，景德镇市青少年科普活动中心、水上运动员训练中心。坝首至水库尾开辟有一条长约10千米的环湖公路，景德镇至鹰潭高速依湖而过，并在此设立月亮湖服务区(现景德镇服务区)。

(施启权)

卫生 · 健康

综　述

区卫生健康委员会（简称“区卫健委”）是在原区卫生和计划生育委员会基础上，新增区深化医药卫生体制改革领导小组办公室、区民政局老龄工作、区安全生产监督管理局的职业安全健康监督管理工作3个单位的工作职责组建而成，为区政府工作部门。下设区疾病预防控制中心、区妇幼保健计划生育服务中心、区卫生健康综合监督执法局、区健康教育馆4个二级机构。

2022年，区卫健委以健康江西建设为统领，深化医药卫生体制改革，提升全民健康水平，抓实常态化新冠疫情防控，全方位、全周期保障全区人民的身体健康。

【深入推进医药卫生体制改革】 4月，制订出台《昌江区深入推广福建省三明市经验深化医药卫生体制改革的实施方案》，完成昌江区深入推广福建省三明市医改经验重点工作任务台账。推进医联体建设，区人民政府与市中医医院签订全域医联体联盟，各卫生院与市级医院签订医联体协议。实施药品零差率销售，规范基本药物管理，确保药物合理使用。2022年，全区药品配送金额为246.697万元，基本药物使用金额为163.005万元，基本药物采购金额占比66.07%。基层医疗卫生机构门急诊人次占比61%。

【推进中医中药事业发展】 2022年，全区各乡镇卫生院和街道社区卫生服务中心实现中医馆全覆盖。定期举办中医体质辨识、中医药知识咨询和健康保健讲座活

3月23日，市长胡雪梅（左二）到景德镇南收费站督查疫情防控工作

动，向社会各界人士特别是老年人和少年儿童广泛宣传推广针灸、熏蒸、热敏灸等中医技术。鼓励各医院医务人员参加传统医学学术专长考试，共有18人获得中医职业资格。启动昌江区中医医院项目建设，已完成医疗机构许可证和事业单位法人证书办理等工作，进入项目规划阶段。

【继续落实已脱贫人口健康帮扶政策】 为扎实推进巩固拓展脱贫攻坚成果与乡村振兴有效衔接，全区已落实实行脱贫人口住院先诊疗后付费和脱贫慢性病人家庭医生签约履约服务政策。全区健康帮扶脱贫人口为1823人，已签约服务的脱贫人口为1795人，签约服务率98%；履约服务的脱贫人口为1795人，履约率100%。四类慢性病人数为356人，签约服务的人数为354人，签约服务率99%；履约的人数为354人，履约率100%。

【建好用好健康档案】 全区健康档案累计建档16.37万人，建档率81.29%，居民规范化覆盖率68.28%。6岁以内儿童保健覆盖率70.09%，孕产妇早孕建档率15.11%，产后访视率21.50%，高血压患者规范管理率87.36%，糖尿病患者规范管理率84.72%，在册居家严重性精神病患者管理率

3月27日，昌江区新冠肺炎疫情防控调度会召开

90.56%，65 岁以上老年人健康管理率 33.96%。

【做好疾病预防控制工作】 加强突发公共卫生事件与传染病疫情监测信息报告管理，做好流感、手足口病、登革热等急性传染病预防控制，将结核病、艾滋病等传染病控制在低流行水平。抓好肿瘤随访登记和死因监测等慢性病管理，组织开展“全国肿瘤宣传周”“全民营养周”“世界无烟日”“全国爱眼日”等慢性病宣传活动。加强计划免疫规范化门诊建设，做好新冠疫苗接种工作。2022 年，全区免疫规划类疫苗应接种 26444 剂次，实接种 26249 剂次，接种率 99.26%；共接种新冠病毒疫苗 507811 剂次。

【加强卫生监督执法】 加强对新冠疫情防控、医疗市场规范、职业病危害防治、校园卫生健康、医疗服务机构和养老机构养老诈骗防范等热点问题的监督执法。2022 年，共出动执法 365 人次，检查各级各类医疗机构 200 余家次，下达监督意见书 300 余份，收缴医疗器械 68 件（套）、药品 3 盒，查处无证行医“黑诊所”1 家。共对 7 家医疗机构进行行政警告、9 家医疗机构实施行政处罚（罚款 5.76 万元）。

【开展爱国卫生运动】 以开展第 34 个爱国卫生月系列活动和第 35 个世界无烟日活动为契机，深入开展控烟整治行动，共发放宣传单 2000 余份、宣传品 1000 余份。集中开展病媒生物防制培训，清理和消杀病媒生物滋生地，阻断媒介传播途径，增添及更换毒饵站 1500 余处，发放病媒生物防制宣传单 12000 余份、蟑螂药 8000 余袋、鼠药 7000 余袋。

人口与计生

【做好出生人口监测】 2022 年，全区共出生 918 人，出生率 5.96%，人口自然增长率 2.21%，出生婴儿性别比为 110。

【落实计划生育家庭各项帮扶政策】 按照“五个一”要求，加大对计划生育特别扶助家庭帮扶力度。统一为全区特别扶助对象投保住院护理险 229 人，为特别扶助对象投保二次医疗保险 229 人，共投入保险经费 15.572 万元。落实农村计生家庭中考加分政策对象 36 人；落实农村奖扶对象 375 人、城市独生子女奖励对象 7819 人，共投入资金 952.95 万元。

【推进妇幼保健工作】 开展 0—3 岁婴幼儿托育工作，全区共开设 3 岁以下托育服务公立幼儿园 5 所、私立幼儿园 1 所、月子中心 1 所，托位数达 519 个。2022 年，新增运营 3 家托育服务公立幼儿园，共计 180 个托位，申请国家资金 180 万元。全年共完成孕检检测人数 413 对，完成率 91.78%。共完成艾滋病、梅毒和乙肝孕产妇母婴传播等项目检测 764 人、城乡适龄妇女“两癌”检查 2000 人，完成率 100%。并做好孕产妇和儿童系统管理、《出生医学证明》管理、托幼（园）机构卫生保健管理工作。

（徐　悦）

主要负责人名录

党组书记、主任：

史方立（2021.10 任）

党组成员、副主任：

程华英（女，2022.12 免）

江小珍（女，2018.2 任）

人力资源

人力资源

【概况】 区人力资源和社会保障局（简称“区人社局”）下设区社会保险事业服务中心、区就业创业服务中心2个副科级事业单位和区劳动监察大队1个正股级事业单位。局机关内设办公室，核定编制数3个。

【做好人才申报评审工作】 2022年，共评审通过正高级职称3人、高级职称59人、中级职称91人、初级职称140人。推荐享受市政府特殊津贴6人；推荐市高层次高技能领军人才培养工程人员8人，其中2人获省政府特殊津贴。

【做好人员招聘工作】 继续实施高校毕业生“三支一扶”计划，全年共招募“三支一扶”人员5人，其中，支教3人、支农1人、支医1人；招聘事业单位工作人员27人，招聘教师和特岗教师39人。

【及时处置欠薪案件】 全年共处理各类拖欠工资案件84件，涉及劳动者328人，拖欠工资425.32万元，已全部解决到位；共接收全国欠薪线索核处平台线索88条，已全部回复到位；接收全国劳动人事争议调解平台案件11件，全部予以调解。

【完善人才服务机制】 牵头建立人才“一站式服务”中心，在区行政服务中心设立人才服务窗口，提供人才政策“一站式”服务。系统梳理人社政策，印发相关文件实施细则，为人才落户、就业和创业提供帮扶，营造优良的就业创业环境，助力全区经济高质量发展。

（刘建锋）

主要负责人名录

区委组织部副部长，党组书记、局长：

吴田兰（女，2021.10任）

党组成员、副局长：

吴世泉（2022.12免）

黎莹莹（女，2017.7任）

劳动就业

【概况】 区就业创业服务中心为区人社局下设的副科级公益一类事业单位，核定编制数11个。主要工作职责：就业创业指导、政策资金扶持、人才流动、职业技能人才评价、职业技能培训、档案托管等。办公地点位于新枫路枫居园8号。

【做好公共就业服务】 2022年，全区新增转移农村劳动力2156人，完成全年目标任务的100.2%，其中省内转移1506人；全区新增城镇就业2698人，完成全年目标任务的115.3%。筹集见习岗位完成全年目标任务的117.3%，录入就业见习人数67人，完成全年目标任务的111.67%。开展线上线下招聘会31场，发放宣传资料7300余份，参加招聘企业399家，累计提供岗位11280个，参加活动人数7235人次，达成就业意向479人。

【保障重点群体就业】 2022年，全区公益性岗位共吸纳就业困难人员216人次，拨付公益性岗位补贴248.8万元；共受理“4050”就业困难人员社保补贴181人，实际拨付困难人员社保补贴93.13万元。

【推进失业保险工作】 2022年，共为8人发放失业保险金，发放金额7.97万元；为96人发放失业补助金，发放金额29.9万元；为52家企业发放稳岗补贴87.59万元，为餐饮、零售、铁路运输等企业阶段性降低失业保险费179.29万元，为202家企业降低失业保险费率，惠及4182人。

【加大技能培训力度】 全年累计开展各项培训40期，其中，技能培训21期、创业培训19期，共培训1302人次，完成全年目标任务的130%。重点开展保健

4月21日，鲇鱼山镇2022年“零工驿站”线下春季招聘会在鱼山村举行

按摩师、西点面点师、育婴员、电子商务等就业技能培训。

【发放创业担保贷款】 加强与放款银行沟通，开展常态化创业担保贷款宣传活动。2022 年，累计为个人发放创业担保贷款 153 笔 4854 万元，为企业发放创业担保贷款 10 笔 3820 万元，为符合条件的高校毕业生发放一次性创业补贴 5 人 2.5 万元。

【落实脱贫户帮扶政策】 全年共组织 63 名脱贫户参加技能培训，并发放生活补贴 0.9 万元；已开发就业扶贫专岗共吸纳脱贫户 73 名，12 月在岗务工 67 名，共发放公益性岗位补贴 84.9 万元；为 148 名脱贫户发放一次性交通补贴 4.44 万元；为 1 家企业发放一次性吸纳就业补贴 0.6 万元。

【建立农村劳动力资源数据库】 采集农村劳动力信息，提供公共就业服务，向劳动者精准推送企业用工信息和职业培训信息，实现由“人找岗位”向“岗位找人”转变，全区农村劳动力信息采集已完成入库数据 3.7 万条，信息采集率 100%。

【加大就业创业政策宣传力度】 联合西郊街道办事处、新枫街道办事处、吕蒙街道办事处，分别在泰豪珑原、中国陶瓷城、豪德贸易广场，开展“个体工商户服务月”活动 3 次，聚焦疫情影响、效益下滑等“痛点”，围绕解决个体工商户纾困“难点”，推动创业担保贷款、创业补贴等惠企惠民政策落细落实。

【开展送工入企专项活动】 3 月 9 日，组织来自全区各乡镇（街道）的 100 余名务工人员，前往江西富祥药业股份有限公司、诚德电子有限公司和景德镇美凯精冲有限公司参观交流，为企业和务工人员搭建面对面沟通的桥梁，现场签订就业意向人数达 60%。

（余梦依）

主要负责人名录

主　任：邵同健（2017.1 任）

副主任：陈昌至（2008.3 任）

　　　　汪　丹（女，2013.8 任）

　　　　胡　珊（女，2017.12 任）

社会生活

民政救助

【概况】 区民政局成立于1984年，核定机关行政编制3名，其中局长1名、副局长2名。2021年撤销区社会救助办公室，新组建成立区社会救助中心，为正股级公益一类单位，加挂区养老服务中心、区未成年人保护中心牌子。2022年10月，办公地点由区吕蒙街道古城村委会迁至新风支路区卫生大楼。

2022年，共发放各项民生资金4979.32万元。截至年底，全区共有社会组织96家（民办非企业单位68家，社会团体28家）、社会组织党支部12个（中共党员54名）。

【加强社会救助动态管理】 实行社会救助动态管理，不定期更新困难群众救助名单，实现“应救尽救、应退尽退”。2022年，城市低保新增84户、128人，清退351户、647人，现有2438户、3511人；农村低保新增97户、141人，清退92户、133人，现有1842户、2597人。特困供养人员新增14人，清退10人，现有127人；80周岁以上高龄老年人新增292人，减少278人，现有3189人；养老服务补贴新增6人，减少4人，现有54人；残疾人新增108人，减少165人，现有2236人；孤儿新增1人，减少2人，现有1人；事实无人抚养儿童新增12人，减少5人，现有26人。全年共救助临时困难对象305人次，发放临时救助资金56.8684万元。共核对城乡低保对象5646户、15805人次，信息预警未通过的4413户、8123人次。

【加强村（社区）基础建设】 出台《关于坚持党建引领提升村（社区）党群服务中心服务效能的实施方案》，全区66个村（社区）均做到“三有”（有“365天服务不打烊”标识、有工作人员信息牌、有事项清单）。利用“群众说事”平台，把“枫桥经验”落实在乡镇（街道），将矛盾纠纷发现在基层、化解在基层。向省民政厅推荐上报新枫街道三河村探索建立“一事一议”议事协商模式优秀案例。2022年，全区各村（社区）均已召开村民会议和村民代表会议，村务公开次数均达4次及以上。

【推进幸福社区建设和星级评定】 出台昌江区《关于印发〈实施“幸福社区”星级评定服务质量提升行动实施方案（2022—2026年）〉的通知》。2022年，全区共有6个社区（全市共19个社区）被省民政厅、省财政厅命名为2022年度江西省“幸福社区”。其中五星社区2个（西郊街道汪王庙社区、新枫街道青花社区）、四星社区3个（西郊街道昌南湖社区、西郊街道蟠龙岗社区、新枫街道新枫路社区）、三星社区1个（西郊街道淘金岭社区）。

【发挥社会工作服务站服务作用】 3月1日，区社会工作服务站（简称“社工站”）经昌江区民政局批准成立，在乡镇（街道）民政所设立5个站点。2022年，共完成服务对象建档587人，走访1226人；链接单位10家，链接资源4000余元；完成个案4例，自主策划举办社区活动7场，总服务591人次。西郊街道社工站被评为江西省首批“六化”乡镇（街道）社会工作服务站，其站点社工左萌被评为“乡镇（街道）社会工作服务标兵”。

【统筹各项社会事务】 做好移风易俗工作，全年共开展“丧事简办”“拒绝婚姻陋习”等宣传活动4次，建设农村公益性骨灰堂5个。加大对流浪乞讨人员的救助力度，劝离流浪乞讨人员150余人次，送至救助站4人次。健全农村留守儿童和困境儿童防溺水工作体系，构建家庭、学校、社会“三位一体”工作格局，全年共开展关爱走访活动4次、防溺水宣传2次。开通网上预约和电话预约结（离）婚登记服务，全年累计登记结婚792对、离婚329对。

【提高养老服务水平】 投入40万元，对丽阳镇敬老院进行适老化改造，打造全市敬老院示范点和区域性养老服务中心。对全区50户特殊困难老年人家庭，按照一户一策的改造方案进行适老化改造。更新老年人新增与死亡数据库，通过信息化平台核实各乡镇（街道）80周岁以上高龄补贴和60周岁以上城乡低保、城乡特困等名单。加大安全生产工作力度，对养老机构用电设施、食品卫生、消防、疫情防控等方面进行安全隐患排查。整治养老服务领域诈骗、非法集资等问题，责令景德镇国信康养产业有限公司整改收取大额费用的行为。

【加强养老机构消防安全建设】 按照省民政厅《关于专项治理工作的提示》，完善养老机构消防审验手续6家。9月27日，启动实施全区养老机构消防安全整改项目建设，聘请第三方对全区消防不达标的养老机构进行评估整改，12月底全部完成消防审验手续。

【完成吕蒙乡撤乡设街道工作】经区委区政府研究，启动吕蒙乡撤乡设街道工作。8月，经报省民政厅批复后，撤销中共昌江区吕蒙乡委员会，设立中共昌江区吕蒙街道工作委员会；撤销昌江区吕蒙乡人民政府，设立昌江区吕蒙街道办事处；撤销昌江区吕蒙乡人大主席团，设立昌江区吕蒙街道人大工作委员会。吕蒙街道本级党政群及各单位、村（社区）委员会的印牌，均按时间要求完成更换。9月5日，区委印发《关于吴重敏等同志职务任免的通知》文件，将吕蒙街道领导班子由原吕蒙乡领导班子职务改任到位。

（石鹏飞）

主要负责人名录

党组书记、局长：

徐海美（2022.9免）

周庆辉（2022.9任）

党组成员、副局长：

邓秋君（女，2019.2任）

医疗保障

【概况】区医疗保障局成立于2019年2月，核定机关行政编制3名。其中，局长1名、副局长2名。2021年3月，将隶属管理的区医疗保险事业管理局撤销，新成立区医疗保险事业服务中心，为公益一类事业单位，正股级建制，承担全区医疗保险事业公益服务职能；核定事业编制10名，设主任1名。2021年6月，入驻区政务服务中心窗口集中办公。2022年11月，局机关由区西郊街道办公大楼迁至新风支路区卫生大楼办公。

【打造区乡村三级经办服务体系】建立区医保服务中心、乡镇（街道）医保服务站、村（社区）医保服务室三级经办服务体系。区医保服务中心在区政务服务大厅推行“线上线下畅快办”模式，开通25个高频医疗保障服务事项“网上办”功能；乡镇（街道）医保服务站推行“贴心为民爽快办”模式，有序承接区医保服务中心下放的医保参保、变更登记、信息查询等5类15项业务，实现统一架构、统一职责、统一保障“三统一”的乡镇医保经办体系；村（社区）医保服务室推行“便捷高效帮代办”制度，各村（社区）配备1名代办员，负责统一制作医保经办服务代办工作制度牌、事项清单服务栏、日常业务登记工作手册等工作。

【改革优化医保经办服务】推进简政便民服务改革，压缩相关业务办理时间。其中，医保关系转移办理时间从20个工作日压缩为15个工作日，零星报销办理时间从30个工作日压缩为25个工作日，承担的25项政务服务总时限从370天压缩至279天。开通线上办理渠道，实行医保服务“掌上办”“网上办”，全年共受理异地备案866人次、异地安置328人次。城乡居民生育医疗费用由定额报销改为按普通住院报销结算。门诊慢性病、特殊病病种待遇认定下沉至定点医疗机构，享受“一站式”受理服务。实行窗口办事功能和服务不分区域制度，2022年，昌江区医保窗口共接待群众11093人次，一窗录入2988人次，接听各类咨询电话16700余次。

【落实医疗救助各项政策】做好动态监测，每月将个人累计自付医疗费用过大的患者信息，推送给区乡村振兴局、区民政局等部门进行分析研判、审核认定，让困难群众患者及时享受医保政策待遇。按照景德镇市二类门诊特殊慢性病待遇认定经办流程及规范管理的文件规定，落实特殊慢性病患者的医保待遇保障政策，全区共发放慢性病卡1063人。实行基本医疗保险、大病医疗保险、医疗救助“一站式”结算报销。2022年，全区6962名困难群众中，共报销医疗救助11295人次，共报销502.74万元。

【实现医保基金平稳运行】2022年，全区常住人口为201363人，已参保人数为195323人，参保率97%。城镇职工医保基金收入8593万元，支出8011万元，结余582万元；居民医保基金收入6869万元，支出5321万元，结余1548万元。

【加大医保基金监管力度】4月，开展医保基金监管集中宣传月“春雷行动”，通过播放宣传视频、张贴宣传海报、公布举报电话等方式，畅通举报渠道。严厉打击欺诈骗保行为，在昌江区人民政府门户网站信息平台曝光违法使用基金典型案例，组织全区广大干群参与线上“百万网民学法律”知识竞赛，对全区所有定点医疗机构进行检查。2022年，共组织开展自查自纠工作3次，全区122家定点医疗机构发现存在问题51件、涉及金额4万余元，均做到立行立改。

【推广医保电子凭证普及使用】 5月底下发的《全市医保电子凭证激活应用工作进展情况的通报》(第九期)中，昌江区在全省122家单位中排前14名、全市第1名。至6月底，全区居民医保电子凭证激活率达72.89%，整体激活率69.22%，定点医药机构结算率稳定在30%以上，提前一个半月完成省医疗保障厅下达的指标任务，实现就医方式从"卡时代"迈向"码时代"。

(胡孝亮)

5月7日，全市医保电子凭证推进工作现场会议在吕蒙乡举行

主要负责人名录

党组书记、局长：

吴晓霞(女，2019.2任)

党组成员、副局长：

王　华(2019.6任)

童丽娟(女，2019.6任)

社会保障

【概况】 区社会保险事业服务中心组建于2021年，隶属于区人力资源和社会保障局。内设办公室、机关事业养老保险股、企业养老保险股、工伤保险股、城乡居民养老保险股、基金管理股、稽核股、信息股。核定编制数27个，实有人员33人，其中在编在岗15人、临聘18人。主要负责全区大集体企业的养老保险和机关事业养老保险、工伤保险等业务。办公地点位于瓷都大道618号。

【做好保险参保和发放工作】 2022年，城镇职工养老保险参保人数44728人，其中，在职缴费人数23089人、退休人数21639人。企业养老保险费征缴总额1.4亿元，发放企业养老金6.1亿元，发放率100%。机关事业养老保险参保人数3321人，其中，在职缴费人数2321人、退休缴费人数1000人。收缴养老保险费3978.8万元，拨付养老金6180.56万元，发放率100%。工伤保险参保人数4722人，收缴工伤保险费132.61万元，支付工伤保险待遇61.95万元。电子社会保障卡发放106485张，已签发激活64605张，激活率60.67%。全区退休总人数30345人，已用社保卡发放待遇人数28374人，养老保险社保卡发放待遇覆盖率93.5%。

【加强社保基金核查】 5月中旬，稽核股对所有股室进行风险排查，给出整改意见并督促期限内完成整改。对以往数据再次进行核对，以确保数据绝对准确，共核查疑点数据4017条，发现违规社保基金172.11万元，追回率100%。

【推进老农保退保工作】 城乡居民养老保险股工作人员下到乡镇，邀请村内老党员、村委干部共同宣传，针对不同的参保人情况进行一对一讲解，确保政策解读到位。2022年，区老农保应退1473人，实退1473人，退回金额647372.58元。

(王君安)

主要负责人名录

主　任：平胜广(2022.1任)

副主任：冯　波(2014.4任)

应急管理

【概况】 区应急管理局成立于2019年2月，内设应急综合行政执法大队、应急指挥中心、办公室。2022年，现有干部职工12人。

2022年，区应急管理局紧紧围绕安全生产、防灾减灾救灾、森林防灭火、防汛抗旱等工作职能，充分发挥"两委三部"(区安委会、区减灾委员会，区防汛抗旱指挥部、区森林防灭火指挥部、区抗震救灾指挥部)综合协调作用，以"强监管、知风险、会防范、有准备、能应对"为工作主线，深入实施安全生产专项整治三年行动"十大攻坚战"，安全生产基层基础不断夯实，防灾减灾救灾、应急管理等各项工作扎实有序推进。

安全生产

【加强汛期防范和抗旱救灾工作】 区防汛办对各乡（镇）、街道防汛备汛工作开展安全隐患检查，对存在的安全隐患问题提出整改意见，并督促整改到位。根据市防汛抗旱指挥部要求和昌江渡峰坑水位的实时变化情况，及时启动Ⅳ应急响应，向各乡（镇）、街道及时发布雨情、水情气象水文预警信息和市防汛抗旱指挥部工作要求，做到及时会商、科学调度、严阵以待、全力以赴，开展巡坝和巡堤查险。

【做好森林防灭火工作】 狠抓平安春季行动、野外火源专项治理行动和打击森林违法用火行为专项整治行动、专业森林消防队大练兵大比武活动、森林防火宣传月等重点工作，各项森林防灭火基础工作扎实有效开展，全年未发生森林火灾和人员伤亡事故。为扎实做好清明、“五一”、国庆和中共二十大期间森林防火工作，按照全市森林防灭火工作统一部署安排，区森防办组织应急、林业部门根据市森防办工作要求，成立联合暗查暗访组，深入鲇鱼山镇、丽阳镇、新枫街道等基层一线，重点对森林防火宣传教育、火灾隐患排查、值班值守等情况进行明察暗访。获得2022年度森林防火平安县（区）称号，取得全年无森林火灾、零伤亡的好成绩。

【推进防灾减灾工作】 按照满足3500人应急救灾需求，采购储备物资200余万元，做到有备无患，保障应急之需。及时发放救灾款物。春节前发放到位冬季救灾资金120万元。对于辖区发生的险情，能做到第一时间到场快速处置，对辖区新枫街道一起居民房屋塌方险情，组织救援人员果断快速处置，成功营救被困人员。因信息上报及时、处置得当，被中央电视台宣传报道，得到省应急厅主要领导的肯定。配合省、市普查办扎实开展第一次全国自然灾害综合风险普查区划评估工作，为普查成果运用打好基础。

【未雨绸缪部署防汛】 3月31日，为认真贯彻落实省、市防汛工作电视电话会议精神，确保人民群众生命财产安全。区防汛办组织各乡镇（街道）、有关部门（单位）召开防汛工作部署会。区长伊文斌出席会议并讲话。区委常委、区政府常务副区长乐先锋主持会议。

【市委、市政府督导组到区督导】 4月20日，市委常委、市委统战部部长吴财锋率领市督导组到区督导督查安全生产工作。市应急管理局党委书记、局长汪来金，市教育体育局副局长李洪涛，市卫健委党组成员、二级调研员程玉燕等督导组成员参加。区领导伊文斌、乐先锋、张碧珍陪同。

【举办“安全生产月”咨询日宣传活动】 6月16日，区安委会紧扣“遵守安全生产法 当好第一责任人”主题，在豪德贸易广场举办2022年“安全生产月”咨询日宣传活动。区长、区安委会主任伊文斌出席活动并讲话，区委常委、区政府常务副区长乐先锋到场指导。区安委会各成员单位参加活动。

【举办全区安全知识培训班】 6月30日，为提高昌江区企业主要负责人、安全管理人员的安全管理意识和应急能力，强化企业应急管理基础工作，确保企业生产安全，助推全区实体经济持续健康安全发展，区应急管理局举办全区企业负责人及安全管理人员安全知识培训班，全区所有工贸企业负责人（法人代表、董事长、总经理）及安全管理人员80余人参加培训。

【开展国庆期间安全防范督导检查】 9月28日，为认真贯彻落实9月23日全国、全省、全市安全生产电视电话会议精神和区安委会2022年三季度全体成员（扩大）会议的工作部署要求，全力防范化解国庆及党的二十大期间各类安全风险，坚决遏制各类生产安全事故发生，区政府副区长、区安委会副主任聂刚带领区应急管理局、区重点项目推进中心、区市场监管局、区消防救援大队、区工信局开展节前安全防范督导检查。

（张宜晨）

单位负责人名录

党组书记、局长：

徐礼勤（2022.12免）

宁幼平（2022.12任）

党组成员、副局长：

董智勇（2022.12任）

消防救援

【概况】 区消防救援大队前身为昌江区公安消防大队，成立于1996年3月，下辖曙光路、瓷都大道2个消防救援站和鲇鱼山镇、丽阳镇政府2个专职队。大队原行政办公在珠山区曙光路22号

（曙光路消防救援站内），2020 年 12 月，搬迁至现行政办公楼。辖区共有二级重点单位 69 家，7 个公安派出所列管三级重点单位 187 家。

2022 年，紧紧围绕“昌江站排头、全市创一流”的总体建设和发展思路，大力强化班子和队伍建设，努力提升应急救援能力和火灾防控水平，确保“两个稳定”，圆满完成全年各项工作任务，受到地方党委政府的高度肯定。大队接连获全省第十六届省级文明单位和全省青年文明号称号。

【消防救援工作基础得到夯实】 共争取地方消防业务经费 679 万元，专项经费 549.12 万元，全年经费总共 1228.12 万元。较 2021 年的 1136.6 万元，经费增长率为 8%。投入 136 万元对瓷都大道消防站训练馆进行整体翻修，重新购买所有健身器材；投入 30 余万元建设“火焰蓝”之家；投入 25 万余元建设党团活动室；投入 25 万余元完成“制度上墙”“文化上墙”建设，使营区环境整齐化、规范化。

【及时处置各类警情】 全年共接处警 617 起，其中，火灾扑救 206 起，抢险救援 118 起，社会救助 176 起，公务执勤 92 起，其他 19 起，出动车辆 886 辆次，出动人员 6072 人次，无伤亡火灾事故。同上年相比，出警总量下降 0.32%，其中，火灾扑救上升 53.73%、抢险救援上升 5.35%，社会救助下降 25.10%、公务执勤上升 29.57%。成功处置“4・1”茶山宿舍房屋倒塌、“5・30”三河新村山体滑坡等有影响的警情；在夏季抗洪抢险中，大队共疏散遇险群众 2000 余名。

11 月 9 日，昌江区“抓消防安全 保高质量发展”119 消防宣传月启动仪式举行

【优化社会消防安全环境】 以“双随机、一公开”监督检查工作为抓手，以“消防安全专项整治三年行动”为主线，联合多部门开展多个专项检查。全区共检查社会单位 410 家，发现火灾隐患 220 处，督促整改火灾隐患 206 处，下发《行政处罚决定书》26 份，罚款 113300 元，责令“三停”单位 7 家，临时查封单位 7 家，重大火灾隐患挂牌督办单位 1 家，组织火灾调查 33 起。持续深入推进“打通生命通道”集中攻坚行动。改造建筑面积约 50 万平方米，新增汽车停车位约 1000 个，电动车集中停放车棚 30 个，投入资金 6050 万余元。出台《昌江区生产经营租住村（居）民自建房重大火灾风险综合治理行动方案》，共排查自建房 320 家，整改火灾隐患 266 处。联合 7 个部门下发《深化电动自行车消防安全治理工作方案》，加强对电动自行车停放、充电消防安全管理，共检查电动自行车销售门店及维修场所 3 家，发现火灾隐患 5 处，督促整改 5 处；共排查电动自行车违规停放及飞线充电 120 余处，均已督促整改。持续开展“九小”（小学校或幼儿园、小医院、小商场、小餐饮、小旅馆、小歌舞娱乐场、小网吧、小美容洗浴场、小生产加工企业）场所专项整治，全年

1 月 29 日，区领导到改造一新的昌江消防大院慰问消防战士

共排查“九小”场所934家，排查发现隐患540处，整改火灾隐患472处。开展防盗窗（网）消防安全专项整治。检查人员密集场所安装防盗窗（网）66家，拆除防盗窗（网）89个，改造防盗窗（网）19个，有效提升人员密集场所消防安全。开展幼儿园消防安全隐患排查整治工作。由区教体局牵头、大队督导，全区73家幼儿园完成自查，共发现火灾隐患43处，整改火灾隐患38处。

【扩大消防安全知识普及率】 深入社区村委会、学校、“九小”场所、“三合一”场所、重点单位等各类场所开展宣教活动，全年完成一警六员实操实训1581人，宣传巡查800家，疏散演练84家，“文明实践+消防”宣传站建设20家，上门授课30次，消防站开放42次。在节假日及重点时段组织开展消防宣传活动，设点宣传50次，开展志愿者活动20次，宣传车外出70次，摆摊设点等活动80余次，共发放宣传资料2万余份，投放消防公益广告及消防提示110家，受众人数达2万余人，企业微信号粉丝数达4600余人，宣传物资230余套，全年省级传统媒体上稿39篇（次），央视上稿2篇。充分利用科普教育基地，对6个乡镇（街道）“一委一办三员”工作人员、城区派出所消防警组人员开展消防培训2次，对安置点及重点单位微型消防站人员开展消防培训6次，累计培训人员500余人。

（方志伟）

主要负责人名录

党委书记、大队政治教导员：

陈　凯（2017.8任）

党委副书记、大队长：

梅志芳（2020.8任）

党委委员、副大队长：

卢志辉（2020.1任）

党委委员、瓷都大道站政治指导员：　余　景（2021.3任）

党委委员、瓷都大道站站长：

汪谢本（2021.12任）

党委委员、曙光路站政治指导员：

吴张彦（2022.1任）

党委委员、曙光路站站长：

王朴方（2022.6任）

退役军人事务

【概况】 区退役军人事务局成立于2019年2月22日，为区政府组成部门，核定行政编制数3名。2019年6月挂牌成立区退役军人服务中心，为正股级事业单位，核定事业编制10名。

2022年，区退役军人事务局坚持“奉献彰显尊崇”价值导向，全面落实优抚优待政策，有序开展移交安置、就业创业、思想教育、困难帮扶、拥军优属、烈士纪念褒扬工作。昌江区委被评为“第一批全省关爱退役军人示范单位”，昌江区被评为“全省退役军人、其他优抚对象优待证申领制发工作先进单位”，区退役军人事务局“退役军人思想政治和权益维护”“深化拓展‘尊崇工作法’”“退役军人移交安置”“拥军优抚”“退役军人新闻宣传”“退役军人服务保障体系建设”6个单项工作获评全市先进单位。章忠锋、李慧娟获全市“最美退役军人”称号，徐燕获全市“最美军嫂”称号，江资喜获“十佳兵支书”称号。荷塘乡红色讲解员童景秀获全市红色讲解员大赛一等奖，并代表景德镇市赴省参赛。

【加强服务保障体系建设】 全面实施“尊崇工作法”，落实“七个一”工作规范，推进退役军人工作制度化。完成鲇鱼山镇慈义村和丽阳镇余家村2个退役军人服务站打造。开展以会代训、岗位练兵活动，促进服务保障体系建设软件硬件“双过硬”。加强退役军人档案管理，完成档案归档。建成视频会商系统，实现与省、市两级会商系统联通。

【拥军优抚工作】 开展拥军惠军活动，走访驻区部队官兵、军烈属和困难退役军人、优抚对象。开展为立功受奖现役军人送喜报活动。做好重大疾病、家庭变故人员的帮扶援助，并开展困难帮扶活动，发放义务兵优待金，发放伤残军人、老复员军人、烈士家属、带病回乡以及“两参”人员补助资金，为重点优抚对象报销医疗费、维修房屋。

【优待证申领制发工作启动】 5月26日，在新枫街道办事处召开全区优待证申领制发工作动员部署会。8月30日，“景德镇市暨昌江区退役军人及其他优抚对象优待证集中发放仪式”在昌江区政府举行，副市长江民强参加集中发放仪式并讲话，市政府副秘书长朱奔主持仪式，军地领导、相关银行负责人出席活动，领证代表参加仪式。10月25日，省退役军人事务厅拥军优抚处副处长王小平到区调研优待证申领制发工作。2022年年底，昌江区圆满完成建档立卡和优待证制发“双百”目标任务。

【转业军官和退役士兵移交安置工作】 2022年，昌江区接收转业军官均安置在行政岗位实职，

9月30日，昌江区开展第九个国家烈士纪念日公祭活动

政府安排退役士兵工作全部在全额拨款事业单位，自主就业退役士兵享受教育培训资助政策（参训率100%）。

【烈士褒扬纪念工作】 开展“为烈士看爹娘，为烈属办实事”活动，高新区管委会主任、昌江区委书记倪卫春，区委副书记、区长伊文斌分别于3月26日、3月23日带队走访慰问烈士家属，走访烈属14名18人次，发放慰问金1.08万元，办实事4件。加强烈士纪念设施保护管理，投入20万元对丽阳镇双溪革命烈士纪念设施进行环境改造。加强清明节烈士祭扫服务保障，累计接待烈士祭扫40余批次。

【召开“八一”拥军优属座谈会】 8月1日，召开区“八一”拥军优属座谈会暨举行“法援惠民生·拥军优属”活动。活动由区法律援助中心律师和区司法局相关同志主持，区退役军人事务系统干部、退役军人代表、军属代表、烈属代表参加会议。

【举行烈士纪念日活动】 9月30日，在岚山革命烈士陵园举行烈士纪念日活动，向人民英雄敬献花篮。区四套班子领导，区法检“两长”，区委各部门、区直各单位主要负责人，各乡镇街道班子成员，驻区部队官兵代表，老同志、老战士、英雄模范、烈属、退役军人代表，医护工作者、学校师生代表参加仪式。

（吴正奎）

主要负责人名录

党组书记、局长：

王三平（2021.10任）

党组成员、副局长：

伍　超（2022.9任）

关心下一代

【概况】 区关心下一代工作委员会（简称“区关工委”）成立于1990年12月。健全全区区、乡镇（街道）、村（社区）三级关工委组织，2022年，全区共有114个关工委组织，“五老”人员868人。办公地点由原区政府大楼迁至紫晶南路原乡村振兴局。

一年来，区关工委坚持以社会主义核心价值观引领广大青少年积极开展传承红色基因活动，扎实推进“五老”关爱工程，充分发挥“五老”独特优势，不断开辟新时代加强对青少年教育的新方法、新途径。

【开展传承红色基因教育】 清明节期间，在“线下”，区关工委联合相关成员单位，组织上千名机关青年干部和学校学生代表到荷塘革命烈士纪念碑、革命先烈事迹纪念馆学习参观，追忆先烈、缅怀先烈、铭记先烈；在“线上”，全区各学校组织教师和高年级学生在网络上祭扫革命烈士，学习革命先烈抛头颅、洒热血、英勇献身的丰功伟绩，牢固树立对革命先烈的敬仰和继承革命先烈的遗志，让红色基因在广大青少年中生根开花结果。

【加强青少年核心价值观教育】 10月，组织召开全区中小学校校长思想道德教育工作座谈会，区委常委、区委宣传部部长汪德胜出席会议并讲话。会议要求，全区各中小学校校长要高度重视思想道德教育工作，建立健全校长亲自抓、思政老师和党员老师全参与、深入班级具体抓的工作机制，把青少年思想道德教育落到实处。同时，要抓好思政老师队伍建设，加大思想道德教育力度，牢牢把握立德树人和服务青少年的正确方向，教育引导广大青少年把人生理想融入实现中华民族伟大复兴的中国梦中，坚决做到听党话、感党恩、跟党走。

【做好青少年帮扶助困】 完善帮扶帮教关爱体系，采取“党委政府解决一点、部门单位支持一点、关工委自筹一点”的办法，积极筹措帮扶资金，尽力帮助困难青

6月26日，鲇鱼山镇关工委防溺水工作推进会召开

少年解决实际困难。经区委区政府同意，区关工委16个成员单位2022—2024年每年共帮扶80名困难青少年。充分发挥全区广大“五老”的带头示范作用，积极开展“树家风，育新人，好家训，好家规”活动和防止溺水教育。全年为60名困难学子每人帮扶300元。

（汪金花）

主要负责人名录

主　任：胡世英（2015.5任）

执行副主任：

余　青（女，2015.6任）

副主任、秘书长：

楼兴进（2003.6任）

乡镇·街道概况

鲇鱼山镇

【概况】 鲇鱼山镇位于昌江区西南部，东北毗邻昌江区吕蒙乡、浮梁县洪源镇，东南与昌江区荷塘乡接壤，西北交上饶市鄱阳县金盘岭镇、凰岗镇，南接景德镇市乐平市塔前镇。总面积133.34平方公里,全镇下辖14个村委会、1个居委会、103个自然村。现有耕地面积3.75万亩、林场面积11.88万亩，森林覆盖率51.72%。2020年机构改革后，鲇鱼山镇共有编制62名，其中行政编制25名、事业编制37名（便民服务中心18名、综合行政执法队19名）。全镇总人口37626人，其中党员939名。

2022年，全镇实现财政总收入1.24亿元，一般性公共预算收入0.47亿元。农村居民人均可支配收入达25275元，较上年度增长7%。完成社会消费品零售总额17.3亿元，增长12.1%。获全区乡镇（街道）综合考核第2名，乡镇综合实力排名全市第7。

【经济建设高质量融合发展】 2022年，全力支持富祥、凌富、宏亿等骨干企业做大做强，及时更新掌握企业动态和需求，实施“小升规”企业培育计划，对跃升类企业鼓励加快申报入库，尽快实现入规入统，为鲇鱼山镇经济高质量发展增添新动力。围绕生物医药、先进陶瓷、电子信息等主导产业，成功引进亿元以上项目7个，其中亿元项目4个，5亿元项目2个，“20”（亿元）项目1个，其中“20”（亿元）项目乐彭电子实现当年签约当年落地当年投产。全年新增规模以上企业11家,其中工业4家；现有规模以上企业31家，其中工业企业14家、数字经济企业3家。实现工业总产值37亿元，其中规模以上工业产值35.9亿元，同比增长13.5%。发挥精准招商优势，全年签订意向合同21个，协议引资46亿元，完成招引到位资金11.4亿元，固定资产投资15.3亿元,实现总量质量“双提升”。

【营商环境持续优化提升】 深入开展“千千进万企”活动，抓实市场主体服务和“连心卡”上墙全覆盖，积极推广“畅快办”小程序，上户宣传惠企政策。以良港村为试点打造“党建+企服”会客厅；创建“零工驿站”鲇鱼山镇营商品牌，被江西营商等媒介宣传报道；举办5期“政务沙龙”，共收集解决问题50余条。镇党政班子成员带头开展“企业服务日”活动，及时了解企业生产经营情况，以“慈母式”服务回应市场主体关切和诉求，及时解决企业疑难问题，精准帮扶活动走深走实。

【生态文明建设出成果】 以常态长效创建文明典范城市为引领，大力补齐短板，完成吕蒙村临时农贸市场改造，规范鱼山集镇交通管理。狠抓生态环境保护，扎实开展“散、乱、污”、畜禽养殖、农村人居环境整治及清河行动，治理部分商店未按规章经营，补划停车线1500条，清理房前屋后杂物、垃圾300余车，关停取缔“散、乱、污”企业7家，2家企业扬尘污染得到有效治理。扎实推进林长制，完成人工造林100余亩、松材线虫病除治4263亩，全面提升森林质量。开展常态化河长制巡查，完成4个水堰修缮项目和6座水库大坝及放水设施的维护、保养等工作，确保农业灌溉用水需求和渠道运行畅通。切实抓好环境保护工作规划和建设规划，扎实推进18个新农村建设点工作。创建“嫂子帮帮团”志愿服务品牌，开展各类志愿服务活动260余场，被30余家省媒争相报道。徐湾村、金桥村通过省级文明村复评。

【乡村振兴更有活力】 共对接各级主管部门衔接乡村振兴资金912万元，完成对接项目14个，其中产业项目6个、基础设施项目8个，项目开工率100%。高效推进1万亩高标准农田建设。因地制宜发展集体产业、致富产业，全

7月1日，鲇鱼山镇“七一”表扬大会暨“光荣在党50年”纪念章颁发仪式

力推进各村集体经济可持续发展。肉牛养殖、林下养鸡、生态大米、甘蔗糖、一千亩油菜等“一村一品”产业初具规模。投入3500万元推动金桥村经济发展中心项目开工，投入897万元高标准打造新桥现代化肉牛养殖基地，共有西门塔尔牛325头，带动脱贫户每年分红2000余元。全年完成村级集体经济收入463万元，其中经营性收入274万元；2022年，15个村（居）委会集体经济收入超15万元的占比达60%。

【民生福祉达到新水平】 全年共投入民生资金1325万元，用心用情用力推动各项惠民利民政策落实。如期交付金桥村、新桥村、留阳村三块安置地，加快实现村民“安居梦”。完成金沙公路和新关公路乡道扩建；用好用活专项债资金2210万元，实施村庄、教育、交通等10个乡村蝶变项目，镇村面貌焕然一新。投入360余万元，提档升级昌景黄高铁沿线新农村建设，城乡功能日渐完善。投入389万元完成X802丽阳至东岗（鲇鱼山镇政府段）道路建设；完成徐湾、慈义、凤岗等自来水提升工程和鱼山集镇、鱼丽路口提升改造，村运动器材及场地得到完善。完成鱼山集镇防洪堤设备安装。推进鱼山中心幼儿园周边等基础设施配套提质增量工程。在全镇范围内试点推行“福村宝”农村公益医疗互助项目，参保率78.55%，着力减轻群众大病医疗负担。成功入选创建国家级无结核社区试点项目。

【社会治理安全生产卓有成效】 严格落实领导带班、接访和24小时值班值守制度。全年化解信访积案47起，信访积案下降96%。大力推广电子医保、“国家反诈中心”App下载，全镇社会治理有条不紊。时刻绷紧安全生产这根弦，全面开展自建房安全隐患排查，开展生态环保、森林防火、防汛、抗旱减灾、救灾、防溺水及食品安全检查监管工作。加强安全生产教育管理。全面保障好群众的生命财产安全，人民群众的安全感得到保障。

【疫情防控措施有力】 新冠疫情突发期间，迅速建立“9+15”疫情防控战斗体系（即成立9个工作组和15个工作专班），坚持每日调度、不固定时间研判分析疫情形势。全镇100余名机关党员干部和群众志愿者、医务人员积极响应号召，投身抗疫一线。全镇成立党员志愿服务队15支，设置党员先锋岗45个。

主要负责人名录

中共鲇鱼山镇委员会

党委书记：

舒天才（2021.6任）

党委副书记：

彭清丽（2021.6任）

徐　靖（2021.6任）

党委委员：

蔡建勋（2022.8免）

张仁地（2016.7任）

程　鑫（2020.5任）

利俊韬（2021.6任）

江春根（2021.6任）

胡　越（女，2021.6任）

马圣超（2022.8任）

镇人大主席团

主　席：

吴　晶（2021.6任）

副主席：

钟　莹（女，2022.8免）

吴镇民（2022.8任）

镇人民政府

镇　长：

彭清丽（2021.6任）

常务副镇长：

蔡建勋（2022.8免）

利俊韬（2022.8任）

副镇长：

张仁地（2016.7任）

王瀚洋（2022.12免）

马圣超（2022.8免）

钟　莹（女，2022.8任）

许铭华（2022.12任）

中共鲇鱼山镇纪律检查委员会

书 记：

程　鑫（2020.5任）

（吴镇民　程仁修）

丽阳镇

【概况】 丽阳镇位于昌江区西部，北与景德镇市浮梁县接壤，西邻上饶市鄱阳县，东南与昌江区鲇鱼山镇相交。全镇总面积为80.03平方公里，下辖11个村委会、57个自然村、68个村民小组，人口总数为12933人（其中农业人口12544人）。

2022年，全镇完成财政总收入1.78亿元，其中一般公共预算收入完成8795万元。固定资产投资完成8.5亿元，同比增长12%；规模以上工业总产值22亿元，同比增长25.8%；内资完成10.8亿元，同比增长8.8%。净增规上工业企业4家，批发零售3家，住宿餐饮1家，完成亿元以上项目数7家，完成数字经济企业转码4家。成功创建省级卫生乡镇，获得江西省“五型”政府建设先进单位、全市征兵工作先进单位、全市退役军人事务工作先进单位等称号。

【农业产业推进发展】 全年共完成高标准农田建设10782亩。运用多种方式大力普及农业新技术，积极指导、培育农业专业合作社建设，特别是优质稻生产及专业合作社农业产业示范工作。加强冬种作物管理，全镇油菜播面任务13000余亩，实现全镇粮食增产、农业增效、农民增收的目标。全镇农产品生产形势稳定，早稻种植面积2532亩，中稻种植面积25213亩，晚稻种植面积2456亩，全年稻谷总种植面积为30202亩，全镇实现粮食总产量11890吨。

【乡村振兴深入推进】 全镇共有脱贫劳动力443人，其中已就业349人。全镇纳入年度实施项目总数18个，已开工18个，开工率100%。累计收到上级衔接资金1347万元，资金安排率100%，资金支出100%，达到省下达的考核指标要求。立足实际、整合资源，围绕优势特色产业，做好创新规划及布局，加快农产品、文化、生态的有机融合，将基础产业有效盘活转化为乡村致富、兴业、宜居、宜业、宜游的途径和创新模式，打造出高标准、可复制、可推广的乡村振兴示范典型。

【民生保障更加健全】 全镇享受城市低保的12户19人，享受农村低保的725户1011人；城乡居民参加医保的15295人，办理社会养老保险的2500余人；就业、失业登记500余人，提供卫生健康服务4000余人次，办理一孩二孩生育证90余人，办理退役军人待遇70余人；发放低保、特困补贴、高龄补贴1020人；为16名重度残疾人家庭进行无障碍改造，发放残疾人生活补贴328人，150余名残疾人受到社会各界不同形式的帮助。

【社会秩序和谐稳定】 发挥镇、村（社区）组织和基层党员干部的主体作用，织密市域社会治理网，打造镇级综治中心，真正实现“多中心合一、一中心多用”的目标；11个村（社区）规范建设村级综治中心，全力为民服务；打造“名辉金牌调解室”，方便群众调解矛盾纠纷。在全镇主要交通路口设立“电子鹰眼”，安装“地网监控”，在镇综治中心设立调度指挥平台。2022年，全镇刑事案发率同比下降60%、治安案发率同比下降46%。

【人居环境持续改善】 围绕“七改”“三网”建设，全面推动村庄环境整治，努力建设既有田园风光又充满现代化气息的新农村。实施新农村建设点6个，其中省建点2个、自建点4个。保障已建成的8个农村污水处理系统正常运行，推进2个污水处理建设的收尾工程，新申报3个污水处理工程项目。加强农村集中式饮用水水源地的环境保护，确保饮用水源地安全。丰田村和余家村成功创建市级生态村，镇本级顺利通过省级生态乡镇复核。

【污染防治有序推进】 坚持以“两山”理念为指引，引导居民减少使用一次性塑料制品，积极参与垃圾分类，抵制过度包装，减少塑料污染产生。加强秸秆禁烧管控工作。对镇属各村（居）下发《关于加强秸秆禁烧工作的通知》，提高全民对秸秆禁烧管控工作重要性的认识。确保11个农村污水处理系统的正常运行，逐步推进丽阳镇山田水流域水环境综合整治建设工程。成功申报丰田村和余家村成为市级生态村，顺利通过省级生态乡镇的复核工作。

【作风建设得到加强】 强化党员干部的党性观念和纪律意识，筑牢拒腐防变的思想防线。注重日常监督，持续正风肃纪。对节假日期间公车停放、值班纪律以及八项规定精神执行情况进行督查。加大处置力度，加强监督职能。2022年，丽阳镇纪委共接到线索26起，立案10起11人。

8月13日，升级改造后的206国道鱼丽路口交通信号灯和“电子鹰眼”安装到位后正式启用

其中党内严重警告3人、党内警告8人，第一种形态处理11起23人，信访了结1起。

【省农业农村厅领导到镇调研】 2月24日，省农业农村厅合作经济指导处一级调研员熊培龙、省乡村振兴局法规处处长龚亮保、《老区建设》杂志主编赵华伟一行到枫林村、洪家村分别听取移风易俗、“积分制”汇报，并现场查看相关资料。

【举办中共十九届六中全会精神轮训班】 6月2日，丽阳镇举办学习贯彻中共十九届六中全会精神基层党员轮训班（第一期）。丽阳镇机关党总支、老龄支部、工业支部全体党员共计93人参加培训。区委常委、区政府副区长、镇党委书记彭新建出席开班式并作动员讲话。

【召开全镇“七一”表扬大会】 7月1日，丽阳镇召开庆祝中国共产党成立101周年暨“七一”表扬大会。副科级以上干部、机关各部门负责人、镇属各党支部书记、“光荣在党50周年”老党员代表、受表扬的“两优一先”对象共计80名党员干部参加会议。会上向“光荣在党50周年”老党员代表、“两优一先”对象颁奖，受表扬代表作交流发言。

【市政府领导到镇调研防旱抗旱工作】 8月15日，市委副书记、市长胡雪梅到镇调研防旱抗旱工作时强调，要深入贯彻习近平总书记关于防灾减灾救灾工作重要指示精神，认真落实省防旱抗旱调度会工作要求，坚持以人民为中心，以“时时放心不下”的责任感，立足防大旱、抗久旱，科学调配、精准施策，主动服务、重心下移，最大限度地减轻旱灾损失，用更加过硬的举措、务实的作风，坚决打好打赢抗旱救灾这场硬仗，为全市经济社会持续健康平稳发展提供有力保障。

主要负责人名录

中共丽阳镇委员会

书　记：彭新建（2021.7任）
副书记：鲁锐翔（2021.7任，镇长）
　　　　余敏华（2021.7任）
委　员：徐秀平（女，2021.7任）
　　　　徐烈可（2021.7任）
　　　　安卫星（2021.7任）
　　　　朱建萍（女，2021.7任）
　　　　武　波（2022.3任）

镇人大主席团

主　席：陈贤贺（2021.7任）
副主席：李亚兰（女，2021.7任）

镇人民政府

镇　长：鲁锐翔（2021.7任）
副镇长：徐烈可（2021.7任）
　　　　程　丹（2021.7任）
　　　　罗　振（2021.7任）

中共丽阳镇纪律检查委员会

书　记：徐秀平（2020.7任）

（罗　振　董国助）

荷塘乡

【概况】 荷塘乡（垦殖场）地处昌江区南部山区，东与景德镇市浮梁县寿安镇相连，南与景德镇市乐平市科山乡、塔前镇接壤，西与昌江区鲇鱼山镇毗邻，北与昌江区吕蒙街道连接。面积63.03平方公里。现有4个行政村，总人口5500人。先后获评国家卫生乡镇、江西生态文明示范基地、江西魅力乡镇、江西生态文明乡村、江西乡村旅游示范村、江西生态文明乡镇等称号，荷塘精神红色教育基地获评省级爱国主义教育基地、省级廉洁文化教育基地。2022年，完成财政总收入4018万元，一般性公共预算收入1577万元。

【区委领导到乡调研换届后班子运行情况】 3月18日，高新区管委会主任、昌江区委书记倪卫春来到荷塘乡实地调研乡镇换届后班子建设运行和经济社会发展情况，谋划下一步工作发展，并召开座谈会。他强调，要围绕全区中心重点工作，主动谋划、积极作为、全域融合，全力打造乡村振兴的“荷塘样板”。倪卫春指出，荷塘乡党政班子要统筹谋划、精准施策，找准“十四五”期间发展的攻坚点，以更实的举措让荷塘乡多出形象、多出品牌、多出亮点，全力打造红色、绿色、古色交相辉映的昌江全域旅游品牌，努力建设乡村振兴的“荷塘样板”，让荷塘乡到处都是活跃的创造，让新的荷塘农垦精神再放光芒。

【市政协领导到乡调研乡村振兴工作】 4月26日，市政协党组书记、主席俞小平率调研组，就助推乡村振兴工作到荷塘乡专题调研。俞小平对昌江区、荷塘乡在推进乡村振兴工作中发挥自身优势、突出以点带面、取得初步成效给予充分肯定。他强调，推进乡村振兴战略是做好“三农”工作的总抓手，乡村产业发展是摆脱贫困的根本之策，是乡村振兴的长远之计，也是政协履职的重要切入点。

【召开全乡“七一”表彰大会】 6月30日，庆祝中国共产党成立101周年暨“七一”表彰大会召开。

乡党政班子成员、乡机关中层干部、各村党支部书记、副书记、“两优一先”表彰对象、“光荣在党50年”纪念章获得者共计60余人参会。

【举行退役军人优待证集中发放仪式】 10月9日，举行退役军人优待证集中发放仪式，相关银行工作人员、乡村两级退役军人服务站工作人员及退役军人代表参加仪式。荷塘乡全部完成全乡退役军人的建档立卡和优待证申领发放工作。以优待证发放仪式为契机，不断完善退役军人服务保障体系，扎实做好优待工作，让广大退役军人和其他优抚对象获得感更多、荣誉感更足、幸福感更强，大力营造尊重退役军人、尊崇军人职业的浓厚社会氛围。

【掀起学习宣传贯彻中共二十大精神热潮】 10月28日，召开党委理论学习中心组学习会。会议传达学习贯彻中共二十大精神，动员全乡上下迅速把思想和行动统一到中共二十大精神上来，以中共二十大精神凝聚工作合力、催生干事动力、激发发展活力。10月31日，荷塘乡召开中共二十大精神专题学习会。传达学习二十大报告、习近平总书记在中共二十大闭幕式上的讲话。动员全乡在全面建设社会主义现代化国家、全面推进中华民族伟大复兴历史进程中，书写更多“荷塘故事”、作出更多“荷塘贡献”。

主要负责人名录

中共荷塘乡委员会

党委书记：宁烨琳（2021.7任）

党委副书记：胡小敏（2021.7任）

袁如晖（2021.7任）

党委委员：王逢茂（2021.7任）

张庆华（2021.7任）

张　雷（2021.7任）

洪　蕾（女，2022.9任）

刘章贤（挂职，2022.10任，景航派出所所长）

乡人大主席团

主　席：陈红菊（女，2021.7任）

副主席：谢志红（女，2021.7任）

乡人民政府

乡　长：胡小敏（2021.7任）

副乡长：王逢茂（2021.7任）

中共荷塘乡纪律检查委员会

书　记：张　雷（2021.7任）

（占逸君　张　星）

新枫街道

【概况】 新枫街道属城郊接合部，东邻昌江，西邻昌江区吕蒙街道，南接景德镇市珠山区竟成镇，北毗景德镇市浮梁县洪源镇。街道辖区面积16.8平方公里，国土面积共2676亩，森林覆盖率达52.8%，总人口49518人，常住人口46118人，均为汉族，街道党员1126名，其中男党员743名、女党员383名。街道公务员干部17人，事业编干部22人，场编20人。下辖14个村(社区),其中行政村2个、社区12个。

2022年，街道财政总收入16734万元，一般公共预算收入4491万元，税收收入16399万元。固定资产投资完成14.39亿元，新增固定资产投资入库企业11家。

【招商引资和营商环境齐头并进】 把招商引资作为重点工作来抓，党政主要领导常态化带领招商小分队到宁波、上海、青岛、厦门等地外出招商18次，引进资金11.55亿元，其中，4个为亿元以上项目，8个为数字经济，重点孵化瓷都创想数字经济产业园。采取有力措施，针对辖区9312家市场主体，积极落实“千千进万企”行动，扎实做好政策宣传和营商服务工作。创新工作机制积极和财务中介机构对接，探索“党建+商会+企业”特色工作机制，大力营造“亲清瓷都·暖心爽心”浓厚营商氛围。10月30日，举办“喜庆二十大，打造营商环境新高地，建设宜居宜业新昌江”营商环境日宣传活动。社区网格员、帮扶干部积极走访摸排市场主体，通过宣传“畅快办”微信小程序，张贴“企业个体便企服务卡”，指导企业填写“企业入会登记表”等方式，收集问题225条。

【民生事业稳步推进】 街道现有建档立卡贫困户50户、137人，已全部脱贫。健康保障方面：脱贫户参保率已达到100%，办理慢性病卡共有29人；教育保障方面：在读学生26人，其中大学阶段1人已全部享受免除学杂费、教辅费，2022春季发放雨露计划补贴4人、1.2万元；社会保障方面：享受农村低保34户、72人，年均发放42.4万元，2人享受五保，全年发放4.3万元。“一领办四参与”政策落实方面：共有46户享受该政策，于4月、6月获得分红共计8.6万元。小额信贷方面：完成8户34万元；计划生育奖特扶对象56人，新增6人，一次性抚慰金已全部兑付到位；并为62户奖特扶对象提供签约家庭医生服务，做好健康监测。独生子女父母奖励新增上报368人；街道原有低保户1418户1945人，2022年累计发放生活补贴金额 1059.91 万元，累计发放城市特困户（五保户）生活补贴金额 33.4 万元，发放高龄补贴 4.74 万元，发放其他各类补贴 106.95 万元。城乡医保参保人数近 1.7 万人。发放医疗求助金 23.5 万元；办理各类报销 137.84 万元。办理就业失业登记 62 人，“4050”就业困难人员社保补贴 338 人，开展城镇贫困人员职业技能培训 26 人，为就业困难人员提供公益性岗位 14 人。累计为 544 名残疾人发放补贴 54.16 万元，街道共发放残疾人辅助器具 18 件。在“一年三节”及“八一”建军节均对辖区困难退役军人、重点优抚对象、现役军人家属、义务兵家属、烈士遗属开展走访慰问。

【精神文明建设水平不断提升】 2022 年，新枫街道下属村（居）的新时代文明实践站（所）积极开展党史学习教育、《习近平谈治国理政》第四卷，党的二十大精神学习贯彻等各类理论宣讲次数 138 场次，受学人数 1854 人。组织开展庆“七一”“喜迎二十大”各类文艺会演 18 次，放送电影 14 场，观看总人数近万人。将新时代文明实践活动和志愿点单服务有机结合，街道辖区志愿者有 984 名，开展点单次数 131 次，志愿服务累计时间长达 9.2 万余小时，在推动各项中心工作和群众满意度中发挥重要作用。精心打造“新枫街道信息交流平台”微信公众号，及时发布对内对外宣传报道 2019 篇，其中“学习强国”、中新网等中央级媒体 5 篇，小视频 10 条，取得良好社会反响。

【紧扣安全生产这根弦】 街道与下属 14 个村（社区）签订安全生产责任状，同时要求各村、社区分别与燃气梭式窑、建筑工地、大型仓储、锅炉业主等重点企业签订安全生产承诺书。安全宣传教育方面累计悬挂展示发放各类宣传横幅（海报）4706 条（张），微信公众号、微信群刊登推送安全宣传知识 30 余篇。按照“安全生产专项整治三年行动”“九小场所消防整治”等要求，累计检查出安全隐患 168 条，已整改 165 条，整改率 98%，累计责令停产 4 处。加强地质灾害防御防治工作，完善地质灾害群测群防体系，第一时间处理和应对 5 月 30 日、6 月 19 日三河新村发生的山体滑坡事件，成功解救被困人员。

6 月 30 日，新枫街道庆祝建党 101 周年暨“七一”表扬大会召开

【社会治理有条不紊】 2022 年，处置金岸名都、韭菜园 C 片区过渡费安置，国信江城物业管理、汽配厂宿舍断电等多起群体事件。综合治理方面在完成街道本级和十八渡社区一级综治中心的基础上，打造嘉和社区和三河村一级综治中心。以网格为单位开展提升公众安全感走访工作，广泛宣传防范电信网络诈骗、打击整治养老诈骗，有力地增强群众法治观念和民主意识，2 万余人次下载注册“国家反诈中心”App。十八渡社区获评“景德镇市无传销社区（村）”称号，新枫街道获评“平安江西建设示范乡镇（街道）”称号。

【抓实棚改征收工作】 谭家山三片区城市更新项目完成前期摸底工作，三闾庙城中村（二期）棚改征收项目完成征收清零工作，西河商贸中心征收完成摸底测量工作。

【城市环境整治见成效】 全年共投入常态长效整治资金 810 余万元，清理垃圾 1262 余车；更换“门前五包”挂牌 449 块；治理空中乱象 6951 余米，更换清理 3473 余块公益广告；清理各类“牛皮癣”垃圾小广告 1.3 万处；新增机动车位 1061 个，非机动车位 1.3 万米。开展市场专项大整治，对河西、茶山、园林、余家坞、中国陶瓷城等农集贸市场进行集中治理 492 次。对纠纷不断的隆基尚城小区，及时协调各职能部门共同参与，顺利选举新的业主委员会，有力促进小区的长效管理。

【完善网格型党组织建设】 按照每个网格原则上覆盖 300~500 户社区常住居民，街道划分 59 个网格。为建强网格党组织，推动将党支部建在网格上，一个网格设立 1 个党小组，深化城市基层党建引领基层治理，对辖区商务楼宇、商圈市场全面摸排，建立网格化管理，做到辖区网格全面覆盖。协调推进把社区内的党建和综治、民政、城管、信访、卫生健康、应急管理等各类网格统一整合成“一张网”,探索推行“445网格工作法”,推动网格服务与群众需求“无缝对接”，变“上面千条线、下面一根针”为“上面千条线、下面一张网”，真正实现服务“一网通办”,治理“一网通管”，干群关系“一网情深”。

【强化基层党建三化建设】 街道以深化基层社会治理为目标，全力推进“书记创新项目”，打造红色“枫”向标党建品牌,以“五新五风”为抓手，探索红色物业“1+3+5”工作机制,通过坚持“一个核心”引领向前，健全联动机制、议事机制、互评机制“三大机制”凝聚合力，实施“五个步骤”统筹推进，着力构建“党建引领、行业指导、基层主抓”的物业管理服务新模式，扎实推动党建与物业服务、社区治理和政府监管有机融合。按照基层党建“三化”总体要求，突出“一村一品”，新建三河村党群服务中心 2600 平方米，打造嘉和社区党群服务中心 2100 平方米，着力建设成为功能最全的社区综合性党群服务中心典型，夯实基层阵地提质增效，不断增强基层党支部组织战斗力和凝聚力。

【加强干部作风建设】 全年查处问题线索 24 条，立案 14 起，已结案 8 起，另外 6 起已经在审查走程序中。党内警告 6 人，政务警告 2 人,第一种形态处理 36 人，监督执纪工作得到提升。

【国营西郊农垦文化记忆馆】 2022 年，建成国营西郊文化记忆馆。该馆位于园林社区（原园林分场），展馆分 3 层，总面积 140 平方米，馆内陈列有中央、省、市、区颁发给国营西郊垦殖场各级各类嘉奖等资料。

主要负责人名录

中共新枫街道工作委员会

党工委书记：

雷光斌（2021.7 任）

党工委副书记：

范　鸿（2021.7 任）

徐　燃（2021.7）

党工委委员：

刘鸣波（2021.7 任）

余形春（2020.5 任）

吴珍琴（女，2021.7 任）

李玉英（女，2021.7 任）

街道人大工委

主　任：饶　丹（女，2021.7）

街道办事处

主　任：范　鸿（2021.7 任）

常务副主任：刘鸣波（2021.7 任）

副主任：刘小倩（女，2021.7 任）

程　杨（2021.7 任）

中共西郊街道纪工委

书　记：吴珍琴（女，2021.7 任）

（李玉英　程仁修）

西郊街道

【概况】 西郊街道位于昌江区西南部，东临昌江，西南与昌江区吕蒙街道相连，西南往北与昌江区新枫街道为邻，辖区面积 17 平方公里，共 15 个社区、1 个林场，共有机关、社区、学校 100 余家，总人口 6 万余人。街道党工委下设 1 个综合党委、15 个社区党委，现有中共党员 1748 人，事业编人员 21 人，公务员 10 人。2022 年，共完成财政收入 0.92 亿元（一般公共预算收入 1605 万元）；完成固定资产投资 15 亿元，完成 4 个亿元项目的招商引资，规模以上企业入库 9 家。

【项目发展有新突破】 2022 年，实现规模以上企业入库 14 家，完成固定资产投资 15.5 亿元，实现招商引资 11 亿元，招商引资亿元以上项目 4 个，其中 5 亿元项目 1 个。加快推进项目建设，仅用 70 天时间高效完成景德镇市公安局大楼周边片区棚改征收项目。2022 年成功签约 272 户。11 月，位于汪王庙社区珠山大道交叉的规划经一路（全长 220 米）全线贯通，有力提升城市品质，为群众出行提供更多便利。

【党建品牌有新举措】 落实社区“大党委”制度，街道中的 15 个社区全部成立社区党委。在蟠龙岗社区打造新业态新就业群体“昌江·畅快跑”红色驿站中心，变治理对象为治理力量。针对汪王庙社区楼宇商圈优势，牵头成立泰豪商圈党建共同体，探索形成“企业三进、社区三帮、企社三联”工作法，实现党建与商圈发展深度融合。搭建“红色”平台，推动社区合理设置“红色物业”议事厅，积极推进“红色业委会”建设，探索推行“一核引领、三方联动、多元共治”的“1+3+N”工作机制。森林社区党委在传承“金霞六送”基础上推行“123456”基层党建工作法，重点实施“四个一”暖心工程；蟠龙岗社区党委完善“五单”（群众“点单”、网格“找单”、支部

“派单”、全员“接单”、社区“晒单”）服务工作机制，推动志愿服务有声有色、常态长效。街道全年上稿中央级媒体4篇，省级媒体785篇，其中3篇党建信息上稿中央媒体。

【营商环境有新突破】 在街道、社区增设为民服务帮办代办岗位，深化线上云处理、线下“零跑腿”、延时容缺等便利化服务。依托泰豪商圈的商贸集聚、辐射带动优势，由汪王庙社区党委牵头，泰豪商圈党建共同体联合17家企事业单位和“两新”党组织，整合资源、协商共享，推动区域营商环境优化升级。联合江西鹏景律师事务所共同举办普法助企培训班。西郊街道共有市场主体4756户，街道将市场主体划分成59个网格，落实区、街道、社区三级帮扶干部352人，通过开展讲座、举办活动、党建共建等丰富多样的形式，营造“人人关心营商环境、人人维护营商环境”的良好氛围。“八个一”专项行动被作为典型经验，在全区推广。街道、社区、区直干部累计走访市场主体14000余次，累计收集市场主体问题100余条，均妥善解决。街道共计荣登六期昌江区优化营商环境调研红榜。8月，街道各社区共开展各类活动20余次，增进政企关系。

【社会治理有新局面】 将辖区网格重新优化设置，建立街道党政领导班子成员联系网格工作制度，16名街道副科级领导班子成员联系15个社区和1个林场、71个网格，102名在职党员下沉社区、编入网格、进到楼栋。成立由分管领导带队，安监、物业、城管、社区等多部门组成的联合督查队伍，对辖区内“九小”场所进行全面检查。全年共排查各类矛盾纠纷567起，调处567起，调处率达100%；共受理12345热线交办事件167件，处理上级交办事件34件，解决34件。积极推进“智慧安防”小区建设，完成对街道一期62个小区、二期13个小区、三期4个小区的基础建设及设备安装。

【民生保障有新业绩】 全年为18人提供公益性岗位，为277人解决“4050”社保补贴，通过就业见习政策安排11名高校毕业生到街道见习。破解企业招工难题，年初在泰豪珑原瓷都中心广场承办“春风送温暖·就业送真情”大型春季招聘会，参会企业55家，现场咨询应聘人员2000余人次，初步达成意向269人。

【省委领导到街道调研】 3月24日，省委书记易炼红到汪王庙社区党群服务中心，了解基层党建、网格化管理和便民服务等情况，并看望中共十七大、十八大代表李金霞，鼓励她发挥“传帮带”作用。11月4日，省委书记易炼红到蟠龙岗社区调研老旧小区改造后情况。

【市委领导到街道调研】 4月15日，市委书记刘锋到西郊街道调研市域社会治理现代化试点暨信访积案化解工作。西郊街道通过升级智慧化平台，重新整合综治维稳、城市管理、民生代办等服务窗口，细化124项具体服务项目，有效实现“民生”“民安”双轮驱动。刘锋详细了解中心网格化管理和社会治理监控信息化架构、服务功能和运行情况，并通过监控系统与一线网格员视频连线通话。刘锋指出，综治中心要围绕规范阵地建设、创新治理方式、打造特色亮点、服务保障民生，把防控风险、服务发展摆在更加突出的位置，不断提升综治中心保安全、护稳定、促和谐水平；要选优配强网格员队伍，推进基层治理智慧化、规范化、专业化，形成可复制、可推广的经验做法，真正实现“人在格中走、事在格中办、难在格中解”。

【基层党建引领亮点纷呈】 5月27日，省城市基层党建引领基层治理工作领导小组会议在南昌召开。西郊街道作为全省唯一的街道代表发言，汇报工作做法，探讨工作思路。街道建立以责定权、因事赋能管理考核办法，采取积分量化考核，评估区直部门下沉人员工作表现，用好人事考核权和征得同意权“指挥棒”。建立“街道大工委”月度工作例会制，组织社区干部、在职党员、志愿者、执法人员等340余人进入56个网格。建设“智慧社区”App，把窗口服务移到网上、连到掌心。设立金霞党建工作室，形成“金霞六送”等社区服务品牌。成立泰豪商圈党建共同体，探索形成“企业三进、社区三帮、企社三联”工作法，优化提升区域营商环境。孵化培育5个社区服务类社会组织。建立志愿服务队75个，吸纳志愿者5000余人，带动各方力量参与社区治理。

【打造综治中心智慧平台】 升级打造综治中心智慧平台，街道在全市率先推广使用“平安江西”App平台，完善社区智慧融合平台“V1.0”，集成指挥调度系统、室内监控系统、语音视频通话系统、便民宣传系统、综合显示控制系统等融合服务平台。通过建立大数据中心，做到智慧平台运用直连社区、直达小区，为街道实施科学决策提供数据支撑，打通社会治理“最后一公里”，让街道各项工作插上“智慧的翅膀”，让老百姓有更多的获得感幸福感安全感。9 月 30 日，西郊街道“平安江西”App 志愿者注册人数达 6643 人，上报各类事件 11750 件，流转各部门 2387 件，流转办结 2381 件，办结率 99.6%。

10 月 12 日，昌江区举行“昌江·畅快跑”红色驿站揭牌仪式并成立中国共产党昌江区快递外卖行业联合委员会

【昌江区红色驿站在蟠龙岗社区揭牌】 10 月 12 日，昌江区举行“昌江·畅快跑”红色驿站揭牌仪式并成立中国共产党昌江区快递外卖行业联合委员会。“昌江·畅快跑”红色驿站中心站点，是昌江区首个以新业态新就业群体党建为主题，集教育、管理与服务于一体的党建阵地，为昌江区打造“开放、融合、有温度”的基层党建品牌注入新活力。中心站点位于西郊街道蟠龙岗社区党群服务中心。饿了么、万顺叫车、滴滴出行、京东快递、圆通快递等单位负责人及网约车、快递员、外卖员代表共计 60 余人参加活动。

【省人大调研组到街道考察】 10 月 20 日，省人大常委会党组书记、副主任赵力平率省人大调研组一行赴西郊街道实地考察人大代表联络站规范化建设情况。市委副书记、市长胡雪梅，市人大常委会党组书记、主任曹雄泰陪同调研，区委副书记、区长伊文斌，区人大常委会主任李恩清等陪同。乐平、浮梁等兄弟单位先后组队到街道观摩人大代表联络示范站。

【中宣部领导到街道调研】 11 月 8 日，中宣部副部长张建春到汪王庙社区调研新时代文明实践工作，并到蟠龙岗社区调研老旧小区改造后情况。西郊街道辖区共建有新时代文明实践所 1 个、社区新时代文明实践站 15 个。依托新时代文明实践所（站）宣讲《习近平谈治国理政》第四卷，紧跟实时政策讲解，让群众在正确思想的引领下了解政策，懂得政策，把党的声音传得更远、更广、更清晰。推选一批优秀志愿者，组建各级新时代文明实践志愿服务队——“小蜜蜂”在行动志愿者服务队，开展一系列健康义诊、惠民普法、走访慰问等活动。全年共开展各类文明实践活动 300 余次。

【省民政厅领导到街道调研】 11 月 18 日，省民政厅党组书记、厅长李明生到西郊街道调研养老服务工作，省民政厅副厅长黄永茂、省民政厅二级巡视员熊铭随同调研。副市长江民强，高新区管委会主任、昌江区委书记倪卫春，市民政局党组书记、局长程卫东，区委副书记、区长伊文斌陪同调研。西郊街道胜利社区“逸享昌南长者之家”是昌江区打造的社区嵌入式养老示范点，服务对象是社区内 60 岁以上需要被照护的老年人。

主要负责人名录

中共西郊街道工作委员会

党工委书记：邵厚顺（2021.7 任）

党工委副书记：

李　游（2022.2 任）

李　嵩（2022.8 免）

蔡建勋（2022.8 任）

党工委委员：

葛海朋（2016.8 任）

胡　泊（女，2021.7 任）

张克鹏（2022.8 免）

邹光响（2021.7 任）

陈汗亮（2022.8 任）

街道人大工委

主　任：严命元（2021.6 任）

街道办事处

主　任：李　游（2022.2 任）

常务副主任：葛海朋（2016.8 任）

副主任：杨欣茹（女，2021.7 任）

陈　晨（女，2021.7 任）

中共西郊街道纪工委

书　记：胡　泊（女，2021.7 任）

（叶　琼　方施惠）

吕蒙街道

【概况】 吕蒙街道地处景德镇市西区城郊接合部，东与昌江区新枫街道、西郊街道相邻，南与昌江区荷塘乡接壤，西与昌江区鲇鱼山镇相连，北毗邻景德镇市昌南新区和高新区。街道下辖3个村（古城村、官庄村、历尧村）、5个社区（吕蒙社区、官庄社区、黎明社区、历尧社区、豪德社区），共29个村小组，33个小区，户籍人口15258人，常住人口37237人，总面积42平方公里（部分地区由高新区、昌南新区代为管辖）。

2022年，吕蒙街道实现地区生产总值22.5亿元，财政总收入14071万元，一般公共预算收入3251万元，固定资产投资总额达9.6亿元。第一产业总产值达到24346万元，第二产业总产值110085万元，第三产业总产值90135万元。街道拥有4300余户市场主体，268家工业企业，22家“五上”企业，其中规模以上工业企业7家，涵盖焦化煤气、陶瓷、建材、电子信息、生物医药等产业。

【营商环境不断优化】 打造“吕蒙商巢”营商环境平台，提供一站式“保姆”服务；通过“12345”热线、“畅快办”小程序、干部上户等渠道，累计收集市场主体反映问题350个，解决满意度高达98%；构建帮代办服务网络，共代办线上线下服务89件；区、街道、村居三级干部上户完成“一对一”“一对多”等形式的结对帮扶，帮扶结对率86.67%，街道、村居共180人参与“千名干部进万企”，累计走访157次，对接帮扶7401户市场主体。

【民生福祉持续改善】 5月，在全市乡镇电子医保凭证激活排名中，吕蒙街道激活率62.9%，排名全市乡镇第一；开展新时代文明实践活动，“为民解忧”“小事不小”类工作212次；落实城乡居民最低生活保障政策，办理失地农民养老保险退休145名、城乡居民养老保险5名，新增失地农民申报463名，引导居民申领电子社保卡1459个。

【社会大局和谐稳定】 实施领导信访接待日制度，开展矛盾集中排查，共调解矛盾纠纷53起，成功率100%；办理网上信访件17件，开展法治宣传活动11次，提供法律咨询665条，上报法律援助案件21起，法治建设不断深入。

【乡工会联合会成立】 7月14日，吕蒙乡工会联合会成立暨首届会员代表大会顺利召开。来自全乡各条战线的会员代表共计33人出席本次会议，会议听取乡工会负责人所作的乡工会工作报告，通过会议的各项议程顺利选出5名工会委员、3名工会经审委员、3名工会女职工委员。

【省民政厅批复同意吕蒙乡撤乡设街道】 7月20日，省民政厅下发文件《江西省民政厅关于同意景德镇市部分乡级行政区划调整的批复》，同意撤销景德镇昌江区吕蒙乡，设立景德镇市昌江区吕蒙街道，以原吕蒙乡行政区域为吕蒙街道管辖范围。吕蒙街道行政区划代码为360202003。吕蒙街道办事处驻豪德社区瓷都大道511号（原吕蒙乡人民政府驻地）。

【景德镇黑猫集团碳纳米管项目开工】 8月5日，景德镇黑猫集团下属企业黑猫股份高性能材料公司年产5000吨碳纳米管粉体及配套产业一体化项目开工仪式，在吕蒙街道历尧村古老山地块隆重举行。市委常委、市委统战部部长吴财锋，昌江区委副书记、区长伊文斌，景德镇黑猫集团党委书记、董事长王耀出席并致辞。

7月25日，景德镇市高新区棚改项目（吕蒙乡古城村片区）征收动员会召开

【配合高新区抓好棚改征收工作】 践行“两区融合”理念，全力配合高新区园区经济建设，启动高新区新都大道、滨江西路延伸项目（吕蒙街道古城村片区）征收工作，共完成房屋征收79户42栋、迁坟13组、征收土地面积210余亩。

主要负责人名录

中共吕蒙街道工作委员会

党工委书记：

姚文斌（2022.8转任）

党工委副书记：

吴重敏（2022.8转任）

党工委副书记、政法委员：

李　嵩（2022.8转任）

党工委委员：

陈传雷（2022.8转任）

彭金春（2022.8转任）

刘金和（2022.8转任）

徐　飞（2022.8转任）

蔡前前（吕西派出所所长挂职，2022.1任）

曹　智（水上派出所所长挂职，2022.1任）

街道人大工委

主　任：史燕红（女，2022.8转任）

副主任：洪　丹（女，2022.8转任）

街道办事处

主　任：吴重敏（2022.8转任）

副主任：陈传雷（2022.8转任）

余小珍（女，2022.8转任）

黄婧芦（女，2022.8转任）

卢致强（挂职，2022.8任）

中共吕蒙街道纪工委

书　记：刘金和（2022.8转任）

（卢致强　冯曼丽）

人　物

年度人物简介

杨 博

（二等功）

杨博，男，汉族，河南洛阳人，现工作、成家居住在景德镇。2006年入伍，现为部队技术室工程师，专业技术少校。

他爱岗敬业，无私奉献，深钻专业技术，坚持用科技创新服务练兵备战，牵头研制出30余件技术革新产品，编撰20余份技术资料，并得到实际应用，为提升部队核心作战能力提供有力支撑。先后荣立三等功1次、记嘉奖3次，多次获砺剑尖兵、优秀基层干部、“四有”军官等表彰。

因优异表现，2022年12月荣立二等功。景德镇市军分区领导、市退役军人事务局负责人，昌江区委、区人民政府领导和区人武部领导，将二等功喜报、二等功臣之家牌匾和慰问金送到其位于吕蒙街道的家中，向其及其家人表示祝贺。

程玉洁

（第19届世界游泳锦标赛女子100米自由泳第5名）

程玉洁，女，汉族，2005年9月出生，小学就读于昌江区实验小学（现景德镇市第四小学），现为中国女子游泳运动员。

2011年暑假报名参加游泳兴趣班，开始学习游泳。2012年9月进入景德镇市游泳学校参加游泳长训，正式接受专业游泳训练。2015年5月，进入江西省体育运动学校游泳队，开启其职业运动员生涯。

2018年10月，她参加在景德镇市举行的江西省第15届运动会，所报的5个项目全部拿到金牌。2021年7月24日，在2020年东京奥运会女子4×100米自由泳接力预赛中，她打破该项目亚洲纪录。7月25日决赛中，程玉洁与朱梦惠、艾衍含和吴卿风组成的中国队以3分34秒76的成绩获得第7名，创造江西游泳成绩历史，同步刷新尘封12年的亚洲纪录。2021年9月19日，在西安市举行的第十四届全国运动会上，程玉洁和队友们组成的奥运联合队在4×100米自由泳接力赛决赛中夺得冠军。

当地时间2021年12月20日，在阿联酋阿布扎比举行的2021世界短池游泳锦标赛女子4×200自由泳接力赛决赛中，程玉洁和队友们组成的中国队摘得铜牌；次日，在女子4×100米混合泳接力赛决赛中，程玉洁和队友们摘得铜牌，并打破亚洲纪录。

2022年6月18日，程玉洁出征在匈牙利布达佩斯举办的第19届世界游泳锦标赛3个项目（女子4×100米自由泳接力赛、女子100米自由泳、女子50米自由泳）。北京时间6月24日凌晨，程玉洁获女子100米自由泳第5名。

彭秀英

（2021年度江西省五一巾帼标兵）

彭秀英，女，汉族，1981年10月出生，大学本科学历，2006年到昌江区疾控中心免疫规划科工作，现为昌江区疾病预防控制中心免规科主管护师。

她15年如一日，勤勉工作，始终坚守在免疫规划工作一线，以敬业的态度、扎实的作风和丰富的实践经验，确保全区预防接种工作平稳有序，有力地守护人民群众身体健康。免疫规划千头万绪，她不仅要贯彻落实上级免疫规划，还要负责全区6个预防接种单位工作人员的培训及日常接种工作的指导。由于工作量大、科里人手少，加班加点甚至节假日加班成为她的工作常态。但她从未有怨言，她继承和发扬“特别能吃苦、能战斗、能奉献”老防疫精神，全身心扑在工作上。

2022年3月，江西省总工会下发《关于表彰2021年度江西省五一巾帼标兵岗标兵、命名江西省女创业带头人的决定》文件，彭秀英获得“2021年度江西省五一巾帼标兵”称号。

黎佳佳

（2022年度江西省景德镇市“新时代好少年”）

黎佳佳，女，汉族，2011年10月出生，昌江区丽阳镇中心小学四年级学生。

2018年，其父亲被确诊为脊髓空洞症。她体恤母亲的辛苦，经常为家里做些力所能及的事情，平时6点多就起床打扫卫生，煮稀饭，叫弟弟妹妹起床。每到周末，她会跟母亲去各个村庄回收旧衣服。回家后，还要将回收到的旧衣服进行分类，重新规整。平时，她还承担给父亲喂饭、洗脸、刷牙、翻身等烦琐的护理工作。无论是日复一日地端汤送水、洗脸洗脚、端屎端尿，还是每周一次的洗头洗澡、擦身换衣等，她都把父亲照顾得无微不至。

在学习上，她有着一股钻劲儿，不向任何一道难题低头。她善学善思且勇于发问，正是这种好习惯使她门门功课都名列前茅,年年被评为班级“三好学生”。她以感恩的心态对待生活，这个懂事的小女孩清楚地意识到：壹基金、上海沈老、妇联等社会各界人士的关爱带她和她的家庭走出了困境，所以她积极参加各项公益活动，担任学校“环保小卫士”，通过捡拾地上的奶盒、饮料瓶、塑料袋等为美化环境做出一份力所能及的贡献。

2022 年 6 月 29 日，江西省委宣传部、江西省文明办、江西省委教育工委、江西省教育厅、共青团江西省委、江西省妇联、江西省关工委联合举行 2022 年度江西省“新时代好少年”先进事迹发布仪式，黎佳佳获评 2022 年度江西省“新时代好少年”。7 月，景德镇市举办 2022 年度“新时代好少年”典型事迹发布会，黎佳佳上榜 2022 年度景德镇市“新时代好少年”（孝老爱亲、自立自强）。

（施启权）

2022 年昌江区获市级及以上先进个人一览表

表 1

单 位	姓　名	性别	授予先进名称	表彰单位
昌江公安分局户政科	黄　莺	女	第七批全国岗位学雷锋标兵	中央宣传部
区税务局	刘　勇（家庭）	男	2022 年全国最美家庭	中华全国妇女联合会
区城市管理局新枫中队	余　辉	男	2022 年中国红十字会会员之星	中国红十字会总会
区卫健委	史方立	男	新时代赣鄱先锋（群众身边好党员）	江西省委组织部
昌江公安分局站前派出所	彭　瑞	男	2022 年江西最美基层民警	江西省委宣传部 江西省公安厅
区城市管理局新枫中队	余　辉	男	2022 年上半年江西好人（助人为乐）	江西省文明办
区西郊街道公园路社区	应　萍	女	平安江西建设先进个人	江西省委政法委员会
丽阳镇武装部	王鹏飞	男	江西省退役军人服务工作“尊崇之星”	江西省委退役军人事务工作领导小组办公室、省退役军人事务厅
区关工委	胡世英	男	全省关心下一代工作先进个人	江西省关心下一代工作委员会、省精神文明建设指导委员会办公室
区人民检察院	程双梅	女	全省关心下一代工作先进个人	江西省关心下一代工作委员会、省精神文明建设指导委员会办公室
丽阳镇芦源村	胡　兵	男	全省百优法律明白人	江西省委依法治省办、省委宣传部、省司法厅、省普法办
丽阳镇芦源村	胡　兵	男	全省百优法律明白人	江西省委依法治省办、省委宣传部、省司法厅、省普法办
区人民法院鲇鱼山人民法庭	刘兹博	女	2020—2021 年度全省优秀法官	江西省高级人民法院
区人民检察院	管仕军	男	2021 年度全省检察机关优秀办案检察官	江西省人民检察院
区统计局	李　婷	女	江西省第七次全国人口普查先进个人	江西省第七次全国人口普查领导小组
鲇鱼山镇统计站	程凤霞	女	江西省第七次全国人口普查先进个人	江西省第七次全国人口普查领导小组

续表

单位	姓名	性别	授予先进名称	表彰单位
昌江公安分局吕西派出所	徐剑	男	全省优秀人民警察	江西省人力资源和社会保障厅、省公安厅
丽阳镇	王红梅	女	2022年江西省居民防疫知识和健康素养大赛优秀奖	江西省卫生健康委员会
区税务局	黄顺平	男	2017—2019年度全省无偿献血奉献奖银奖	江西省卫生健康委员会、省红十字会、省军区保障局
区机关事务管理中心	詹婷	女	江西省公共机构节能先进个人	江西省机关事务管理局
区疾病预防控制中心	彭秀英	女	江西省五一巾帼标兵	江西省总工会
区消防救援大队	罗强鑫	男	全省优秀共青团员	共青团江西省委
鲇鱼山镇凤岗村委会	石燕青	男	首届江西省乡村振兴青年先锋	共青团江西省委
昌江九银村镇银行乡村振兴金融服务站	方珅磊	男	首届江西省乡村振兴青年先锋	共青团江西省委江西省农业农村厅
吕蒙乡人民政府经济发展办	刘菊	女	2021年度江西省三八红旗手	江西省妇女联合会
景德镇青花故事陶瓷文化发展有限公司	蔡文娟	女	2021年度江西省三八红旗手标兵	江西省妇女联合会
鲇鱼山镇关山村	程秀枝（家庭）	女	2022年江西省最美家庭	江西省妇女联合会
区委党史地志办公室	施启权	男	江西省地方志系统专家库成员	江西省地方志编纂委员会
区融媒体中心	杨振明	男	2021年赣鄱云十佳县级融媒体中心先进个人	江西日报社赣鄱云融媒体中心
区工信局	董国金	男	2021年度景德镇市工业倍增工作先进个人	景德镇市委 景德镇市人民政府
区重点项目推进中心	乔智	男	2021年度景德镇市工业倍增工作先进个人	景德镇市委 景德镇市人民政府
区财政局	李展图	男	2021年度景德镇市招商引资工作先进个人	景德镇市委 景德镇市人民政府
区商务局	甘云云	男	2021年度景德镇市招商引资工作先进个人	景德镇市委 景德镇市人民政府
新枫街道	雷光斌	男	2021年度景德镇市招商引资工作先进个人	景德镇市委 景德镇市人民政府
昌江公安分局机关	邱华	男	全市公安机关优秀共产党员	景德镇市公安局委员会
昌江公安分局机关	王智	男	全市公安机关优秀共产党员	景德镇市公安局委员会
昌江公安分局机关	王小勇	男	全市公安机关优秀共产党员	景德镇市公安局委员会
昌江公安分局森林分局	欧阳新平	男	全市公安机关优秀党务工作者	景德镇市公安局委员会
昌江公安分局指挥中心	胡海力	男	全市公安机关优秀党务工作者	景德镇市公安局委员会
昌江公安分局国保大队	李惠雯	女	全市公安机关优秀共产党员	景德镇市公安局委员会
昌江公安分局城市警察枫树山林场中队	李万里	男	全市公安机关优秀共产党员	景德镇市公安局委员会

续表

单 位	姓 名	性别	授予先进名称	表彰单位
昌江公安分局吕西派出所	徐 剑	男	全市公安机关优秀共产党员	景德镇市公安局委员会
昌江公安分局站前派出所	彭 瑞	男	全市公安机关优秀党务工作者	景德镇市公安局委员会
昌江公安分局吕西派出所	陈 凯	男	2021 年度瓷都十佳社区民警	景德镇市公安局
昌江公安分局西郊派出所	徐 勇	男	2021 年度瓷都十佳社区民警	景德镇市公安局
昌江公安分局西郊派出所	游 宇	男	2021 年度瓷都十佳社区民警	景德镇市公安局
昌江公安分局站前派出所	彭 瑞	男	2021 年度瓷都十佳社区民警	景德镇市公安局
景德镇市第十五小学	江荔思	女	景德镇市十大模范校长	景德镇市教育体育局
区实验学校	李伟英	女	景德镇市十大模范教师	景德镇市教育体育局
区卫健委	陈 英	女	2022 年景德镇市五一劳动奖章	景德镇市总工会
鲇鱼山镇	危 云	女	2021 年度全市优秀共青团干部	共青团景德镇市委
鲇鱼山镇关山村	程秀枝	女	景德镇市三八红旗手	景德镇市妇女联合会
丽阳镇	余家强	男	2021 年度全市农村青年致富带头人	共青团景德镇市委、景德镇市农业农村局、邮储银行景德镇市分行
区吕蒙乡黎明社区	朱小峰	女	2021 年度景德镇市巾帼建功标兵	景德镇市妇女联合会
丽阳镇江联村	江咨喜	男	2021 年度全市退役军人事务工作先进个人	景德镇市委退役军人事务工作领导小组办公室、景德镇市退役军人事务局
区财政局	程红雷	男	景德镇市第七次全国人口普查优秀个人	景德镇市第七次全国人口普查领导小组
区教育体育局	张英艺	男	2016—2020 年全市普法工作先进个人	景德镇市普法教育工作领导小组
吕蒙乡司法所	黄鹤羚	女	2016—2020 年全市普法工作先进个人	景德镇市普法教育工作领导小组
吕蒙乡历尧村	柴天光	男	2016—2020 年全市普法工作先进个人	景德镇市普法教育工作领导小组
昌江公安分局禁毒大队	游 春	女	2016—2020 年全市普法工作先进个人	景德镇市普法教育工作领导小组
丽阳镇武装部	王鹏飞	男	2021 年征兵工作先进个人	景德镇市人民政府征兵工作领导小组

（施启权）

附　录

区两会工作报告选录

昌江区人民代表大会常务委员会工作报告

——在区第十一届人民代表大会第二次会议上

（2022年2月22日）

区人大常委会副主任 占文军

2021年的主要工作

2021年，是中国共产党成立100周年，是全面建成小康社会、实现第一个百年奋斗目标，向第二个百年奋斗目标进军的第一年，是开局之年、换届之年，也是昌江区人民民主稳步发展、法治建设扎实推进、人大工作开拓进取的一年。一年来，在中共昌江区委的正确领导下，区人大常委会以习近平新时代中国特色社会主义思想为指导，深入学习贯彻中央人大工作会议精神，坚持党的领导、人民当家作主和依法治国有机统一，认真贯彻落实中央和省、市、区委重大决策部署，不断推动全过程人民民主，切实履行宪法和法律赋予的职责，积极探索新形势下人大工作新思路、新方法、新形式，常委会各项工作得到不断提升。

一、坚持以政治建设为统领，牢牢把握人大工作正确方向

常委会始终坚持以党的政治建设为统领，增强政治定力，把好政治方向，严格遵守党的政治纪律和政治规矩，坚决捍卫“两个确立”，做到“两个维护”，确保人大工作始终保持正确的政治方向。

始终坚持党的全面领导。常委会始终把坚持党的全面领导作为人大工作的首要政治原则，紧扣中央和省市区委决策部署，主动担当作为，依法履职尽责。严格执行重大事项向区委请示报告制度，定期向区委报告常委会工作，及时向区委请示人大监督、重大事项决定、人事任免等工作中的重大问题和重大事项。坚持党管干部原则与人大依法选举任免有机统一，对区委人事安排建议和“一府一委两院”提请的任免议案，严格依法办理。一年来，依法任免国家机关工作人员51人次，均高票当选，确保党委人事意图坚决贯彻。共选举产生新一届区人大代表166名，乡镇代表231名，选举昌江区出席市人大代表46名，圆满完成区乡两级人大换届选举。

扎实推进党史学习教育。按照“学党史、悟思想、办实事、开新局”的要求，扎实开展党史学习教育，组织开展读书班、知识竞赛、红色走读、“我为群众办实事”等活动。常委会在党组会议、主任会议、常委会会议上把政治理论学习作为首要议程，组织集中学习20余次，及时组织学习习近平总书记在庆祝中国共产党成立100周年大会上的重要讲话精神、中共十九届六中全会精神，学习习近平总书记关于坚持和完善人民代表大会制度重要思想，认真学习习近平法治思想。每次集中学习，常委会主要领导带头谈体会、谈认识，并强调要坚持联系实际、学以致用，认真对照总书记重要讲话精神，把学习、工作、职责摆进去，做好深化细化结合文章，切实把总书记重要讲话精神变成推进人大工作的具体举措，真正推动党史学习教育与人大工作两促进、同发展。

对标对表抓好贯彻落实。常委会紧扣区委决策部署和政府中心工作以及人民群众的关注期盼，统筹谋划和系统推进人大工作。全年共召开主任会议10次、常委会会议7次，组织听取审议专项工作报告21个，组织执法检查、工作视察、专题调查6次，对16件规范性文件进行备案审查，做出决议、决定和审议意见6项，有力保障区委决策落地见效，支持“一府一委两院”工作扎实推进，确保区委主张通过法定程序得到顺利实现，为推动全区经济社会高质量跨越式发展作

出积极贡献。常委会还积极参与重点工程建设、重点项目征收，城乡环境大整治、文明创建、打击“两违”，挂点帮扶，领导接访、信访维稳，防汛救灾等一系列中心工作，均取得较好成效，圆满完成区委交办的各项工作任务。

二、坚持围绕中心服务大局，积极加强正确监督、有效监督、依法监督

常委会始终坚持区委有号召，人大有行动。坚持做到人大工作服从和服务于全区工作大局，通过探索监督新方法、创新监督新形式，不断加大监督力度，提高监督实效，切实发挥人大监督职能作用，稳步推进各项工作落地落实。

围绕高质量发展加强对财政经济工作的监督。常委会始终坚持发展是第一要务，紧扣全区发展战略，支持和督促政府抢抓机遇，乘势而上。一是围绕发展经济大局开展调研、视察、检查、听取工作汇报。对全区招商引资、规模工业运行、经济综合运行及研判、科技创新和科技兴区、重大项目建设和项目资金使用、重大投融资及国有资金管理等一系列经济发展问题进行调研、视察，听取专项工作报告。二是推动财政规范健康运行。常委会着力改进和完善预算监督方式，将监督贯穿于预算编制、执行、调整和决算的全过程和各环节。常委会听取和审议区人民政府关于2020年财政决算和2021年1月—6月预算执行情况的汇报、关于2021年1月—6月国民经济和发展计划执行工作的情况汇报、关于2020年度预算执行及决算草案和其他财政收支审计报告、2020年度预算执行及决算草案和其他财政收支审计发现问题整改情况的报告。同时，对于重大资金的预算调整，均要求报区人大常委会审议批准。

围绕人民群众的期盼加强对民生改善工作的监督。常委会始终强化宗旨意识，坚持以人为本、民生为重，把推动解决民生问题作为监督工作重点，努力促进民生质量改善。常委会围绕社保、医保、就业、教育、公共卫生服务、安全生产、环境卫生管理等一批广大人民群众关切的问题进行调研视察，督促政府抓经济发展的同时，在民生工程上投入更多的资源，切实让广大群众有获得感。常委会把各级代表进站接待选民群众作为了解社情民意，维护群众权益的重要渠道，通过热情接待，对群众提出的问题进行认真分析，提出合法、合理、合情的交办、督办意见，保障群众合法权益、维护社会和谐稳定。

围绕“两山”理念加强对生态文明建设工作的监督。强化生态环境保护，建设生态文明是全面贯彻习近平生态文明思想、树立新发展理念的必然要求，保护良好的生态环境，不断提高环境质量，创造宜居宜业的发展环境，不仅是当前广大人民群众普遍关心的热点问题，更是常委会监督工作的重要内容。常委会围绕水土保持、耕地保护、环境污染治理等问题开展视察调研，增强生态保护意识，对保护生态环境，合理利用生态资源，加快发展生态经济，努力提高生态效益等方面取得积极推动作用。

围绕公平正义加强对公检法司工作的监督。常委会认真贯彻全面依法治国基本方略，始终坚持监督“一府一委两院”依法行政、公正司法，扎实推进法治昌江建设，努力为全区经济社会发展营造良好的法治环境。一是全面促进全民普法工作。听取和审议区人民政府关于“七五”普法工作情况，对全区法律进机关、进乡村、进社区、进学校、进企业、进单位“六进”活动进行视察调研，全区普法宣传的广泛性、针对性和实效性得到有效提升。二是积极促进依法行政。常委会通过视察、调研、执法检查等形式，对“一府一委两院”贯彻实施法律法规情况进行执法检查，通过检查，加强监督，“一府一委两院”依法行政意识提高。三是依法促进公正司法。常委会要求区公安机关加强对社会治安安全隐患的预防和控制，法检“两院”切实加强司法能力建设，主动服务全区发展大局，为昌江区发展保驾护航。

三、坚持代表主体地位，充分发挥代表依法履职作用

常委会坚持代表主体地位，积极搭建联络平台，完善履职机制，强化服务保障。支持和保障代表依法履职，引导代表在全区经济社会发展和民主法治建设中发挥积极作用。

发挥代表联络站作用。坚持和完善常委会“三联系”制度，坚持推进乡镇街道人大代表联络室和村（居）人大代表联络工作站建设，以代表联络室、代表联络工作站为依托，组织省、市、区、乡四级人大代表按照日程安排轮流驻室接待选民，进村入户走访选民，采取定期活动与不定期联系相结合方式，深入推进“代表进社区（村）”活动，不断拓展代表联系和服务群众的渠道。通过代表联络站开展活动，拓展选民与代表联系的渠道，充分发挥代表沟通选民与政府联系的桥梁纽带作用，有力推进基层民主发展。

强化代表建议办理。常委会

坚持把督促代表议案、建议办理作为一项极其重要的工作来抓，把代表议案、建议是否办结，是否满意作为衡量代表议案、建议办理质量的标准。常委会完善一套督办代表建议办理工作流程，一是全程监督办理过程。二是组织承办单位向代表面对面汇报办理情况。三是组织实地视察。四是领导督办。五是在常委会上听取和审议代表建议办理工作。通过这些措施，切实推动解决一批事关经济社会发展和人民群众切身利益的突出问题。

拓宽代表履职渠道。坚持邀请人大代表列席参加常委会会议及人大组织的相关活动，每次召开常委会会议至少邀请3名以上基层代表列席会议；围绕昌江区经济社会发展重点问题和人民群众关注的热点难点问题开展的视察、调研、执法检查等活动，均组织基层人大代表参加。极大地保障代表的知情权、议政权和监督权。

优化代表履职保障。认真贯彻《中华人民共和国全国人民代表大会和地方各级人民代表大会代表法》，尊重代表主体地位，支持和保证代表依法执行代表职务，及时向代表提供有关资料和信息，为代表依法履职创造良好条件。积极抓好代表依法履职培训，实现基层和初任代表培训全覆盖。以提升代表履职能力为目标，认真组织学习习近平总书记“七一”重要讲话精神和中共十九届六中全会精神、中央人大工作会议精神，不断提高代表政治意识和政治理论水平。

四、始终坚持政治建设，不断提升人大机关效能

常委会认真组织开展党史学习教育专题活动，以加强政治建设为抓手，以提升机关干部依法履职能力和水平为目的，切实加强人大自身建设，不断提升人大机关效能。

突出政治建设。坚持把党的政治建设摆在首位，从党组和机关两个层面，健全并坚持学习制度、民主生活会制度。通过加强政治理论学习，运用批评和自我批评武器，不断增强政治自觉。坚持把政治纪律和政治规矩挺在前面，把主体责任扛在肩上，切实履行党建、意识形态、党风廉政建设主体责任，保持正确政治方向。

加强作风建设。严格遵守中央八项规定和党风廉政建设各项规定，旗帜鲜明反对“四风”、持续整治“怕、慢、假、庸、散”作风顽疾，驰而不息转作风，营造良好政治生态。为切实防范各种形式的形式主义、官僚主义，区人大机关从三个方面精准发力。一是制定实施区人大机关为基层减负的8条具体措施。二是大兴调查研究之风，结合常委会审议议题，走基层、摸实情、听意见。三是压缩会议时间、精简会议内容，常委会会议一般控制在半天时间，要求每项报告汇报字数不超过3000字。

加强信息化建设。积极开展人大信息化建设调研，围绕规范人大机关政务、事务管理，大力推进移动办公系统、电子会议系统建设。加强全区人大新闻网站、微信公众号管理，不断提升规范化、信息化水平，实现机关服务质量和水平持续提高。

抓好宣传工作。坚持正确的舆论导向，加强对人大制度、人大工作的宣传，努力营造人大依法履职的良好社会氛围。以《瓷都人大》杂志、昌江区人大网站、昌江区人大微信公众号为三大宣传平台，对人大各项业务宣传报道实现全覆盖，并且积极向省人大《时代主人》杂志、市级其他媒体推荐。由于内容丰富、时效鲜明、互动增强，人大新闻宣传工作取得新进展。

各位代表，过去一年常委会取得的成绩，是区委正确领导的结果，是全体人大代表、常委会组成人员共同努力、辛勤工作的结果，是区“一府一委两院”及区直各部门、各乡镇街道和广大人民群众大力支持的结果，在此，我代表区人大常委会向所有关心、支持、帮助人大工作的同志们表示衷心的感谢！

回顾一年来的履职实践，我们也清醒地认识到，对标新时代人大工作新要求，常委会的工作还存在一些差距和不足，主要是：监督工作机制还要完善、监督的实效还要提高，人大代表作用还要发挥，自身建设还有待加强，等等，对此，我们必须高度重视，在今后工作中切实加以改进。

2022年的工作安排

2022年是中共二十大胜利召开之年，也是全面建设现代化魅力新昌江的关键一年。新的一年，区人大常委工作总体要求是：坚持以习近平新时代中国特色社会主义思想为指导，全面贯彻中共十九大和十九届历次全会精神，认真贯彻习近平总书记在中央人大工作会议上的重要讲话精神，全面落实省、市、区党代会精神，坚持党的领导、人民当家做主、依法治国有机统一，加强和改进新时代人大工作，不断发展全过程的人民民主，聚焦中心工作，聚情民生关切，聚合代表力量，聚力依法履职，奋力谱写新时代人大工作新篇章，为全面建

设现代化魅力新昌江贡献人大力量，以优异成绩迎接中共二十大胜利召开。

一、加强政治建设，坚持党对人大工作的全面领导

抓好常委会政治建设，把坚持党的领导贯穿于人大工作的全过程和各方面。

1. 加强政治建设。坚持把政治建设摆在首位，深入贯彻中共十九届六中全会精神和习近平总书记关于坚持和完善人民代表大会制度的重要思想以及对地方人大及其常委会工作的重要指示精神，坚决捍卫“两个确立”，树牢“四个意识”，坚定“四个自信”，做到“两个维护”，始终在政治立场、政治方向、政治原则、政治道路上同以习近平同志为核心的党中央保持高度一致。

2. 坚持党的全面领导。始终坚持在区委领导下开展工作，严格执行重大问题、重大事项向区委请示报告制度，确保中央和省、市、区委决策部署在人大不折不扣得到贯彻落实。切实当好区委重大决策部署的实践者和推动者，积极做好中心工作。坚持党管干部原则，严格依法任免，努力实现党管干部与人大依法任免有机统一。充分发挥常委会党组在人大工作中把方向、管大局、保落实的政治领导作用，把坚持党的领导贯穿于人大工作的方方面面。

3. 持续强化理论武装。深入学习贯彻中央人大工作会议精神、中共十九届六中全会和省委、市委人大工作会议精神，将其列入代表履职培训、全区各级人大干部业务培训的重要内容，用新思想武装头脑、指导实践、推动工作。巩固和拓展党史学习教育成效，不断推进新时代人大理论与实践研究工作走深走实。

二、坚持围绕中心大局，实行正确监督、依法监督、有效监督

始终把握依照法定职责、限于法定范围、遵守法定程序的原则，开展法律监督和工作监督，确保法律法规全面有效实施，确保行政权、监察权、审判权、检察权依法正确行使。

1. 切实落实宪法法律权威和尊严。全面推行宪法宣誓和任前宪法知识考试制度，引导国家公职人员自觉增强宪法意识、弘扬宪法精神、树立宪法权威；全面启动开展“八五”法治宣传教育的决议实施情况的督促检查，把习近平法治思想的学习、宣传、贯彻落实到全民普法的全过程、各方面；持续开展执法检查工作，充分发挥“法律巡视”监督利剑作用；加强备案审查工作，完善审查程序、明确审查范围，切实维护法制统一、权威和尊严。

2. 推动区委重大决策部署贯彻落实。强化对国民经济和社会发展计划编制实施、重点项目建设、重大投融资及国有资产管理等情况及优化营商环境的监督；加强对区政府预算调整情况的审查监督；加大对审计查出问题的整改督办力度，对整改单位进行满意度测评。

3. 围绕改善民生加强监督。坚持以人民为中心的发展理念，持续推动社会关注、群众关心的热点难点问题的解决，促进民生改善。加强对疫情防控、教育“两减”、就业、社保医保、城市修复、征地拆迁等与人民群众生产生活密切相关领域的监督和服务。开展专项监督、检查，抓住主要矛盾，理出问题结症，提出建议对策，推动项目落实。参加2022年五县区昌江河流域水资源与环境保护研讨会，强调绿色发展理念，着力维护群众身心健康，建设幸福和谐昌江，提升群众生活幸福指数。

三、坚持发展全过程民主，加强和改进代表工作

要密切主任会议成员与常委会委员、常委会组成人员与人大代表、人大代表与人民群众之间的联系，丰富联系内容和形式，推进“三联系”制度规范化、常态化。要稳步推进代表联络工作站常态化管理、规范化运行、信息化引领。坚持和完善代表列席常委会制度，做到基层代表列席常委会全覆盖，健全邀请代表参加常委会组织的各种视察调研、执法检查活动制度，做到代表全链条、全方位、全覆盖参与人大监督工作。完善代表议案建议督办机制、切实增强办理实效。强化代表履职服务保障，加大代表履职培训力度，不断提升代表履职能力和水平。

四、加强自身建设，着力提升依法履职能力

牢记习近平总书记对人大机关提出的“四个机关”的定位要求，全面加强常委会政治建设、思想建设、组织建设、作风建设、纪律建设，营造风清气正的政治生态。系统化、针对性组织学习培训，全面提高人大干部队伍思想政治水平和依法履职能力。加大干部培养锻炼力度，鼓励干部发挥专长，全面发展，推动机关文化多元化发展，营造健康向上、生动活泼的工作氛围。不断优化机关运行管理机制，规范工作流程，精细化管理，提高服务“三会”水平。严格执行中央八项规定精神，建立健全长效机制，把从严治党和党风廉政建设各项规定落到实处。

中国人民政治协商会议
景德镇市昌江区第九届委员会常务委员会工作报告

——在区政协九届二次会议上

（2022 年 2 月 21 日）

区政协副主席 段嗣斌

九届一次会议以来工作回顾

九届一次会议以来，区政协常委会坚持以习近平新时代中国特色社会主义思想为指导，深入贯彻习近平总书记视察江西重要讲话精神，认真落实中共十九届六中全会以及省、市、区党代会精神，在市政协有力指导下，在中共昌江区委坚强领导下，团结带领广大政协委员和机关干部，紧紧围绕全区发展目标，坚持团结和民主两大主题，切实提高政治协商、民主监督、参政议政水平，更好凝聚共识，为助推昌江区高质量发展、实现“十四五”良好开局贡献政协智慧和力量。

一、坚持党对政协工作领导，把牢政治方向勇担新使命

区政协常委会始终坚持党对政协工作的领导，把学习习近平新时代中国特色社会主义思想作为理论武装主线，深入学习习近平总书记关于人民政协的重要思想、中共十九届六中全会通过的《关于党的百年奋斗重大成就和历史经验的决议》，把开展党史学习教育作为重大政治任务和有力抓手，持续学而悟、学而信、学而用、学而行，不断增强“四个意识”、坚定“四个自信”、自觉做到“两个维护”、坚决捍卫“两个确立”。

一是党史学习教育更加深入。按照区委党史学习教育部署，结合政协实际，做好“规定动作”，创新“自选动作”。邀请省市专家作专题辅导学习，落实“三会一课”制度，党组书记、总支书记、支部书记讲党课学习，开展座谈交流学习，丰富主题党日活动形式，促进党员干部学史明理、学史增信、学史崇德、学史力行。召开党史学习教育总结会，建立巩固党史学习教育成果的长效机制，引导广大委员知党史、感党恩、跟党走。

二是贯彻区委决策更加有力。旗帜鲜明讲政治，始终把坚持党对人民政协工作的领导作为根本政治原则。严格贯彻执行党中央和省委、市委、区委关于新时代加强和改进人民政协工作的要求，把区委的思路、决策转化为广大委员的思想共识和行动自觉，做到区委有部署、政协有行动。主动将政协工作融入区委工作大局，及时向区委汇报重要工作、请示重要事项、报告重大活动。

三是联系人民群众更加紧密。深入开展“我为群众办实事”活动，组织委员和机关干部察民情、访民意。围绕关爱英雄模范、推进基层治理体系和治理能力现代化、优化营商环境等主题，深入基层找“症结”、查原因、提建议。密切联系群众，区政协主席会议成员和县级干部经常深入农村、社区、企业开展调研，想方设法帮助农村、社区、基层群众、困难企业解决实际问题。

二、发挥专门协商机构作用，积极建言资政取得新实效

区政协常委会紧紧围绕全区工作重点、难点和热点，扎实做好调研、协商、民主监督、提案督办等工作，充分发挥围绕核心、服务中心、凝聚人心的作用。

一是认真组织会议协商。区政协聚焦全区高质量发展，按照党政所思、社会所求、群众所盼、政协所能的要求，组织委员就乡村振兴与古村落保护、城市数字化管理等问题进行专题调研。形成调研成果后，区政协及时召开有区分管领导、对口职能部门参加的协商会，就有关议题进行专门协商，形成 5 份专题协商议政报告，供区委、区政府决策参考。九届一次会议期间，委员们围绕全区工作，广泛开展协商讨论并作大会发言，提出许多建设性的

意见建议。

二是汇聚众智建言献策。区政协结合“大调研、大走访、察民情、办实事”的工作要求，按照《2021年度协商工作计划》安排，精心选择全区经济社会发展带全局性和根本性问题，组织委员开展调研活动20余次，内容涉及美丽宜居昌江建设、提高行政执法效能等多个方面。针对居民小区停车难、电动车充电乱象问题，组织委员与城管、物业、社区、居民代表座谈，综合各方意见，形成《关于切实解决城市居民小区电动车集中停放与充电问题的建议》，以提案形式提交市政协十四届一次会议审议后交由有关部门办理。同时，抓好基层协商平台建设，西郊街道森林社区“委员+法治”基层协商议事工作室得到省政协领导高度肯定。

三是做好提案协商交办。围绕全区改革发展大局和人民群众关心的问题，积极运用提案履行职责、推动工作。九届一次会议期间，委员们围绕国家试验区建设、工业发展、乡村振兴等中心工作提出提案52件，经审查确定立案41件，立案提案已由区政协提案委会同区委办、区政府办送交有关部门研究办理。针对影响面较大的重点提案，由区政协各副主席带队分头跟踪督办。

四是聚焦民生开展监督。区政协通过“领导有力推”、“创新方式督”、以点带面的形式，组织委员分别就疫情防控、教育、就业、医疗、社保等重点民生领域，开展专项民主监督活动。在听取情况汇报、进行实地视察、座谈研讨基础上，找出问题所在，提出有针对性、可行性的意见建议，推动问题解决，提高监督成效。九届一次会议以来，多次组织委员开展视察监督活动，参与的委员达100多人次，形成浓厚的民主监督氛围。

三、坚持突出优势担当作为，助力中心工作做出新业绩

区政协常委会紧紧围绕区委、区政府中心工作，聚焦党政要事、民生实事、治理难事，保持“一线工作状态”，彰显政协作为和为民情怀。

一是全力推动重点工作。区政协主席会议成员牢牢扛起政治责任，把服务全区重点工作作为履职尽责的重要抓手，坚持身体力行，攻坚克难，及时协调解决重点项目建设、挂点企业帮扶、企业权益保障、包案信访维稳等工作中存在的困难和问题，强力督导相关任务顺利推进。开展营商环境企业评价“宣传日”活动，营造“人人都是营商环境”“优化营商环境人人有责”的浓厚氛围。全区文明城市创建、征地拆迁、疫情防控、招商引资等重点工作，均有政协人的身影。

二是扎实做好结对帮扶工作。区政协严格按照区委、区政府工作部署，做好结对帮扶和巩固脱贫攻坚成果的工作，定期走访结对帮扶户，宣讲政策，送去物资及慰问金，引导他们坚定信心、发展生产、改善生活。广大委员发扬奉献精神，献爱心、办实事。春节前夕，委员们冒着严寒天气，深入农村开展“送文化、送温暖”活动。政协委员为村民现场书写春联300多幅，文艺表演多场，文艺节目达30多个。全体委员捐款达3万多元，慰问帮扶对象、脱贫户以及抗疫一线公安民警、城管队员、防疫人员60多人，让基层干部群众切身感受到政协组织的关心和温暖，也让委员们接受生动的社会主义核心价值观教育。同时，积极组织委员开展“1%工程”爱心足球赠送等公益活动。

三是积极参与文明城市常态化创建工作。区政协始终将文明城市常态化创建工作作为重要任务来抓，区政协党组成员和主席会议成员带领机关干部和政协委员，定期到挂点社区开展帮扶共建活动，到责任路段开展“路长制”巡察和文明志愿者活动，发放市民文明手册，以实际行动助推文明城市常态化创建工作走深走实。

四、全面加强政协自身建设，委员履职保障得到新提升

区政协常委会坚持把自身建设作为常抓不懈、常抓常新的工作，切实加强政协机关干部和政协委员“两支队伍”的建设，筑牢委员履职根基，全面提升政协形象。

一是突出党建引领作用。发挥区政协党组把方向、管大局、保落实的领导作用，完成机关党支部和老干部党支部换届，增强支部的创造力、凝聚力和战斗力。同时，加强区政协组织党的建设，在政协全体会议、委员集中学习培训期间以及较重大的调研活动中，均设立临时党组织，做到党的组织对党员委员全覆盖、党的工作对政协委员全覆盖，充分发挥党员委员在全体委员中的领导作用。研究制定《关于加强政协昌江区第九届委员会常务委员会自身建设的意见》，以制度建设的完善促进区政协常委会领导作用的发挥。

二是持续深化作风建设。落实党风廉政建设和意识形态工作责任制，压实“一岗双责”，营造风清气正的政治生态。严格执行中央八项规定及实施细则精

神，规范调研、视察和专题协商活动，改进文风会风，教育引导政协委员和机关干部不断增强纪律意识、规矩意识，树立新时代政协队伍新形象。

三是强化委员履职能力。鉴于换届后70%是新委员，为促进新委员迅速适应新时代政协工作要求，区政协把委员履职能力建设放在重要位置。制定《九届区政协委员履职管理办法》，健全委员学习培训、考核评价机制。开展委员履职培训，着力提高委员履职能力。九届一次会议闭幕后不久，区政协委托区委党校在荷塘培训基地举办3期6天的封闭式全体委员培训班，聘请省委党校、市委党校专家对中共十九届六中全会精神、中共党史、人民政协史进行深入解读，政协主席亲自为委员讲授履职基本知识以及《委员履职管理办法》，介绍委员履职经验体会。组织全体委员瞻仰荷塘农垦展馆，接受荷塘精神的洗礼。全体委员同吃同住，学习交流，开展丰富多样的户外拓展活动。通过集中学习培训，强化委员们“传承荷塘精神、当好新时代政协委员”的使命意识，促进新老委员迅速进入角色、调整状态、跟上节奏、正确履职，增进委员之间的联络和感情。

四是提升机关保障水平。在区委区政府的关心支持下，区政协机关办公环境得到持续改善与提升，解决长期困扰政协的办公用房短缺、无固定的常委会议室、办公环境破旧等“老大难”问题。区政协机关规范化建设扎实推进，各专委会服务委员的能力、办公室办文办会办事的能力进一步提升。

各位委员、同志们，过去一年区政协取得的成绩，是中共昌江区委正确领导的结果，是区人大、区政府和社会各界大力支持的结果，是区政协各参加单位和广大政协委员齐心协力、团结奋斗的结果，是社会各界和广大群众关心关注的结果。在此，我代表九届区政协常委会，向大力支持和积极参与政协工作的各位领导、各位委员、各位同志和各界朋友，表示衷心的感谢并致以崇高的敬意！

在履职过程中，我们深刻体会到，做好政协工作：必须把学习贯彻习近平新时代中国特色社会主义思想摆在首位，坚持党对政协工作的领导，把政治忠诚铭刻在头脑里，把“两个维护”“两个确立”落实到工作中；必须紧紧围绕全区大局谋划和推进政协工作，在服务大局上担当作为，在求真务实上彰显使命；必须把握发挥政协整体优势，把协商民主贯穿履职全过程，把“双向发力”融入协商、监督中，把政协的制度优势、人才优势、平台优势转化为服务现代化魅力新昌江建设的实际效能；必须把强作风带队伍贯穿始终，着力培育一支“懂政协、会协商、善议政，守纪律、讲规矩、重品行”的委员队伍，造就一支学习型、服务型、实干型的政协干部队伍，为高质量履职提供坚强保证。

在肯定工作成绩的同时，我们也清醒地看到，工作中还存在薄弱环节。主要表现在：一是在用党的百年历史所蕴含的强大真理和思想伟力凝聚各界共识上还需持续用力；二是建言资政的针对性还不够强，协商成果的转化应用还需加强；三是推进政协协商向基层延伸的措施办法还需进一步探索；四是界别委员彰显优势、发挥作用还有许多工作要做；五是解决“两个薄弱”问题还需持续发力。对这些问题，在今后的工作中要认真研究加以改进。

2022年工作任务

2022年是昌江区高质量发展的关键之年。区政协常委会工作的总体思路是：坚持以习近平新时代中国特色社会主义思想为指导，深入贯彻中共十九大和十九届历次全会精神，全面落实省、市、区党代会以及区委十二届三次全会精神，牢记习近平总书记“作示范、勇争先”殷殷嘱托，准确把握新时代人民政协的新方位新使命，充分发挥人民政协专门协商机构作用，围绕中心，服务大局，为实现“工业强区、文明新城、开放融合、幸福共享，全面建设现代化魅力新昌江”做出政协新贡献。

一、加强政治引领，在深化凝聚共识工作上不遗余力

广泛凝聚共识是人民政协的重要职能。区政协要认真贯彻落实《关于加强和改进新时代市县政协工作的意见》，努力使政协成为坚持和加强党对各项工作领导的重要阵地、用党的创新理论团结教育引导各界代表人士的重要平台、在共同思想政治基础上化解矛盾和凝聚共识的重要渠道，教育引导广大委员讲政治、讲大局、讲团结、讲质效、讲责任，当好政协人，做好政协事。

一是以学习锻造忠诚。完善以政协党组理论学习中心组学习为引领、覆盖全体政协委员的经常性学习制度体系，学深悟透习近平新时代中国特色社会主义思想，中共十九大和十九届历次全会精神，省、市、区党代会精神，通过学习夯实团结奋斗

共同思想基础，促进履职能力的共同提升和思想上的共同进步。始终坚持并自觉接受中共昌江区委坚强领导，经常向区委请示报告工作，主动把政协工作融入全区工作总体布局，把对党绝对忠诚体现在强执行、抓落实、促发展的具体行动上。

二是以引领强化共识。发挥人民政协作为统一战线组织的优势和作用，把加强思想政治引领、广泛凝聚共识作为履职工作的中心环节。建立健全区政协党组成员同党外委员谈心交流、主席会议成员走访看望委员等制度。贯彻落实《关于加强政协昌江区第九届委员会常务委员会自身建设的意见》和《政协昌江区第九届委员会委员履职管理办法》，抓好政协常委会班子建设，引导广大委员不断提高政治判断力、政治领悟力、政治执行力，坚定捍卫“两个确立”，坚决做到“两个维护”，不断夯实坚定不移跟党走、携手奋进新征程的思想政治根基。

三是以交流增进团结。建立健全政协联系服务委员的有效载体，坚持和完善政协主席会议成员、专委会联系走访委员制度，丰富委员联谊活动。充分发挥委员联系群众的桥梁纽带作用，组织开展“委员联系界别群众”、“送文化、送温暖、送法律”和各类公益活动，让委员真正在政协团结统战舞台上“唱主角”，发挥主体作用。

二、共谋发展大局，在提高建言资政水平上久久为功

建言资政是人民政协在新时代履职尽责的使命担当。区政协要通过建言资政，提出有效有用的意见建议，广泛凝聚共智共识，为加强和改进党委、政府工作，发挥专门协商机构的独特作用。

一是着力加强协商工作。要坚持区委区政府的中心工作推进到哪里，政协协商就跟进到哪里、智慧力量就凝聚到哪里。紧紧围绕“四个融合”以及先进陶瓷、数字经济、招商引资、工业倍增、乡村振兴等中心工作，精选协商议题，制定《2022 年度区政协“赣事好商量 +”协商工作计划》，开展协商活动，通过常委会会议、专题协商会以及对口协商、界别协商、提案办理协商等形式，积极议政建言。贯彻落实《关于发挥人民政协专门协商机构作用推进“赣事好商量”协商平台建设的实施意见》，打造“赣事好商量”品牌，完善“委员 + 法治”基层协商工作室建设，以点带面，推进“委员之家”等平台载体多样化建设。

二是发挥民主监督作用。始终把党委政府关注的大事要事和人民群众关心的热点难点问题作为监督重点，有组织有重点地对优化营商环境、美化城乡环境及就业岗位、托幼园位、上学座位、医疗床位、养老点位、停车车位、如厕厕位等群众急难愁盼的“七有”“七位”问题开展民主监督，完善民主监督知情明证、协商交流、办理反馈、权益保障等机制。

三是提升经常性工作质量。提高提案办理质量，加强提案工作培训，落实新出台的《区政协关于进一步提高提案质量的实施意见》和《区政协提案工作办法》，严格提案立案标准，健全交办、办理、督办提案协商机制，完善政协班子成员领衔督办重点提案机制，加强和对口党政部门对接，督促提案办理工作落实，促进提案成果转化见效。改进视察调研组织形式，及时了解社会生活中的新情况、新矛盾、新问题，认真听取和收集人民群众的意见，组织委员通过提案、大会发言、社情民意，准确及时地反映广大群众的愿望和呼声。做好其他经常性工作，在增强实效上下功夫。

三、着眼固本强基，在加强“两支队伍”建设上常抓不懈

加强政协自身建设是人民政协事业发展的基础和保障。区政协要进一步增强使命感和责任感，全面加强政协干部队伍和政协委员队伍建设，变“两薄弱”为“两加强”，不断提高政协履职能力和水平。

一是加强政协干部队伍建设。发挥政协党组的领导核心作用，持续加强政协组织党的建设和机关党的建设，落实全面从严治党要求，加强党风廉政建设，做好意识形态工作，严格落实中央八项规定及实施细则精神，落实“三重一大”集体决策制度，加强机关干部培养锻炼，打造新时代政协高素质干部队伍，促进政协机关工作更加有序、服务保障更加有力。

二是抓好政协委员队伍建设。加大委员培训力度，开展年度集中培训和分级分类培训，落实“懂政协、会协商、善议政，守纪律、讲规矩、重品行”的要求，突出加强政协委员履职能力建设，提高委员的政治把握能力、调查研究能力、联系群众能力、合作共事能力。建实用好“赣事好商量 +”等各类基层协商平台，创新政协履职品牌和工作品牌，提升政协工作实效。

三是促进“两薄弱”向“两加强”转化。针对区政协人员力量薄弱、工作力量薄弱的问题，积极争取市政协的支持，加强市、区两级政协组织的常态化联动，

整合市、区两级政协资源，探索在经济社会发展重点课题上联合进行调研视察、协商监督。积极争取区委、区政府的支持，配齐配强工作力量，促进区政协“两薄弱”向“两加强”转化。

2022 年昌江区委（办）文件目录一览表

表 2

序号	文件名称	发布文号	发布机关	发布日期
1	关于印发《中共昌江区第十二届委员会全体会议工作规则》的通知	昌党发〔2022〕2 号	区委	2022.1.4
2	关于印发《中共昌江区第十二届委员会常务委员会工作规则》的通知	昌党发〔2022〕3 号	区委	2022.1.25
3	关于印发《昌江区法治政府建设实施纲要（2022—2025 年）》的通知	昌党发〔2022〕4 号	区委 区政府	2022.2.8
4	关于转发《昌江区普法工作领导小组关于在全区公民中开展法治宣传教育的第八个五年规划（2021—2025 年）》的通知	昌党发〔2022〕5 号	区委 区政府	2022.2.8
5	关于全面实施预算绩效管理的实施意见	昌党发〔2022〕6 号	区委 区政府	2022.2.11
6	关于印发《昌江区关于深入推进营商环境优化升级“一号改革工程”实施方案》的通知	昌党发〔2022〕7 号	区委 区政府	2022.3.11
7	关于印发《区委常委会 2022 年工作要点》的通知	昌党发〔2022〕8 号	区委	2022.3.22
8	关于深入贯彻落实《中国共产党重大事项请示报告条例》的通知	昌党发〔2022〕9 号	区委	2022.4.6
9	关于印发《昌江区关于深入推进数字经济做优做强“一号发展工程”的实施方案》的通知	昌党发〔2022〕10 号	区委 区政府	2022.4.29
10	关于废止和宣布失效一批涉计划生育区委党内规范性文件的决定	昌党发〔2022〕11 号	区委 区政府	2022.6.21
11	关于做好 2022 年全面推进乡村振兴重点工作的实施意见	昌党发〔2022〕12 号	区委	2022.7.7
12	关于认真学习宣传贯彻中共二十大精神的通知	昌党发〔2022〕13 号	区委	2022.11.20
13	关于表彰劳动模范和先进工作者的决定	昌党发〔2022〕14 号	区委 区政府	2022.12.10
14	关于印发《昌江区年度综合考核办法（试行）》的通知	昌党发〔2022〕15 号	区委	2022.12.18
15	关于深入学习宣传贯彻党的二十大精神加快全面建设社会主义现代化新昌江的决定	昌党发〔2022〕16 号	区委	2022.12.30
16	关于印发《昌江区城市管理体制改革实施方案》的通知	昌办发〔2022〕1 号	区委办 区政府办	2022.3.25
17	关于印发《关于加强政治生态分析研判、深化政治谈话、推动同级领导班子监督具体化的实施办法（试行）》的通知	昌办发〔2022〕2 号	区委办	2022.4.6
18	关于转发《中共昌江区委宣传部 2022 年全区宣传思想工作要点》的通知	昌办发〔2022〕3 号	区委办	2022.4.8

续表

序号	文件名称	发布文号	发布机关	发布日期
19	关于印发《关于规范乡镇（街道）和区直机关中层干部选拔任用工作暂行办法》的通知	昌办发〔2022〕4 号	区委办	2022.5.7
20	关于印发《昌江区事业单位管理岗位职员等级晋升制度工作实施方案》的通知	昌办发〔2022〕5 号	区委办 区政府办	2022.5.17
21	关于印发《关于加强和改进新时代区政协工作的实施意见》的通知	昌办发〔2022〕7 号	区委办	2022.10.17
22	关于印发《关于加强新时代廉洁文化建设的实施意见》的通知	昌办发〔2022〕9 号	区委办	2022.11.1
23	关于印发《进一步加强粮食流通工作的若干措施》的通知	昌办发〔2022〕10 号	区委办、区政府办	2022.12.21
24	关于印发《昌江区贯彻落实粮食安全责任制的实施意见》的通知	昌办发〔2022〕11 号	区委办、区政府办	2022.12.21
25	关于调整区委议事协调机构组成人员的通知	昌办字〔2022〕1 号	区委办	2022.1.14
26	关于印发《昌江区优化营商环境实施方案》的通知	昌办字〔2022〕2 号	区委办、区政府办	2022.1.26
27	关于印发《昌江区营商环境优化升级“一号改革工程”工作推进方案》的通知	昌办字〔2022〕3 号	区委办、区政府办	2022.3.11
28	关于印发《昌江区民兵开展“双争”活动实施意见》的通知	昌办字〔2022〕4 号	区委办、区政府办、区人武部政工科	2022.3.11
29	关于印发《昌江区民兵参加地方重点实施工程建设实施方案》的通知	昌办字〔2022〕5 号	区委办、区政府办、区人武部政工科	2022.3.11
30	关于印发《2022 年双拥和衔接乡村振兴工作方案》的通知	昌办字〔2022〕6 号	区委办、区政府办、区人武部政工科	2022.3.11
31	关于印发《关于组织全区民兵积极参加“文明创建”活动的实施方案》的通知	昌办字〔2022〕7 号	区委办、区政府办、区人武部政工科	2022.3.11
32	关于印发《关于打造让党放心、人民满意的模范机关的实施方案》的通知	昌办字〔2022〕8 号	区委办	2022.3.22
33	关于印发《昌江区优化营商环境督查考评工作方案》的通知	昌办字〔2022〕9 号	区委办、区政府办	2022.3.24
34	关于印发 2022 年区重点工程建设项目计划的通知	昌办字〔2022〕10 号	区委办、区政府办	2022.3.28
35	关于印发《昌江区属国有企业领导人员管理暂行办法》的通知	昌办字〔2022〕11 号	区委办、区政府办	2022.3.22
36	关于表彰 2021 年度工业倍增及招商引资工作先进单位和先进个人的通报	昌办字〔2022〕12 号	区委办、区政府办	2022.4.8
37	关于印发《关于区委常委领衔区党代会重大部署调查研究和推动落实的工作方案》的通知	昌办字〔2022〕14 号	区委办	2022.4.18
38	关于印发《昌江区关于市委巡察指导督导反馈意见的整改工作方案》的通知	昌办字〔2022〕15 号	区委办	2022.5.9
39	关于印发《昌江区全面深化改革攻坚行动方案（2022—2024 年）》的通知	昌办字〔2022〕16 号	区委办、区政府办	2022.5.7
40	关于印发《昌江区档案馆收集档案范围实施细则》的通知	昌办字〔2022〕17 号	区委办、区政府办	2022.5.17
41	关于区委常委挂点督导青少年教育基地的通知	昌办字〔2022〕18 号	区委办、区政府办	2022.4.16

续表

序号	文件名称	发布文号	发布机关	发布日期
42	关于开展区关心下一代委员会成员单位（2022—2024）结对帮扶困难青少年活动的通知	昌办字〔2022〕19 号	区委办 区政府办	2022.4.16
43	关于印发《关于进一步加强全区红十字会基层组织建设的实施方案》的通知	昌办字〔2022〕20 号	区委办 区政府办	2022.5.24
44	关于印发《昌江区关于贯彻落实“干部创先二十条”的推进方案》的通知	昌办字〔2022〕21 号	区委办	2022.5.31
45	关于印发《关于加强基层应急管理体系和能力建设的实施意见》的通知	昌办字〔2022〕22 号	区委办 区政府办	2022.7.26
46	关于印发《昌江区深化应急管理综合行政执法改革实施方案》的通知	昌办字〔2022〕23 号	区委办 区政府办	2022.7.26
47	关于印发《中共吕蒙街道工作委员会、吕蒙街道办事处职能配置、机构设置和人员编制规定》的通知	昌办字〔2022〕24 号	区委办 区政府办	2022.8.11
48	关于印发《昌江区农村宅基地制度改革试点和规范管理实施方案（2022—2024 年）》的通知	昌办字〔2022〕26 号	区委办 区政府办	2022.9.28
49	关于印发《关于推进昌江区共青团基层组织改革工作的实施方案》的通知	昌办字〔2022〕27 号	区委办	2022.10.25
50	关于印发《昌江区城市功能与品质再提升行动方案》的通知	昌办字〔2022〕28 号	区委办	2022.10.27
51	关于印发《关于进一步加强党委联系服务专家工作的实施方案》的通知	昌办字〔2022〕29 号	区委办	2022.12.21
52	关于印发《2022 年度市县综合考核实施方案指标任务分工》的通知	昌办字〔2022〕30 号	区委办 区政府办	2022.12.30
53	关于调整全区议事协调机构有关事项的通知	昌办通〔2022〕2 号	区委办 区政府办	2022.3.4
54	关于转发区委史志办《〈昌江年鉴（2022）〉编纂方案》的通知	昌办通〔2022〕3 号	区委办 区政府办	2022.3.8
55	关于开展庆祝建党 101 周年系列活动的通知	昌办通〔2022〕11 号	区委办	2022.6.28
56	关于报送落实《关于废止和宣布失效一批涉计划生育区委党内规范性文件的决定》情况的通知	昌办通〔2022〕12 号	区委办	2022.7.28
57	关于印发《配合省委第五巡视组巡视昌江区的工作方案》的通知	昌办通〔2022〕13 号	区委办	2022.9.3
58	关于对森林灭火工作县级领导包村联系点暨部门包村进行调整的通知	昌办通〔2022〕18 号	区委办 区政府办	2022.9.26
59	关于调整反腐败协调小组的通知	昌发电〔2022〕1 号	区委办	2022.1.13
60	关于调整区信访工作联席会议组成人员的通知	昌发电〔2022〕2 号	区委办 区政府办	2022.1.30
61	关于调整区委保密委员会等非常设机构组成人员的通知	昌发电〔2022〕3 号	区委	2022.1.25
62	关于调整区国防动员委员会、区委人民武装委员会组成人员及成立区军事设施保护委员会的通知	昌发电〔2022〕4 号	区委办、区政府办、区人武部政工科	2022.1.30
63	关于成立昌江区涉粮问题专项巡察监督检查反馈意见整改工作领导小组的通知	昌发电〔2022〕5 号	区委办、区政府办	2022.2.8

续表

序号	文件名称	发布文号	发布机关	发布日期
64	关于调整区优化营商环境工作领导小组的通知	昌发电〔2022〕6号	区委办、区政府办	2022.1.26
65	关于调整部分议事协调机构组成人员的通知	昌发电〔2022〕7号	区委办、区政府办	2022.3.26
66	关于调整部分议事协调机构组成人员的通知	昌发电〔2022〕8号	区委办、区政府办	2022.3.4
67	关于调整昌江区2022年小（二）型以上水库防汛责任人名单的通知	昌发电〔2022〕9号	区委办、区政府办	2022.3.26
68	关于成立昌江区扩大开放领导小组的通知	昌发电〔2022〕10号	区委办、区政府办	2022.5.20
69	关于成立昌江区农村宅基地改革和管理工作领导小组的通知	昌发电〔2022〕11号	区委办、区政府办	2022.5.20
70	关于成立昌江区城市基层党建引领基层治理工作领导小组的通知	昌发电〔2022〕12号	区委办、区政府办	2022.6.28
71	关于调整昌江区精神文明建设指导委员会组成人员的通知	昌发电〔2022〕13号	区委办、区政府办	2022.7.6
72	关于成立区全民国防教育工作领导小组的通知	昌发电〔2022〕14号	区委	2022.7.25
73	关于印发《中共昌江区委落实全面从严治党主体责任2022年度责任清单和任务安排》的通知	昌发电〔2022〕15号	区委办	2022.9.1
74	关于成立景德镇市昌江区“两山转化”推进领导小组的通知	昌发电〔2022〕16号	区委办、区政府办	2022.8.26
75	关于开展2022年“昌江区文学艺术奖”评选活动的通知	昌发电〔2022〕17号	区委办、区政府办	2022.8.29
76	关于调整昌江区城市功能与品质提升工作领导小组的通知	昌发电〔2022〕18号	区委办、区政府办	2022.10.27
77	关于成立昌江区粮食安全工作领导小组的通知	昌发电〔2022〕19号	区委办、区政府办	2022.11.15
78	关于开展党内规范性文件备案工作的通知	昌办发电〔2022〕2号	区委办	2022.1.10
79	关于调整区级领导联系挂点重点产业和工业企业安排的通知	昌办发电〔2022〕4号	区委办、区政府办	2022.1.14
80	关于印发《昌江区优化营商环境“千名干部进万企”精准帮扶活动方案》的通知	昌办发电〔2022〕5号	区委办、区政府办	2022.1.26
81	关于印发《关于开展信访积案化解攻坚战活动的实施方案》的通知	昌办发电〔2022〕6号	区委办、区政府办	2022.2.20
82	关于印发《2021年度落实党风廉政建设责任制考核工作方案》的通知	昌办发电〔2022〕8号	区委办	2022.3.4
83	关于印发《2022年度昌江区政协“赣事好商量”协商工作计划》的通知	昌办发电〔2022〕9号	区委办、区政府办	2022.3.8
84	关于转发《市委办公室印发〈关于改进优化市委会议活动安排的工作举措〉的通知》的通知	昌办发电〔2022〕10号	区委办	2022.2.24
85	关于印发《中共昌江区委理论学习中心组2022年学习计划》的通知	昌办发电〔2022〕11号	区委办	2022.3.15
86	关于印发《昌江区2022年全民国家安全教育日宣传教育活动工作方案》的通知	昌办发电〔2022〕12号	区委办	2022.4.6
87	关于印发《昌江区2022年督查检查考核计划》的通知	昌办发电〔2022〕13号	区委办、区政府办	2022.4.21

续表

序号	文件名称	发布文号	发布机关	发布日期
88	关于十二届区委第一轮巡察发现倾向性问题的通报	昌办发电〔2022〕14 号	区委办	2022.5.7
89	关于印发《昌江区党委（党组）意识形态工作责任制考核方案》的通知	昌办发电〔2022〕15 号	区委办	2022.5.9
90	关于印发《关于进一步强化安全生产责任落实坚决防范遏制重特大事故的实施方案》的通知	昌办发电〔2022〕16 号	区委办、区政府办	2022.5.5
91	关于印发《区委整治形式主义为基层减负专项工作机制 2022 年工作要点及责任分工》的通知	昌办发电〔2022〕17 号	区委办	2022.5.12
92	关于印发《昌江区 2021 年度巩固拓展脱贫攻坚成果同乡村振兴有效衔接国家考核评估反馈问题和省考核发现问题整改工作方案》的通知	昌办发电〔2022〕18 号	区委办、区政府办	2022.6.6
93	关于印发《昌江区开展党内法规学习宣传月活动的实施方案》的通知	昌办发电〔2022〕19 号	区委办	2022.5.20
94	关于印发《关于贯彻落实全面建设“六个江西”奋斗目标实施方案》的通知	昌办发电〔2022〕20 号	区委办、区政府办	2022.5.20
95	关于印发《中央纪委国家监委纪检监察建议（龚建华案）整改工作方案》的通知	昌办发电〔2022〕21 号	区委办	2022.7.8
96	关于印发《中共昌江区委 2022 年度政党协商计划》的通知	昌办发电〔2022〕22 号	区委办	2022.7.11
97	关于印发《昌江区做好中共二十大信访保障工作方案》的通知	昌办发电〔2022〕23 号	区委办、区政府办	2022.8.27
98	关于印发《2022 年昌江区劳动模范和先进工作者评选表彰活动方案》的通知	昌办发电〔2022〕24 号	区委办、区政府办	2022.9.9
99	关于转发《区委巡察办关于十二届区委第二轮巡察发现普遍性问题的通报》的通知	昌办发电〔2022〕26 号	区委办	2022.9.16
100	关于印发《关于全面建设“六个江西”开展“冲刺一百天、夺取全年胜”百日攻坚行动的实施方案》的通知	昌办发电〔2022〕27 号	区委办、区政府办	2022.10.9
101	关于认真组织收听收看习近平总书记在中国共产党第二十次全国代表大会上的报告的通知	昌办发电〔2022〕28 号	区委办	2022.10.13
102	关于印发《关于当前我区意识形态领域有关情况的通报》的通知	昌办发电〔2022〕29 号	区委办	2022.10.20
103	关于印发《中共昌江区委全面从严治党形势分析报告》的通知	昌办发电〔2022〕30 号	区委办	2022.11.1
104	印发《关于开展“七个有之”专项治理的工作方案》的通知	昌办发电〔2022〕31 号	区委办	2022.11.1
105	关于认真做好江泽民同志悼念活动有关事项的通知	昌办发电〔2022〕32 号	区委办	2022.12.4
106	关于印发《贯彻落实〈省委办公厅关于加强和改进新时代市县政协工作的二十条措施〉的责任分工》的通知	昌办发电〔2022〕33 号	区委办	2022.11.21
107	关于印发《中央信访督查反馈江西问题昌江区整改方案》的通知	昌办发电〔2022〕34 号	区委办、区政府办	2022.12.8

（谭　颖）

区委（办）文件选录

昌江区委 昌江区人民政府 关于2022年度实施乡村振兴战略工作情况的报告

（昌字〔2022〕39号）

景德镇市委、景德镇市人民政府：

2022年以来，我区深入学习习近平总书记关于“三农”的重要论述及视察江西时重要讲话精神，坚持做好新发展阶段乡村振兴工作，实现乡村振兴工作高效高质量开展。现将有关工作情况汇报如下：

一、2022年度实施乡村振兴战略工作情况及成效

（一）加快现代农业发展，粮食安全和重要农产品供给得到有效保障。

1. 粮食生产面积和收购价格稳定。完成早稻种植面积0.6万亩，中稻种植面积4.8万亩，全年粮食作物种植面积达到7.78万亩，粮食总产量达到5614万斤。目前，收购早稻250万斤。田间湿谷收购价格每百斤103元，烘干企业出厂价每百斤133元，收购中晚稻1406万斤，湿谷价格每百斤112元。

2. 重要农产品有效供给。2022年，全区完成大豆0.45万亩、油菜2.41万亩，芝麻3345亩种植，蔬菜播种面积约2.38万亩，总产量约5.77万吨；全区新建年出栏10000头生猪的标准化猪场2个，出栏（笼）比重占全区养殖业65%以上，肉类总产量1.18万吨，比上年增长6.3%。

3. 严格落实耕地保护党政同责。划定耕地和永久基本农田保护红线。坚决落实“长牙齿”的耕地保护硬措施，落实耕地保护党政同责要求，成立政府分管副区长为组长的领导小组。根据市自然资源局统一规划，按照耕地和永久基本农田、生态保护红线、城镇开发边界的优先序，统筹划定落实耕地红线。大力实施“藏粮于地、藏粮于技”战略，启动高标准农田建设工作。2022年申报高标准农田建设项目建设面积2万亩，其中节水灌溉面积2654亩，投资资金6000万元。

（二）守住不发生规模性返贫底线，脱贫攻坚成果有效巩固和拓展。

1. 责任落实。（1）在主体责任落实方面。今年以来，我区多次召开专题会议研究巩固脱贫攻坚成果同乡村振兴有效衔接工作，其中，区委常委会研究讨论6次，区政府常务会研究讨论5次。区委农村工作领导小组、区巩固拓展脱贫攻坚成果专项小组，调度推进巩固拓展脱贫攻坚成果18次。（2）在部门责任落实方面。区直职能部门积极作为，紧跟省市直部门及区委区政府部署扎实开展巩固拓展脱贫攻坚成果工作，相关文件配套已全部落实到位。（3）在帮扶责任落实方面。继续施行区领导包村、单位（部门）驻村、副科级以上干部包户、企业帮村联户等帮扶工作机制，2022年共落实61个帮扶单位、近712余名各级干部结对帮扶；共派驻村第一书记21人，驻村工作队员18人，共计选派39人，到岗率100%。

2. 政策落实。（1）教育政策方面。建立健全义务教育控辍保学工作机制，确保全区义务教育阶段无辍学现象。同时落实少数因残疾在家无法入校的学生送教上门工作。2022年，共资助应助学生3015人次，发放各类教育资助金共计185.26万元。实施“雨露计划”共补助脱贫家庭子女150人次、补助资金共22.35万元。（2）健康政策方面。持续做好稳定脱贫人口参保动员、监测对象参保资助、低收入人口因病预警监测等工作。脱贫户人口签约服务率98%、履约率100%；全区共29家公有产权村卫生室，均配备一名乡村医生在岗执业。（3）住房政策安全方面。加强农村低收入户群体住房安全动态监测和排查，2022年农村危房改造计划20户，截至目前已经完工18户，其中脱贫户及监测对象共5户已经全部完工。（4）饮水政策方面。

与景德镇水务公司对接，成立农饮分公司，对未通自来水的村已经完成饮水安全检测，加强对农村饮水安全工程运维管理工作，确保全区群众饮水安全。

3. 工作落实。（1）监测工作。全区新增纳入监测户 5 户 14 人。按省级部署开展对全区所有农户的防止返贫监测帮扶集中排查，目前，正在有序开展 2022 年度巩固脱贫攻坚成果、乡村建设信息采集及防止返贫监测帮扶第二轮排查工作。（2）产业工作。全区 4 个村级光伏扶贫电站都稳定运行，电站收益及时分配。认定消费帮扶产品 9 个，供应商 4 个，消费帮扶产品累计销售 2115 万元，有效带动脱贫户、监测户就业。累计发放扶贫小额贷款 225 笔，共 777.93 万元，2022 年新增小额贷款 79 户 381 万元，目前均未发生逾期及不良贷款等情况。（3）就业工作。全区共有脱贫劳动力总人数 1065 人，务工人数 846 人，省外务工 114 人，省内务工 732 人，未就业人数 206 人。2022 年公益性岗位累计吸纳就业 216 人次，扶贫专岗累计吸纳脱贫劳动力 73 人次。（4）保障工作。为符合条件的脱贫户及监测对象参加城乡居民养老保险代缴保费，对困难残疾人生活补贴和重度残疾人护埋补贴提标提补，为低保对象、特困人员、孤儿及事实无人抚养儿童增发一次性生活补贴。

（三）绿色有机产业健康发展，农村生态环境得到有效保护。

1. 培育多元化新型经营主体。加大对带贫能力强的新型经营主体的培育力度，鼓励其吸纳更多脱贫户参与产业发展。目前，全区共有带贫作用的新型经营主体 58 家。其中，农业产业化龙头企业 13 家，带动脱贫户 408 户，1125 人。农民合作社 39 家，带动脱贫户 591 户，1630 人。家庭农场 7 家，带动脱贫户 22 户，63 人。

2. 巩固提升特色产业。以粮油、畜牧、水产等特色产业为抓手，优化农业生态环境，培育特色种养产业、发展乡村休闲旅游产业，推进产业融合发展，持续拓宽农民增收渠道。2022 年特色产业带动脱贫户 680 户，1813 人，占总脱贫户总人数 95.5%。脱贫户预计户年均产业增收达 1000 元。

3. 加大政策性金融扶持。2022 年全区用于产业发展的衔接资金规模达 2147 万元，比例高达 81.33%。产业帮扶资金辐射脱贫人口及监测对象 100%。另脱贫人口小额信贷发放规模 736.93 万元，发放受益户数 215 户。

4. 加强技术培训指导服务。合理制定农业技术分类培训计划，扎实开展农民、科技带头人、农村技术能人、农技人员、带贫经营主体及脱贫户等系列技能培训工作，大力实施“一村一名大学生”工程，增强产业发展能力。

5. 推动农业绿色发展。我区坚持以“两品一标”认证为抓手，印发《昌江区“三品一标”农产品认证奖励暂行办法》，对新获证企业及续证企业给予一定资金补助。目前，我区共有有机认证企业 1 家，产品 6 个；绿色食品认证企业 1 家，产品 3 个，无公害认证企业 18 家，产品 21 个。

6. 推进农业面源污染综合治理。我区严格按照省、市关于土壤污染防治工作的要求，制定《昌江区 2022 年受污染耕地安全利用实施方案》，梳理区域污染情况，明确利用技术内容、技术措施、资金保障等内容，确保有力推进受污染耕地安全利用，有效管控耕地土壤环境风险。

（四）推进乡村建设行动，基础设施短板得到有效改善。

1. 新农村建设方面。今年我区重点围绕昌景黄高铁沿线（昌江段）安排新农村建设点 26 个（省建点 11 个、自建点 15 个）。省、市、区三级总投入 510 万元，严格按照“七整一管护”要求全面开展建设。各建设点位已全面完工。

2. 农村人居环境整治方面。我区组建由区农业农村水利局、区融媒体中心与区环卫局三部门组成区农村人居环境整治督查组，每月对每个乡镇开展一次督查，形成通报，向区委区政府汇报。搭建区级万村码上通 5G+ 长效管护平台，完成三类村庄信息录入和各村庄管护员信息录入。目前，平台建设已完成验收，正式投入使用。2022 年 10 月，我区成功申报“江西省美丽宜居先行县”。

3. 厕所革命方面。严格落实省、市关于厕所革命的决策部署，组织全区各乡镇、村开展户厕信息实地采集、平台录入、整改等工作，深入实地督查 30 余次。建设三格式示范厕所 100 余户。积极组织各乡镇、村工作人员召开现场会，学习摸排整改台账资料整理工作，取得不错成效。

4. 农村生活污水治理方面。制定印发《2022 年昌江区农村生活污水治理实施方案》，确定 9 个点位，并通过区委常委会和政府常务会审议。目前已全部开工建设。

5. 农村生活垃圾治理方面。持续加大农村生活垃圾治理力度，解决“垃圾围村”问题，初步建立户投放、村收集、镇转运的农村生活垃圾收运体系。目前全区农村垃圾清运率、处理率达到100%，聘用农村保洁员263名，在增设垃圾桶1300余只，有效提高农村垃圾收集处理能力。

6. 农村“四好公路”建设方面。制定《昌江区“四好农村路”建设实施方案》等文件，近三年来，全区共投入建设资金1.4亿元，新改建公路49.7公里，完成农村公路防护工程建设130公里，全区33个行政村均已具备通客车条件，全区所有乡镇（街道）、行政村和自然村100%通水泥（沥青）公路。开通镇村公交班线共10条，率先实现城乡公交一体化。

7. 农村教育方面。持续改善农村教育办学条件，新建航空幼儿园、丽阳中心幼儿园等，新建白鹭学校、华风小学教学楼、改扩建部分农村学校，平衡城区与农村地区之间教育资源差距，逐步实现城乡教育优质均衡发展。

（五）建强基层战斗堡垒，乡村治理工作获得明显成效。

1. 强化组织保障。深入贯彻党中央、省、市关于乡村治理工作的决策部署，成立以区委副书记为组长的领导小组，多次组织召开乡村治理工作推进会议，梳理工作要点，布置工作重点。全面推广清单制、积分制运用，创新试点示范形式，深化拓展原有试点辐射范围，进一步健全完善我区乡村治理体系。1月，我区顺利通过乡村治理市级评估和省级终评估。

2. 推广复制经验。今年9月，我区成功推广鱼山镇“嫂子帮帮团”、丽阳镇江联村（积分制）、丽阳镇山田村（村集体经济）、荷塘乡山门村（乡风文明）等为第二批乡村治理示范点。

3. 探索运用清单制。制定出台《昌江区村级小微权力清单》，对村级事务、村民事务及负面清单等10项内容提出明确具体要求，梳理出27条事项，明确指导单位、办事流程等，实现权力与服务清单化。目前，共制作大型活动页展示牌6个，已投入村级使用。

（六）注重精神文明建设，农村居民精神面貌焕然一新

1. 积极开展宣传教育活动。根据省委、市委农办要求，我区分批次在全区范围内组织开展“听党话、感党恩、跟党走”宣讲教育活动，共组织宣讲4场，参加活动人数346人。在党的二十大胜利召开之际，全区掀起党的二十大精神进基层宣讲活动热潮，各级领导干部累计下基层宣讲98次，覆盖人数2600余人。

2. 有力推动农村移风易俗。我区乡村治理示范村丽阳镇枫林村，通过完善村规民约，建立道德评议会、红白理事会，推进婚俗改革和殡葬习俗改革，高价彩礼、大操大办等突出问题得到全面改善，枫林村被认定为“全国第二批乡村治理示范村”。目前，全区各乡镇、村也广泛开展各类移风易俗活动50余次，组织移风易俗宣讲20余次，举办零彩礼婚礼18场、旅行婚礼2场，劝阻“生日宴”等大操大办活动34场。开展杜绝“天价彩礼”2场，共有80余人30余户签订承诺书。丽阳镇枫林村被评为全国第二批乡村治理示范村，山门村“无麻村”典型经验在江西日报刊登。

（七）落实农业农村优先发展要求，“三农”政策、资金得到有效保障。

1. 积极主动落实三农政策。我区积极落实中央和省、市、区出台的乡村振兴政策，加强政策宣传解读，充分释放政策红利。对农业龙头企业，重点在信贷担保、贷款贴息等方面进行支持；对农民合作社重点采取以奖代补、先建后补、示范奖励的方式进行扶持；对社会化服务组织，重点采取购买服务、大型农机设备购置补贴等方式进行扶持，切实优化支持“三农”发展的政策环境。

2. 聚拢资金加大财政投入。我区坚持把农业农村作为一般公共预算优先保障领域。目前，累计投入中央、省级、市级以及区本级投入衔接资金8819.58万元，其中，区本级投入1977.8275万元。主要用于新农村建设、农村人居环境长效管护、乡村产业振兴、林业生态保护、水利等。

3. 加强监管提高资金效益。将农业资金纳入财政资金动态监控平台，综合运用信息化和大数据技术，对资金使用管理和支出进度开展实时监控、风险预警、流程追溯，确保资金安全规范高效运行。深化预算绩效管理改革，加快建立预算绩效管理体系，扎实开展农村资金绩效评价，并将评价结果与政策调整、资金安排相挂钩，全面提升资金管理水平和使用效益。

（八）加强党对“三农”工作的全面领导，乡村振兴推进机制不断完善。

1. 深入学习精神。区委理论学习中心组将习总书记关于“三农”工作的重要论述纳入2022年中心组学习计划。学习习近平总书记系列讲话精神，引导中心组成员进一步用理论武装头脑、指导实践、推动“三农”工作。

2. 健全工作机制。严格落实五级书记抓乡村振兴要求，各级均成立以党委（组）书记为组长的农村工作领导小组，建立联席会议制度，形成各级各部门齐抓

共管的良好机制。

3. 扎实推动工作。区农村工作领导小组定期召开会议调度“三农”工作，特别是农村改革重点任务。区委、区政府主要领导定期下基层调研“三农”工作，确保各项工作落实落细。

二、工作中存在的问题

（一）产业发展后劲不够。我区乡村振兴产业项目比较单一，基本以种植养殖为主，形成规模、产生效益的产业不多，抗自然灾害和应对市场风险能力不强。

（二）乡村建设亮点不多。近几年的农村建设基本是完成“扫一遍”的任务，加上我区属于农业小区，上级农业拨付资金较少、较分散，导致农村建设亮点少，效果不突出。

（三）乡村人才支撑不足。当前，全区农村不同程度地存在“空心化”问题，年轻人才流失严重，导致农村建设缺乏人才支撑，基层工作缺乏创新性。

三、下一步工作打算

（一）调整产业结构和规模。推进高标准农田建设，培育“一村一品、一镇一业”，借鉴四季果业、尚康庭等特色采摘及陈锋蛇业等特色养殖经验，培育新型产业，扩大产业规模，打造产业品牌。

（二）整合建设资金和力量。完善部门联席制度，了解各职能部门的农村项目建设时间、规划和资金量，按照项目建设程序和时间先后，统筹开展建设，避免重复建设，实现资金利用最大化。

（三）吸引人才返乡和建设家乡。加大对农村政策支持、资金投入和基层岗位招聘力度，吸引越来越多的人才带着项目、资金、技术、情感返乡发展，带领乡亲增收致富。

2022 年 12 月 22 日

区委关于印发《昌江区年度综合考核办法（试行）》的通知

昌党发〔2022〕15 号

各乡镇（街道）党（工）委、区委各部门，区直各单位党委（党组），各人民团体党组织：

现将《昌江区年度综合考核办法（试行）》印发给你们，请结合实际认真抓好贯彻落实。

2022 年 12 月 18 日

昌江区年度综合考核办法（试行）

第一章　总则

第一条 为坚持和加强党的全面领导，进一步加强和改进考核工作，充分发挥考核的激励先进、鞭策落后作用，积极营造比学赶超、干部创先、争创一流的浓厚氛围，推动昌江区高质量跨越式发展，根据党中央和省、市委有关精神，制定本办法。

第二条 坚持以习近平新时代中国特色社会主义思想为指导，深入贯彻落实习近平总书记视察江西重要讲话精神，聚焦“作示范、勇争先”目标要求，牢记“要建好景德镇国家陶瓷文化传承创新试验区，打造对外文化交流新平台”殷殷嘱托，全面推行年度综合考核制度，引导和督促区管领导班子和领导干部深刻领会“两个确立”的决定性意义，增强“四个意识”、坚定“四个自信”、做到“两个维护”，全力推动党中央决策、省委部署和市委、区委要求落细落实，全力贯彻市委“五新”战略行动，全力实施区委“3344”战略行动，全面建设现代化魅力新昌江。

第三条 本办法所指的年度综合考核，包括推进或者服务高质量跨越式发展、加强党的建设、现场巡查、满意度评价，区管领导班子和领导干部年度考核以及政治素质考察等。

第四条 本办法适用于对乡镇（街道）、区直机关、区属公立学校的年度综合考核工作。

第五条 综合考核工作坚持综合评价、系统分析，客观公正、科学精准的原则，充分发挥综合考核指挥棒、评判器、识别仪作用，实行考人与考事、考班子与考干部、考显绩与考潜绩、综合考核与专项考核、平时考核与集中考核、领导评价与群众评议相结合。

第六条 成立区委综合考核工作委员会（简称“区委综合考核委”），由区委书记任主任，区委副书记、区长任副主任，其他区委常委同志〔不含兼任乡镇（街道）党（工）委书记的区委常委同志〕任委员。区委综合考核委下设办公室（简称“区委综合考核办”），设在区委组织部，负责综合考核工作的组织协调。区委常委、区委组织部部长兼区委综合考核办主任，区委办公室、区政府办公室、区委组织部、区委宣传部、区统计局、区人社局等部门主要（常务）负责同志兼任区委综合考核办副主任，区经济高质量发展考核办公室相关负责同志兼任区委综合考核办专职副主任。

第七条 根据工作需要，明确各考核牵头部门、责任部门及其职责分工。各考核牵头部门、责任部门在区委综合考核办统一组织下，协同推进各项考核工作。

第二章　指标体系

第八条 考核指标设置坚持客观全面、突出重点、优选量化、考准考精、动态调整、群众公认，充分激发和保护好各级领导班子、广大干部的积极性、主动性、创造性，引领和推动全区高质量跨越式发展。

第九条 年度综合考核指标体系，包括乡镇（街道）、区直机关、区属公立学校推进或者服务高质量跨越式发展、加强党的建设、现场巡查、满意度评价指标，区管领导班子和领导干部考核评价指标。

第十条 区委综合考核办统筹做好考核指标制定工作，区经济高质量发展考核办公室，区委办公室、区政府办公室、区委组织部、区委宣传部、区统计局、区人社局等考核牵头部门具体负责指标制定、监测评价、日常督导，充分共享考核必要的全部数据。各项考核指标的设置，由区委综合考核办与相关牵头部门充分沟通、科学研判后，提请区委综合考核委研究，并按程序报请区委审定。

第十一条 考核指标一般在当年提前下达，下达后当年一般不作变动，因重大工作部署或者其他原因确需调整的，由区委综合考核委提出调整建议并报请区委研究决定。同时，建立健全考核指标年度动态调整机制，每年根据实际情况，对考核指标调整优化，合理设置分值权重。

第三章　程序方法

第十二条 年度综合考核工作按照平时监测、半年评估、年终考核、综合评定等程序进行。

第十三条 平时监测。区委综合考核办会同有关部门，根据工作需要，采取抽查督查、监测预警、督办提醒、专项考核等方式，及时发现问题、总结经验、推动工作。遇有重大情况，应当由区委综合考核委向区委请示报告。

被考核对象接到预警督办通知或者督查通报后，应当及时分析查找原因，提出整改措施，分别向区委综合考核办以及有关考核责任部门反馈。

第十四条 半年评估。区委综合考核办会同有关部门，研究提出评估意见，按照程序报批后及时反馈，视情召开评估会议，通报点评推进或者服务高质量跨越式发展成效、加强党的建设成效和督查整改等方面内容。

第十五条 年终考核。组建综合考核组，采取现场集中考核与打通后台数据相结合的办法，对被考核对象进行年终考核。

现场集中考核，一般采取大会述职、民主测评、个别谈话、了解核实、梳理分析等程序进行。打通后台数据，由各考核牵头部门、责任部门协同做好各项考核数据的采集、统计、校核等工作，并由各考核牵头部门审核汇总后，报区委综合考核办。

各考核牵头部门、责任部门需要开展现场集中考核的，实行申报审批制度。由相关部门提出申请，区委综合考核办商区委整治形式主义为基层减负专项工作机制办公室研究并按照程序报区委批准后实施。

第十六条 综合评定。根据年度综合考核情况，区委综合考核办提出考核等次评定建议，由区委综合考核委研究后，按照程序报请区委审定。

第四章　等次评定

第十七条 单位年度综合考核等次评定，以年度综合考核得分为主要依据。乡镇（街道）设立一、二等奖，区直机关、区属公立学校分为第一、第二、第三、第四 4 个等次。

第十八条 领导班子年度考核等次评定，以单位年度综合考核得分、民主测评、考核组评价等为主要依据，分为优秀、良好、一般、较差 4 个等次。

第十九条 领导干部年度考核等次评定，以单位年度综合考核得分、民主测评、个别谈话、考核组评价等为主要依据，分为优秀、称职（合格）、基本称职（基本合格）、不称职（不合格）4个等次。

第五章　结果运用

第二十条　召开年度综合考核总结表彰会议，根据考核结果，按照有关规定，对相关乡镇（街道）、区直机关、区属公立学校进行通报或者表彰。

第二十一条　年度综合考核结果作为干部选拔任用的重要参考。获一等奖、二等奖或第一等次的单位，在干部选拔任用上优先考虑。领导干部连续三年考核结果为优秀等次的，按照有关规定予以记功，同等条件下优先使用。

第二十二条　领导班子年度考核结果为一般等次的，应当向上级党组织写出书面报告，剖析原因，提出整改措施。领导班子年度考核结果为较差等次或者连续两年为一般等次的，应当对主要负责人和相关责任人进行调整，并根据具体问题的性质和严重程度，追究相关责任人责任。

第二十三条　领导干部年度考核结果为基本称职等次的，应当对其进行诫勉，限期改进。领导干部年度考核结果为不称职等次的，按照规定程序降低一个职务或者职级层次任职。领导干部不适宜担任现职的，应当根据有关规定对其进行调整。

第二十四条　建立完善综合考核信息化平台，注重运用信息化手段，通过数据共享，对被考核对象平时监测、半年评估、年终考核、历年名次变化等实行过程管理，推动各类考核结果有机衔接、相互印证。

第二十五条　考核结果应当按照干部管理权限，采取个别谈话、工作通报、会议讲评等方式，实事求是地及时向领导班子和领导干部反馈，肯定成绩、指出不足，督促整改，传导压力、激发动力。

第六章　纪律与监督

第二十六条　被考核对象应当如实汇报工作和思想，客观反映情况，分析存在问题。对在年度综合考核工作中存在搞形式、走过场、歪曲事实、弄虚作假等情形的，按照有关规定作出处理；情节严重的，对主要负责人和相关责任人给予党纪政务处分。

第二十七条　各考核牵头部门、责任部门应当履职尽责，因履职缺位造成恶劣影响的，按照有关规定追究责任。考核工作人员应当严守考核工作纪律，按照规定的程序和要求实施考核，全面客观准确地了解和反映考核情况。因弄虚作假或者工作失职，造成严重后果的，依规依纪依法追究责任。

第二十八条　加强对考核工作的监督，自觉接受群众和舆论监督，有关部门收到违反考核工作纪律的举报后应当及时按照程序核实处理。

第七章　附则

第二十九条　未纳入年度综合考核又确需开展的其他全区性考核事项，由区委综合考核办商区委整治形式主义为基层减负专项工作机制办公室提请区委综合考核委研究，报请区委批准后实施。

第三十条　区委综合考核委根据本办法制定年度综合考核实施意见及实施方案，组织有关单位制定各类别指标体系等。

第三十一条　本办法具体解释工作由区委办公室商区委组织部承担。

第三十二条　本办法自印发之日起施行。

区委办 区政府办 关于印发《昌江区属国有企业领导人员管理暂行办法》的通知

（昌办字〔2022〕11 号）

各乡镇（街道）党（工）委、人民政府（办事处），区委各部门，区直各单位，各人民团体：

《昌江区属国有企业领导人员管理暂行办法》已经区委、区政府同意，现印发给你们，请认真抓好贯彻落实。

2022 年 3 月 22 日

昌江区属国有企业领导人员管理暂行办法

第一章 总则

第一条 为进一步规范区属国有企业领导人员管理，建立高素质企业领导人员队伍，推进区属国有企业又好又快发展，实现国有资产保值增值，根据《中国共产党章程》（以下简称《党章》）和《中国共产党国有企业基层组织工作条例（试行）》、《中华人民共和国公司法》（以下简称《公司法》）、《党政领导干部选拔任用工作条例》等有关法律法规，以及《关于在深化国有企业改革中坚持党的领导加强党的建设的若干意见》等中央和省、市委的有关政策规定，结合我区实际，制定本暂行办法。

第二条 本办法适用于区委管理和区委授权区国资管理机构管理的区属国有企业领导人员（以下简称企业领导人员），包括：董事长、副董事长、董事（不含职工董事、外部董事、股权董事，下同），总经理、副总经理，财务总监，党组织书记、成员，监事会主席和监事（不含职工监事，下同），以及子公司董事长、总经理。

第三条 企业领导人员管理必须坚持党管干部原则，坚持德才兼备、以德为先原则，坚持民主、公开、竞争、择优原则，坚持组织认可、出资人认可、职工群众认可、市场认可原则；坚持权利与责任义务统一、激励与监督约束并重原则；坚持依法依规管理原则。

第二章 职数与任期

第四条 区属国有企业应当按照建立和完善中国特色现代国有企业制度的要求，建立健全规范的公司法人治理结构，董事会、经理班子、党组织、监事会按照《中国共产党章程》《中华人民共和国公司法》以及公司章程等履行职责，形成科学有效的运行机制。

第五条 根据区属国有企业规模大小和实际情况，合理确定并从严控制董事会、经理班子、党组织职数。区属国有企业的职数设置由区国资管理机构商区委组织部，提出建议报区委区政府审定，并通过公司章程确定。

第六条 企业党组织班子成员与董事会、经理班子成员实行交叉任职，党组织书记原则上由董事长兼任。

第七条 实行企业领导人员任期制，每届任期三年。

第三章 管理权限

第八条 企业董事长、总经理、党组织书记的任免，由区委提名给区政府党组，经区政府党组会审议通过后，由区国资管理机构按《中华人民共和国公司法》等有关规定程序办理任免手续。

第九条　企业副董事长、副总经理、财务总监的任免，由区国资管理机构商区委组织部，提出任免建议方案，报区委同意后，由区委组织部提名给区政府党组，经区政府党组会审议通过后，由区国资管理机构按《中华人民共和国公司法》等有关规定程序办理任免手续。

第十条　企业部门正职，子公司董事长、总经理任免，由区国资管理机构请示区政府，经区政府党组会审议通过后，报区委组织部备案。

第十一条　企业监事会主席、董事、监事，按有关规定程序委派。

第十二条　企业党组织书记、成员，人选的确定由区委组织部根据《中国共产党章程》等有关规定办理。区纪委成立派驻企业纪检组，派驻纪检组不在企业领取报酬。

第四章　资格条件

第十三条　企业领导人员应当具有较高的政治素质，具有履行岗位职责所必需的专业知识和相关工作经历、任职经历，具有较强的现代企业管理能力，具有良好的职业素养，具有能够正常履职的身体素质，遵纪守法，勤勉尽责，团结合作，廉洁从业。

第十四条　企业领导人员应当具备下列任职资格条件：

（一）一般应当具有相关企业工作经历或者与经济管理、企业党群工作相关的经历；

（二）从区属国有企业选拔担任区属国有企业正职的，应当具有同层级副职两年以上工作经历，未满两年的应当具有同层级副职和下一层级正职累计五年以上工作经历；

（三）从区属国有企业选拔担任区属国有企业副职的，应当具有下一层级正职三年以上工作经历，未满三年的应当具备下一层级正职和下一层级副职累计五年以上工作经历；

（四）提拔担任企业领导职务的，原则上应能任满一个任期；

（五）一般应具有大学专科以上文化程度；

（六）法律法规规定的其他条件。

第十五条　特别优秀的或者工作特殊需要的人才，可以适当放宽任职资格条件。面向社会招聘的人才，根据工作需要明确特殊的任职资格条件。

第十六条　实行任职回避制度。有夫妻关系、直系血亲关系、三代以内旁系血亲关系以及近姻亲关系的，不得在同一企业领导班子中任职。领导成员的亲属不得在该领导成员直接管辖的部门工作，也不得在其中一方担任领导职务的企业从事人事、审计、财务等工作。

第十七条　实行企业领导人员职位禁入制度，禁入事项严格按照《中华人民共和国公司法》《中华人民共和国企业国有资产法》和党纪政纪有关规定执行。

第五章　选拔任用

第十八条　选拔企业领导人员，主要采取组织选拔、公开招聘、竞争上岗等方式，也可以探索采取委托人才中介机构推荐方式，扩大对经理班子成员的市场化选聘。

第十九条　任用企业领导人员，主要采取委任制、聘任制和选任制。

第二十条　组织选拔应当坚持任职考察与年度考核、任期考核相结合，充分运用巡视、审计、监管结果。公开招聘、竞争上岗、委托推荐应当坚持测试与考察相结合，注重工作能力，强化实绩导向。

第二十一条　提拔任用的企业领导人员（不含选任制），实行任职试用期制度，试用期为一年。试用期满后，经考核胜任拟任职务的，正式任职，其试用期计入任职时间；不能胜任的，免去试任职务。

第六章　考核评价

第二十二条　建立健全促进科学发展的企业领导班子和领导人员综合考核评价办法，考核评价分为任期考核评价和年度考核评价。

第二十三条　对企业领导班子突出考核评价其经营业绩以及政治素质、团结协作、作风形象等方面的情况，考核评价等次分为“好、较好、一般、较差”。

第二十四条　对企业领导人员的考核主要考核评价其业绩、素质、能力、廉洁从业等方面的情况，考核评价等次分为“优秀、称职、基本称职、不称职”。可对企业领导人员不同职位实施分类考核评价。

第二十五条　考核评价结果作为企业领导班子调整和领导人员选拔任用、培养教育、监督管理、激励约束的重要依据。

第二十六条　年度考核评价可与年度工作总结、年度经营业绩考核和职工代表大会民主评议国有企业领导人员等相关工作结合进行，程序可适当简化。

第七章 激励监督

第二十七条 建立健全以考核评价为基础，与岗位职责和工作业绩相挂钩，短期激励与中长期激励、精神奖励与物质奖励相结合的企业领导人员激励机制。

第二十八条 建立 KPI 绩效管理体系，完善薪酬分配制度和激励机制，经区政府常务会研究同意后，对贡献较大、业绩突出的领导人员，可适当提高工资待遇。

第二十九条 适应企业领导人才成长规律，结合企业实际，加强对企业领导人员及后备人员的教育培养和实践锻炼。

第三十条 建立健全企业领导人员监督机制。完善出资人监督，加强党内监督、法律监督、舆论监督和职工群众民主监督，实行企务公开。

第三十一条 建立健全区属国有企业外派监事会制度，加强对企业领导人员经营管理行为的监督。外派监事会根据《中华人民共和国公司法》《国有企业监事会暂行条例》等有关规定履行职权。

第三十二条 建立健全企业领导人员经济责任审计制度。企业领导人员在离任和任期届满时，依照有关规定进行经济责任审计，必要时进行任中经济责任审计或专项经济责任审计。按照有关规定，要对企业主要负责人履行选人用人职责情况进行离任检查。

第三十三条 依照依法合规、从严从俭和公开透明的原则，建立健全企业领导人员履职待遇和业务费支出制度，并接受职工民主监督。

第三十四条 按照企业领导人员管理权限审批企业领导人员兼职行为。未经审批，不得在其他企事业单位、社会团体或者中介机构兼职。

第三十五条 健全企业领导人员退出机制，完善企业领导人员免职（解聘）、撤职、辞职、退休制度。

第三十六条 根据有关法律、法规和企业规章制度，建立企业领导人员责任追究制度。

第八章 附 则

第三十七条 本办法未尽事宜由区委组织部、区国资管理机构共同协商确定。

第三十八条 本办法由区委组织部、区国资管理机构负责解释。

第三十九条 本办法自公布之日起施行。

区委办 区政府办
关于印发《中共吕蒙街道工作委员会 吕蒙街道办事处职能配置、机构设置和人员编制规定》的通知

昌办字〔2022〕24 号

各乡镇（街道）党（工）委、人民政府（办事处），区委各部门，区直各单位，各人民团体：

《中共吕蒙街道工作委员会、吕蒙街道办事处职能配置、机构设置和人员编制规定》经区委机构编制委员会办公室审核后，已报区委、区政府批准，现予印发。

2022 年 8 月 11 日

中共吕蒙街道工作委员会 吕蒙街道办事处职能配置、机构设置和人员编制规定

第一条 根据《区委办公室、区政府办公室关于印发〈昌江区推进基层整合审批服务执法力量实施方案〉的通知》(昌办字〔2019〕61号),制定本规定。

第二条 中共吕蒙街道工作委员会、吕蒙街道办事处分别为区委、区人民政府派出机关,为正科级。

第三条 中共吕蒙街道工作委员会领导本辖区经济、政治、文化、社会、生态文明建设等各项工作和基层社会治理;吕蒙街道办事处依法行使政府管理和服务职能。主要职责是:

(一)加强党的建设。落实基层党建工作责任制,全面加强党对各领域各方面工作的领导,着力夯实基层基础,切实抓好本区域党组织建设。落实党风廉政建设责任制,强化“两个责任”,坚持正风肃纪,推进全面从严治党。落实意识形态工作责任制,全面加强基层宣传思想文化工作,弘扬时代新风,强化党建引领基层治理。

(二)统筹区域发展。贯彻落实上级重大决策和建设规划,研究制定并组织实施本区域中长期发展规划和年度计划,全面实施区域振兴战略,统筹推进经济社会全面发展。承担优化发展环境、采集企业信息、服务商贸企业、推进项目建设等工作。

(三)实施公共管理。负责辖区综合性管理工作,承担组织领导和综合协调辖区社会管理、生态环境保护、市场监管、人口管理等工作。加强社会治理制度建设,领导基层自治工作,完善党委领导、政府负责、社会协同、公众参与、法治保障的社会治理体制,健全自治为基、法治为本、德治为先的基层治理体系。

(四)组织公共服务。组织实施与群众生活密切相关的各项公共服务,落实人力资源和社会保障、民政、教育、科技、文化、体育、卫生健康等领域和退役军人、妇女儿童、老年人、残疾人等方面的相关政策,不断提高公共服务质量。拓宽服务渠道,改进政务服务方式,完善便民服务平台,提高政务服务和政务公开水平,提升群众在享受公共服务方面的获得感和幸福感。

(五)维护公共安全。负责辖区内应急管理工作,构建公共安全防控体系,建立应对突发紧急事件的处理预案,在区直有关部门的指导下做好区域内生产经营单位安全生产和广大群众食品药品、道路交通安全监督检查工作,承担区域内防汛抗旱、森林防火、疫病防控以及其他气象、地质等自然灾害防御等应急管理工作。负责辖区社会治安综合治理工作,接待群众来信来访,建立多元纠纷解决机制,综合发挥人民调解、行政调解和司法调解的作用,及时化解辖区社会矛盾,确保社会稳定。

(六)贯彻执行相关法律法规,落实党和国家的方针、政策,承担上级交办的其他事项。

第四条 根据主要职责,设下列党政机构:

(一)党政办公室(挂党建办牌子)。承担街道党工委、办事处日常事务;负责督查、考核、文秘、档案、信息、保密、会务以及电子政务、应急指挥、后勤事务等行政管理工作;负责重要事项的综合协调和重要文稿的起草审核;组织制订和监督实施机关内部各项规章制度;承办街道党工委和办事处交办的其他事项。承担基层党组织建设和党员发展、教育、管理工作;负责党的政治思想、宣传统战、精神文明建设工作;负责党风廉政建设、组织人事、机构编制、老干部、党史地方志等工作;负责人大、政协、群团等综合协调工作;负责文明创建工作;承办党工委和办事处交办的其他事项。

(二)经济发展和财政办公室(挂农业农村工作办公室、乡村振兴工作站牌子)。主要承担工业、第三产业、审计、统计、科技、交通运输等职责;负责辖区内商务、金融、供销、工商联等工作;协调与经济发展相关的其他工作;负责财政预算编制、执行及管理;负责各类政策性补贴和专项资金的监督管理工作;指导协调财源建设,监督管理国有(集体)资产,指导监督各

村、社区财务会计工作；负责处理减轻农民负担等工作；负责拟订并组织实施街道农业农村工作规划；负责通过采取示范、培训、指导、咨询服务等方式，把农业技术普及应用于农业产前、产中、产后全过程；负责农民专业合作组织工作，培植农民经纪人和专业协会等中介组织；负责土地确权、土地承包等工作，抓好农业公共信息和培训教育服务工作；负责农村水利设施建设及使用管理；负责农村饮水安全、水土保持的监管，指导防汛抗旱等工作；负责辖区内森林资源、野生动物植物资源的使用监测；负责指导街道村义务植树、造林绿化、护林防火等工作；负责实施退耕还林工作；负责乡村振兴等工作；承办党工委和办事处交办的其他事项。

（三）社会事务办公室（挂退役军人服务站牌子）。贯彻执行上级党委政府有关公共服务的方针政策；承担指导推进公共服务和综合管理，组织实施与群众生活密切相关的各项公共服务，落实人力资源和社会保障、医疗保障、教育体育、卫生健康、文化旅游、民政、红十字会、老龄、残联等工作，不断改进服务方式，有效提高公共服务水平；承担退役军人就业创业扶持、优抚帮扶、走访慰问、信访接待、权益保障等事务性工作；负责爱国卫生和国家卫生城市创建工作；承办党工委和办事处交办的其他事项。

（四）城市管理和社区治理办公室（挂综治中心、应急管理办公室牌子）。负责辖区发展重大建设规划的落实，人居环境改善，组织实施和统筹协调城市综合管理工作；负责职责范围内的生态环境保护、自然资源和规划建设、物业管理、市场监管、市容环卫、市政、园林绿化、防涝排渍、水利、河长制、人防等工作；指导社区建设，组织动员社会力量参与社区治理；承担基层治理综合信息平台日常运行管理、平台接收事项的交办跟踪和督办，基层治理数据收集分析等工作；负责社会治安综合治理、平安建设、信访维稳、矛盾化解等工作；管理协调“基层治理四平台”工作；依法依规承担生产经营单位安全生产状况和消防安全的监督检查，统筹抓好各类应急管理工作，宣传普及安全防范、抗震减灾和应急处置知识，推动应急避难场所和设施建设，发布预警和灾情信息，应对安全生产类、自然灾害类等突发事件和综合防灾减灾救灾等方面工作；承办党工委和办事处交办的其他事项。

第五条 纪检监察、人大、人民武装等机构按有关政策规定设置；群团组织按有关章程设置。

第六条 根据工作职责，设下列2个事业单位：

（一）便民服务中心。公益一类事业单位，核定编制12名。负责人力资源和社会保障、医疗保障工作；负责优化营商环境事务协调，集中受理和办理与群众、企业密切相关的行政许可（审批）服务、公共服务、便民服务事项；负责代办各类外来投资项目及与群众密切相关的服务事项；加强政务服务大厅及网上服务平台建设，指导辖区社区便民服务点建设，充分发挥综合便民服务作用。

（二）综合行政执法队。公益一类事业单位，核定编制13名。根据相关法律法规及政策性文件统一授权，以吕蒙街道名义相对集中行使行政处罚权，主要负责辖区权限范围内卫生健康、文化旅游广电体育、人力资源和社会保障、社区管理、应急管理、交通运输、市场管理、农业等方面的行政处罚及相关行政强制和监督检查权，并接受有关上级主管部门的业务指导和监督。

第七条 吕蒙街道办事处机关行政编制19名，事业编制27名（含吕蒙敬老院2名）。设党工委委员7名，其中书记1名、副书记2名（1名副书记兼任办事处主任）、纪委书记1名、常务副主任1名、人武部长1名；人大工委主任1名，人大工委副主任1名；办事处主任1名，副主任4名（含常务副主任1名）。

第八条 吕蒙街道办事处现有行政事业人员，在档案身份不变的前提下，允许在各职能机构岗位内统筹调配、双向选择、竞争上岗。

第九条 原吕蒙乡下设的党政机构和所属事业单位不再保留。

第十条 党中央明确要求实行派驻体制的机构，如公安派出所、司法所、市场监管分局、基层法庭、基层检察室、税务分局等继续保留派驻体制，实行双重管理。

第十一条 本规定由区委机构编制委员会办公室负责解释，其调整由区委机构编制委员会办公室按规定程序办理。

第十二条 本规定自2022年8月11日起施行。

区委办公室关于印发《关于规范乡镇（街道）和区直机关中层干部选拔任用工作暂行办法》的通知

（昌办发〔2022〕4号）

各乡镇（街道）党（工）委、区委各部门，区直各单位党委（党组），各人民团体党组织：

《关于规范乡镇（街道）和区直机关中层干部选拔任用工作暂行办法》已经区委常委会审议通过，现印发给你们，请结合实际抓好贯彻落实。

2022年5月7日

关于规范乡镇（街道）和区直机关中层干部选拔任用工作暂行办法

第一章 总则

第一条 为坚持和加强党的全面领导，深入贯彻新时代党的组织路线和干部工作方针政策，落实党要管党、全面从严治党特别是从严管理干部的要求，进一步规范和完善乡镇（街道）和区直机关中层干部选拔任用工作，推进干部工作的科学化、规范化、制度化，根据《公务员法》《党政领导干部选拔任用工作条例》《事业单位岗位设置管理试行办法》和有关规定，结合我区实际，制定本办法。

第二条 选拔任用中层干部，必须坚持以下原则：

（一）党管干部；

（二）德才兼备、以德为先，五湖四海、任人唯贤；

（三）事业为上、人岗相适、人事相宜；

（四）公道正派、注重实绩、群众公认；

（五）民主集中制原则；

（六）依法依规办事。

第三条 选拔任用中层干部，坚持以习近平新时代中国特色社会主义思想为指导，落实新时期好干部标准，按照区委建设“最讲政治、最讲执行、最讲团结、最讲担当”的干部队伍要求，突出政治标准，注重实干实绩和群众公认导向，注重发现和培养选拔优秀年轻干部，注重用好各年龄段干部。

根据中央和省、市、区委有关规定，健全能上能下的选人用人机制，加大调整不适宜担任现职中层干部的力度，推动形成能者上、庸者下、劣者汰的用人导向。

第四条 本办法适用于选拔任用全区各乡镇（街道）、区直单位、正科级事业单位内设机构正副职，副科级事业单位副职及内设机构正职，股级事业单位正副职等中层干部。

第五条 严格按照“三定”方案规定的职数选拔配备中层干部，具体职务名称以“三定”方案中表述为准。“三定”方案中未明确规定中层干部职数的单位，原则上按“1正1副”配备中层干部，人数较多（核定编制15人以上）的单位可按“1正2副”配备。

第二章 选拔任用条件

第六条 担任实施和参照《公务员法》管理的行政事业单位的中层干部，应具有国家公务员或参照《公务员法》管理人员身份。担任其他未实施和未参照《公务员法》管理单位的中层干部，应是本单位、本系统的在编在岗国家正式干部。担任其他有明确规定和要求的中层职位，须符合相应规定的任职资格条件，严禁混编混岗任职。

第七条 中层干部应当具备《党政领导干部选拔任用工作条例》第七条规定的基本条件，根据岗位特点，还应具备下列基本条件：

（一）思想政治素质好，大局意识强，能够领会把握、贯彻执行党在基层的各项方针政策和上级党组织的决策部署；

（二）热爱本职工作，带头实干、注重实效，善于结合本单位实际情况，创造性开展工作；

（三）坚持原则，敢抓敢管，敢于担当，善抓落实；

（四）善于运用法治思维和法治方式开展工作，自觉遵守宪法法律，严格依法依规办事；

（五）清正廉洁，品行端正，严以律己，作风朴实，在干部群众中口碑好。

第八条 选拔任用中层干部应具备与岗位相适应的基本资格：

（一）提任中层副职的，应当具有两年以上工作经历和一年以上本单位工作经历；

（二）提任中层正职的，应当具有一年以上的中层副职工作经历；

（三）一般应当具有大学专科以上文化程度；

（四）具有正常履行职责的身体条件；

（五）符合任职回避和交流规定；

（六）提任具有人事职能的区直机关办公室（综合科）、人事科以及党委部门中层职务的，应是中共正式党员；

（七）符合有关法律规定的资格要求。

第九条 有下列情况之一的不得担任中层干部：

（一）违反政治纪律和政治规矩的；

（二）涉嫌违纪违法正在接受审查尚未作出结论的；

（三）受到诫勉、组织处理或者党纪政务处分等影响期未满或者期满影响使用的；

（四）有信访反映尚未作出结论的；

（五）近三年年度考核结果中有被确定为基本称职（基本合格）及以下等次的；

（六）按照回避规定应当进行回避的；

（七）其他原因不宜任用的。

第三章 管理权限

第十条 全区中层干部选拔任用工作，由区委组织部具体负责，乡镇（街道）党（工）委、区直机关党组织按照干部管理权限履行职责。部分单位中层干部选拔任用工作，委托区纪委区监委、区委宣传部、区委统战部、区委政法委、区人武部等部门，按归口原则进行管理：

（一）区纪委区监委负责本单位下属事业单位中层干部，以及各乡镇（街道）纪委副书记、各派驻纪检监察组副组长的选拔任用工作；

（二）区委宣传部负责区文联、区社联、区教育体育局（含所属中小学校）、区文化广电新闻出版旅游局及其下属事业单位中层干部的选拔任用工作；

（三）区委统战部负责区工商联及其下属事业单位中层干部的选拔任用工作；

（四）区委政法委负责区法院、区检察院、区司法局及其下属事业单位中层干部的选拔任用工作；

（五）区人武部负责武装系统的中层干部选拔任用工作；

（六）区委组织部负责以上归口管理单位以外的乡镇（街道）、各单位（部门）及下属事业单位的中层干部选拔任用工作。

第十一条 各归口单位管理的中层正职干部任免由归口单位会议决定后5个工作日内将材料报区委组织部备案，未经备案的中层正职干部不予认可。

第十二条 各归口单位对管理范围内的中层副职干部实行备案管理制度。备案管理的中层副职干部任免，本乡镇（街道）、单位（部门）党委（党组）或未设党委（党组）的单位领导班子（以下简称“各单位”）根据《党政领导干部选拔任用工作条例》及本办法有关精神，严格按照规定程序进行选拔任用，并在各单位会议任免决定后5个工作日内将材料报归口单位备案。

第十三条 乡镇（街道）涉及工会、团委、妇联等群团组织系统的中层干部任免，呈报单位必须在事前征得区直相关部门同意后，按程序呈报归口单位。区直单位（部门）派驻在乡镇（街道）的站、所、办中层干部任免，必须事前征求所在乡镇（街道）党（工）委意见。

第四章 分析研判和动议

第十四条 各单位根据工作需要和干部队伍建设实际，结合综合分析研判情况，提出启动中层干部选拔任用工作意见。

第十五条 单位主要领导与归口单位进行事前沟通，沟通内容主要包括人事调整的主要理由、基本原则、拟调整人员及岗位、所调整干部的基本情况等方面。

第十六条 归口单位须提前与区委组织部沟通，经同意后，方可组织实施。

第五章 民主推荐

第十七条 提拔任用中层干部，应当经过民主推荐。民主推荐包括谈话调研推荐和会议推荐，推荐结果作为选拔任用的重要参考，在一年内有效。

第十八条 民主推荐按照管理权限由归口单位或各单位组织实施，民主推荐应当经过下列程序：

（一）进行谈话调研推荐，提前向谈话对象提供谈话提纲、干部名册等相关材料，提出有关要求，提高谈话质量；

（二）综合考虑谈话调研推荐情况以及人选条件、岗位要求、班子结构等，提出会议推荐参考人选，参考人选应当差额提出；

（三）召开推荐会，介绍参考人选产生情况，提出有关要求，组织填写推荐表；

（四）对民主推荐情况进行综合分析。

第十九条　参加民主推荐范围一般为本单位在编在岗全体干部职工和下属单位主要负责人及其他需要参加的人员（50人以上的单位为本单位中层以上干部）。实际参会人数必须达到应参加人数的三分之二。

第二十条　民主推荐的对象为本单位、本系统符合任职资格和条件的所有人员。民主推荐采取无记名投票方式进行，推荐数量一般不超过本单位、本系统空缺中层职位数。

第六章　考察

第二十一条　研究确定考察对象，应当根据工作需要和干部德才条件，将民主推荐与日常了解、综合分析研判以及岗位匹配度等情况综合考虑，深入分析、比较择优，防止把推荐票等同于选举票、简单以推荐票取人。

第二十二条　有下列情形之一的，不得列为考察对象：

（一）违反政治纪律和政治规矩的；

（二）群众公认度不高的；

（三）上一年年度考核结果为基本称职（基本合格）以下等次的；

（四）新录用人员在试用期内的；

（五）有跑官、拉票等非组织行为的；

（六）除特殊岗位需要外，配偶已移居国（境）外，或者没有配偶但子女均已移居国（境）外的；

（七）受到诫勉、组织处理或者党纪政务处分等影响期未满或者期满影响使用的；

（八）其他原因不宜提拔或者进一步使用的。

第二十三条　中层正职的考察工作由归口单位组织实施，中层副职的考察工作由归口单位或各单位组织实施。考察拟任职人选，必须依据《党政领导干部选拔任用工作条例》和不同职务的职责要求，全面考察其德、能、勤、绩、廉等方面表现，严把政治关、品行关、能力关、作风关、廉洁关。突出政治标准，深入考察道德品行，强化专业素养考察，注重考察工作实绩，加强作风考察，强化廉政情况考察。

第二十四条　考察拟任人选，应当保证考察时间，经过下列程序：

（一）制定考察工作方案；

（二）在单位公告栏发布干部考察预告；

（三）采取个别谈话、发放征求意见表、民主测评表、查阅干部档案和工作资料等方法，广泛深入地了解情况，根据需要进行专项调查、延伸考察，注重了解考察对象生活圈、社交圈情况；

（四）同考察对象面谈，进一步了解其政治立场、思想品质、价值取向、见识见解、适应能力、性格特点、心理素质等方面情况，以及缺点和不足，鉴别印证有关问题，深化对考察对象的研判；

（五）综合分析考察情况，与考察对象的一贯表现进行比较、相互印证，全面准确地对考察对象作出评价，撰写考察材料；

（六）考察组研究提出人选任用建议。

第二十五条　个别谈话的人员范围一般为：班子成员、副科级领导干部、中层正职、考察对象所在科室干部职工和其他需要谈话人员。

第二十六条　拟任人选在讨论决定前，由归口单位或各单位分别征求纪检监察、综治、计生、扫黑、信访、意识形态、人事等部门意见。

第二十七条　考察拟任职人选必须形成书面考察材料，建立考察文书档案。已经提拔任职的，考察材料应归入本人档案。考察材料必须写实，评判应当全面、准确、客观，用具体事例反映考察对象的情况，内容包括：德、能、勤、绩、廉方面的主要表现和主要特长、行为特征；主要缺点和不足；民主推荐、民主测评、考察谈话情况；审核干部人事档案、听取纪检监察机关意见、核查信访举报等情况的结论。

第二十八条　考察组应由两名以上成员组成，考察人员应当具有较高素质和相应资格，考察组负责人应当由思想政治素质好、有较丰富工作经验并熟悉相关工作的人员担任。实行干部考察工作责任制。考察组必须坚持原则，公道正派，深入细致，如实反映考察情况和意见，对考察材料负责，履行干部选拔任用风气监督职责。

第七章　讨论决定

第二十九条　选拔任用中层干部，必须按照管理权限由集体讨论作出任免决定。

第三十条 归口单位和各单位讨论决定干部任免事项，必须有三分之二以上成员到会，并保证与会成员有足够时间听取情况介绍、充分发表意见。与会成员对任免事项，应当逐一发表同意、不同意或者缓议等明确意见，主要负责人应当最后表态。在充分讨论的基础上，采取无记名投票等方式进行表决。意见分歧较大时，暂缓进行表决。以应到会成员超过半数同意形成决定。

第三十一条 归口单位在讨论有关干部任免决定前，有下列情况之一的，应事先征求区委组织部的意见：

（一）在机构变动或者主要领导成员已经明确即将离任时确因工作需要提拔、调整干部的；

（二）越级或破格提拔干部的；

（三）因被问责受到组织处理或者纪律处分，影响期满拟重新任用的；

（四）领导干部的近亲属在领导干部所在单位（系统）内提拔任用；

（五）其他需先征得区委组织部同意的情况。

第三十二条 有下列情况之一的，一律不得上会提交讨论：

（一）没有按照规定进行民主推荐、考察的；

（二）纪检监察机关对拟任人选未进行廉政鉴定或没有明确意见的；

（三）线索具体、有可查性的信访举报尚未调查清楚的；

（四）干部人事档案中身份、年龄、工龄、党龄、学历、经历等存疑尚未查清的；

（五）巡视巡察、审计等工作中发现重大问题尚未作出结论的；

（六）没有按照规定向上级报告或报告后未经批复同意的干部任免事项；

（七）其他原因不宜提交会议讨论的。

第三十三条 有下列情况之一的，应当暂缓表决：

（一）单位内部意见分歧较大的；

（二）有重大问题没有调查清楚的。

第八章 任职

第三十四条 提任中层干部，实行任职前公示制度。在归口单位讨论决定后，应在当日进行任前公示，公示时间不少于5个工作日。

第三十五条 公示结束后，以归口单位名义印发中层正职任免文件。各单位印发中层副职任免文件，并在任免决定后5个工作日将材料报归口单位备案。区法院、区检察院中层任免文件由区委组织部印发。

第三十六条 实行任前谈话制度。对决定任用的中层干部，按照管理权限指定专人同本人谈话，肯定成绩，指出不足，提出要求和需要注意的问题，并用专门记录本如实做好谈话记录。

第九章 交流、回避、免职

第三十七条 实行中层干部交流制度。在同一岗位任职时间满10年的，应当进行交流。鼓励干部进行多岗位交流锻炼，提高综合素质，但同一干部不宜频繁交流。

第三十八条 实行中层干部任职回避制度。主要包括：双方为夫妻关系、直系血亲关系、三代以内旁系血亲以及近姻亲关系的，不得在同一单位担任双方直接隶属于同一领导人员的职务或者有直接上下级领导关系的职务，也不得在其中一方担任领导职务的单位从事组织（人事）、纪检监察、审计、财务工作。

第三十九条 中层干部有下列情形之一的，一般应当免去现职：

（一）受到责任追究或纪律处分应当免职的；

（二）辞职或者调出的；

（三）非组织选派，离职学习期限超过一年的；

（四）无法胜任现岗位工作的；

（五）因工作需要或者其他原因，应当免去现职的。

第十章 纪律和监督

第四十条 选拔任用中层干部，必须严格执行本办法的各项规定，并遵守以下纪律：

（一）不准超职数配备、超机构规格提拔干部，或者违反规定擅自设置职务名称、提高干部职级待遇；

（二）不准采取不正当手段为本人或者他人谋取职位；

（三）不准违反规定程序推荐、考察、酝酿、讨论决定任免干部；

（四）不准私自泄露动议、民主推荐、民主测评、考察、酝酿、讨论决定干部等有关情况；

（五）不准在干部考察工作中隐瞒或者歪曲事实真相；

（六）不准在民主推荐、民主测评、组织考察中搞拉票等非组织活动；

（七）不准利用职务便利私自干预下级或者原任职单位干部选拔任用工作；

（八）不准在工作调动、机构变动时，突击提拔、调整干部；

（九）不准在干部选拔任用工作中封官许愿，任人唯亲，营私舞弊；

（十）不准涂改干部档案，或者在干部身份、年龄、工龄、党龄、学历、经历等方面弄虚作假。

第四十一条　各单位凡涉及人事事项的会议记录要实行专本记录、专人负责，不得与其他会议记录本混用。要对本单位的中层干部选拔任用进行全程、详细纪实。纪实工作坚持“客观准确、完整具体、简便管用”的原则，如实记录动议、民主推荐、考察、讨论决定、任职等各个环节的主要工作和重要情况，使每个中层干部的选任过程可追溯、可倒查。

第四十二条　加强中层干部选拔任用工作全程监督，严肃查处违反组织人事纪律的行为。对违反本办法规定的事项，按照有关规定对党委（党组）主要领导和相关责任人进行组织处理或者纪律处分。

第四十三条　实行中层干部选拔任用工作责任追究制度。凡用人失察失误造成严重后果的，单位用人上的不正之风严重、干部群众反映强烈以及对违反组织人事纪律的行为查处不力的，应当根据具体情况，追究各单位主要领导、有关领导成员、组织人事科室和纪检监察机构等相关人员的责任。

第四十四条　区委组织部负责对各单位中层干部选拔任用工作和贯彻执行本办法的情况进行监督检查，受理有关干部选拔任用工作的举报、申诉，制止、纠正违反本办法的行为，对有关责任人按照干部管理权限提出处理意见或者处理建议。

第四十五条　建立中层干部选拔任用工作评议制度，评议工作与领导干部年度考核工作相结合。干部选拔任用工作专题报告可作为单独报告，也可作为单位班子述职述廉报告的一个专项内容进行报告，由参加评议人员开展评议。对民主评议满意度明显偏低、干部群众意见集中的单位，经组织考核认定后，按照规定追究有关责任人员的责任，并进行督促整改。

第十一章　附则

第四十六条　本办法由区委组织部负责解释。

第四十七条　本办法自发布之日起执行，以前文件中有与本办法不符的，以本办法为准。

区委办公室　区政府办
关于印发《昌江区事业单位管理岗位职员等级晋升制度工作实施方案》的通知

（昌办发〔2022〕5号）

各乡镇（街道）党（工）委、人民政府（办事处），区委各部门，区直各单位，各人民团体：

《昌江区事业单位管理岗位职员等级晋升制度工作实施方案》已经区委、区政府同意，现印发给你们，请认真抓好贯彻落实。

2022年5月17日

昌江区事业单位管理岗位职员等级晋升制度工作实施方案

根据《中共中央办公厅 国务院办公厅印发〈关于县以下事业单位建立管理岗位职员等级晋升制度的意见〉的通知》（中办发〔2021〕29号）文件精神以及中央、省、市关于职员等级晋升制度有关工作的部署要求，制定本实施方案。

一、指导思想和基本原则

（一）指导思想。以习近平新时代中国特色社会主义思想为指导，深入贯彻中共十九大和十九届历次全会精神，贯彻落实新时代党的组织路线，着眼加强高素质专业化事业单位工作人员队伍建设，在《事业单位人事管理条例》规定的岗位管理制度框架内，保持现有事业单位管理岗位工作人员（以下简称“管理人员”）岗位等级设置和晋升制度不变，在县以下事业单位建立管理岗位职员等级晋升制度，将县以下事业单位管理岗位职员等级与岗位等级适当分离，形成岗位等级晋升制度之外新的晋升通道，拓展县以下事业单位管理人员职业发展空间，激发管理人员的积极性、主动性、创造性，为发展基层公共服务事业提供组织保证。

（二）基本原则。坚持党管干部、党管人才，贯彻落实党的干部工作方针政策；坚持德才兼备、以德为先、任人唯贤，把好干部标准落到实处；坚持事业为上、注重实绩，尊重人才成长规律，适当体现个人资历和任职年限；坚持注重基层向一线倾斜，拓展职业发展空间，提升基层事业单位管理人员获得感；坚持严管和厚爱结合、激励和约束并重，把职员等级晋升与加强考核管理有机结合起来，树立担当作为、干事创业的鲜明导向。

二、实施范围和时间

（一）列入实施范围的单位。昌江区下辖各类事业单位（参照《中华人民共和国公务员法》管理的事业单位除外）。

（二）列入实施范围的人员。昌江区下辖各类事业单位（参照《中华人民共和国公务员法》管理的事业单位管理人员除外）在编在册且聘任在管理岗位的工作人员。

（三）实施时间。自2022年1月1日起实施，2022年1月1日前退休的事业单位管理人员（含已达到国家法定退休年龄尚未办理退休手续的人员）不得纳入实施范围。

三、职员等级设置及比例

（一）建立职员等级晋升通道。实行县以下事业单位管理岗位职员等级与岗位等级适当分离，将职员等级与岗位等级原有一一对应关系调整为起点对应关系（如十级岗位从十级职员起步，九级岗位从九级职员起步），每个岗位等级可以对应多个职员等级，形成与岗位等级晋升制度并行的职员等级晋升通道。

（二）职员等级设置。县以下事业单位管理岗位职员等级设置6个层次，由高至低依次为五级职员、六级职员、七级职员、八级职员、九级职员、十级职员。

（三）职员等级结构比例。事业单位职员等级结构比例，以设区市事业单位人事综合管理部门批复的事业单位岗位设置方案中核准的管理岗位数量为基数核定。

在县以下事业单位，五级职员不超过管理岗位数量的2%；六级职员不超过管理岗位数量的10%；七级职员和八级职员之和不超过管理岗位数量的60%，其中七级职员不超过七级职员和八级职员之和的50%。

昌江区委可以对全区八级以上职员的结构比例统筹使用。事业单位主管部门可以根据实际情况和工作需要，对所属事业单位职员结构比例统筹使用。

四、职员等级晋升

（一）职员等级晋升基本条件。县以下事业单位管理人员晋升职员等级，应当在职员等级结构比例内逐级晋升，并且具备下列基本条件：

1. 政治素质好，拥护中国共产党的领导和社会主义制度，增强“四个意识”、坚定“四个自信”、做到“两个维护”，忠实履行公共服务的政治责任和社会责任；

2. 具备岗位要求的工作能力和专业知识，履职尽责，担当作为，敬业奉献，工作实绩较好；

3. 群众公认度较高；

4. 符合拟晋升职员等级所要求的任职年限和资历；

5. 热爱公共服务事业，作风品行好，遵纪守法，自觉践行社会主义核心价值观，廉洁从业。

（二）职员等级晋升基本资格。县以下事业单位管理人员晋升职员等级，根据工作需要、德才表现、职责轻重、工作实绩和个人资历等因素综合考虑，并具备下列基本资格：

1. 晋升五级职员，应当聘（任）六级管理岗位或者六级职员5年以上；

2. 晋升六级职员，应当聘（任）七级管理岗位或者七级职员4年以上；

3. 晋升七级职员，应当聘（任）八级管理岗位或者八级职员4年以上；

4. 晋升八级职员，应当聘（任）九级管理岗位或者九级职员4年以上；

5. 晋升九级职员，应当聘（任）十级管理岗位或者十级职员2年以上。

上述聘（任）年限按周年计算。

县以下事业单位管理人员晋升职员等级，在规定年限内的年度考核结果均应为合格以上档次，其间每有1个年度考核结果为优秀档次的，年限条件缩短半年；年度考核被确定为基本合格档次或者不定档次的，该年度不计算为晋升职员等级的任职年限。在现聘（任）岗位或者职员等级期间，获得记功以上奖励的，同等条件下优先晋升职员等级。

（三）职员等级晋升基本程序。县以下事业单位管理人员晋升职员等级，按照干部人事管理权限组织实施，一般按照下列程序办理：

1. 研究提出工作方案。

2. 对符合晋升职员等级资格条件的人员进行民主推荐或者民主测评，提出初步人选。

3. 考察了解并确定拟晋升职员等级人选。晋升六级以上职员等级，应当进行考察；晋升其他职员等级，可以综合考虑民主推荐、民主测评与平时考核、年度考核、奖惩、一贯表现等情况确定人选，是否进行考察由区委组织部结合实际研究确定。

4. 对拟晋升职员等级人选进行公示，公示期不少于5个工作日。

5. 审批。晋升五级职员由区委提出意见报市委组织部审批，晋升六级职员由区委组织部提出意见报区委审批，晋升七级、八级职员由事业单位主管部门或者事业单位提出意见报区委组织部审批，晋升九级职员由事业单位主管部门或者事业单位提出意见报区人社局审批或者备案。

五、职员等级晋升管理与监督

（一）不得晋升职员等级情形。县以下事业单位管理人员具有下列情形之一的，不得晋升职员等级：

1. 不符合职员等级晋升基本条件以及职员等级晋升基本资格规定的；

2. 受到诫勉、组织处理或者处分等影响期未满或者期满影响使用的；

3. 涉嫌违纪违法正在接受审查调查尚未作出结论的；

4. 影响晋升职员等级的其他情形。

（二）坚持能上能下。县以下事业单位管理人员具有下列情形之一，应当按照规定降低职员等级：

1. 不能胜任岗位职责要求的；

2. 年度考核被确定为不合格档次的；

3. 受到降低岗位等级或者撤职处分的；

4. 国家法律法规和党内法规规定的其他情形。

（三）职员等级晋升纪律。严格执行中办发〔2021〕29号文件规定，不得自行扩大实施范围，不得违反规定设置职员等级，不得自行变更职员等级结构比例和晋升资格条件，不得超结构比例晋升职员等级，不得一次晋升两个以上职员等级，不得违反规定确定职员等级待遇。对违反相关规定的，按照干部人事管理权限严肃处理、及时纠正。

六、方法步骤

分三个阶段实施。

（一）第一阶段：筹备阶段（2021年11月—12月）

对全区下辖各类事业单位岗位设置管理岗位核准数做汇总统计。

（二）第二阶段：实施阶段（2022年1月—6月）

1. 摸底上报。相关单位对本单位拟晋升人员进行摸底，认真填写《事业单位管理岗位职员等级晋升名册》，并加盖单位公章上报至区事业单位管理岗位职员等级晋升工作领导小组办公室。

2. 核定职员等级结构比例。区人社局根据各事业单位的管理岗位数量核定职员等级结构比例，会同区委组织部提出全区八级及以上职员的结构比例统筹使用意见。

3. 初审。按照干部管理权限，组织人事部门查阅人员档案等相关材料，对照晋升条件，筛选出符合晋升条件人员名单。

4. 动议。根据组织人事部门筛选出的符合晋升条件人员名单，相关单位党委（党组）在一定范围内进行酝酿，提出初步意见，形成工作方案，并依据审批权限逐级上报。

5. 民主推荐、民主测评和考察。依据审批权限，组织人事部门组织开展民主推荐、民主测评和考察工作。

6. 公示。由区委组织部、区人社局提出公示名单，由所在单位进行不少于5个工作日的公示。

7. 审批。对已公示无异议对象，按审批权限分别由市委组织部、区委、区委组织部、区人社局审批或备案，并由有关部门按规定办理相关手续。

（三）第三阶段：总结阶段（2022年7月）

对我区首次实行职员晋升工作进行总结。

七、组织领导和纪律要求

（一）加强组织领导。在县以下事业单位建立管理岗位职员等级晋升制度意义重大，要切实加强组织领导，平稳有序推进落实，成立昌江区事业单位管理岗位职员等级晋升工作领导小组，具体名单如下：

组　长：

　　倪卫春　区委书记

第一副组长：

　　伊文斌　区委副书记、区长

副组长：

　　江智峰　区委副书记

　　周淮钦　区委常委、区纪委书记、区监委主任

　　乐先锋　区委常委、区政府常务副区长

　　曾亚平　区委常委、区委组织部部长

成　员：

　　熊艳梅　区纪委副书记、区监委副主任

　　宁俊锋　区委组织部副部长、区委老干部局局长

　　吴田兰　区委组织部副部长，区人社局党组书记、局长

　　汪立琴　区委编办主任

　　李展图　区财政局党组书记、局长

领导小组下设办公室，办公室设在区人社局，办公室主任由区人社局局长兼任，成员从相关部门抽调。

区各有关部门要高度重视，认真贯彻落实党中央、国务院的要求，及时在本单位传达文件精神，切实加强组织领导，成立专项工作领导小组，将该工作列入重要议事日程，统筹推进落实。

（二）精心组织实施。各相关部门要严格按照政策规定精心组织开展职员等级晋升工作，各单位要积极配合，争取广大干部职工的理解和支持，对可能出现的不稳定因素要积极做好应对预案。

（三）做好舆论引导。密切关注实施过程中可能出现的问题和舆情，及时研究和妥善处理，正确引导社会舆论，认真细致做好政策解释和思想政治工作，确保此项工作平稳顺利进行。

（谭　颖）

2022 年昌江区人民政府（办）文件目录

表 3

序号	文件名称	发布文号	发布机关	发布日期
1	关于印发《昌江区人民政府工作和议事规则》的通知	昌府发〔2022〕1 号	区政府	2022.1.21
2	关于印发《景德镇市瓷都大道西侧公安大楼周边片区棚改项目房屋征收补偿安置方案》的通知	昌府发〔2022〕2 号	区政府	2022.4.13
3	关于印发《昌江区进一步深化巩固 WJBS 问题清查整治专项行动工作方案》的通知	昌府发〔2022〕3 号	区政府	2022.5.9
4	关于印发《有效应对疫情帮助中小企业纾困解难政策措施》的通知	昌府发〔2022〕4 号	区政府	2022.4.15
5	关于印发《昌江区人民政府重大行政决策程序规定》的通知	昌府发〔2022〕5 号	区政府	2022.5.23
6	关于印发《高新区城中村棚户区改造（吕蒙乡古城村片区）项目房屋征收补偿安置方案》的通知	昌府发〔2022〕6 号	区政府	2022.7.19
7	关于印发《昌江区妇女发展规划（2021—2030 年）和昌江区儿童发展规划（2021—2030 年）》的通知	昌府发〔2022〕7 号	区政府	2022.8.8
8	关于印发《昌江区突发事件总体应急预案》的通知	昌府发〔2022〕8 号	区政府	2022.8.15
9	关于对我区第七次全国人口普查工作先进集体和先进个人进行表彰的请示	昌府文〔2022〕1 号	区政府	2022.2.22
10	关于请求批准建设昌江区工人文化宫项目规划建设用地请示	昌府文〔2022〕3 号	区政府	2022.5.23
11	关于申请调整项目建设占用公益林林地的报告	昌府文〔2022〕4 号	区政府	2022.2.24
12	昌江区政府隐性债务风险缓释报告	昌府文〔2022〕5 号	区政府	2022.6.13
13	关于恳请协调落实三河排涝站后期运行管理单位的报告	昌府文〔2022〕6 号	区政府	2022.6.20
14	关于要求调整保洁服务费的报告	昌府文〔2022〕7 号	区政府	2022.6.24

续表

序号	文件名称	发布文号	发布机关	发布日期
15	关于申报创建“四好农村路”全省示范县的请示	昌府文〔2022〕8 号	区政府	2022.7.18
16	关于《昌江航道提升工作建设征地移民实物调查细则（送审稿）》的确认意见	昌府文〔2022〕9 号	区政府	2022.7.22
17	关于昌江区过渡期土地利用总体规划延续调整的请示	昌府文〔2022〕12 号	区政府	2022.9.29
18	关于申报设立省级昌江工业园的请示	昌府文〔2022〕13 号	区政府	2022.10.20
19	关于恳请转报昌江区土地征收成片开发方案（2022 年）的请示	昌府文〔2022〕14 号	区政府	2022.11.1
20	关于要求审核景德镇市 2022 年度第四批次城市建设用地被征地农民社会保障方案的请示	昌府文〔2022〕15 号	区政府	2022.10.28
21	关于要求审核昌江区 2022 年度第一批次集镇建设用地被征地农民社会保障方案请示	昌府文〔2022〕16 号	区政府	2022.10.28
22	关于解决被征地农民参加城乡居民基本养老保险政府补贴资金的报告	昌府文〔2022〕17 号	区政府	2022.11.2
23	昌江区人民政府、珠山区人民政府关于申请财政补助资金的请示报告	昌府文〔2022〕19 号	区政府	2022.11.4
24	关于申报 2022 年江西省法治政府建设单项示范创建项目的报告	昌府文〔2022〕20 号	区政府	2022.11.11
25	关于申请财政补助资金的请示	昌府文〔2022〕21 号	区政府	2022.12.9
26	关于景德镇富祥生命科技有限公司免交污水处理费的请示	昌府文〔2022〕23 号	区政府	2022.12.27
27	关于要求审核景德镇市 2022 年度第十一批次城市建设用地被征地农民社会保障方案的请示	昌府文〔2022〕24 号	区政府	2022.12.20
28	关于申请发布禁止在昌江航道提升工程丽阳枢纽工程占地和淹没区停建建设项目及迁入人口的请示	昌府文〔2022〕25 号	区政府	2022.12.31
29	关于同意成立昌江区鲇鱼山镇金桥村昌景黄铁路及周边重点工程安置建设项目部的批复	昌府字〔2022〕1 号	区政府	2022.1.10
30	关于同意调整昌江区棚改办公室等项目部法人的批复	昌府字〔2022〕2 号	区政府	2022.1.12
31	关于同意成立昌景黄高铁乐平北站（鲇鱼山镇辖区）房屋及土地征收补偿安置项目部的批复	昌府字〔2022〕3 号	区政府	2022.1.20
32	关于调整 2022 年度民兵工作领导小组	昌府宁〔2022〕4 号	区政府	2022.1.7
33	关于同意西郊街道成立新城居委会和如意湖居委会的批复	昌府字〔2022〕5 号	区政府	2022.1.28
34	关于通报表彰 2021 年度工业十强及纳税十强企业的决定	昌府字〔2022〕11 号	区政府	2022.3.7
35	关于同意变更园林与昌南大道农贸市场项目部法人的批复	昌府字〔2022〕12 号	区政府	2022.3.18
36	关于同意成立鱼山医药化工园区管委会的批复	昌府字〔2022〕13 号	区政府	2022.3.23
37	关于同意设立昌江区鱼丽工业园区的批复	昌府字〔2022〕14 号	区政府	2022.3.23
38	关于同意变更昌江区高标准农田建设项目部法人的批复	昌府字〔2022〕15 号	区政府	2022.3.25
39	关于同意成立昌江区鱼丽电子信息产业园配套设施项目（留阳村鱼丽路口）房屋及土地征收补偿项目部的批复	昌府字〔2022〕16 号	区政府	2022.3.30

续表

序号	文件名称	发布文号	发布机关	发布日期
40	关于景德镇市瓷都大道西侧公安大楼周边片区棚改项目房屋征收与补偿安置方案的批复	昌府字〔2022〕18号	区政府	2022.4.1
41	关于同意成立昌江区农业农村水利局水土保持重点工程项目部的批复	昌府字〔2022〕19号	区政府	2022.4.19
42	关于“双争”活动的表彰通报	昌府字〔2022〕22号	区政府	2022.5.11
43	关于对《昌江区应急管理局关于请求对嘉和迎宾城小区重大火灾隐患进行挂牌督办的请示》的批复	昌府字〔2022〕23号	区政府	2022.5.16
44	关于同意单独设立昌江区高级职业学校的批复	昌府字〔2022〕24号	区政府	2022.5.19
45	关于调整区政府领导工作分工的通知	昌府字〔2022〕25号	区政府	2022.5.20
46	关于同意成立昌江区西郊中心学校的批复	昌府字〔2022〕26号	区政府	2022.6.15
47	关于印发昌江区全民科学素质行动规划纲要实施方案（2021—2025年）的通知	昌府字〔2022〕27号	区政府	2022.7.4
48	关于同意成立昌江区三河新村地质灾害整治项目部的批复	昌府字〔2022〕28号	区政府	2022.7.5
49	关于昌江区2022年度第一批次农村村民宅基地用地的批复	昌府字〔2022〕29号	区政府	2022.7.5
50	关于昌江区2022年度第二批次农村村民宅基地用地的批复	昌府字〔2022〕30号	区政府	2022.7.5
51	关于昌江区2022年度第三批次农村村民宅基地用地的批复	昌府字〔2022〕31号	区政府	2022.7.5
52	关于同意成立景德镇市高新区城中村棚户区改造（吕蒙乡古城村片区）项目部的批复	昌府字〔2022〕32号	区政府	2022.7.11
53	关于同意成立荷塘乡童坊中心村改造征地拆迁项目部的批复	昌府字〔2022〕34号	区政府	2022.7.26
54	关于同意昌景黄高铁乐平北站（鲇鱼山镇辖区）房屋征收补偿方案的批复	昌府字〔2022〕35号	区政府	2022.8.2
55	关于同意撤销鲇鱼山镇良港村吴家渡口的批复	昌府字〔2022〕36号	区政府	2022.8.9
56	关于同意变更景德镇市高新区城中村棚户改造（吕蒙乡古城片区）项目部法人的批复	昌府字〔2022〕37号	区政府	2022.8.19
57	关于公布昌江区行政许可事项清单（2022版）的通知	昌府字〔2022〕38号	区政府	2022.8.31
58	关于调整区政府领导工作分工的通知	昌府字〔2022〕39号	区政府	2022.9.15
59	关于印发《全区防风险保平安迎二十大攻坚行动方案》的通知	昌府字〔2022〕40号	区政府	2022.9.26
60	关于对《景德镇市迎宾城物业服务有限公司重大火灾隐患单位进行摘牌的请示》的批复	昌府字〔2022〕44号	区政府	2022.10.14
61	关于同意《昌江区2022年度耕地“进出平衡”总体方案》的批复	昌府字〔2022〕45号	区政府	2022.10.21
62	关于同意批准“荷塘革命烈士纪念塔”和“双溪革命烈士集中安葬地”为县级烈士纪念设施的批复	昌府字〔2022〕46号	区政府	2022.11.18
63	关于印发《昌江区全民健身实施计划（2021—2025年）》的通知	昌府字〔2022〕47号	区政府	2022.12.1

续表

序号	文件名称	发布文号	发布机关	发布日期
64	关于同意西河商贸中心项目部的批复	昌府字〔2022〕48 号	区政府	2022.12.29
65	关于进一步深化预算管理制度改革的实施意见	昌府字〔2022〕49 号	区政府	2022.12.30
66	关于印发《昌江区政府办公室关于开展粮食购销领域腐败问题专项整治自查自纠工作方案》的通知	昌府办字〔2022〕2 号	区政府办	2022.1.21
67	关于成立昌江区人民政府投资项目结算管理领导小组的通知	昌府办字〔2022〕3 号	区政府办	2022.4.13
68	关于印发《昌江区人民政府投资项目结算管理暂行办法（试行）》的通知	昌府办字〔2022〕4 号	区政府办	2022.5.9
69	关于成立昌江区融资平台优化升级工作领导小组的通知	昌府办字〔2022〕5 号	区政府办	2022.4.15
70	关于印发《昌江区政府性债务风险应急处置预案》的通知	昌府办字〔2022〕6 号	区政府办	2022.5.23
71	关于成立昌江区河道采砂管理工作领导小组的通知	昌府办字〔2022〕7 号	区政府办	2022.7.19
72	关于印发《昌江区招大引强项目建设要素保障专项工作方案》的通知	昌府办字〔2022〕8 号	区政府办	2022.8.8
73	关于印发《2022 年区〈政府工作报告〉重点工作任务责任分工方案》的通知	昌府办字〔2022〕9 号	区政府办	2022.8.15
74	关于调整一批非常设议事协调机构的通知	昌府办字〔2022〕10 号	区政府办	2022.2.22
75	关于印发《昌江区统筹整合资金推进高标准农田建设 2022 年度实施方案》的通知	昌府办字〔2022〕11 号	区政府办	2022.5.23
76	关于印发《昌江区生活垃圾分类工作实施方案》的通知	昌府办字〔2022〕12 号	区政府办	2022.5.24
77	关于调整昌江区深化医药卫生体制改革领导小组成员及昌江区老龄工作委员会组成人员的通知	昌府办字〔2022〕13 号	区政府办	2022.6.13
78	关于印发昌江区森林火灾应急预案的通知	昌府办字〔2022〕14 号	区政府办	2022.6.20
79	关于印发《昌江区 2022 年地质灾害防治方案》的通知	昌府办字〔2022〕15 号	区政府办	2022.6.24
80	关于印发《昌江区人民政府办公室工作制度》的通知	昌府办字〔2022〕16 号	区政府办	2022.7.18
81	关于印发《昌江区自建房安全隐患排查整治实施方案》的通知	昌府办字〔2022〕17 号	区政府办	2022.7.22
82	关于成立全区社会保障工作领导小组的通知	昌府办字〔2022〕18 号	区政府办	2022.9.29
83	关于印发《2022 年国务院〈政府工作报告〉重点工作任务责任分工方案》的通知	昌府办字〔2022〕19 号	区政府办	2022.10.20
84	关于印发《2022 年省〈政府工作报告〉重点工作任务责任分工方案》的通知	昌府办字〔2022〕20 号	区政府办	2022.11.1
85	关于印发《2022 年昌江区政务公开工作要点》的通知	昌府办字〔2022〕21 号	区政府办	2022.10.28
86	关于印发《昌江区突发环境事件应急预案》的通知	昌府办字〔2022〕22 号	区政府办	2022.10.28
87	关于印发《昌江区行政机关负责人出庭应诉规定》的通知	昌府办字〔2022〕23 号	区政府办	2022.11.2
88	关于印发《"泳动昌江"游泳教育实施方案》的通知	昌府办字〔2022〕24 号	区政府办	2022.11.4
89	关于建立昌江区物业管理联席会议制度的通知	昌府办字〔2022〕25 号	区政府办	2022.11.11
90	关于印发《关于进一步加强昌江区物业管理工作的实施意见》的通知	昌府办字〔2022〕26 号	区政府办	2022.12.9

续表

序号	文件名称	发布文号	发布机关	发布日期
91	关于印发《昌江区突发地质灾害应急预案》的通知	昌府办字〔2022〕27 号	区政府办	2022.12.27
92	关于印发《昌江区高标准农田建设规划（2021—2030 年）》的通知	昌府办字〔2022〕28 号	区政府办	2022.12.20
93	关于印发《昌江区推动油茶产业高质量发展实施方案》的通知	昌府办字〔2022〕29 号	区政府办	2022.12.31
94	关于印发《昌江区政府投资建设项目财政投资评审管理办法》的通知	昌府办字〔2022〕30 号	区政府办	2022.1.10
95	关于转发《景德镇市人民政府办公室 关于印发〈景德镇市健全重特大疾病医疗保险和救助制度实施细则〉的通知》的通知	昌府办字〔2022〕31 号	区政府办	2022.1.12
96	关于做好 2020 年度区政府办公室对区直机关绩效考核工作有关问题的通知	昌府办明〔2022〕1 号	区政府办	2022.1.20
97	关于调整区“五型”政府建设领导小组的通知	昌府办明〔2022〕2 号	区政府办	2022.1.7
98	关于转发《景德镇市人民政府办公室〈关于进一步加强新形势下值班值守和突发事件信息报送工作的通知〉》的通知	昌府办明〔2022〕4 号	区政府办	2022.1.28
99	关于成立昌江区水土保持重点工程建设项目领导小组的通知	昌府办明〔2022〕5 号	区政府办	2022.3.7
100	关于转发《景德镇市政务服务数据管理局关于进一步做好“赣政通”工作平台使用的调整》的通知	昌府办明〔2022〕6 号	区政府办	2022.3.18
101	关于调整昌江区生活垃圾分类工作领导小组的通知	昌府办明〔2022〕8 号	区政府办	2022.3.23
102	关于转发《景德镇市人民政府办公室关于印发〈景德镇市推进政务服务“一件事一次办”改革工作方案的通知〉》的通知	昌府办明〔2022〕9 号	区政府办	2022.3.23
103	关于做好 2022 年市、区人大代表建议和政协委员提案办理工作的通知	昌府办明〔2022〕11 号	区政府办	2022.3.25
104	关于印发《2022 年景德镇市政府工作报告重点工作涉及我区任务责任分工》的通知	昌府办明〔2022〕12 号	区政府办	2022.3.30
105	关于征集 2022 年度区政府重大行政决策事项的通知	昌府办明〔2022〕13 号	区政府办	2022.4.1
106	关于转发《江西省人民政府关于新形势下进一步推进“五型”政府建设走深走实的意见》的通知	昌府办明〔2022〕14 号	区政府办	2022.4.19
107	关于转发《江西省网上中介服务超市管理办法》的通知	昌府办明〔2022〕15 号	区政府办	2022.5.11
108	关于落实国务院和省政府第五次廉政工作会议精神任务分工的通知	昌府办明〔2022〕17 号	区政府办	2022.5.16
109	关于调整昌江区城乡环境综合整治暨美丽乡镇建设工作领导小组的通知	昌府办明〔2022〕18 号	区政府办	2022.5.19
110	关于调整昌江区农村房屋安全隐患排查整治工作领导小组的通知	昌府办明〔2022〕19 号	区政府办	2022.5.20
111	关于成立昌江区瓶装液化石油气实名制配送管理系统专项整治工作领导小组的通知	昌府办明〔2022〕20 号	区政府办	2022.6.15
112	关于印发《学习贯彻党的二十大精神工作方案》的通知	昌府办明〔2022〕21 号	区政府办	2022.7.4
113	关于下达 2022 年油茶生产任务的通知	昌府办明〔2022〕22 号	区政府办	2022.7.5

续表：

序号	文件名称	发布文号	发布机关	发布日期
114	关于成立昌江区药品（疫苗）安全工作等领导小组的通知	昌府办明〔2022〕23 号	区政府办	2022.7.5
115	关于转发《景德镇市 12345 政务服务便民热线运行管理办法（试行）的通知》的通知	昌府办明〔2022〕24 号	区政府办	2022.7.5
116	关于转发《江西省办公厅印发关于加快推进“一件事一次办”“异地通办”提升政务服务效能实施方案》的通知	昌府办明〔2022〕25 号	区政府办	2022.7.5
117	关于转发《江西省办公厅印发关于全省深化“放管服”改革持续优化营商环境重点任务分工方案的通知》的通知	昌府办明〔2022〕26 号	区政府办	2022.7.11

（郝卿雅）

区人民政府（办）文件选录

关于进一步深化预算管理制度改革的实施意见

昌府字〔2022〕49 号

各乡（镇）人民政府、街道办事处，区政府各部门，区直各单位：

根据《国务院关于进一步深化预算管理制度改革的意见》（国发〔2021〕5 号）和《江西省人民政府关于进一步深化预算管理制度改革的实施意见》（赣府发〔2021〕24 号）以及参照《景德镇市人民政府关于进一步深化预算管理制度改革的实施意见》（景府字〔2022〕45 号）精神，为加快建立现代财政制度，结合我区实际，提出以下实施意见：

一、指导思想

以习近平新时代中国特色社会主义思想为指导，全面贯彻党的十九大和十九届历次全会精神，深入贯彻习近平总书记视察江西重要讲话精神，坚持稳中求进工作总基调，立足新发展阶段，完整、准确、全面贯彻新发展理念，筑牢防范系统性金融风险安全底线，坚持预算法定，坚持目标引领，坚持底线思维，更有效保障和改善民生，更加注重预算管理制度的系统集成、协同高效。以建好景德镇国家陶瓷文化传承创新试验区为契机，全力实施“五新”战略行动，为全面建设社会主义现代化魅力新昌江提供坚强的思想保证和精神动力，以优异成绩迎接党的二十大胜利召开。

二、主要内容

（一）加大统筹力度，增强保障能力

1. 规范财政收入管理。实事求是编制财政收入预算，合理测算确定收入预期目标。不得向乡镇（街道）和收入征管部门下达收入任务，严禁将财政收入规模、增长幅度纳入考核评比，不搞收入进度排名。严格落实减税降费政策，严禁收取过头税费、违规设置收费项目或提高收费标准，坚决清理涉企乱收费行为。依法依规及时足额征收应征的预算税费收入，如实反映财政收入情况，严禁虚收空转。不得违法违规制定实施各种形式的歧视性税费减免政策，维护市场公平竞争秩序。

2. 加强政府性资源统筹。将依托行政权力、国有资源（资产）获取的收入等按规定全面纳入预算，加大预算统筹力度。完善收费基金清单管理，将列入清单的收费基金按规定纳入预算。加强政府性基金预算与一般公共预算的统筹衔接，按规定将应当由政府统筹使用的基金项目转列一般公共预算，加强彩票公益金、与一般公共预算的统筹衔接，相同领域资金逐步实行统筹安排。

3. 强化部门和单位收入统筹。各部门要依法依规将取得的各类收入全部纳入部门或单位预算，未纳入预算的收入不得安排支出。严禁将政府非税收入与征收单位支出挂钩。各部门应当加强所属单位事业收入、经营收入等非财政拨款收入管理，在部门和单位预算中如实反映非财政拨款收入情况。加强行政事业性国有资产收入管理，资产出租、处置等收入按规定纳入预算管理。健全实有账户资金常态化清理机制，对未按规定列入年初部门预算的单位资金，按规定缴回国库。

4. 盘活财政存量资金。进一步加大存量资金盘活力度，完善结余结转资金收回使用机制。除另有规定外，对结余资金、连续结转两年以上资金以及本级财政安排当年未使用完毕的资金，按规定收回财政统筹使用。上年结转项目资金原则上于本年度6月30日前下达，除据实结算项目外，逾期未分配的，收回财政统筹使用。对预计当年难以支出或进度明显滞后的预算资金，应按规定及时收回或调整用于经济社会发展亟须资金支持的其他领域。

5、加强行政事业性国有资产管理。严格行政事业单位各类资产登记和核算，所有资本性支出应当形成资产并予以全程登记。新增资产配置要与资产存量挂钩，依法依规编制资产配置相关支出预算。严格控制和执行资产配置标准，暂时没有标准的要从严从紧安排。建立国有资产共享共用机制，推动长期低效运转、闲置和超标准配置资产以及临时配置资产在部门内部和跨部门调剂使用。能通过调剂或收回、出租出借等方式解决资产配置需求的，原则上不重新建设、购置、租用。有条件的部门和乡镇、街道可以探索建立公物仓，并对不需使用且难以调剂的国有资产按规定进行处置。

（二）规范支出管理，推进标准化建设

6. 加强重大决策部署财力保障。预算管理工作落实党中央、国务院重大决策部署作为预算安排的首要任务，围绕省委、省政府和市委、市政府以及区委、区政府重大战略、重要规划、重点任务，强化财力保障机制，提高财政资源配置效率，集中力量办大事。完善预算决策机制和程序，预算、决算草案提请人大或其常委会审查批准前，应当按程序报党委（党组）和政府审议；各部门预算草案应当报本部门党委（党组）审议。

7. 合理安排支出预算规模。坚持量入为出原则，强化零基预算理念运用，打破支出固化僵化格局，合理确定支出预算规模。调整完善相关重点支出的预算编制程序，不与财政收支增幅或生产总值挂钩。充分发挥财政政策逆周期调节作用，安排政府债务限额和举借债务要与经济逆周期调节相适应，将政府杠杆率、库款保障系数等控制在合理水平，预留应对经济周期变化和处理突发事件的调控空间。

8. 优化财政支出结构。各部门预算要突出重点，坚持“三保”（保基本民生、保工资、保运转）支出在财政支出中的优先顺序，坚决兜牢“三保”底线，不留硬缺口。“三保”支出保障不到位的地方，除应对突发事件支出外，一律不得安排资金用于其他支出事项。严格控制竞争性领域财政投入，强化对基础研究等具有正外部性创新发展的支持。优化转移支付体系，完善资金分配办法，对共同事权转移支付、专项转移支付实行清单管理，完善转移支付定期评估、动态调整、清理退出机制。

9. 严格落实过紧日子要求。建立节约型财政保障机制，严格执行各项经费开支标准，精打细算、厉行节约办一切事业。严控一般性支出，加大“三公”经费监管力度，加强对行政事业单位落实情况的跟踪评估。严格控制政府性楼堂馆所建设，严禁党政机关建设培训中心等各类具有住宿、会议、餐饮等接待功能的场所和设施，严禁以业务用房名义或国有企事业单位代建等方式新建办公用房。清理压缩各种福利性、普惠性、基数化奖励，以区委、区政府或区直部门名义开展的一般性表彰活动不得发放奖金。严格执行统一规范的机关事业单位养老保险、医疗保险、公积金缴费（存）基数规定。

10. 建立常态化财政资金直达机制。按照统一部署，稳步扩大直达资金范围。完善直达资金分配审核流程，规范直达资金使用，在确保项目质量和资金安全的前提下加快支出进度。建立健全直达资金监管体系，强化部门工作协同、系统对接、数据联通，实现资金全过程、全链条、全方位监管，确保资金快速直达基层、直接惠企利民，提高直达资金使用的有效性和精准性。

11. 推进支出标准体系建设。各部门要结合公共服务状况、支出成本差异、财政承受能力等因素，因地制宜制定基本公共服务标准，按程序报政府备案执行。建立民生支出清单管理制度，并围绕“三保”等基本需要研究制定区级保障标准。根据支出政策、项目要素及成本、财力水平等，逐步建立不同行业、不同层级、分类分档的预算项目支出标准体系，并结合社会经济发展、物价水平、财力变化等进行动态调整。夯实部门专用类支出标准建设基础，加快推进项目要素、项目文本的标准化和规范化。将支出标准作为预算编制的基本依据，不得超标准编制预算。

（三）严格预算编制，增强预算完整性

12. 改进政府预算编制。政府的全部收入和支出都应当依法依规纳入预算，执行统一的预算管理制度。增强预算编制的完整性、主动性，政府应当依法依规提前下达转移支付和新增地方政府债务限额预计数；各部门应当严格按照提前下达数如实编制预算，既不得虚列收支、增加规模，也不得少列收支、脱离监管。主管部门要加强资金分配与任务清单的衔接匹配，做到联动下达、放管结合。深化部门零基预算改革，稳步扩大实施范围，“十四五”期间全区行政机关、参照公务员管理以及公益一类财政全额补助事业单位都纳入改革范围。细化政府性基金预算编制，完整反映专项债券项目对应还款来源的收入以及偿付本息情况。

13. 加强跨年度预算平衡。财政部门要按规定设立预算稳定调节基金，一般公共预算年度执行中有超收收入的，除用于冲减赤字外，原则上只能用于补充预算稳定调节基金。加强中期财政规划管理，进一步增强与地区发展规划的衔接，强化对部门及行业规划支出项目的约束。对各类合理合规确定的中长期支出事项和跨年度项目，根据项目预算管理要求，将全生命周期内对财政支出的影响纳入中期财政规划。严格落实政府举借债务偿债资金来源，科学测算评估预期偿债收入，合理制定偿债计划，并如实列入中期财政规划。鼓励各地结合项目偿债实际情况，建立政府偿债备付金制度。

14. 加强部门和单位预算管理。各部门要落实预算管理、绩效管理主体责任，对预算完整性、规范性、真实性以及执行结果负责；主管部门要加强对所属单位收支预算的重点审核。各部门要统筹各类资金资产，结合本部门非财政拨款收入情况统筹申请预算。科学核定事业单位人员绩效工资。

15. 全面实施项目预算管理。树立“先谋事后排钱”的预算管理理念，将项目作为部门和单位预算管理的基本单元，实施项目全生命周期管理。预算支出全部以项目形式纳入预算项目库，有关部门安排的政府投资项目应全面纳入预算项目库，未入库项目不予安排预算。实行项目标准化分类，规范立项依据、实施期限、支出标准、预算需求等要素，建立健全项目入库申报、评审、调整和滚动管理制度。做实做细项目储备，纳入预算项目库的项目应按规定完成各项前期准备工作，做到预算一经批复即可实施。统筹事业发展需求、项目质量及成熟度等因素，按照轻重缓急等因素对入库项目进行排序，突出保障重点，合理安排年度项目。依法依规管理预算代编事项，除应急、救灾等特殊事项外，部门不得代编应由所属单位实施的项目预算。

16. 提升乡镇预算管理水平。推动乡镇政府合理划分财力、优化政府间财政事权和支出责任、完善转移支付制度。除党中央、国务院统一要求以及共同事权地方应负担部分外，政府及其部门不得出台要求乡镇（街道）配套或以达标评比、考核评价等名目变相配套的政策。结合预算管理一体化系统建设和应用，调整优化乡镇财政职能，强化财政对乡镇预算编制、预算执行、国有资产等管理监督，提升乡镇财政管理效率和水平。

17. 完善政府财务报告体系。建立健全权责发生制政府综合财务报告制度，全面客观反映政府资产负债与财政可持续性情况。优化财政总预算会计体系，将财政财务信息内容从预算收支信息扩展至资产、负债、投资等信息。推动预算单位深化政府会计改革，全面有效实施政府会计标准体系。完善国有资产管理情况报告制度，与政府综合财务报告有效衔接。

（四）强化绩效管理，增强预算约束力

18. 硬化预算刚性约束。严格执行人大批准的预算，预算一经批准非经法定程序不得调整。坚持先有预算后有支出，严禁超预算、无预算安排支出或开展政府采购。严禁出台溯及以前年度的增支政策，严禁违反规定乱开口子、随意追加预算。执行中确需出台增支政策的，原则上通过调整当年支出结构或以后年度预算安排支出。对预算指标实行统一规范的核算管理，精准反映预算指标变化，强化预算指标对预算支出的追踪和控制。规范预算调剂行为。加强政府投资基金设立和出资的预算约束，实施全过程绩效管理，完善运行报告制度，健全清理退出机制。

19. 加强资金账户管理。严格按规定办理财政专户开立、变更、撤销手续，落实财政专户归口统管和商业银行单一网点代理业务制度。严格执行同级预算单位银行账户管理规定，强化预算单位、财政、人民银行之间联网联审、信息共享，严禁多头开户、异地开户。进一步完善资金安全管理内控制度，严格资金存放管理，实现岗位分离、职责明确、程序规范、监督制衡；严格印鉴和数字证书管理，实现专人保管、分离制约。

20. 完善国库收付管理。对政府全部收入和支出实行国库集中收付管理。推进单位自有资金纳入预算管理一体化系统管理，实行国库集中支付。健全国库集中支付控制体系和集中校验机制，实行全流程电子支付，优化审核流程，提升支付效率。规范按权责发生制列支事项，财政国库集中支付结余不再按权责发生制列支。进一步加强财政暂付性款项管理，除已按规定程序审核批准的事项外，不得对未列入预算的项目安排支出。完善地方财政收支和国库现金流量预测体系，建立健全库款风险预警机制，加强国库库款管理，规范国库资金拨付管理，严禁以拨代支，严禁违规将国库资金转入财政专户或预算单位实有资金账户等。

21. 拓展政府采购功能。强化采购人主体责任，做好采购意向公开和采购需求管理。规范政府采购预算编制和调整程序，减少采购预算调剂事项，压减采购资金结余结转。细化优化支持创新、绿色发展及扶持中小企业发展、优先采购脱贫地区农副产品的采购政策。推进电子化政府采购管理系统应用，使用全省统一的电子卖场，提高采购效率，降低采购成本。对于适合以市场化方式提供的服务事项，应当依法依规实施政府购买服务，坚持费随事转，防止出现“一边购买服务，一边养人办事”的情况。

22. 加强预算绩效管理。将落实党中央、国务院和省委、省政府、市委、市政府以及区委、区政府重大决策部署作为预算绩效管理重点，充分发挥预算绩效管理的引导约束作用。将绩效理念和方法融入预算编制、执行和监督全过程，推进预算和绩效管理一体化。加快绩效指标体系建设，完善部门和单位绩效自评、财政部门实施重点评价以及引入第三方机构评价相结合的多元化评价工作机制。强化绩效结果应用，将绩效评价结果与完善政策、调整预算安排有机衔接，形成反馈、整改、提升的良性循环。

（五）加强风险防控，增强财政可持续性

23. 健全地方政府依法适度举债机制。健全地方政府债务限额确定机制，完善激励约束措施，一般债务限额与一般公共预算收入相匹配，专项债务限额与政府性基金收入及项目收益相匹配。完善专项债券管理机制，做好项目储备、评估遴选等工作，加强穿透式监测，对项目实行全生命周期收支平衡管理，融资规模要与项目收益相平衡，融资期限要与项目期限相匹配。专项债券必须用于有一定收益的公益性建设项目，项目对应的政府性基金收入、专项收入应当及时足额缴入国库，保障债券到期本息偿付，确保法定债务不出风险。合理安排政府债券的发行规模和节奏，节省资金成本，提高支出进度。加强债务风险动态监测，完善政府债务风险评估、预警和分级响应机制。健全地方政府债务信息公开及债券信息披露机制，切实增强地方政府债务信息透明度。

24. 防范化解地方政府隐性债务风险。把防范化解地方政府隐性债务风险作为重要的政治纪律和政治规矩，坚决遏制隐性债务增量，稳妥处置和化解隐性债务存量，严禁虚假化债、数字化债。完善常态化监控机制，进一步加强债务变动统计及融资平台公司债务信息与金融监管部门共享比对。强化国有企事业单位融资监管，依法健全政府及其部门向企事业单位拨款机制，严禁以企业债形式增加隐性债务。严禁政府通过金融机构违规融资或变相举债。金融机构要审慎合规经营，尽职调查、严格把关，严禁要求或接受党委、人大、政府及其部门出具担保性质文件或者签署担保性质协议。清理规范地方融资平台公司，剥离其政府融资职能。健全市场化、法治化的债务违约处置机制，鼓励债务人、债权人协商处置存量债务，切实防范恶意逃废债，保护债权人合法权益，坚决防止风险累积形成系统性风险。严格落实政府举债终身问责制和债务问题倒查机制。

25. 防范化解财政运行风险隐患。坚持精算平衡，加强社保基金运行监测，防范待遇支付风险。建立健全企业职工基本养老保险基金缺口分担、绩效考核和激励约束机制。加强医疗、失业、工伤等社保基金管理，根据基金运行情况，及时调整完善政策，确保基金可持续运行。规范政府和社会资本合作（PPP）项目管理，严格项目入库标准和程序，加强财政支出责任管理。加强国有金融机构风险防控，增强财政部门履行国有金融资本监管能力，强化自我救助责任，提高危机处置能力。

26. 加强财政承受能力评估

应用。制定、提高基本公共服务保障标准，出台新的民生政策或涉及增加财政支出的其他重大政策，及实施重大政府投资项目前，应按规定进行财政承受能力评估，未通过评估的不得安排预算。财政部门应充分考虑地方财力情况，全面体现政府中长期支出责任，科学合理反映财政年度可承受能力。

（六）改进预决算公开，增强财政透明度

27. 改进预决算公开。加大政府预决算公开力度，大力推进财政政策公开。扩大部门预决算公开范围，各部门所属预算单位预算、决算及相关报表应当依法依规向社会公开。推进政府投资基金、收费基金、国有资本收益、政府采购意向等信息按规定向社会公开。建立民生项目信息公示制度，公开项目政策、进展情况等信息。加大绩效信息公开力度，推动绩效目标、绩效评价结果向社会公开。细化预决算公开内容，转移支付资金管理办法及预算安排情况、部门项目预算安排及使用情况等信息应当依法依规向社会公开，推进按支出经济分类公开政府预决算和部门预决算。

28. 构建全方位监督格局。充分发挥党内监督的主导作用，加强财会监督，促进财会监督与党内监督、监察监督、行政监督、司法监督、审计监督、统计监督、群众监督、舆论监督等协同发力。政府及各部门要依法接受人大及其常委会、审计部门的监督，配合推进人大预算联网监督工作。财政部门要做好财税法规和政策执行情况、预算管理有关监督工作，构建日常监管与专项监督协调配合的监督机制。强化监督结果应用，对监督发现的问题，严格依规依纪依法追究有关单位和个人责任，加大处理结果公开力度。建立负面清单制度，对财政性资金管理使用领域中存在失信、失范行为的责任主体依法依规实施联合惩戒。

29. 推动预算管理信息化建设。积极推进预算管理一体化系统建设，用信息化手段支撑预算管理，规范预算管理工作流程等，统一数据标准，推动数据共享。推动财政与组织、编制、人力资源社会保障、税务、人民银行、审计、公安、市场监管等部门开展基本公共服务大数据平台建设，强化基本公共服务相关数据收集比对，提高预算管理的科学性、精准性、实效性。落实部门和单位财务管理主体责任，强化部门对所属单位预算执行的监控管理职责。加强数据安全管理，保障系统平台安全可靠运行。

三、工作要求

（一）提高政治站位。各部门要充分认识进一步深化预算管理制度改革的重要意义，把思想和行动统一到党中央、国务院和省委、省政府、市委、市政府以及区委、区政府决策部署上来，坚定捍卫“两个确立”，牢记“国之大者”，切实增强“四个意识”、坚定“四个自信”、坚决做到“两个维护”，系统谋划，完善机制，细化举措，扎实推进改革。

（二）强化组织领导。各部门要落实区预算管理制度改革的主体责任，加强领导、精心组织，及时解决改革中遇到的问题。财政部门要统筹抓好各项任务落实，建立健全考核激励机制，加强改革跟踪督导。

（三）加强规划管理。各部门要加强本部门预算管理工作的内设机构管理，增强统筹能力，强化人员配备，促进“谋事”与“排钱”的融合。各部门预算草案应当报本部门党委（党组）审议，严格执行“三重一大”事项决策制度。

各部门要按照本实施意见要求，结合实际，细化政策措施，完善制度机制，夯实改革基础，加强人才队伍建设，强化跟踪督导评估，确保各项改革政策落地见效。

2022 年 12 月 30 日

关于印发《昌江区生活垃圾分类工作实施方案》的通知

（昌府办字〔2022〕12 号）

各乡（镇）人民政府、街道办事处，区政府有关部门，区直有关单位：

现将《昌江区城区生活垃圾分类工作实施方案》印发给你们，请结合实际，认真抓好贯彻落实。

2022 年 5 月 6 日

昌江区生活垃圾分类工作实施方案

为深入贯彻习近平总书记关于垃圾分类工作的重要指示批示精神，加快推进我区生活垃圾分类工作，根据《住房和城乡建设部等部门印发〈关于进一步推进生活垃圾分类工作的若干意见〉的通知》（建城〔2020〕93 号）和《江西省生活垃圾管理条例》，结合我区实际，制定本方案。

一、指导思想

以习近平新时代中国特色社会主义思想为指导，深入贯彻习近平生态文明思想，全面贯彻中共十九大和十九届历次全会精神，按照党中央、国务院决策部署和市委、市政府部署要求，坚持以人民为中心的发展思想，立足新发展阶段，贯彻新发展理念，构建新发展格局，按照高质量发展要求，坚持共建共治共享，深入推进生活垃圾分类工作，提高生活垃圾减量化、资源化、无害化水平，为建设美丽昌江作出贡献。

二、工作目标

到 2022 年底，中心城区先行启动生活垃圾分类试点，鼓励街道（乡）选择具备条件的一定区域或单位实施生活垃圾强制分类试点，建立“政府主导、属地负责，行业牵头、部门包干、市场运作、权责明确”的工作机制，基本形成教育引导、法规约束、绩效激励相结合的管理体系；农村生活垃圾分类对照《江西省开展美丽乡镇建设五年行动方案》（赣府厅〔2021〕40 号）有关要求，有序推进生活垃圾分类。

到 2023 年底，进一步推广生活垃圾分类，中心城区每个街道（乡）至少有一个街道生活垃圾实现分类投放、分类收集全覆盖，生活垃圾回收利用率达 30% 以上。

到 2025 年，全区生活垃圾实现分类投放、分类收集全覆盖，生活垃圾回收利用率达到 35% 以上。

三、基本原则

（一）政府主导，全民参与。健全政府领导下的综合协调和分工协作机制，明确管理主体和协同部门，建立包括教育、生态环境、发展改革、商务等主管部门的生活垃圾分类工作协调机制，建立有关部门和单位责任清单。加强宣传教育和督促领导，积极营造良好的政策环境和社会氛围，切实提高市民对生活垃圾分类的认知度和参与率。

（二）示范先行，逐步推进。选择各类机关事业单位、国有企业、中小学校和易于推进的街道、住宅小区等作为生活垃圾分类先行示范点，不断总结经验，逐步扩大分类覆盖面。完善分类设施设备和技术，初步建立城区生活垃圾分类投放、分类收运和分类处置体系，城区生活垃圾减量初见成效。

（三）制度保障，长效管理。进一步完善生活垃圾分类相关制度，建立完善的生活垃圾分类监督考核体系，将生活垃圾分类作为文明创建重要内容，建立健全党建引领，市、区、街道（乡镇）、社区（村）党组织四级联动机制，加快形成生活垃圾分类全过程管理系统。

（四）科学管理，绿色发展。普遍实行生活垃圾分类和资源化利用制度，坚持源头减量，积极倡导绿色发展理念，推进清洁生产，加大“限塑令”的执行力度，限制过度包装，在生产、流通、消费等环节减少垃圾的产生。加强市场化运作，鼓励引导社会资本参与，形成绿色发展方式和产业体系。

四、分类细则

（一）可回收物，是指适宜回收利用的生活垃圾，包含：废弃的纸类、塑料、金属、玻璃、织物等；

（二）有害垃圾，是指对人体健康或者自然环境造成直接或者潜在危害的生活垃圾，包含：废弃的灯管（日光灯、节能灯）、家用化学品、电池（镉镍、氧化汞）、温度计、血压计、药品、生活用杀虫剂和消毒剂及其包装物等；

（三）厨余垃圾，是指易腐烂的，含有机质的生活垃圾，包含：废弃的食材、剩菜剩饭、过期食品、瓜皮果核、茶渣等，超市、农贸市场、农产品批发市场废弃的蔬菜瓜果、腐肉、肉碎骨、水产品、畜禽内脏等；

（四）其他垃圾，是指除可回收物、有害垃圾、厨余垃圾以外的其他生活垃圾。

五、具体措施

（一）推动生活垃圾分类习惯养成

1. 认真贯彻落实《中华人民共和国固体废物污染环境防治法》和《江西省生活垃圾管理条例》等法律法规，加大普法宣传力度，依法推动全区有关部门生活垃圾产生主体和基层社区落实生活垃圾分类工作法律责任。（责任单位：区垃圾分类领导小组办公室）

2. 负责协调城市生活垃圾资源化有关工作。组织争取省、市有关生活垃圾分类项目。负责区本级财政投资城市生活垃圾分类项目的审批工作，指导财政投资与社会投资的城市生活垃圾分类项目的审批工作。组织开展城市生活垃圾资源化利用项目的立项审批工作。（责任单位：区发改委）

3. 做好生活垃圾分类宣传工作，将生活垃圾分类工作纳入精神文明创建重要内容，组织开展全区范围内的垃圾分类主题宣传活动；充分发挥基层组织的动员能力调动社区干部、物业服务者工作力量组织开展入户宣传活动构建共建共治共享基层社区治理体系，每季度入户宣传覆盖居民户数占建成区居民总户数的比例达到25%以上，居民知晓率达到90%以上，垃圾分类参与度达到70%以上。（责任单位：区委宣传部、各街道（乡））

4. 结合基层党建工作，强化党建引领，推动基层党组织和党员在做好生活垃圾分类中发挥作用；充分利用单位集体组织优势，发挥党员、干部职工带头开展垃圾分类工作，形成榜样示范带动作用。（责任单位：区委组织部、区直机关工委）

5. 将生活垃圾分类知识纳入学校教育内容，建立包括生活垃圾分类知识教育的生态文明教育长效机制，指导开展校园知识普及和互动实践活动。负责督促各大学校配合属地及相关职能部门做好生活垃圾分类工作，将生活垃圾分类纳入文明校园等创建活动。（责任单位：区教体局）

6. 将生活垃圾分类纳入卫生城市创建、爱国卫生运动工作内容。（责任单位：区卫健委）

7. 健全完善对物业服务企业考核工作中关于生活垃圾强制分类的相关内容。（责任单位：区住建局）

8. 指导社区、居（村）委会加强生活垃圾分类宣传，普及分类知识，调动社会力量参与生活垃圾分类。负责对社会公益性旧衣物捐赠的监督管理，杜绝捐赠的旧衣物非法流入二手市场。（责任单位：区民政局）

9. 负责统筹资金支持生活垃圾分类工作。（责任单位：区财政局）

10. 将生活垃圾分类设施项目纳入国土空间规划，并做好用地计划安排、保障项目建设用地供应。（责任单位：区自然资源规划局）

11. 发挥总工会、共青团、妇联社会动员优势，组织志愿者参与垃圾分类工作，引领低碳生活新时尚，推动垃圾分类习惯养成。区总工会指导各级工会参与开展生活垃圾分类宣传工作和志愿者活动。团区委负责组织动员青年志愿者积极参与生活垃圾分类工作，指导各地组织开展生活垃圾分类志愿服务和公益活动。区妇联负责指导发动广大妇女和家庭积极参与生活垃圾分类，组织开展区级层面生活垃圾分类巾帼志愿服务活动和公益活动。（责任单位：区总工会、团区委、区妇联）

12. 参与指导农村生活垃圾分类工作，加强宣传动员，结合村庄清洁行动，引导村民积极参与生活垃圾分类投放和就地减量。（责任单位：区农业农村水利局）

13. 负责指导督促“平台”参与的垃圾分类工作项目建设和

运营。（责任单位：区国资公司）

14. 落实生活垃圾分类工作相关税收优惠政策。（责任单位：区税务局）

（二）促进源头减量

1. 牵头制定再生资源可回收物相关政策，指导各地统计再生资源可回收物回收量，推进再生资源回收网点与生活垃圾收运网点融合。指导各地酒店、宾馆等住宿业推行不主动提供一次性用品。（责任单位：区商务局）

2. 指导旅游星级（绿色）饭店、旅游民宿等开展减量提供“六小件”等一次性用品活动。（责任单位：区文广新旅局）

3. 指导监督推进公共机构垃圾分类工作，倡导绿色办公，监督推进公共机构无纸化办公，指导推进公共机构塑料污染治理、绿色回收工作。机关、企业事业单位等的办公场所一律使用有利于保护环境的产品、设备和设施，减少采购和使用一次性用品。（责任单位：区机关事务管理中心）

4. 促进工业企业生产系统内部物料的循环利用，引导工业企业开展循环经济试点工作。在消费品生产领域开展反对过度包装行动。（责任单位：区工信局）

5. 加强餐饮服务单位的监管，采取有效措施督促食品生产经营者落实反食品浪费措施。（责任单位：区市场监管局）

（三）推行分类投放

1. 生活垃圾投放工作实行管理责任人制度：

（1）机关、企业事业单位、社会团体以及其他组织的办公和生产、经营场所，本单位为管理责任人；

（2）实行自我管理的住宅小区，成立业主委员会的，业主委员会为管理责任人；未聘请物业服务企业且未成立业主委员会的住宅小区，居民委员会为管理责任人；

（3）道路、广场、公共绿地等公共场所，环境卫生专业单位为管理责任人；

（4）机场、客运站、轨道交通运输、港口、码头以及文化和旅游、体育、娱乐、商业、公园等场所，本单位为管理责任人；

（5）建设工程施工现场，施工单位为管理责任人；

（6）农村居住区，村民委员会为管理责任人。

前款规定的住宅、办公、生产、经营、公共场所等区域，聘请物业服务企业管理的，物业服务企业为管理责任人；不能确定管理责任人的区域，由所在地乡（镇）人民政府、街道办事处确定，并在责任区域公布；跨行政区域的，由共同的上一级人民政府生活垃圾管理部门确定，并在责任区域公布。

2. 生活垃圾分类投放管理责任人义务：

（1）组织开展生活垃圾分类知识宣传，指导责任范围内的单位、家庭和个人进行生活垃圾分类投放，及时制止对已分类生活垃圾进行混合的行为；

（2）按照规定，摆放生活垃圾分类收集容器，设置生活垃圾收集点，做好日常维护并保持整洁完好和标志统一；

（3）将分类投放的生活垃圾交给收集、运输单位；

（4）发现投放生活垃圾不符合分类标准的，要求其改正；对拒不改正的，及时向生活垃圾管理部门报告。

单位食堂、宾馆、饭店、食品加工企业等按照国家有关规定建立台账制度，记录厨余垃圾的种类、数量、去向等。

3. 合理设置垃圾分类收集点。根据公共机构、社区住宅小区等情况，合理配置和改造分类垃圾收集容器、箱房、垃圾桶等生活垃圾收集站点。积极鼓励可回收物、有害垃圾实行预约或定期收集，对厨余垃圾和其他垃圾实行每日定时收集。（责任单位：区城市管理局，各街道（〈乡〉）、区机关事务管理中心，区商务局）

4. 引导分类投放。根据需要向生活垃圾分类现场派驻监督指导员，开展日常巡查，引导、督促单位和个人提高生活垃圾分类投放的准确率。鼓励单位、社区采取积分兑换、红黑榜等方式激励引导分类投放。（责任单位：各街道（〈乡〉）

5. 强化再生资源回收。完善包括再生回收网点、分拣拆解中心在内的再生资源回收利用体系，提高低值回收物回收比例。（责任单位：区供销合作社）

6. 加强交通场站管理。负责加强对汽车客运站、公交场站等公共区域及办公场区的管理，督促相关场站配合相关职能部门做好垃圾分类投放工作。（责任单位：区交通运输局）

7. 严格管控医疗废弃物。要严格区分和分类收集医疗机构生活垃圾和医疗机构产生的医疗废弃物，禁止医疗废弃物混入生活垃圾。（责任单位：区卫健委）

（四）增强生活垃圾分类收集运输能力

1. 规范垃圾分类运输行为。加快配足、配齐垃圾分类专用收集、运输车辆，有效衔接分类投放前端和分类处理端，建立健全分类收集、运输网络。垃圾分类运输设备应当喷涂统一、规范、清晰的标志和标识，具有防臭扩

散、防遗撒、防渗滴漏功能，实行分类密闭运输，运输过程中不得倾倒、丢弃、遗撒、滴漏。（责任单位：区城市管理局）

2. 严控有害垃圾。对有害垃圾收集、贮存、转移、处置实施监督管理，负责向各区直单位、乡镇街道提供有毒有害垃圾收运处置企业、场所名录，加快危险废物处理设施建设，建立健全非工业源有害垃圾处理系统，并进行指导和监管，确保分类后的有害垃圾得到安全处置。将生活垃圾分类纳入无废城市创建的考核内容。（责任单位：昌江生态环境局）

六、工作步骤

（一）方案制定和动员部署阶段（2022 年 5 月底前）

组织开展多层次的调研活动，各责任单位对所开展垃圾分类的先行示范点位进行摸底调查，动员部署生活垃圾分类工作，编制工作实施方案或推进计划。开展生活垃圾分类知识宣传，积极发动志愿者和义工组织参与。

（二）试点启动阶段（2022 年 6 月—12 月）

在中心城区范围内分别选择 1~2 个机关单位、学校，每个街道（乡）分别选择 2 个住宅小区开展生活垃圾先行试点。先行试点的分类收集站点、容器等设施配备到位；落实新增分类运输车辆，科学开设分类运输专线。组织开展专项培训，对具体从事垃圾分类的管理人员和操作人员进行业务培训。

（三）试点扩大阶段（2023 年 1 月 ~12 月）

全区选择具备条件的一定区域或单位全面启动生活垃圾分类试点，公共机构（包括党政机关，学校、科研、文化、广播电视等事业单位，协会、学会、联合会等社团组织，车站、体育场馆、演出场馆等公共场所管理单位）和相关企业（包括宾馆、饭店、购物中心、超市、专业市场、农贸市场、农产品批发市场、商铺等）生活垃圾分类逐步实现全覆盖，建成一批垃圾分类示范点。做到宣传发动到位、设施配置齐全、投放基本准确、运行管理有序。

（四）全面推广阶段（2024 年 1 月—2025 年）

对生活垃圾分类试点工作进行系统总结，重点总结经验和做法，形成可复制、可推广的生活垃圾分类模式，进一步有序推广生活垃圾分类工作。到 2025 年，全区生活垃圾实现分类投放、分类收集全覆盖，建立以法治为基础、政府推动、市场化运作、全民参与、城乡统筹、因地制宜的垃圾分类制度，形成与分类品种相配套的收运体系、与再生资源利用相协调的回收体系。

七、保障措施

（一）加强组织领导。成立由区委副书记、区长任组长，分管副区长任副组长的昌江区生活垃圾分类工作领导小组，相关单位主要负责人为成员。领导小组下设办公室，设在区环卫局，负责生活垃圾分类日常组织协调和监督管理工作。中心城区生活垃圾分类由区环卫局牵头负责，其他部门根据职责任务分工各司其职，分工协作。各街道（乡镇）成立由主要领导任组长的工作领导小组，按照年度工作目标，制定具体的生活垃圾分类实施方案，分批、有序地推进辖区生活垃圾分类工作。街道（乡镇）应成立相应的工作机构，建立联络员和信息报送制度，定期向区生活垃圾分类工作领导小组办公室报送工作进展。

（二）提升体制机制。为进一步完善生活垃圾分类工作机制，建立生活垃圾分类工作联席会议制度，制定议事规则，充分发挥生活垃圾分类工作领导小组各成员单位的职能作用，形成权责明晰、运转高效、齐抓共管的垃圾分类工作新格局。

（三）强化考核监督。建立健全生活垃圾分类管理机制，统筹做好全区生活垃圾分类规划、组织、协调、监督与指导。组建督导队伍，加强日常检查指导，对各地、各单位开展生活垃圾分类定期进行督查、指导和考核。制定生活垃圾分类工作考评和奖惩办法，根据分类工作推进情况，落实长效管理措施，定期公布考核成绩，对考核成绩好的试点单位，给予奖励。

（四）动员社会参与。积极开展生活垃圾分类宣传教育，采用多种方式和渠道推广普及生活垃圾分类的知识，让广大市民树立垃圾分类、人人有责的环保理念，普及垃圾分类知识，引导公众从身边做起、从点滴做起。加强学校环保教育和可持续发展教育，着力提高全体学生的垃圾分类和资源环境意识。加快生活垃圾分类示范教育基地建设，开展垃圾分类收集专业知识和技能培训。建立垃圾分类督导员及志愿者队伍，引导公众分类投放。充分发挥新闻媒体的作用，报道垃圾分类工作实施情况和典型经验，形成良好社会舆论氛围。

关于印发《“泳动昌江”游泳教育实施方案》的通知

昌府办字〔2022〕24 号

各乡（镇）人民政府、街道办事处，区政府各部门，区直各单位：

《“泳动昌江”游泳教育实施方案》已经区政府研究同意，现印发给你们，请认真贯彻执行。

2022 年 9 月 27 日

“泳动昌江”游泳教育实施方案

为深入贯彻落实《江西省人民政府办公厅印发关于开展中小学游泳教育试点工作行动方案的通知》(赣府厅字〔2021〕78 号)文件要求。为在广大中小学生中普及游泳安全知识和游泳技能，提高学生身体素质、生存技能和急救能力，从源头上遏制学生溺水事件的发生。昌江区作为景德镇市先行先试的省级游泳试点县，区政府决定实施“泳动昌江”游泳教育进校园的工作。现结合我区实际，制定本实施方案。

一、总体要求

（一）指导思想

坚持习近平新时代中国特色社会主义思想，全面贯彻党的教育方针，以有效遏制学生溺水事件发生为目标，大力实施“泳动昌江”游泳教育进校园，全力推进中小学生游泳教育普及试点工作，使广大学生掌握游泳技能并终身受益，促进学生身心健康全面发展。

（二）基本原则

1. 坚持安全第一原则。把安全作为第一要务，全面落实安全工作责任体系、制度体系和保障体系建设，确保“泳动昌江”游泳教育安全有序开展。

2. 坚持学防结合原则。把学游泳与防溺水有机结合，在培养学生游泳技能的同时，加强预防溺水、游泳安全、溺水急救等理论知识和实践技能的教育。

3. 坚持因地制宜原则。立足当前，着眼长远，科学制定规划，努力创造条件，积极探索校内教育和校外培训相结合的教育方式，破解工作难题。

4. 坚持统筹协调原则。以政府为主导，学校为主体，整合多方资源，鼓励社会力量参与，形成全社会共同关注、多方联动、统筹推进的工作合力。

（三）工作目标

按照“先易后难、先小学后中学、农村城市同步试点”的原则，逐步让全区中小学生掌握基本的游泳技能。“泳动昌江”游泳教育重点在全区小学四年级适宜游泳的学生中普遍开展免费游泳技能培训，鼓励有条件的城区学校通过课后服务开展游泳技能培训。到 2022 年，确保全区小学四年级学生人人参与游泳技能培训，其中 80% 以上的小学四年级学生掌握游泳技能；到 2025 年，基本实现全区小学毕业生掌握游泳技能，并将游泳列入区中小学生运动会比赛项目，逐步列入初中毕业生升学体育考试项目，使学生游泳教育常态化，形成体系健全、制度完善、教体结合、充满活力的中小学生游泳教育发展格局。

二、工作任务

（一）加强游泳师资与救生队伍建设

1. 多渠道配备游泳师资。教育部门要制定社会体育指导员（游泳）配备计划，人社部门要配合招聘一批“会游泳、懂救生”的体育教师，鼓励有游泳特长的非体育学科教师在考取社会体育指导员（游泳）、救生员证书后兼职从事游泳教学工作，努力建设一支专、兼职结合的游泳教育师资队伍。有条件的学校可以通过购买服务的方式聘请有资质的专业团队或个人到校从事游泳教育工作。充分发挥各级游泳协会作用，建立一支社会体育指导员（游泳）、救生员志愿队伍。

2. 多方式培养游泳师资。由

教育体育部门牵头，相关部门配合，分期、分批对现学校体育教师和有游泳特长的非体育学科教师开展培训，尽快打造一支学校社会体育指导员（游泳）和救生员队伍，争取在2~3年内每个学校拥有3个及以上社会体育指导员（游泳）或救生员。

3. 强化救护师资培训。区红十字会和教育部门要积极开展救护师资的培训，力争到2022年底，每所中小学校师生人数500人以下的学校（不含农村教学点），培训1名及以上红十字救护培训师资；500人以上的学校，培训2名及以上红十字救护培训师资，红十字救护培训师资负责为在校学生开展普及性救护培训。

（二）加快游泳场馆建设

1. 建设校内游泳设施。充分利用现有学校游泳场馆，根据现状进行新建改造或维护，确保能够正常使用。鼓励各地因地制宜建设“拼装式”游泳池或简易游泳设施，改善学生游泳教育条件。要结合当地实际，合理制定学校游泳场馆设施建设中长期规划。条件充分的情况下，鼓励乡镇政府、街道办事处先行先试至少要建设1处游泳设施或联合就近乡镇共建游泳设施，逐步推动游泳场馆全覆盖。原则上新建中小学校要将游泳场馆设施建设，纳入学校建设总体规划，与学校建设同步施工、同步验收、同步投入使用。

2. 完善校外游泳设施。在公共体育服务体系规划中，合理布局本地游泳场馆设施。至2023年区内至少要有1座公共游泳池（馆），到2025年计划新建成一座公共游泳池（馆）。鼓励社会资金自建游泳池，服务中小学生游泳教育。

3. 保障游泳场馆用地需求。将游泳场馆项目用地，优先纳入年度建设用地供应计划。游泳场馆项目所涉及的用地审批工作，纳入审批绿色通道加快办理。在校园内建设“拼装式”等简易游泳设施，可简化程序报批。

（三）推进游泳教育普及

1. 开展学校学生免费培训。充分利用学校和社会的游泳设施，通过发挥社会体育指导员（游泳）、救生员、医务人员的作用，从2022年起，针对小学四年级适宜游泳的学生，开展免费游泳技能的普及培训。对当地暂无游泳设施的学校，可组织学生集中前往附近有游泳池的学校，也可充分利用社会游泳场馆资源开展培训，确保实现学校培训全覆盖。

2. 推进课后服务游泳技能培训。城区学校要有效利用下午放学后至18：00前的课后时间和双休日、暑假等假日，为学生提供游泳技能培训课后服务。校内有游泳设施的，要不断改善“泳动昌江”实施条件，开展游泳教学训练，逐步实现学生游泳教育普及；校内没有游泳设施的，可利用附近有游泳池的学校场地和社会游泳场馆资源开展“泳动昌江”的游泳教育。

3. 鼓励利用社会资源开展培训。发挥政府主导作用，以“泳动昌江”游泳教育为突破口，制定相关政策，鼓励和引导社会力量参与和支持学生游泳教育普及工作。在确保安全的情况下，可通过购买服务的方式，委托社会组织在校外开展游泳教学和训练。各学校要通过布置暑期体育作业的形式，引导家长督促学生利用暑期学习游泳技能。

三、保障措施

（一）加强组织领导。为更好地推进我区“泳动昌江”的游泳教育实施，加快普及中小学生游泳教育工作，成立昌江区“泳动昌江”游泳教育工作领导小组（领导小组成员名单见附件），负责“泳动昌江”游泳教育的统筹协调、宏观指导和综合管理工作。各乡镇（街道）也要成立相应的工作机构，强化组织领导。

（二）明确责任主体。本级地方政府是实施“泳动昌江”的责任主体，把“泳动昌江”游泳教育作为重大民生工程纳入重要工作日程，制定本地区中小学生游泳教育普及规划，明确时间表、路线图和具体工作措施，确保“泳动昌江”游泳教育目标的落实落地。校长是本校“泳动昌江”游泳教育实施的第一责任人，要积极创造条件，采取有效措施，保证各项工作正常开展。

（三）落实部门职责。本级教育体育部门负责参与游泳师资培训、支持“泳动昌江”项目建设、技术指导等工作，积极争取上级体育场馆建设项目资金和做好“泳动昌江”日常管理工作。宣传部门负责广泛宣传“泳动昌江”游泳教育的重要意义和育人功能，引导全社会关心、支持中小学生游泳教育。财政部门负责做好“泳动昌江”游泳教育的资金保障，对区标准游泳场馆建设区财政给予一定资金支持。发改、住建、自然资源、生态环境、城管等部门要加大新建游泳设施规划、审批、用地、建设等支持力度，统筹推进“泳动昌江”游泳项目建设。人社部门负责配合教育部门做好学校游泳教师招聘工作。水利部门负责做好用水保障，调配水资源，满足用水需求。卫健部门负责游泳场地卫生条件监督，对学校医务人员开展相关业务培训和急救志愿服务培训。应急管理部门负责突发事件应急救援。红十字会负责中小学校红十字救护员培训，开展普及性应急救护知识宣传。

（四）统筹经费保障。建立政府主导、市场参与、多方筹措支持“泳动昌江”游泳教育的经费投入机制。将“泳动昌江”游泳教育的作为重大民生工程来抓，切实做好经费保障，统筹安排资金，用于建设游泳设施、日常运营管理、配齐师资队伍、游泳师资与救生员培训、学生免费培训、中小学生游泳比赛等。财政部门按农村学校不低于500元/生、城区学校不低于400元/生的标准，安排学生免费培训经费。教育体育等部门要积极争取上级资金，加大游泳设施建设力度。积极发动基金会、企事业单位、社会团体等，通过捐赠、赞助为“泳动昌江”游泳教育提供服务。

（郝卿雅）

年度开（竣）工投产运营项目选介

（一）交通设施类

昌景黄高铁乐平北站征迁项目完成并开工建设

8月29日，昌江区仅用10天时间就圆满完成昌景黄高铁乐平北站需征迁9户、面积近1万平方米的征收任务。

（南）昌景（德镇）黄（山）高速铁路乐平北站项目，位于昌江区鲇鱼山镇新柳村。由中铁北京工程局承建，包括站房、站前广场、连接线工程，总投资4.16亿元，计划2023年10月投入使用。其中乐平北站站场规模为2台4线，站房总面积1.2万平方米。站前广场采用立体分层布置形式，新设“一字型”匝道实现快速进出站，中间为景观广场，南侧为公共交通停车场，北侧为社会车辆及大巴停车场。站前广场面宽570米，进深190米，总占地面积约11万平方米。

2022年11月，昌景黄高铁定名为杭(州)(南)昌高铁黄(山)(南)昌段，是在国家铁路网“八纵八横”主通道基础上规划建设的高速铁路区域连接苏皖赣客运通道，南北与京福高铁相通，东西与沪昆高铁相连。线路西起江西省南昌市，途经上饶市、景德镇市，东至安徽省黄山市，全长约289.9公里，桥隧比85.9%。其中江西段全长200.3公里，桥隧比87.3%；景德镇段全长73.3公里，总投资约112.2亿元。全线设南昌东、进贤北、余干、鄱阳、乐平北、景德镇北、浮梁东、祁门南、黟县东、黄山北10座车站，将结束景德镇、余干、鄱阳等市县不通时速350公里高铁的历史。

该项目2023年年底具备开通运营条件，线路多次跨越大江大湖，横跨鄱阳湖平原，贯穿黄山山脉，把鄱阳湖(名湖)、景德镇(名城)、滕王阁(名楼)等与浙江、安徽境内的著名风景串起来，实现名山、名城、名湖、名江一线牵，对加强铁路沿线的南昌、鄱阳、景德镇与合肥、杭州等地景区间的区域合作，促进鄱阳湖生态经济区、皖南国际文化旅游示范区建设，加快沿线城市实现绿色可持续发展和拉动旅游产业大发展具有重要意义。

吕蒙大桥危桥重建项目竣工通车

12月30日，全市重大交通工程和民生项目吕蒙大桥危桥重建工程竣工通车。

吕蒙大桥危桥重建工程位于昌江区吕蒙街道古城村和鲇鱼山镇吕蒙村交界处的吕蒙大桥原址。其横跨昌江河，东起点顺接昌江区瓷都大道，西终点位于与岚山路交叉口处，按照一级公路兼城市主干道路标准建设。桥梁为T型箱梁结构，总长353米，宽33米，双向六车道，设计行车速度60千米每小时，桥位处河道通航等级为Ⅲ级。

2020年11月2日，对原吕蒙大桥危桥进行爆破拆除，2021年9月26日危桥重建项目开工，经过建设者15个月的接续奋战，该大桥较原计划工期提前近四个月完工，创造近年来景德镇市公路桥梁建设的新速度、新标杆。大桥建成后，有效解决困扰昌江河沿线群众生产、生活的难题，并对进一步改善全市交通状况、完善城镇基础设施建设和促进周

12月30日，吕蒙大桥危桥重建工程建成通车

边相关产业发展具有重要意义。

原桥为等截面悬链空腹式双曲拱桥，共6孔，净跨36米，于1973年1月动工新建，1974年10月竣工通车。大桥总长243.8米，桥面净宽7米，两侧各1米人行道。承载负荷为汽—13、拖—60。河道通航等级为6级。2001年进行维修加固，但仍不能适应城市交通发展需要。

沿江西路二期道路及防洪工程建成通车

沿江西路二期道路及防洪工程是景德镇市重大道路升级改造项目，由景德镇市国信宏城建设开发有限公司建设，中核华东地矿科技有限公司施工。

项目建设起点为山大桥北桥头西侧，顺接沿江西路一期道路，途经规划路、龙井路、园德南路、新都南路，终点至新都南路西侧。分为沿江西路二期道路工程和沿江景观带及防洪堤两大部分。其中，沿江西路二期道路工程全长约2000米、宽30米，总用地面积207396平方米，道路等级为城市次干道，设计时速40千米每小时，采用沥青混凝土路面；沿江景观带及防洪堤东起岚山大桥，西至龙井路排涝泵站以南约960米，全长2000米，上游段采用堤路分离形式，长约900米，下游段采用路堤结合形式，长约1160米；沿江景观带面积约17万平方米；龙井路泵站排涝面积为龙井路9.6平方千米，新建新泵5台，单机功率1120千瓦，总装机5600千瓦，设计防洪标准采用50年一遇，建设防洪标准采用200年一遇。

珠山大道规划经一路道路工程

珠山大道规划经一路位于珠山大道伴山洋房小区东侧，南起珠山大道时代奥园交叉口，北至规划茶山路交叉口，全长220米。设计标准按照城市次干道标准建设，路幅宽24米，设计时速40千米每小时。于当年6月23日开工建设，当年10月底竣工通车。

道路竣工通车后，有助于茶山区域周边路网的进一步完善，为周边群众出行提供更多便利。

（二）文化旅游类

宁封窑国际陶艺村开园

1月1日，宁封窑国际陶艺村开园。该项目总投资3.6亿元，总占地面积约200亩，由景德镇市宁封窑陶瓷文化发展有限公司投资建设。

该景区以陶瓷文化为主题，突出挖掘“陶神”宁封子的传说故事，恢复景德镇宋、元、明、清历朝历代72道手工制瓷工艺的非遗保护基地，配套建成“陶神”宁封子巨型塑像、复制传说中宁封子发明的龙窑、当年黄帝命名的云龙坡以及公祭“三圣”(宁封子、赵楷、童宾)民俗等项目活动。

昌江区荷塘精神红色教育基地举行授牌仪式

1月19日，荷塘精神红色教育基地举行省级爱国主义教育基地挂牌揭牌仪式。

该教育基地位于荷塘乡童坊村，占地面积2792平方米，建筑面积426平方米，由廉桥、廉池、千年银杏、英雄之路、革命烈士纪念塔、勤廉史话长廊、社会主义时代的南泥湾雕塑、廉洁文化教育展厅等部分组成。是景德镇市中共党史教育基地、爱国主义教育基地和廉洁文化教育基地，于2021年7月党史学习教育时，被江西省委宣传部命名为“第六批江西省爱国主义教育基地”。

昌江区全域旅游集散中心对外运营

5月19日（第12个“中国旅游日”），“5·19”文旅宣传推介活动暨昌江区全域旅游集散中心运营启动仪式在该集散中心举行。

昌江区全域旅游集散中心位于迎宾大道锦绣昌南陶瓷市场东侧，由原址仿徽派建筑房屋改建而成，占地面积1700平方米，总建筑面积3000平方米，进一步夯实昌江区全域旅游的硬件基础。

1月1日，宁封窑国际陶艺村建成开园

该集散中心开发有“一部手机游昌江”昌江智慧旅游小程序，能为游客提供全方位、个性服务功能。是景德镇市已建成的唯一具有游客集散、旅游咨询、旅游预定、旅游商品展示、城市书屋等服务功能及智慧数据为一体的旅游服务平台。

昌江区禁毒主题公园揭牌

6月26日（第35个国际禁毒日），昌江区禁毒主题公园揭牌仪式在市人民公园举行。

该主题公园位于瓷都大道市人民公园，内容设计上紧扣陶瓷文化主题，结合千年陶瓷文化、中国书法、中国特色古建筑等。共设置各类宣传牌30余块，涵盖缉毒执法、禁毒宣传入万家、易制毒化学品管理与服务、走访帮扶、禁毒趣味问答、毒惩毒诫等专栏展示区域，全面系统介绍毒品种类、毒品危害等知识，打通禁毒预防宣传的“最后一公里”。

昌南里长天酒店开业运营

7月6日，昌江区昌南里长天酒店举行开业庆典。昌江区委书记倪卫春、区长伊文斌，江西省长天集团党委书记、董事长何国群长天集团党委委员、副总经理万新全出席活动。长天集团有限公司总经理助理、长天酒店管理集团有限公司党总支部书记、董事长、总经理詹辉等参加活动。

昌南里长天酒店由江西长天集团有限公司（江西省省属国有企业）管理运营，为昌江区2021年11月签约引进的委托管理合作项目，场所为昌江区国有资产经营管理有限公司于2021年9月以总价约1.4亿元收购的原绿地控股集团景德镇文旅置业有限公司的闲置资产（铂骊酒店）。

该酒店位于206国道与珠山大道交界处，紧邻景德镇市地标建筑“斗笠瓷碗”昌南里文化艺术中心，建筑面积28187平方米，拥有261间按照四星级标准配备设施的客房。

景德镇外销瓷博物馆开馆

7月17日，由景德镇市文广新旅局、昌江区人民政府主办的创建“东亚文化之都”器成天下走·中西融千年——景德镇外销瓷博物馆开馆暨“陶瓷之路展”开展仪式在宁封窑国际陶艺村举行。

中国博物馆协会理事长刘曙光，省文旅厅副厅长、省文物局局长丁新权，市委常委、宣传部部长林蓉，副市长徐辉，区委书记倪卫春，省文联副主席、二级巡视员余志华，省文旅厅博物馆处处长刘昌兵，市政府副秘书长郑皓，市文广新旅局局长盛璟晶，江西省博物馆馆长叶蓉，中国博物馆协会陶瓷专业委员会主任、全国陶瓷文化博物馆联盟秘书长赵纲，景德镇陶瓷文化国际交流中心主任张春红，中国海南南海博物馆副馆长章佩岚，广东海上丝绸之路博物馆馆长冯兆发，景德镇中国陶瓷博物馆馆长彭国红出席活动，区长伊文斌主持仪式。

景德镇外销瓷博物馆位于宁封窑国际陶艺村，建筑面积3200平方米。收藏有各个时期景德镇销往海外的陶瓷3000多件，以明清外销瓷居多。博物馆集收藏、展览、社会教育于一体，围绕景德镇外销瓷主题，以陶瓷历史发展为线索，按唐、宋、元、明、清、民国及中华人民共和国成立的时间顺序，以明清时期和新中国成立后的出口瓷为脉络，重点介绍景德镇外销瓷的主要生产窑址、生产工艺、装饰纹饰和对世界文化影响的价值，生动再现景德镇辉煌的制瓷历史。

三河堤昌南江畔旅游改造提升项目完工启用

三河堤“昌南江畔”旅游改造提升项目总投资9230万元，由四条支路组成，项目总面积41899平方米。西河左岸规划路，范围西起瓷园南路，东至幼儿园西侧，长779米；幼儿园西侧道路，南起西河左岸规划路，北至迎宾大道，长150米；五小支路，北起迎宾大道，南至西河左岸规划路，长262米；瓷园南路，北起现瓷园南路，南至滨河路，长

7月17日，景德镇外销瓷博物馆在宁封窑建成开馆

118 米。7 月底建成通车后，不仅有效缓解周边交通压力，还为周边居民打造一个休闲散步的好去处。

昌江河西区综合开发项目二期工程基本建成

昌江河西区综合开发项目二期工程总用地面积约 9.2 万平方米，包含景观广场和古码头约 3.3 万平方米、升降式防洪墙 380 米、排涝站和沿江西路改造约 2.4 万平方米、沿河绿地景观提升改造工程 1.6 万平方米、地下车库约 2 万平方米（400 个机动车停车位）及新建商业综合体（占地面积约 1.9 万平方米）1 个。

项目建成后，将进一步提升昌江河西区沿岸景观、优化沿江西路的交通路网，为广大市民提供一个亲水的休闲场所，成为景德镇市西城区又一个新地标。

中渡口古码头旅游综合开发项目开工建设

中渡口古码头旅游综合开发项目（旅游综合服务中心）位于瓷都大道以东，沿江西路以北，浮桥西路以南，东邻昌江，以爆破拆除的原景德镇市地税大楼地块为主。

该项目总建筑面积 35682 平方米，由 1 栋单体建筑及北面 1 层骑楼连廊组成，建筑高度为 35.4 米，其中主楼层数为 7 层（1~2 层为餐厅、会议室，3~7 层为酒店客房），裙楼 2~4 层为商业、宴会厅、中餐厅、健身等配套设施。地上设机动车停车位 7 个，地下设机动车停车位 87 个。该项目由景德镇市城投集团负责实施，中交上海航道局负责施工，计划 2023 年国庆前竣工交付。

（三）教育培训类

昌江一中改扩建项目开工

昌江一中（江西省重点中学）改扩建项目用地面积 59072.5 平方米，建筑占地面积 2091 平方米，建筑面积 9732 平方米。总投资约 2 亿元，分三期建设。其中一期总投资 4500 万元，于 2022 年 4 月开工，新建建筑面积 2951 平方米的教学楼 1 栋、可满足 3000 名师生用餐的食堂综合楼 1 栋、3 层艺术楼 1 栋。后续将启动二期（操场改造、停车场建设）、三期（校园外立面改造）项目建设。

该校改扩建项目的全部建成，将有效整体提升校园基础设施和教育教学水平，为可持续发展提供坚实保障。

昌江二中迁建项目投入使用

2020 年，为支持景德镇航空小镇建设，重新择址于鲇鱼山镇金桥村朱家坞启动昌江二中（昌江区职业教育中心）迁建项目。该项目总投资 1.4 亿元，占地面积 145.5 亩，总建筑面积 58612 平方米，可容纳 40 个教学班和 2100 个学位。建有“AI 创新中心”、体育馆、游泳馆、田径运动场等现代化教学设施。

2021 年 12 月 21 日，昌江二中（昌江区职业教育中心）整体搬迁工作启动，现有教学班 16 个，在校学生 900 余人，教师 60 人。

昌江二中始创于 1965 年，由原荷塘林业中学（简称“林中”）、鱼山“五七”中学、昌江中学更名，位于鲇鱼山镇凤岗村汪金坦，曾获“江西省平安校园示范园”“江西省森林学校”“江西省五四红旗团委”等称号。

景德镇市航空学校投入使用

景德镇市航空学校位于滨江东路，是一所全新建制并新建成的九年一贯制学校。

学校由昌江区、高新区共同出资 2 亿元建设，于 2020 年 8 月开工建设，2021 年 12 月完工交付，2022 年 9 月投入使用。总用地面积 55353.8 平方米，总建筑面积 25406 平方米（其中，幼儿园 5801 平方米、小学部 8067 平方米、初中部 6148 平方米、初中部总建筑面积为 6652.5 平方米，食堂和风雨操场 3091 平方米），总绿地面积 17436 平方米。办学规模为小学 30 个班、中学 15 个班，预设学位 2100 个，可容纳小学儿童 1350 人、初中学

9 月 1 日，景德镇市航空幼儿园开园典礼举行

生750人。建有小学部教学楼、初中部教学楼、行政楼、食堂、风雨球场及户外运动场，并设置有齐全的各类功能馆室、图书室和微机室。

昌江区青藤青少年培训中心项目投入使用

9月，昌江区青藤青少年培训中心建成移交给景德镇市第十五小学（原官庄小学）使用。

培训中心占地面积24454平方米，总建筑面积18122平方米，新建1栋4层教学楼和多功能教室，1栋3层食堂、报告厅和地下停车库、标准环形跑道田径运动场等附属设施，新增机动车停车位200余个。

（四）民生项目类

景德镇农产品批发市场开业

8月27日，景德镇市人民政府为民办实事“菜篮子”民生工程和“政府重点建设项目”——景德镇农产品批发市场开业运营。

批发市场位于昌江区丽阳镇206国道旁，由景德镇市国资委出资监管，市国控集团斥资打造。项目总投资74680万元，总用地面积275亩，总建筑面积174207平方米。其中核心交易区建筑面积约56000平方米、冷库20775平方米、酒店公寓和沿街店面及综合办公室54134平方米。市场涵盖蔬菜交易、水果交易、水产交易、肉禽蛋综合交易、冷链交易五大业态，集农副产品批发、交易、加工、储运、冷链仓储、电子商务、产品展示、检验检测、食品安全可追溯管理体系等综合服务功能于一体，设有电子结算中心、信息运营中心、检疫检测中心、冷链物流中心、客户服务中心五大中心。

批发市场引入全国城市农贸中心联合会资源，搭建成景德镇市唯一的农产品供销平台。是目前景德镇市功能最齐全、交易方式最先进的多功能现代化大型农产品批发市场。

昌南农贸市场开业

1月1日，昌南农贸市场开业运营。昌南农贸市场又名昌南邻里中心（商业体），位于景德镇市联通公司后侧，由昌江区国有资产经营管理有限公司出资建设。

农贸市场位于邻里中心地上一层，经营面积为2000余平方米，设置摊位141个，免费自产自销摊位6个，经营面积2900余平方米，是一家集鲜果、蔬菜、肉类、熟食、冷冻、水产、海鲜等多种业态于一体的高标准现代化农贸市场。

昌南邻里中心采取依上下落差较大的地形规划设计，为地下3层、地上4层建筑结构，总投资8900万元，占地面积5470平方米，总建筑面积16645平方米。其中地下3层为机动车停车场，地上4层为农贸市场、商业、餐饮等服务设施。可为周边约5.6万居民提供一站式便利服务。

园林邻里中心开业

6月30日，昌江区园林邻里中心举行“园林农贸·便捷惠民”（农贸市场）开业庆典。

园林邻里中心（商业体）采取地下1层地上4层的建筑结构进行设计，总建筑面积1.5万平方米，经营面积约1.2万平方米，是一个以新型智慧农贸市场为核心的一站式社区商业综合体。负一层为地下停车场，地上一层为农贸市场，设置有蔬菜、肉类、水产、副食、水果等商品交易区，摊位103个，免费自产自销摊位8个。市场采用全新智能设备，配备有监控室、智慧电子秤、商户信息显示屏等智能系统，可清晰知晓商户信息和当天菜价。二层为大型商场超市。三层为餐饮、儿童游乐、精品百货。四层为影院、健身房、美容美体。可为周边10个社区约3万居民提供一站式便利服务。

古城邻里中心智慧农贸市场开业

8月15日，昌江区古城村邻里中心（商业体）智慧农贸市场试运营。

邻里中心总建筑面积2.9万平方米。位于一楼北侧的农贸市场经营面积2220平方米，设置摊位126个，免费自产自销摊位12个，有肉类、蔬菜、水产、水果、南北干货、熟菜、豆制品等。

农贸市场配备有检测室、监控室、智慧电子秤、商户信息显示屏等现代化设施设备，排水、排污、新风系统等设施设备齐全。

揽枫郡小区安置房一期项目验收交房

揽枫郡小区安置房一期项目位于新风路，于2021年12月28日起验收交房。项目总建筑面积179908平方米，住宅面积119194.8平方米，商业面积8473.3平方米。容积率2.6，绿地率36%。小区共建有楼房12栋，最高29层、最低14层。共有1052户，机动车位1355个，非机动车位1317个。

项目于2018年8月9日启动征收工作，共征拆房屋120户，面积1万多平方米。由市陶文旅集团负责建设。

（五）工业项目类

高新区昌江区 2022 重大产业项目集中签约

2 月 11 日，高新区、昌江区 2022 重大产业项目集中签约开工，打响高新区、昌江区“两区融合”发展第一枪，为全市县域经济高质量发展注入强大动能。

市委书记刘锋宣布项目集中开工并见证签约，市委副书记、市长胡雪梅讲话，吴隽、曹雄泰、俞小平等市四套班子领导出席，副市长、高新区党工委书记罗文军主持，高新区管委会主任、昌江区委书记倪卫春致辞。

此次集中签约的项目共 20 个，总投资 234.6 亿元；集中开工的项目共 16 个，总投资 210.9 亿元。

高铁刹车片项目签约

6 月 16 日，昌江区人民政府与江西耐安新材料科技有限公司高铁刹车片项目签约仪式在区人民政府举行。

中软云联集团董事长张兴国、董事副总裁胡楚楚，江西天略建设集团有限公司董事长范涛，中软云联集团总裁助理周奇均，景德镇陶瓷大学材料系教授刘维良、刘属兴，昌江区委副书记、区长伊文斌出席签约仪式。

黑猫集团碳纳米管粉体产业项目签约并开工

5 月 26 日，昌江区与景德镇黑猫集团举行新材料产业基地项目签约仪式。聂刚和魏明分别代表双方就新材料产业基地项目进行签约。

5 月 26 日，昌江区人民政府与景德镇黑猫集团新材料产业基地项目签约仪式举行

高新区管委会主任、昌江区委书记倪卫春，景德镇黑猫集团党委书记、董事局主席王耀出席并致辞。昌江区委副书记、区长伊文斌主持仪式。景德镇黑猫集团党委副书记、总经理汪羽，黑猫集团副总经理、江西黑猫炭黑股份有限公司党委副书记、总经理魏明，黑猫集团副总经理、董事会秘书李毅，黑猫集团总经理助理、市焦化能源有限公司党总支书记、董事长朱明红，江西跃华药业有限公司党总支书记、董事长郝丽芳出席仪式。

8 月 5 日，由昌江区人民政府、景德镇黑猫集团联合主办的黑猫集团年产 5000 吨碳纳米管粉体及配套产业一体化项目举行开工仪式。景德镇市委常委、市委统战部部长吴财锋出席开工仪式并宣布开工。黑猫集团党委书记、董事局主席王耀，昌江区委副书记、区长伊文斌分别致辞，黑猫集团党委副书记、总经理汪羽主持开工仪式。

景德镇黑猫集团新材料产业基地项目位于昌江区吕蒙乡历尧村，项目总投资 29.6 亿元（其中碳纳米管项目投资 6.8 亿元，净药材的提取生产线项目投资 7 亿元，焦炉产能置换改造项目投资 15.8 亿元）。项目建设内容为：计划新建年产 5000 吨碳纳米管粉体及配套产业一体化的生产线；计划新建 33000 吨 / 年的净药材的提取生产线，建设生产加工中药材 15000 吨 / 年以上的生产线；集团为促进转型升级高质量发展，计划将现有 4.3 米焦炉产能置换改造为 6.3 米捣固焦炉。

（施启权）

年度统计资料选录

2022 年昌江区主要经济指标完成情况

1. 经济总量稳步增长。1—12 月，地区生产总值（GDP）300.23 亿元，同比增长 4.7%。

2. 一般公共预算收入迅速增长。1—12 月，一般公共预算收入完成 6.94 亿元，同比增长 12.82%。

3. 农业生产平稳增长。1—12 月，农林牧渔总产值完成 13.29 亿元，同比增长 3.72%

4. 规模以上工业增加值平稳增长。1—12 月，规模以上工业增加值同比增长 8.2%。

5. 固定资产投资稳步恢复。1—12 月，固定资产投资同比增长 7.9%。

6. 规模以上服务业稳中加固。1—12 月，规模以上服务业营业收入完成 36.9 亿元，同比增长 6%。

7. 消费市场增速平稳。1—12 月，社会销售品零售总额完成 129.35 亿元，同比增长 4.43%；限额以上社会消费品零售总额完成 12.77 亿元，同比增长 17.7%；限额以上批发业销售额同比增长 28.1%；限额以上零售业销售额同比下降 3%；限额以上住宿业营业额同比增长 23.2%；限额以上餐饮业营业额同比增长 17.3%。

8. 开放型经济增势平稳。1—12 月，外贸出口总额完成 23.68 亿元，同比增长 21.1%；引进内资完成 64.78 亿元，同比增长 9.15%。

9. 居民收入持续增长。1—12 月，全区城镇居民人均可支配收入实现 49368 元，同比增长 4.7%；农村居民人均可支配收入实现 23026 元，同比增长 5.7%。

10. “五上”企业入库。2022 年全区“五上”企业入库共完成 61 家，较上年度同比增长 38.64%；其中规模以上工业新增 12 家净增 10 家、服务业新增 8 家、住餐业新增 11 家、批零业新增 20 家、建筑业新增 7 家、房地产业新增 3 家。

2022 年昌江区主要经济指标预期目标和实际完成情况表

表 4

指标名称	单位	目标任务		1—4 季度			
		市	区	市		区	
		绝对值	增幅	绝对值	增幅	绝对值	增幅
地区生产总值（季报）	亿元	7	7%	—	4.7 %	—	4.7%
一般公共预算收入	亿元	—	—	94	-7.4 %	6.94	12.82%
规模以上工业增加值	亿元	8	—	—	8.4%	—	8.2%
固定资产投资	亿元	8.5	8.5%	—	8.1%	—	7.9%
农林牧渔总产值（季报）	亿元	—	—	79.01	3.8%	13.29	3.72%
建筑业总产值（季报）	亿元	—	—	—	9.8%	—	—
社会消费品零售总额（季报）	亿元	10	9%	573.06	4.54%	129.35	4.43%
限额以上社会消费品零售总额	亿元	—	—	149.4	17.7%	12.77	17.7%
规模以上服务业营业收入	亿元	—	—	127.48	11.6%	36.9	6%
外贸出口总额	亿元	—	—	—	—	23.68	21.1%
实际利用外资	亿美元	6	6%	—	—	—	—
引进内资	亿元	—	—	—	—	64.78	9.15%
城镇居民人均可支配收入（季报）	元	7.5 ±	8%	47732	4.6%	49368	4.7%
农村居民人均可支配收入（季报）	元	8 ±	8.5%	22331	6.4%	23026	5.7%
“五上”企业净增数	家	188	38%	420	—	60	—

2022年昌江区规模以上工业实际完成情况表

表5

指标名称	单位	1—12月	
		实际完成	同比增长
1. 工业总产值总计（现行价格）	亿元	125.01	17.8%
其中轻工业	亿元	18.33	15.7%
重工业	亿元	106.68	18.2%
其中国有企业	亿元	0.00	0
集体企业	亿元	0.00	0
股份合作企业	亿元	0.00	0
股份制企业	亿元	125.01	17.8%
外商及港澳台商投企业	亿元	0.00	0
其他经济类型企业	亿元	0.00	0
2. 规模以上工业增加值	亿元	28.48	8.2%
3. 企业单位数	个	43	26.4%
其中亏损企业数	个	5	–28.6%
其中亏损企业亏损总额	亿元	3.4	–53.4%
4. 营业收入	亿元	191.9	13.2%
5. 利润总额	亿元	1	138.5%
6. 利税总额	亿元	6.3	117.2%
7. 规上工业企业用电量	万千瓦·时	57774.67	–13.6%
9. 平均用工人数	人	5936	–6.5%

2022年昌江区固定资产投资实际完成情况表

表6　　单位：万元

指标名称	单位	1—12月
		累计完成
一、固定资产投资	万元	704708
其中基础设施投资	万元	384496
二、按产业分组	万元	—
第一产业	万元	—
第二产业	万元	100046
其中工业	万元	100046
第三产业	万元	604662
其中房地产开发业	万元	58529
三、固定资产投资项目	个	107
其中新开工	个	6
其中5000万元以上投资项目	个	93
其中亿元以上投资工业项目	个	4

2022年昌江区财政收入和民生支出实际完成情况表

表7

指标名称	单位	1—12月	
		实际完成	同比增长
一、财政收入	万元	172790	-10.60%
二、一般公共预算收入	万元	69437	12.82%
三、民生支出	万元	94922	-2.5%
其中教育支出	万元	23576	18.3%
其中科学技术支出	万元	1827	11.2%
其中文化旅游体育与传媒支出	万元	1627	-12.4%
其中社会保障和就业支出	万元	17080	13.6%
其中卫生健康支出	万元	9687	-18.8%
其中节能环保支出	万元	602	-59.5%
其中城乡社区支出	万元	12814	38.5%
其中农林水支出	万元	15833	-11.1%
其中交通运输支出	万元	3184	-35.7%
其中商业服务业等支出	万元	4468	13.8%
其中自然资源海洋气象等支出	万元	0	-100.0%
其中住房保障支出	万元	4224	-54.5%

2022年昌江区各乡镇（街道）一般公共财政预算收入实际完成情况表

表8　　单位：万元

单位名称	1—12月	
	实际完成	同比增长
鲇鱼山镇	4709	0.64%
丽阳镇	5288	1.32%
荷塘乡	1577	1.68%
新枫街道	4491	2.14%
西郊街道	3318	0.88%
吕蒙街道	3251	3.70%

2022年昌江区各乡镇（街道）固定资产投资预期目标和实际完成情况表

表9　　单位：亿元

指标名称（单位名称）	目标值	1—12月 累计完成	完成目标进度（%）
固定资产投资	71	70.5	99%
鲇鱼山镇	18.0	15.4	85%
丽阳镇	8.5	8.6	101%

续表

指标名称（单位名称）	目标值	1—12 月 累计完成	完成目标进度（%）
荷塘乡	5.25	5.6	106%
新枫街道	15.0	15.3	102%
西郊街道	15.00	15.9	106%
吕蒙街道	9.25	9.7	105%

2022 年昌江区各乡镇（街道）规模以上工业总产值预期目标和实际完成情况表

表 10　　　　单位：万元

指标名称（单位名称）	目标值	1—12 月		完成目标进度
		实际完成	同比增长	
规模以上工业总产值		1250104.4	17.80%	
鲇鱼山镇		396612.2	11.70%	
丽阳镇		261513.7	23.06%	
荷塘乡		3333.5	-50.18%	
新枫街道		75698.8	2.05%	
西郊街道		19300.2	22.69%	
吕蒙街道		493646.1	24.44%	

2022 年昌江区“五上”企业分布情况表

表 11　　　　单位：家

单位名称	工业	服务业	贸易业		房地产业	建筑业	合计
鲇鱼山镇	14	4	8	4	0	2	32
丽阳镇	15	4	5	1	1	3	29
荷塘乡	4	1	3	2	0	1	11
新枫街道	8	6	15	10	6	7	52
西郊街道	3	14	13	9	2	4	45
吕蒙街道	9	9	8	3	1	5	35
分行业企业数合计	53	38	52	29	10	22	204

2022年昌江区各乡镇（街道）“五上”企业（新增）汇总表

表12　　单位：家

单位名称	工业	服务业	贸易业	房地产业				建筑业	分乡镇企业入库数合计	合计
				批发业	零售业	住宿业	餐饮业			
鲇鱼山镇	0	4	1	1	2	2	0	0	1	11
丽阳镇	0	4	1	1	1	0	1	0	2	10
荷塘乡	0	1	1	1	1	0	1	0	1	6
新枫街道	0	1	1	1	4	1	2	2	0	12
西郊街道	0	0	2	0	5	1	1	1	2	12
吕蒙街道	0	2	2	0	3	1	1	0	1	10
分专业入库数合计	0	12	8	4	16	5	6	3	7	61

（胡慧博）

2022年昌江区获市级及以上先进集体一览表

表13

单　位	授予先进名称	表彰单位
西郊街道华风社区	2021年度全国民主法治示范村（社区）	司法部、民政部
西郊街道汪王庙社区农民工（散工）服务站点（散工驿站）	2022年最美工会户外劳动者服务站点	全国总工会
区工商业联合会	2020—2021年度全国“五好”县级工商联	全国工商业联合会
区关心下一代工作委员会	全国青少年普法教育先进集体	中国关工委、中央政法委、司法部、共青团中央、中国法学会
区疾病预防控制中心	“中国居民心血管病及其危险因素监测（2020）”项目先进单位	国家心血管病中心
昌江一中	第二届江西省文明校园	江西省委、省人民政府
荷塘廉洁文化教育基地	江西省廉洁文化教育基地	江西省纪委机关
鲇鱼山镇徐湾村党支部 丽阳镇江联村党支部	全省2021年度乡村振兴模范党组织	江西省委组织部
新枫街道老干部党支部	全省离退休干部示范党支部	江西省委组织部 江西省委老干部局
荷塘精神红色教育基地	江西省爱国主义教育基地	江西省委宣传部
新枫街道办事处	平安江西建设示范乡镇（街道）	江西省委政法委员会
吕蒙乡官庄村委会	平安江西建设先进集体	江西省委政法委员会
鲇鱼山镇徐湾村、金桥村	江西省文明村镇	江西省精神文明建设指导委员会
新枫街道新枫路社区	2022年度全省综合减灾示范社区	江西省减灾委员会
区关心下一代工作委员会	全省关心下一代工作先进集体	江西省关心下一代工作委员会、江西省精神文明建设指导委员会办公室

续表

单 位	授予先进名称	表彰单位
昌江区	第一批江西省关爱退役军人示范单位	江西省委退役军人事务工作领导小组
昌江区退役军人事务局	2021 年度县（市、区）退役军人事务工作先进单位	江西省委退役军人事务工作领导小组办公室、省退役军人事务厅
昌江区鲇鱼山镇良港村	第七批江西省民主法治示范村（社区）	江西省司法厅 江西省民政厅
昌江公安分局户政科	全省公安系统爱民模范集体	江西省人力资源和社会保障厅、省公安厅
荷塘乡人民政府	第十五批江西省省级生态乡（镇）	江西省生态环境厅
新枫街道十八渡社区、韭菜园社区、园林社区、新风路社区、青花文具厂社区、西郊街道蟠龙岗社区、汪王庙社区、华风社区、昌南湖社区、森林社区、景航社区	江西省第一批绿色社区	江西省住房和城乡建设厅
昌江区人民政府	江西省第七批“四好农村路”示范县	江西省交通运输厅、省财政厅、省农业农村厅、省邮政管理局、省乡村振兴局
	2022 年江西省中小学生游泳教育试点县（区）	江西省教育厅
昌江一中	江西省普通高中特色学校	江西省教育厅
丽阳镇山田村	第二批江西省森林乡村	江西省林业局
西郊街道团委	全省五四红旗团支部（总支）	共青团江西省委
昌江区妇女联合会	2021 年度全省妇联系统宣传舆论阵地建设先进单位	江西省妇联宣传部 江西东方女报社
昌江区科学技术协会	2022 年江西省“全国科普日”优秀组织单位	江西省科学技术协会办公室
昌江区委党史地志办公室	江西省第七届年鉴质量评比活动县级综合年鉴二等（《昌江年鉴 2021》）	江西省地方志研究院 江西省地方志学会
昌江区人民政府	2021 年度江西省文化产业重点县（区）	江西省文化强省建设工作领导小组
	全省美丽宜居先行县	江西省加强和改进治理暨农村人居环境整治提升工作领导小组办公室
	2021 年度江西省春季森林防灭火平安县（区）	江西省森林防灭火指挥办公室、省林业局、省应急管理厅、省公安厅
鲇鱼山镇人民政府	2021 年度全省政府系统“五型”政府建设先进集体	江西省“五型”政府建设领导小组
丽阳镇人民政府	2016—2020 年全省普法工作先进单位	江西省普法教育工作领导小组
新枫街道办事处	2017—2021 年度平安江西建设示范乡镇（街道）	江西省平安江西建设领导小组
西郊街道办事处	江西省第七次全国人口普查先进集体	江西省第七次全国人口普查领导小组
昌江区疾病预防控制中心	2021 年度全省血吸虫病防治工作先进单位（纪念建党百年血防文化建设先进单位）	江西省人民政府血吸虫病地方病防治领导小组办公室（省血地办）

续表

单 位	授予先进名称	表彰单位
昌江区融媒体中心	2021 年赣鄱云十佳县级融媒体中心	江西日报社赣鄱云融媒体中心
昌江区消防救援大队	2021—2022 年度省级青年文明号创建集体	江西省创建青年文明号活动组委会
昌江一中	景德镇市十大模范学校	景德镇市委 景德镇市人民政府
昌江区殊源坞中共党史教育基地	景德镇市第四批爱国主义教育基地	景德镇市委宣传部
鲇鱼山镇及鲇鱼山镇金桥村、徐湾村、慈义村、良港村、留阳村、新柳村、徐坊村、鱼山村、丽阳镇及洪家村、江联村、山田村、芦源村、荷塘乡及童坊村、新枫街道河西村、三河村、吕蒙街道历尧村、古城村、官庄村	第九届景德镇市文明村镇	景德镇市精神文明建设指导委员会
昌江区退役军人事务局	2021 年度全市退役军人事务工作标杆单位	景德镇市委退役军人事务工作领导小组办公室、市退役军人事务局
昌江区退役军人服务中心 昌江区西郊街道办事处	2021 年全市退役军人工作先进服务中心	景德镇市委退役军人事务工作领导小组办公室、市退役军人事务局
昌江区委党史地志办公室	景德镇市第十次社会科学优秀成果社科普类一等奖（《寻访 1926》）	景德镇市人民政府
丽阳镇丰田村 丽阳镇余家村	第二批景德镇市市级生态村	景德镇市生态环境局
西郊街道办事处	2021 年全市退役军人工作十佳服务站	景德镇市退役军人事务局
昌江区行政服务中心	2022 年度青年文明号	共青团景德镇市委员会
新枫街道汽车站社区	景德镇市三八红旗集体	景德镇市妇女联合会
昌江区纪委监委 昌江公安分局 昌江区司法局鱼山司法所	2016—2020 年全市普法工作先进单位	景德镇市普法教育工作领导小组
昌江区委政法委 昌江区市场监督管理局	2016—2020 年全市依法治理创建活动先进单位	景德镇市普法教育工作领导小组
昌江区财政局 丽阳镇统计站 西郊街道枫树山社区	景德镇市第七次全国人口普查 优秀集体	景德镇市第七次全国人口普查 领导小组
区行政服务中心 区融媒体中心	2021 年度市级青年文明号	景德镇市创建青年文明号活动组委会
鲇鱼山镇吕蒙村委会 新枫街道十八渡社区	景德镇市无传销社区（村）	景德镇市打击传销工作领导小组 办公室
丽阳镇人民政府 吕蒙乡人民政府 西郊街道办事处	2021 年度平安乡镇（街道）	景德镇市平安景德镇建设领导小组
丽阳镇人民政府	2021 年征兵工作先进单位	景德镇市人民政府征兵工作领导小组

（施启权）

组织机构与负责人名录

中共昌江区委

书　记　倪卫春（2021.7任，高新区管委会主任2022.1任）
副书记　伊文斌（2021.7任）
　　　　江智峰（2021.8任）
常　委　周淮钦（2020.5任）
　　　　李龙江（2017.12任）
　　　　乐先锋（2020.7任）
　　　　余世建（2021.8任）
　　　　汪德胜（2021.8任）
　　　　彭新建（2021.8任）
　　　　曾亚平（2021.8任）
　　　　周　薇（女，2021.8任）

昌江区人大常委会

主　任　李恩清（2016.10任）
副主任　占文军（2021.10任）
　　　　陈菊明（女，民盟盟员，2020.5任）
　　　　王建安（2016.10任）
　　　　程振火（2021.10任）
　　　　彭金岭（2021.10任）
党组成员
　　　　占文军（2021.8任）
　　　　王建安（2016.10任）
　　　　程振火（2021.8任）
　　　　彭金岭（2021.8任）
　　　　马文胜（2015.1任）
二级调研员
　　　　占冬英（女，2021.10任）
　　　　欧阳毅文（2021.10任）

昌江区人民政府

区　长　伊文斌（2021.10任）
副区长　乐先锋（2021.10任）
　　　　彭新建（2021.10任）
　　　　张碧珍（女，2020.4任）
　　　　凌　辉（2020.9任）
　　　　刘方孟（2021.10任）
　　　　汪　维（2021.10任）
　　　　聂　刚（2021.10任）
　　　　鲍希文（挂职，2022.2任）
　　　　戴　欣（挂职，2022.8任）
党组书记
　　　　伊文斌（2021.8任）
党组副书记
　　　　乐先锋（2021.8任）
党组成员
　　　　凌　辉（2020.9任）
　　　　刘方孟（2021.8任）
　　　　汪　维（2021.8任）
　　　　聂　刚（2021.8任）
　　　　戴　欣（挂职，2022.8任）
　　　　王三改（2016.12任）
　　　　李镒岚（2022.12任）

政协昌江区委员会

主　席　陈华清（2016.10任）
副主席　汪　农（2022.2免）
　　　　段嗣斌（无党派，2016.10任）
　　　　吴集才（农工党党员，2016.10任）
　　　　程厚宏（无党派，2016.10任）
　　　　陈东升（民建会员，2021.10任）
　　　　徐国明（2021.10任）
　　　　徐美煜（2022.2任）
党组副书记
　　　　周　薇（女，2021.8任）
党组成员
　　　　徐国明（2021.8任）
　　　　徐美煜（2022.3任）
　　　　金红华（2021.10任）
二级调研员
　　　　刘　坚（2021.10任）
　　　　刘丽红（女，2021.10任）
　　　　汪　农（2022.5任）

中共昌江区纪律检查委员会

书　记　周淮钦（2020.5任）

昌江区监察委员会

主　任　周淮钦（2021.4任）

昌江区人民法院

院　长　周　理（2021.10任）

昌江区人民检察院

检察长　程家敏（2016.10任）

（李亚兰）

索　引

说　明

一、索引采用主题分析法编制，大部分选用关键词。

二、索引按标引词汉语拼音字母顺序排列。

三、标引词后面的数字表示内容所在页码，数字后的 a、b、c 分别表示页码从左至右的第一、二、三栏。标引词后第二个页码起，表示该索引同一主题参见内容所在位置。

四、特载、专文、大事记、人物及附录等内容未作索引。

D

F

G

H

J

T

W